HF4468289

TRAITÉ DE L'EXISTENCE

ET DES

ATTRIBUTS DE DIEU

SUIVI DE

Lettres sur divers sujets de Métaphysique et de Religion

PAR FÉNELON

ARCHEVÊQUE DE CAMBRAI

BAR-LE-DUC

CONTANT-LAGUERRE, ÉDITEUR

1878

BIBLIOTHÈQUE

DES

CHEFS-D'ŒUVRE

IMPRIMERIE
CONTANT-LAGUERRE
LVX VITAM
BAR-LE-DUC

TRAITÉ DE L'EXISTENCE

ET DES

ATTRIBUTS DE DIEU

SUIVI DE

Lettres sur divers sujets de Métaphysique et de Religion

PAR FÉNELON

ARCHEVÊQUE DE CAMBRAI

BAR-LE-DUC

CONTANT-LAGUERRE, ÉDITEUR

1878

PRÉFACE GÉNÉRALE

DE

LA BIBLIOTHÈQUE DES CHEFS-D'OEUVRE.

NOTRE siècle a ses partisans et ses détracteurs. Les uns l'exaltent outre mesure, les autres le dépriment avec excès. La vérité ne se trouvant jamais dans l'exagération, il ne convient de se laisser entraîner par aucun de ces deux partis. Ce dix-neuvième siècle, si intéressant et si tourmenté, montre des gloires et des hontes, des grandeurs et des faiblesses, de la vitalité et des plaies. Cela peut se dire, il est vrai, de toutes les époques dont l'histoire nous entretient. Aussi avouons-nous que ce mélange d'éléments opposés se présente aujourd'hui avec un caractère particulier qui distingue notre temps et qui justifie les préoccupations passionnées dont il est l'objet. Décadence ou transition, voilà le mot de cette énigme, l'explication de ce chaos.

Mais décadence ou transition n'autorisent ni un pessimisme oisif ni un aveugle optimisme : *Les nations sont guérissables;*

si l'homme ne peut arrêter brusquement le cours d'un torrent, il lui est possible de créer des canaux de dérivation qui en amortissent la fougue et le transforment en courant paisible et bienfaisant. Quand les murs craquent de toutes parts, quand les pierres sont disjointes, le ciment tombé, les fondements ébranlés, c'est une insigne folie de vouloir empêcher la ruine imminente; ce serait sagesse de prévenir cette dislocation, tandis qu'il en est temps, et d'opposer un travail opportun d'entretien et de réparation aux ravages de la vétusté. Alors l'édifice, en se revêtant des signes augustes de la durée, garderait la beauté et la solidité de sa jeunesse.

Supposé que le mot de l'énigme contemporaine soit décadence, il n'en faut pas conclure que nous sommes en présence d'une fatalité inexorable et que, sous sa main de fer, le seul parti à prendre soit de courber silencieusement la tête.

Supposez, au contraire, que le monde est emporté dans une voie de transition qui va le conduire à de nouvelles et brillantes destinées, ce n'est pas une raison d'assister dans l'inertie à ce mouvement universel. N'y a-t-il pas là des ardeurs et des élans pour lesquels une direction est nécessaire, trop susceptibles par eux-mêmes de s'égarer dans une fausse route et de se porter au mal et à l'abîme?

Voilà les pensées qui ont inspiré le dessein de la *Bibliothèque des Chefs-d'œuvre* et qui présideront à sa composition.

Notre siècle aime l'instruction et la lecture : c'est une de ses gloires; il se laisse servir l'élément intellectuel par une littérature avilie et sceptique, c'est-à-dire, en d'autres termes, qu'il livre son intelligence et son cœur au plus funeste des poisons : c'est son malheur et sa honte.

A cette société malade, mais aussi, nous persistons à le croire, pourvue des ressources d'une abondante vitalité, nous osons apporter notre modeste contingent d'efforts, pour substituer la nourriture saine, vigoureuse, aux substances vénéneuses ou frelatées.

Pendant les trois derniers siècles et au commencement de celui-ci, la France a produit d'innombrables chefs-d'œuvre, dignes de captiver les générations présentes, de leur offrir un idéal, de les éclairer dans le chemin de la vérité et du bonheur. Il faut y ajouter ces grandes œuvres enfantées chez d'autres peuples, mais regardées à bon droit comme le patrimoine de toutes les époques et de tous les pays, parce qu'elles honorent et représentent l'esprit humain dans ce qu'il a de meilleur. Telle est la source où nous puiserons.

Un jour on découvrit à Herculanum, dans cette ville ensevelie par une éruption du Vésuve en l'an 79 de l'ère chrétienne, des espèces de rouleaux noirs rangés avec symétrie. C'était une bibliothèque antique, composée de dix-huit cents volumes. Le P. Antonio Pioggi imagina une machine pour dérouler et fixer sur des membranes transparentes ces rouleaux calcinés et friables que le moindre contact réduisait en poudre. Admirable invention, malheureusement suivie d'une déception amère! On s'attendait à retrouver quelques monuments perdus des illustres génies de Rome et de la Grèce; on ne déchiffra que des œuvres médiocres, productions d'auteurs justement oubliés. La bibliothèque d'Herculanum avait été composée à la triste image de la société romaine du moment : c'était une bibliothèque de la décadence. On peut en dire autant de beaucoup de bibliothèques de nos jours, où vous chercheriez inutilement les noms de Bossuet, de Fénelon, de Corneille, de Racine, de La Bruyère, de Buffon, de Châteaubriand. Les livres alignés sur leurs rayons doivent un retentissement de quelques semaines aux caprices d'un goût affaibli qu'ils ont contribué à corrompre et que leurs successeurs achèveront de gâter.

Notre *Bibliothèque* sera tout à fait le contraire de celles-là : le remède en face du mal.

Nous attribuerons le premier rang aux écrivains qui se sont faits, pendant toute leur carrière, les serviteurs de la foi religieuse, de la vertu et du patriotisme. Des autres nous prendrons seulement les pages où resplendissent ces grandes choses et qui peuvent réparer, dans une certaine mesure, la déplorable influence d'autres écrits.

Il est des œuvres qui, sous un air léger et badin, entretiennent le ressort délié de l'esprit français, et perpétuent ses bonnes traditions, heureux mélange de sel gaulois, d'urbanité et d'atticisme. Nous ne les exclurons pas.

Religion, philosophie, morale, histoire, éloquence, poésie, gaieté saine et charmante, ces richesses variées se trouvent dans le trésor de notre littérature. A quoi notre siècle s'est-il avisé de donner la préférence?

Tout ce qui pourrait troubler le cœur ou blesser la délicatesse des âmes sera impitoyablement effacé. On doit cette marque de respect à tous les lecteurs, mais surtout à la jeunesse.

L'intégrité des principes, la fermeté des convictions, la rectitude des idées sont aussi des biens également nécessaires et délicats. Nous avons la résolution de ne pas laisser passer une ligne qui puisse y porter atteinte. Plus on affecte aujourd'hui d'en faire bon marché, plus nous voulons montrer combien il importe de les sauvegarder.

Cette œuvre, pour atteindre son but, réclame le concours de ceux qui lisent et de ceux qui dirigent les autres dans leurs études ou leurs lectures.

Nous espérons que notre appel sera entendu des pères et mères de famille; des supérieurs de communautés, de colléges, de pensionnats; des instituteurs, des directeurs de bibliothèques paroissiales ou communales, de cercles, d'associations.

Notre programme, relativement au choix des ouvrages, se résume dans ce mot spirituel et sensé : *Ne lisez pas de bons livres, n'en lisez que..... d'excellents.* Mais cela ne suffit point. Aujourd'hui on veut de beaux livres. Nous nous efforcerons de donner satisfaction à ce noble goût : le plus grand soin présidera à l'exécution typographique de nos volumes, et nous voulons qu'ils méritent, par leur élégance, d'être donnés en cadeaux dans les familles et distribués en prix dans toutes les écoles.

AVANT-PROPOS.

Fénelon avait entrepris dans sa jeunesse un grand ouvrage sur la religion. De cette entreprise, il n'est resté que le *Traité de l'Existence de Dieu*. La première partie de ce Traité fut seule publiée du vivant de l'auteur; le P. Tournemine, dans la Préface dont il la fit précéder, donne même à entendre que cette publication eut lieu contre le gré de Fénelon. Il n'en est pas moins vrai que l'ouvrage tout entier est un chef-d'œuvre. Leibnitz lui rendit hommage. Modèle de clarté, de profondeur et de style philosophique; rassemblant, avec ce caractère d'originalité qui appartient au génie, les plus belles considérations des philosophes antérieurs, il a pris rang parmi le petit nombre de livres qui peuvent faire du bien à tous et que les plus sages doivent relire et étudier.

La Lettre sur l'*Existence de Dieu et de la Religion*,

expose d'une manière plus concise, les idées qu'on aura déjà vues dans le Traité. Elle y ajoute des considérations sur le culte divin, et montre que le culte véritable, tel que la raison le demande, ne se trouve qu'au sein du christianisme. C'est donc une courte, mais excellente et lumineuse apologie de la religion chrétienne.

La seconde *Lettre* répond à des questions sur la nécessité *du culte de Dieu*, sur *l'immortalité de l'âme*, et sur l'existence du *libre arbitre*. L'occasion qui l'inspira en augmente l'intérêt. La mort du duc de Bourgogne faisait prévoir, à la suite du règne de Louis XIV, une régence dont le duc d'Orléans devait être investi. Ce prince était déjà connu comme unissant aux qualités brillantes de l'esprit, du courage et de la générosité, une absence déplorable de fermeté et de convictions morales. Ce fut lui qui, sur la fin d'un siècle aussi théologique que le XVIIe, demanda d'être éclairé par Fénelon, sur les points fondamentaux de la religion naturelle. Quelle ne dut pas être l'émotion du grand archevêque en se voyant obligé de dissiper ces doutes qui formaient le présage si douloureux des hontes de la Régence et des ravages futurs de l'incrédulité !

C'est aussi au duc d'Orléans que la troisième *Lettre* est adressée.

La quatrième revient sur deux points délicats de la Théodicée.

La cinquième a pour objet d'exposer à un protestant les fondements et l'analyse de la foi catholique. On y remarquera la clarté avec laquelle Fénelon fait ressortir la nécessité d'une autorité doctrinale.

TRAITÉ DE L'EXISTENCE

ET DES

ATTRIBUTS DE DIEU.

PREMIÈRE PARTIE.

DÉMONSTRATION DE L'EXISTENCE DE DIEU,

TIRÉE DU SPECTACLE

DE LA NATURE ET DE LA CONNAISSANCE DE L'HOMME.

CHAPITRE PREMIER.

Preuves de l'existence de Dieu, tirées de l'aspect général de l'univers.

Je ne puis ouvrir les yeux sans admirer l'art qui éclate dans toute la nature : le moindre coup d'œil suffit pour apercevoir la main qui fait tout. Que les hommes accoutumés à méditer les vérités abstraites, et à remonter aux premiers principes, connaissent la Divinité par son idée; c'est un chemin sûr pour arriver à la source de toute vérité. Mais plus ce chemin est droit et court, plus il est rude et inaccessible au commun des hommes qui dépendent de leur imagination. C'est une démonstration si simple qu'elle échappe, par sa simplicité, aux esprits incapables des opérations purement intellectuelles. Plus cette voie de trouver le premier Etre est parfaite, moins il y a d'esprits capables de la suivre.

Mais il y a une autre voie moins parfaite, et qui est proportionnée aux hommes les plus médiocres. Les hommes les moins exercés au raisonnement, et les plus attachés aux préjugés sensibles, peuvent, d'un seul regard, découvrir celui qui se peint dans tous ses ouvrages. La sagesse et la puissance qu'il a marquées dans tout ce qu'il a fait le font voir, comme dans un miroir, à ceux qui ne peuvent le contempler dans sa propre idée. C'est une philosophie sensible et populaire, dont tout homme sans passions et sans préjugés est capable (1).

Si un grand nombre d'hommes d'un esprit subtil et pénétrant n'ont pas trouvé Dieu par ce coup d'œil jeté sur toute la nature, il ne faut pas s'en étonner : les passions qui les ont agités leur ont donné des distractions continuelles, ou bien les faux préjugés qui naissent des passions ont fermé leurs yeux à ce grand spectacle. Un homme passionné pour une grande affaire qui emporterait toute l'application de son esprit, passerait plusieurs jours dans une chambre, en négociation pour ses intérêts, sans regarder ni les proportions de la chambre, ni les ornements de la cheminée, ni les tableaux qui seraient autour de lui : tous ces objets seraient sans cesse devant ses yeux, et aucun d'eux ne ferait impression sur lui.

Ainsi vivent les hommes. Tout leur présente Dieu, et ils ne le voient nulle part. Il était dans le monde, et le monde a été fait par lui; et cependant le monde ne l'a point connu (2). Ils passent leur vie sans avoir aperçu cette représentation si sensible de la Divinité, tant la fascination du monde obscurcit leurs yeux (3). Souvent même ils ne veulent pas les ouvrir, et ils affectent de les tenir fermés, de peur de trouver celui qu'ils ne cherchent pas. Enfin, ce qui devrait le plus servir à leur ouvrir les yeux ne sert qu'à les leur fermer davantage,

(1) Humana autem anima rationalis est, quæ mortalibus vinculis peccati pœna tenebatur; ad hoc deminutionis redacta, ut per conjecturas rerum visibilium ad intelligenda invisibilia niteretur. Aug., *de Lib. Arb.*, lib. III, cap. x, n° 30.

(2) In mundo erat, et mundus per ipsum factus est, et mundus eum non cognovit. Joan., I, 10.

(3) Fascinatio nugacitatis obscurat bona. *Sap.*, IV, 12.

je veux dire la constance et la régularité des mouvements que la suprême Sagesse a mis dans l'univers.

Saint Augustin dit que ces merveilles se sont avilies par leur répétition continuelle (1). Cicéron parle précisément de même. A force de voir tous les jours les mêmes choses, l'esprit s'y accoutume aussi bien que les yeux : il n'admire ni n'ose se mettre en aucune manière en peine de chercher la cause des effets qu'il voit toujours arriver de la même sorte; comme si c'était la nouveauté, et non pas la grandeur de la chose même, qui dût nous porter à faire cette recherche (2).

Mais enfin toute la nature montre l'art infini de son auteur. Quand je parle d'un art, je veux dire un assemblage de moyens choisis tout exprès pour parvenir à une fin précise : c'est un ordre, un arrangement, une industrie, un dessein suivi. Le hasard est, tout au contraire, une cause aveugle et nécessaire, qui ne prépare, qui n'arrange, qui ne choisit rien, et qui n'a ni volonté ni intelligence. Or, je soutiens que l'univers porte le caractère d'une cause infiniment puissante et industrieuse. Je soutiens que le hasard, c'est-à-dire le concours aveugle et fortuit des causes nécessaires et privées de raison, ne peut avoir formé ce tout. C'est ici qu'il est bon de rappeler les célèbres comparaisons des anciens.

Qui croira que l'*Iliade* d'Homère, ce poëme si parfait, n'ait jamais été composé par un effort du génie d'un grand poëte, et que les caractères de l'alphabet ayant été jetés en confusion, un coup de pur hasard, comme un coup de dés, ait rassemblé toutes les lettres précisément dans l'arrangement nécessaire pour décrire, dans des vers pleins d'harmonie et de variété, tant de grands événements, pour les placer et pour les lier si bien tous ensemble, pour peindre chaque objet avec tout ce qu'il y a de plus gracieux, de plus noble et de plus touchant; enfin pour faire parler chaque personne selon son caractère, d'une manière si naïve et si passionnée? Qu'on raisonne et qu'on subtilise tant qu'on voudra, jamais on ne persuadera à un homme sensé que l'*Iliade* n'ait point d'autre auteur que le hasard. Cicéron en disait autant des

(1) Assiduitate viluerunt. *Tract.* XXIV. *in Joan.*, n° 1.

(2) Sed assiduitate quotidianâ, et consuetudine oculorum, assuescunt animi; neque admirantur, neque requirunt rationes earum rerum quas semper vident : perindè quasi novitas nos magis quam magnitudo rerum, debeat ad exquirendas causas excitare. Cic., *de Nat. Deor.*, lib. II, n° 38.

Annales d'Ennius; et il ajoutait que le hasard ne ferait jamais un seul vers, bien loin de faire tout un poëme (1). Pourquoi donc cet homme sensé croirait-il de l'univers, sans doute encore plus merveilleux que l'*Iliade*, ce que son bon sens ne lui permettra jamais de croire de ce poëme? Mais passons à une autre comparaison qui est de saint Grégoire de Nazianze (2).

Si nous entendions dans une chambre, derrière un rideau, un instrument doux et harmonieux, croirions-nous que le hasard, sans aucune main d'homme, pourrait avoir formé cet instrument? Dirions-nous que les cordes d'un violon seraient venues d'elles-mêmes se ranger et se tendre sur un bois dont les pièces se seraient collées ensemble pour former une cavité avec des ouvertures régulières? Soutiendrions-nous que l'archet, formé sans art, serait poussé par le vent pour toucher chaque corde si diversement et avec tant de justesse? Quel esprit raisonnable pourrait douter sérieusement si une main d'homme toucherait cet instrument avec tant d'harmonie? Ne s'écrierait-il pas d'abord, sans examen, qu'une main savante le toucherait? Ne nous lassons point de faire sentir la même vérité.

Qui trouverait, dans une île déserte et inconnue à tous les hommes, une belle statue de marbre, dirait aussitôt : Sans doute il y a eu ici autrefois des hommes : je reconnais la main d'un habile sculpteur; j'admire avec quelle délicatesse il a su proportionner tous les membres de ce corps, pour leur donner tant de beauté, de grâce, de majesté, de vie, de tendresse, de mouvement et d'action.

Que répondrait cet homme si quelqu'un s'avisait de lui dire : Non, un sculpteur ne fit jamais cette statue. Elle est faite, il est vrai, selon le goût le plus exquis, et dans les règles de la perfection; mais c'est le hasard tout seul qui l'a faite. Parmi tant de morceaux de marbre, il y en a eu un qui s'est formé ainsi de lui-même; les pluies et les vents l'ont détaché de la montagne; un orage très-violent l'a jeté tout droit sur ce piédestal, qui s'était préparé de lui-même dans cette place. C'est un Apollon parfait comme celui du Belvédère; c'est une Vénus qui égale celle de Médicis; c'est un

(1) *De Nat. Deor.*, lib. II, nº 37.
(2) *Orat.*, XXVIII. Or. XXXIV, nº 6; edit. Ben.

Hercule qui ressemble à celui de Farnèse. Vous croiriez, il est vrai, que cette figure marche, qu'elle pense, et qu'elle va parler : mais elle ne doit rien à l'art, et c'est un coup aveugle du hasard qui l'a si bien finie et placée.

Si on avait devant les yeux un beau tableau qui représentât, par exemple, le passage de la mer Rouge, avec Moïse, à la voix duquel les eaux se fendent et s'élèvent comme deux murs, pour faire passer les Israélites à pied sec au travers des abîmes, on verrait d'un côté cette multitude innombrable de peuples pleins de confiance et de joie, levant les mains au ciel; de l'autre côté, on apercevrait Pharaon avec les Égyptiens, pleins de trouble et d'effroi à la vue des vagues qui se rassembleraient pour les engloutir. En vérité, où serait l'homme qui osât dire qu'une servante barbouillant au hasard cette toile avec un balai, les couleurs se seraient rangées d'elles-mêmes pour former ce vif coloris, ces attitudes si variées, ces airs de tête si passionnés, cette belle ordonnance de figures en si grand nombre sans confusion, ces accommodements de draperies, ces distributions de lumière, ces dégradations de couleurs, cette exacte perspective; enfin tout ce que le plus beau génie d'un peintre peut rassembler?

Encore s'il n'était question que d'un peu d'écume à la bouche d'un cheval, j'avoue, suivant l'histoire qu'on en raconte, et que je suppose sans l'examiner, qu'un coup de pinceau jeté de dépit par le peintre pourrait, une seule fois dans la suite des siècles, la bien représenter. Mais au moins le peintre avait-il déjà choisi, avec dessein, les couleurs les plus propres à représenter cette écume, pour les préparer au bout du pinceau. Ainsi ce n'est qu'un peu de hasard qui a achevé ce que l'art avait déjà commencé. De plus, cet ouvrage de l'art et du hasard tout ensemble, n'était qu'un peu d'écume, objet confus, et propre à faire honneur à un coup de hasard; objet informe, qui ne demande qu'un peu de couleur blanchâtre échappée au pinceau, sans aucune figure précise, ni aucune correction de dessin. Quelle comparaison de cette écume avec tout un dessin d'histoire suivie, où l'imagination la plus féconde et le génie le plus hardi, étant soutenus par la science des règles, suffisent à peine pour exécuter ce qui compose un tableau excellent?

Je ne puis me résoudre à quitter ces exemples, sans prier le lecteur de remarquer que les hommes les plus sensés ont naturellement une peine extrême à croire que les bêtes n'aient aucune connaissance, et qu'elles soient de pures machines. D'où vient cette répugnance invincible en tant de bons esprits? C'est qu'ils supposent avec raison que des mouvements si justes, et d'une si parfaite mécanique, ne peuvent se faire sans quelque industrie, et que la matière seule, sans art, ne peut faire ce qui marque tant de connaissance. On voit par là que la raison la plus droite conclut naturellement que la matière seule ne peut, ni par les lois simples du mouvement, ni par les coups capricieux du hasard, faire des animaux qui ne soient que de pures machines. Les philosophes mêmes qui n'attribuent aucune connaissance aux animaux ne peuvent éviter de reconnaître que ce qu'ils supposent aveugle et sans art, dans ces machines, est plein de sagesse et d'art dans le premier moteur qui en a fait les ressorts et qui en a réglé les mouvements. Ainsi les philosophes les plus opposés reconnaissent également que la matière et le hasard ne peuvent produire, sans art, tout ce qu'on voit dans les animaux.

CHAPITRE II.

Preuves de l'existence de Dieu, tirées de la considération des principales merveilles de la nature.

Après ces comparaisons, sur lesquelles je prie le lecteur de se consulter simplement soi-même, sans raisonner, je crois qu'il est temps d'entrer dans le détail de la nature. Je ne prétends pas la pénétrer tout entière : qui le pourrait? Je ne prétends même entrer dans aucune discussion de physique : ces discussions supposeraient certaines connaissances approfondies que beaucoup de gens d'esprit n'ont jamais acquises; et je ne veux leur proposer que le simple coup d'œil de la face de la nature; je ne veux leur parler que de ce que tout le monde sait, et qui ne demande qu'un peu d'attention tranquille et sérieuse.

Arrêtons-nous d'abord au grand objet qui attire nos premiers regards, je veux dire la structure générale de l'univers. Jetons les yeux sur cette terre qui nous porte; regardons cette voûte immense des cieux qui nous couvre, ces abîmes d'air et d'eau qui nous environnent, et ces astres qui nous éclairent. Un homme qui vit sans réflexion ne pense qu'aux espaces qui sont auprès de lui, ou qui ont quelque rapport à ses besoins : il ne regarde la terre entière que comme le plancher de sa chambre, et le soleil qui l'éclaire pendant le jour, que comme la bougie qui l'éclaire pendant la nuit : ses pensées se renferment dans le lieu étroit qu'il habite. Au contraire, l'homme accoutumé à faire des réflexions étend ses regards plus loin, et considère avec curiosité les abîmes presque infinis dont il est environné de toutes parts. Un vaste royaume ne lui paraît alors qu'un petit coin de la terre; la terre elle-même n'est à ses yeux qu'un point dans la masse de l'univers; et il admire de s'y voir placé, sans savoir comment il y a été mis.

Qui est-ce qui a suspendu ce globe de la terre, qui est immobile? qui est-ce qui en a posé les fondements? Rien n'est, ce semble, plus vil qu'elle; les plus malheureux la foulent aux pieds. Mais c'est pourtant pour la posséder qu'on donne tous les plus grands trésors. Si elle était plus dure, l'homme ne pourrait en ouvrir le sein pour la cultiver; si elle était moins dure, elle ne pourrait le porter; il enfoncerait partout, comme il enfonce dans le sable ou dans un bourbier. C'est du sein inépuisable de la terre que sort tout ce qu'il y a de plus précieux. Cette masse informe, vile et grossière, prend toutes les formes les plus diverses, et elle seule devient tour à tour tous les biens que nous lui demandons : cette boue si sale se transforme en mille beaux objets qui nous charment les yeux; en une seule année, elle devient branches, boutons, feuilles, fleurs, fruits et semences, pour renouveler ses libéralités en faveur des hommes. Rien ne l'épuise : plus on déchire ses entrailles, plus elle est libérale. Après tant de siècles, pendant lesquels tout est sorti d'elle, elle n'est point encore usée : elle ne ressent aucune vieillesse; ses entrailles sont encore pleines des mêmes trésors. Mille générations ont passé dans son sein; tout vieillit, excepté elle seule; elle se rajeunit chaque année au printemps. Elle ne manque jamais aux hommes : mais les hommes insensés se manquent à eux-mêmes en négligeant de la cultiver; c'est par leur paresse et par leurs désordres qu'ils laissent croître les ronces et les épines en la place des vendanges et des moissons : ils se disputent un bien qu'ils laissent perdre. Les conquérants laissent en friche la terre pour la possession de laquelle ils ont fait périr tant de milliers d'hommes, et ont passé leur vie dans une si terrible agitation. Les hommes ont devant eux des terres immenses qui sont vides et incultes; et ils renversent le genre humain pour un coin de cette terre si négligée.

La terre, si elle était bien cultivée, nourrirait cent fois plus d'hommes qu'elle n'en nourrit. L'inégalité même des terroirs, qui paraît d'abord un défaut, se tourne en ornement et en utilité. Les montagnes se sont élevées, et les vallons sont descendus en la place que le Seigneur leur a marquée. Ces diverses terres, suivant les divers aspects du soleil, ont leurs avantages. Dans ces profondes vallées on voit croître l'herbe fraîche pour nourrir les troupeaux : auprès d'elles s'ouvrent de vastes campagnes, revêtues de riches moissons. Ici des coteaux s'élèvent comme en amphithéâtre, et sont couronnés de vignobles et d'arbres fruitiers; là de hautes montagnes vont porter leur front glacé jusque dans les nues, et les torrents qui en tombent sont les sources des rivières. Les rochers, qui montrent leur cime escarpée, soutiennent la terre des montagnes, comme les os du corps humain en soutiennent les chairs. Cette variété fait le charme des paysages, et en même temps elle satisfait aux divers besoins des peuples.

Il n'y a point de terroir si ingrat qui n'ait quelque propriété. Non-seulement les terres noires et fertiles, mais encore les argileuses et les graveleuses, récompensent l'homme de ses peines : les marais desséchés deviennent fertiles; les sables ne couvrent d'ordinaire que la surface de la terre; et quand le laboureur a la patience d'enfoncer, il trouve un terroir neuf, qui se fertilise à mesure qu'on le remue et qu'on l'expose aux rayons du soleil. Il n'y a presque point de terre entièrement ingrate, si l'homme ne se lasse point de la remuer pour l'exposer au soleil (1), et s'il ne lui demande que ce qu'elle est propre à porter. Au milieu des pierres et des rochers on trouve d'excellents pâturages; il y a, dans leurs cavités, des veines que les rayons du soleil pénètrent, et qui fournissent aux plantes, pour nourrir les troupeaux, des sucs très-savoureux. Les côtes mêmes qui paraissent les plus stériles et les plus sauvages offrent souvent des fruits délicieux, ou des remèdes très-salutaires, qui manquent dans les plus fertiles pays.

D'ailleurs, c'est par un effet de la Providence divine que nulle terre ne porte tout ce qui sert à la vie humaine; car le besoin invite les hommes au commerce, pour se donner mutuellement ce qui leur manque, et ce besoin est le lien naturel de la société entre les nations : autrement tous les peuples du monde seraient réduits à une seule sorte d'habits et d'aliments; rien ne les inviterait à se connaître et à s'entrevoir.

Tout ce que la terre produit, se corrompant, rentre dans son sein, et devient le germe d'une nouvelle fécondité. Ainsi elle reprend tout ce qu'elle a donné, pour le rendre encore. Ainsi la corruption des plantes, et les excréments des animaux qu'elle nourrit, la nourrissent elle-même et perpétuent sa fer-

(1) XENOPH., *Œconom.*

tilité. Ainsi, plus elle donne, plus elle reprend; et elle ne s'épuise jamais, pourvu qu'on sache, dans la culture, lui rendre ce qu'elle a donné. Tout sort de son sein, tout y rentre, et rien ne s'y perd. Toutes les semences qui y retournent se multiplient. Confiez à la terre des grains de blé; en se pourrissant ils germent, et cette mère féconde vous rend avec usure plus d'épis qu'elle n'a reçu de grains. Creusez dans ses entrailles, vous y trouverez la pierre et le marbre pour les plus superbes édifices. Mais qui est-ce qui a renfermé tant de trésors dans son sein, à condition qu'ils se reproduisent sans cesse? Voyez tant de métaux précieux et utiles, tant de minéraux destinés à la commodité de l'homme.

Admirez les plantes qui naissent de la terre; elles fournissent des aliments aux sains, et des remèdes aux malades. Leurs espèces et leurs vertus sont innombrables : elles ornent la terre; elles donnent de la verdure, des fleurs odoriférantes et des fruits délicieux. Voyez-vous ces vastes forêts qui paraissent aussi anciennes que le monde? Ces arbres s'enfoncent dans la terre par leurs racines, comme leurs branches s'élèvent vers le ciel; leurs racines les défendent contre les vents, et vont chercher, comme par de petits tuyaux souterrains, tous les sucs destinés à la nourriture de leur tige; la tige elle-même se revêt d'une dure écorce, qui met le bois tendre à l'abri des injures de l'air; les branches distribuent en divers canaux la sève que les racines avaient réunie dans le tronc. En été, ces rameaux nous protégent de leur ombre contre les rayons du soleil; en hiver, ils nourrissent la flamme qui conserve en nous la chaleur naturelle. Leur bois n'est pas seulement utile pour le feu; c'est une matière douce, quoique solide et durable, à laquelle la main de l'homme donne sans peine toutes les formes qu'il lui plaît, pour les plus grands ouvrages de l'architecture et de la navigation. De plus, les arbres fruitiers, en penchant leurs rameaux vers la terre, semblent offrir leurs fruits à l'homme. Les arbres et les plantes, en laissant tomber leurs fruits ou leurs graines, se préparent autour d'eux une nombreuse postérité. La plus faible plante, le moindre légume, contient en petit volume, dans une graine, le germe de tout ce qui se déploie dans les plus hautes plantes et dans les plus grands arbres. La terre, qui ne change jamais, fait tous ces changements dans son sein.

Regardons maintenant ce qu'on appelle l'eau : c'est un corps liquide, clair et transparent. D'un côté, il coule, il échappe, il s'enfuit; de l'autre, il prend toutes les formes du corps qui l'environnent, n'en ayant aucune par lui-même. Si l'eau était un peu plus raréfiée, elle deviendrait une espèce d'air; toute la face de la terre serait sèche et stérile; il n'y aurait que des animaux volatiles; nulle espèce d'animal ne pourrait nager, nul poisson ne pourrait vivre, il n'y aurait aucun commerce par la navigation. Quelle main industrieuse a su épaissir l'eau en subtilisant l'air, et distinguer si bien ces deux espèces de corps fluides?

Si l'eau était un peu plus raréfiée, elle ne pourrait plus soutenir ces prodigieux édifices flottants qu'on nomme vaisseaux; les corps les moins pesants s'enfonceraient d'abord dans l'eau. Qui est-ce qui a pris le soin de choisir une si juste configuration de parties, et un degré si précis de mouvement, pour rendre l'eau si fluide, si insinuante, si propre à échapper, si incapable de toute consistance, et néanmoins si forte pour porter et si impétueuse pour entraîner les plus pesantes masses? Elle est docile; l'homme la mène, comme un cavalier mène un cheval sur la pointe des rênes; il la distribue comme il lui plaît; il l'élève sur des montagnes escarpées, et se sert de son poids même pour lui faire faire des chutes qui la font remonter autant qu'elle est descendue. Mais l'homme, qui mène les eaux avec tant d'empire, est à son tour mené par elles. L'eau est une des plus grandes forces mouvantes que l'homme sache employer, pour suppléer à ce qui lui manque, dans les arts les plus nécessaires, par la petitesse et par la faiblesse de son corps.

Mais ces eaux, qui, nonobstant leur fluidité; sont des masses si pesantes, ne laissent pas de s'élever au-dessus de nos têtes, et d'y demeurer longtemps suspendues. Voyez-vous ces nuages qui volent comme sur les ailes des vents (1)? S'ils tombaient tout à coup par de grosses colonnes d'eau, rapides comme des torrents, ils submergeraient et détruiraient tout dans l'endroit de leur chute; et le reste des terres demeurerait aride. Quelle main les tient dans ces réservoirs suspendus, et ne leur permet de tomber que goutte à goutte, comme si on les distillait par un arrosoir? D'où vient qu'en certains pays chauds, où il ne pleut presque jamais, les rosées de la nuit sont si abondantes qu'elles suppléent au défaut de la pluie; et qu'en d'autres pays, tels que les bords du Nil et du Gange,

(1) Super pennas ventorum. *Ps.* CIII, 3.

l'inondation régulière des fleuves en certaines saisons pourvoit, à point nommé, aux besoins des peuples pour arroser les terres? Peut-on imaginer des mesures mieux prises pour rendre tous les pays fertiles?

Ainsi l'eau désaltère non-seulement les hommes, mais encore les campagnes arides, et celui qui nous a donné ce corps fluide l'a distribué avec soin sur la terre, comme les canaux d'un jardin. Les eaux tombent des hautes montagnes où leurs réservoirs sont placés; elles s'assemblent en gros ruisseaux dans les vallées : les rivières serpentent dans les vastes campagnes pour les mieux arroser; elles vont enfin se précipiter dans la mer, pour en faire le centre du commerce à toutes les nations. Cet Océan, qui semble mis au milieu des terres pour en faire une éternelle séparation, est au contraire le rendez-vous de tous les peuples, qui ne pourraient aller par terre d'un bout du monde à l'autre qu'avec des fatigues, des longueurs et des dangers incroyables. C'est par ce chemin sans traces, au travers des abîmes, que l'ancien monde donne la main au nouveau, et que le nouveau prête à l'ancien tant de commodités et de richesses.

Les eaux distribuées avec tant d'art font une circulation dans la terre, comme le sang circule dans le corps humain. Mais outre cette circulation perpétuelle de l'eau, il y a encore le flux et reflux de la mer. Ne cherchons point les causes de cet effet si mystérieux. Ce qui est certain, c'est que la mer vous porte et vous reporte précisément aux mêmes lieux à certaines heures. Qui est-ce qui la fait se retirer, et puis revenir sur ses pas avec tant de régularité? Un peu plus ou un peu moins de mouvement dans cette masse fluide déconcerterait toute la nature : un peu plus de mouvement dans les eaux qui remontent inonderait des royaumes entiers. Qui est-ce qui a su prendre des mesures si justes dans des corps immenses? Qui est-ce qui a su éviter le trop et le trop peu? Quel doigt a marqué à la mer, sur son rivage, la borne immobile qu'elle doit respecter dans la suite de tous les siècles, en lui disant : Là vous viendrez briser l'orgueil de vos vagues (1)?

Mais ces eaux si coulantes deviennent tout à coup, pendant l'hiver, dures comme des rochers : les sommets des hautes montagnes ont même en tout temps des glaces et des neiges, qui sont les sources des rivières, et qui, abreuvant les pâtu-

(1) *Job*, XXXVIII, 11.

rages, les rendent plus fertiles. Ici les eaux sont douces pour désaltérer l'homme; là elles ont un sel qui assaisonne et rend incorruptibles nos aliments. Enfin, si je lève la tête, j'aperçois, dans les nuées qui volent au-dessus de nous, des espèces de mers suspendues pour tempérer l'air, pour arrêter les rayons enflammés du soleil, et pour arroser la terre quand elle est trop sèche. Quelle main a pu suspendre sur nos têtes ces grands réservoirs d'eaux? Quelle main prend soin de ne les laisser jamais tomber que par des pluies modérées?

Après avoir considéré les eaux, appliquons-nous à examiner d'autres masses encore plus étendues. Voyez-vous ce qu'on nomme l'air? c'est un corps si pur, si subtil et si transparent, que les rayons des astres situés dans une distance presque infinie de nous le percent tout entier sans peine, et en un seul instant, pour venir éclairer nos yeux. Un peu moins de subtilité dans ce corps fluide nous aurait dérobé le jour, ou ne nous aurait laissé tout au plus qu'une lumière sombre et confuse, comme quand l'air est plein de brouillards épais. Nous vivons plongés dans des abîmes d'air, comme les poissons dans des abîmes d'eau. De même que l'eau, si elle se subtilisait, deviendrait une espèce d'air qui ferait mourir les poissons; l'air, de son côté, nous ôterait la respiration, s'il devenait plus épais et plus humide : alors nous nous noierions dans les flots de cet air épaissi, comme un animal terrestre se noie dans la mer. Qui est-ce qui a purifié avec tant de justesse cet air que nous respirons? S'il était plus épais, il nous suffoquerait; comme, s'il était plus subtil, il n'aurait pas cette douceur qui en fait une nourriture continuelle du dedans de l'homme : nous éprouverions partout ce qu'on éprouve sur le sommet des montagnes les plus hautes, où la subtilité de l'air ne fournit rien d'assez humide et d'assez nourrissant pour les poumons.

Mais quelle puissance invisible excite et apaise si soudainement les tempêtes de ce grand corps fluide? Celles de la mer n'en sont que les suites. De quel trésor sont tirés les vents qui purifient l'air, qui attiédissent les saisons brûlantes, qui tempèrent la rigueur des hivers, et qui changent en un instant la face du ciel? Sur les ailes de ces vents volent les nuées d'un bout de l'horizon à l'autre. On sait que certains vents règnent en certaines mers dans des saisons précises : ils durent un temps réglé; et il leur en succède d'autres, comme tout exprès pour rendre les navigations commodes et régulières, pourvu que les hommes soient patients et aussi ponctuels que les vents, ils feront sans peine les plus longues navigations.

Voyez-vous ce feu qui paraît allumé dans les astres, et qui répand partout la lumière? Voyez-vous cette flamme que certaines montagnes vomissent, et que la terre nourrit de soufre dans ses entrailles? Ce même feu demeure paisiblement caché dans les veines des cailloux, et il y attend à éclater jusqu'à ce que le choc d'un autre corps l'excite, pour ébranler les villes et les montagnes. L'homme a su l'allumer et l'attacher à tous ses usages, pour plier les plus durs métaux, et pour nourrir avec du bois, jusque dans les climats les plus glacés, une flamme qui lui tienne lieu du soleil quand le soleil s'éloigne de lui. Cette flamme se glisse subtilement dans toutes les semences; elle est comme l'âme de tout ce qui vit; elle consume tout ce qui est impur, et renouvelle ce qu'elle a purifié. Le feu prête sa force aux hommes trop faibles; il enlève tout à coup les édifices et les rochers. Mais veut-on le borner à un usage plus modéré, il réchauffe l'homme, et il cuit ses aliments. Les anciens, admirant le feu, ont cru que c'était un trésor céleste que l'homme avait dérobé aux dieux.

Il est temps de lever nos yeux vers le ciel. Quelle puissance a construit au-dessus de nos têtes une si vaste et si superbe voûte? Quelle étonnante variété d'admirables objets! C'est pour nous donner un beau spectacle, qu'une main toute-puissante a mis devant nos yeux de si grands et de si éclatants objets. C'est pour nous faire admirer le ciel, dit Cicéron (1), que Dieu a fait l'homme autrement que le reste des animaux. Il est droit, et lève la tête, pour être occupé de ce qui est au-dessus de lui. Tantôt nous voyons un azur sombre, où les feux les plus purs étincellent; tantôt nous voyons dans un ciel tempéré les plus douces couleurs, avec des nuances que la peinture ne peut imiter; tantôt nous voyons des nuages de toutes les figures et de toutes les couleurs les plus vives, qui changent à chaque moment cette décoration par les plus beaux accidents de lumière.

La succession régulière des jours et des nuits, que fait-elle entendre? Le soleil ne manque jamais, depuis tant de siècles, à servir les hommes, qui ne peuvent se passer de lui. L'aurore, depuis des milliers d'années, n'a pas manqué une seule

(1) *De Nat. Deor.*, lib. II, n° 56.

fois d'annoncer le jour : elle le commence à point nommé au moment et au lieu réglés. Le soleil, dit l'Écriture (1), sait où il doit se coucher chaque jour. Par là il éclaire tour à tour les deux côtés du monde, et visite tous ceux auxquels il doit ses rayons. Le jour est le temps de la société et du travail : la nuit, enveloppant de ses ombres la terre, finit tour à tour toutes les fatigues, et adoucit toutes les peines ; elle suspend, elle calme tout ; elle répand le silence et le sommeil ; en délassant les corps, elle renouvelle les esprits. Bientôt le jour revient pour rappeler l'homme au travail, et pour ranimer toute la nature.

Mais outre ce cours si constant qui forme les jours et les nuits, le soleil nous en montre un autre par lequel il s'approche pendant six mois d'un pôle, et au bout de six mois revient avec la même diligence sur ses pas pour visiter l'autre. Ce bel ordre fait qu'un seul soleil suffit à toute la terre. S'il était plus grand, dans la même distance, il embraserait tout le monde ; la terre s'en irait en poudre : si, dans la même distance, il était moins grand, la terre serait toute glacée et inhabitable : si, dans la même grandeur, il était plus voisin de nous, il nous enflammerait : si, dans la même grandeur, il était plus éloigné de nous, nous ne pourrions subsister dans le globe terrestre, faute de chaleur. Quel compas, dont le tour embrasse le ciel et la terre, a pris des mesures si justes ? Cet astre ne fait pas moins de bien à la partie dont il s'éloigne pour la tempérer, qu'à celle dont il s'approche pour la favoriser de ses rayons. Ses regards bienfaisants fertilisent tout ce qu'il voit. Ce changement fait celui des saisons, dont la variété est si agréable. Le printemps fait taire les vents glacés, montre les fleurs et promet les fruits. L'été donne les riches moissons. L'automne répand les fruits promis par le printemps ; et l'hiver, qui est une espèce de nuit où l'homme se délasse, ne concentre tous les trésors de la terre qu'afin que le printemps suivant les déploie avec toutes les grâces de la nouveauté. Ainsi la nature diversement parée donne tour à tour tant de beaux spectacles, qu'elle ne laisse jamais à l'homme le temps de se dégoûter de ce qu'il possède.

Mais comment est-ce que le cours du soleil peut être si régulier ? Il paraît que cet astre n'est qu'un globe de flamme très-subtile, et par conséquent très-fluide. Qui est-ce qui tient

(1) Sol cognovit occasum suum. *Ps.* CIII, 19.

cette flamme, si mobile et si impétueuse, dans les bornes précises d'un globe parfait? Quelle main conduit cette flamme dans un chemin si droit, sans qu'elle s'échappe jamais d'aucun côté? Cette flamme ne tient à rien, et il n'y a aucun corps qui pût ni la guider ni la tenir assujettie. Elle consumerait bientôt tout corps qui la tiendrait renfermée dans son enceinte. Où va-t-elle? Qui lui a appris à tourner sans cesse et si régulièrement dans des espaces où rien ne la gêne? Ne circule-t-elle pas autour de nous tout exprès pour nous servir? Que si cette flamme ne tourne pas, et si au contraire c'est nous qui tournons autour d'elle, je demande d'où vient qu'elle est si bien placée dans le centre de l'univers, pour être comme le foyer ou le cœur de toute la nature? Je demande d'où vient que ce globe, d'une matière si subtile, ne s'échappe jamais d'aucun côté dans ces espaces immenses qui l'environnent, et où tous les corps qui sont fluides semblent devoir céder à l'impétuosité de cette flamme? Enfin je demande d'où vient que le globe de la terre, qui est si dur, tourne si régulièrement autour de cet astre, dans les espaces où nul corps solide ne le tient assujetti, pour régler son cours? Qu'on cherche tant qu'on voudra, dans la physique, les raisons les plus ingénieuses pour expliquer ce fait : toutes ces raisons, supposé même qu'elles soient vraies, se tourneront en preuves de la Divinité. Plus le ressort qui conduit la machine de l'univers est juste, simple, constant, assuré, et fécond en effets utiles, plus il faut qu'une main très-puissante et très-industrieuse ait su choisir ce ressort, le plus parfait de tous.

Mais regardons encore une fois ces voûtes immenses, où brillent les astres, et qui couvrent nos têtes. Si ce sont des voûtes solides, qui en est l'architecte? Qui est-ce qui a attaché tant de grands corps lumineux à certains endroits de ces voûtes, de distance en distance? Qui est-ce qui fait tourner si régulièrement ces voûtes autour de nous? Si au contraire les cieux ne sont que des espaces immenses remplis de corps fluides, comme l'air qui nous environne, d'où vient que tant de corps solides y flottent sans s'enfoncer jamais, et sans se rapprocher jamais les uns des autres? Depuis tant de siècles que nous avons des observations astronomiques, on est encore à découvrir le moindre dérangement dans les cieux. Un corps fluide donne-t-il un arrangement si constant et si régulier aux corps solides qui nagent circulairement dans son enceinte?

Mais que signifie cette multitude presque innombrable d'étoiles? La profusion avec laquelle la main de Dieu les a répandues sur son ouvrage fait voir qu'elles ne coûtent rien à sa puissance. Il en a semé les cieux, comme un prince magnifique répand l'argent à pleines mains, ou comme il met des pierreries sur un habit. Que quelqu'un dise, tant qu'il lui plaira, que ce sont autant de mondes semblables à la terre que nous habitons; je le suppose pour un moment. Combien doit être puissant et sage celui qui fait des mondes aussi innombrables que les grains de sable qui couvrent le rivage des mers, et qui conduit sans peine, pendant tant de siècles, tous ces mondes errants, comme un berger conduit un troupeau! Si au contraire ce sont seulement des flambeaux allumés pour luire à nos yeux dans ce petit globe qu'on nomme la terre, quelle puissance, que rien ne lasse, et à qui rien ne coûte! Quelle profusion, pour donner à l'homme, dans ce petit coin de l'univers, un spectacle si étonnant!

Mais parmi ces astres, j'aperçois la lune, qui semble partager avec le soleil le soin de nous éclairer. Elle se montre à point nommé, avec toutes les étoiles, quand le soleil est obligé d'aller ramener le jour dans l'autre hémisphère. Ainsi la nuit même, malgré ses ténèbres, a une lumière, sombre à la vérité, mais douce et utile. Cette lumière est empruntée du soleil, quoique absent. Ainsi tout est ménagé dans l'univers avec un si bel art, qu'un globe voisin de la terre, et aussi ténébreux qu'elle par lui-même, sert néanmoins à lui renvoyer par réflexion les rayons qu'il reçoit du soleil; et que le soleil éclaire par la lune les peuples qui ne peuvent le voir, pendant qu'il doit en éclairer d'autres.

Le mouvement des astres, dira-t-on, est réglé par des lois immuables. Je suppose le fait; mais c'est ce fait même qui prouve ce que je veux établir. Qui est-ce qui a donné à toute la nature des lois tout ensemble si constantes et si salutaires, des lois si simples, qu'on est tenté de croire qu'elles s'établissent d'elles-mêmes; et si fécondes en effets utiles, qu'on ne peut s'empêcher d'y reconnaître un art merveilleux? D'où nous vient la conduite de cette machine universelle, qui travaille sans cesse pour nous, sans que nous y pensions? A qui attribuerons-nous l'assemblage de tant de ressorts si profonds et si bien concertés, et de tant de corps grands et petits, visibles et invisibles, qui conspirent également pour nous servir? Le moindre atome de cette machine, qui viendrait à se déranger, démonterait toute la nature. Les ressorts d'une montre ne sont point liés avec tant d'industrie et de justesse. Quel est donc ce dessein si suivi, si beau, si bienfaisant? La nécessité de ces lois, loin de m'empêcher d'en chercher l'auteur, ne fait qu'augmenter ma curiosité et mon admiration. Il fallait qu'une main également industrieuse et puissante mît dans son ouvrage un ordre également simple et fécond; constant et utile. Je ne crains donc pas de dire, avec l'Ecriture, que chaque étoile se hâte d'aller où le Seigneur l'envoie; et que, quand il parle, elles répondent avec tremblement: Nous voici: *Adsumus* (1).

Mais tournons nos regards vers les animaux, encore plus dignes d'admiration que les cieux et les astres. Il y en a des espèces innombrables. Les uns n'ont que deux pieds, d'autres en ont quatre, d'autres en ont un très-grand nombre. Les uns marchent, les autres rampent, d'autres volent, d'autres nagent, d'autres volent, marchent et nagent tout ensemble. Les ailes des oiseaux et les nageoires des poissons sont des rames qui fendent la vague de l'air ou de l'eau, et qui conduisent le corps flottant de l'oiseau ou du poisson, dont la structure est semblable à celle d'un navire. Mais les ailes des oiseaux ont des plumes avec un duvet qui s'enfle à l'air, et qui s'appesantirait dans les eaux: au contraire les nageoires des poissons ont des pointes dures et sèches, qui fendent l'eau sans en être imbibées, et qui ne s'appesantissent point quand on les mouille. Certains oiseaux qui nagent, comme les cygnes, élèvent en haut leurs ailes et tout leur plumage, de peur de le mouiller, et afin qu'il leur serve comme de voile. Ils ont l'art de tourner ce plumage du côté du vent, et d'aller, comme les vaisseaux, à la bouline, quand le vent ne leur est pas favorable. Les oiseaux aquatiques, tels que les canards, ont aux pattes de grandes peaux qui s'étendent, et qui font des raquettes à leurs pieds, pour les empêcher d'enfoncer dans les bords marécageux des rivières.

Parmi ces animaux, les bêtes féroces, telles que les lions, sont celles qui ont les muscles les plus gros aux épaules, aux cuisses et aux jambes: aussi ces animaux sont-ils souples, agiles, nerveux, et prompts à s'élancer. Les os de leurs mâchoires sont prodigieux, à proportion du reste de leur corps. Ils ont des dents et des griffes, qui leur servent d'armes

(1) *Baruch*, III, 35.

terribles pour déchirer et pour dévorer les autres animaux.

Par la même raison, les oiseaux de proie, comme les aigles, ont un bec et des ongles qui percent tout. Les muscles de leurs ailes sont d'une extrême grandeur, et d'une chair très-dure, afin que leurs ailes aient un mouvement plus fort et plus rapide. Aussi ces animaux, quoique assez pesants, s'élèvent-ils sans peine jusque dans les nues, d'où ils s'élancent comme la foudre sur toute proie qui peut les nourrir.

D'autres animaux ont des cornes : leur plus grande force est dans les reins et dans le cou. D'autres ne peuvent que ruer. Chaque espèce a ses armes offensives ou défensives. Leurs chasses sont des espèces de guerres qu'ils font les uns contre les autres, pour les besoins de la vie.

Ils ont aussi leurs règles et leur police. L'un porte, comme la tortue, sa maison dans laquelle il est né; l'autre bâtit la sienne, comme l'oiseau, sur les plus hautes branches des arbres, pour préserver ses petits de l'insulte des animaux qui ne sont point ailés. Il pose même son nid dans les feuillages les plus épais, pour le cacher à ses ennemis. Un autre, comme le castor, va bâtir jusqu'au fond des eaux d'un étang l'asile qu'il se prépare, et sait élever des digues pour le rendre inaccessible par l'inondation. Un autre, comme la taupe, naît avec un museau si pointu et si aiguisé, qu'il perce en un moment le terrain le plus dur, pour se faire une retraite souterraine. Le renard sait creuser un terrier avec deux issues, pour n'être point surpris, et pour éluder les piéges du chasseur.

Les animaux reptiles sont d'une autre fabrique. Ils se plient, ils se replient; par les évolutions de leurs muscles, ils gravissent, ils embrassent, ils serrent, ils accrochent les corps qu'ils rencontrent; ils se glissent subtilement partout. Leurs organes sont presque indépendants les uns des autres : aussi vivent-ils encore après qu'on les a coupés.

Les oiseaux, dit Cicéron (1), qui ont les jambes longues, ont aussi le cou long à proportion, pour pouvoir abaisser leur bec jusqu'à terre, et y prendre leurs aliments. Le chameau est de même. L'éléphant, dont le cou serait trop pesant par sa grosseur, s'il était aussi long que celui du chameau, a été pourvu d'une trompe, qui est un tissu de nerfs et de muscles, qu'il allonge, qu'il retire, qu'il replie en tous sens, pour saisir les

(1) *De Nat. Deor.*, lib. II, n° 47.

corps, pour les enlever et pour les repousser : aussi les Latins ont-ils appelé cette trompe une main.

Certains animaux paraissent faits pour l'homme. Le chien est né pour le caresser, pour se dresser comme il lui plaît, pour lui donner une image agréable de société, d'amitié, de fidélité et de tendresse, pour garder tout ce qu'on lui confie, pour prendre à la course beaucoup d'autres bêtes avec ardeur, et pour les laisser ensuite à l'homme, sans en rien retenir. Le cheval et les autres animaux semblables se trouvent sous la main de l'homme, pour le soulager dans son travail, et pour se charger de mille fardeaux. Ils sont nés pour porter, pour marcher, pour soulager l'homme dans sa faiblesse, et pour obéir à tous ses mouvements. Les bœufs ont la force et la patience en partage, pour traîner la charrue et pour labourer. Les vaches donnent des ruisseaux de lait. Les moutons ont, dans leur toison, un superflu qui n'est pas pour eux, et qui se renouvelle pour inviter l'homme à les tondre toutes les années. Les chèvres mêmes fournissent un crin long, qui leur est inutile, et dont l'homme fait des étoffes pour se couvrir. Les peaux des animaux fournissent à l'homme les plus belles fourrures dans les pays les plus éloignés du soleil. Ainsi l'auteur de la nature a vêtu ces bêtes selon leur besoin : et leurs dépouilles servent encore ensuite d'habits aux hommes, pour les réchauffer dans ces climats glacés.

Les animaux qui n'ont presque point de poil ont une peau très-épaisse et très-dure comme des écailles : d'autres ont des écailles mêmes, qui se couvrent les unes les autres comme les tuiles d'un toit, et qui s'entr'ouvrent ou se resserrent, suivant qu'il convient à l'animal de se dilater ou de se resserrer. Ces peaux et ces écailles servent aux besoins des hommes.

Ainsi, dans la nature, non-seulement les plantes, mais encore les animaux, sont faits pour notre usage. Les bêtes farouches mêmes s'apprivoisent, ou du moins craignent l'homme. Si tous les pays étaient peuplés et policés comme ils devraient l'être, il n'y en aurait point où les bêtes attaquassent les hommes; on ne trouverait plus d'animaux féroces que dans les forêts reculées; et on les réserverait pour exercer la hardiesse, la force et l'adresse du genre humain, par un jeu qui représenterait la guerre, sans qu'on eût jamais besoin de guerre véritable entre les nations.

Mais observez que les animaux nuisibles à l'homme sont les moins féconds, et que les plus utiles sont ceux qui se multiplient davantage. On tue incomparablement plus de bœufs et de moutons qu'on ne tue d'ours et de loups : il y a néanmoins incomparablement moins d'ours et de loups que de bœufs et de moutons sur la terre. Remarquez encore, avec Cicéron, que les femelles de chaque espèce ont des mamelles dont le nombre est proportionné à celui des petits qu'elles portent ordinairement. Plus elles portent de petits, plus la nature leur a fourni de sources de lait pour les allaiter.

Pendant que les moutons font croître leur laine pour nous, les vers à soie nous filent, à l'envi, de riches étoffes, et se consument pour nous les donner. Ils se font de leurs coques une espèce de tombeau, où ils se renferment dans leur propre ouvrage ; et ils renaissent sous une figure étrangère, pour se perpétuer.

D'un autre côté, les abeilles vont recueillir avec soin le suc des fleurs odoriférantes pour en composer leur miel, et elles le rangent avec un ordre qui nous peut servir de modèle. Beaucoup d'insectes se transforment, tantôt en mouches, et tantôt en vers. Si on les trouve inutiles, on doit considérer que ce qui fait partie du grand spectacle de la nature, et qui contribue à sa variété, n'est point sans usage pour les hommes tranquilles et attentifs.

Qu'y a-t-il de plus beau et de plus magnifique que ce grand nombre de républiques d'animaux si bien policés, et dont chaque espèce est d'une construction différente des autres? Tout montre combien la façon de l'ouvrier surpasse la vile matière qu'il a mise en œuvre : tout m'étonne, jusqu'aux moindres moucherons. Si on les trouve incommodes, on doit remarquer que l'homme a besoin de quelques peines mêlées avec ses commodités. Il s'amollirait et il s'oublierait lui-même, s'il n'avait rien qui modérât ses plaisirs, et qui exerçât sa patience.

Considérons maintenant les merveilles qui éclatent également dans les plus grands corps et dans les plus petits. D'un côté je vois le soleil, tant de milliers de fois plus grand que la terre; je le vois qui circule dans des espaces en comparaison desquels il n'est lui-même qu'un atome brillant. Je vois d'autres astres, peut-être encore plus grands que lui, qui roulent dans d'autres espaces encore plus éloignés de nous. Au delà de tous ces espaces, qui échappent déjà à toute mesure, j'aperçois encore confusément d'autres astres qu'on ne peut plus compter ni distinguer. La terre où je suis n'est qu'un point, par proportion à ce tout où l'on ne trouve jamais aucune borne. Ce tout est si bien arrangé, qu'on n'y pourrait déplacer un seul atome sans déconcerter toute cette immense machine ; et elle se meut avec un si bel ordre, que ce mouvement même en perpétue la variété et la perfection. Il faut qu'une main à qui rien ne coûte, ne se lasse point de conduire cet ouvrage depuis tant de siècles, et que ses doigts se jouent de l'univers, pour parler comme l'Écriture (1).

D'un autre côté, l'ouvrage n'est pas moins admirable en petit qu'en grand. Je ne trouve pas moins en petit une espèce d'infini qui m'étonne et qui me surmonte. Trouver dans un ciron, comme dans un éléphant ou dans une baleine, des membres parfaitement organisés; y trouver une tête, un corps, des jambes, des pieds formés comme ceux des plus grands animaux! Il y a, dans chaque partie de ces atomes vivants, des muscles, des nerfs, des veines, des artères, du sang; dans ce sang, des esprits, des parties rameuses et des humeurs; dans ces humeurs, des gouttes composées ellesmêmes de diverses parties, sans qu'on puisse jamais s'arrêter dans cette composition infinie d'un tout si fini.

Le microscope nous découvre, dans chaque objet connu, mille objets qui ont échappé à notre connaissance. Combien y a-t-il, en chaque objet découvert par le microscope, d'autres objets que le microscope lui-même ne peut découvrir! Que ne verrions-nous pas si nous pouvions subtiliser toujours de plus en plus les instruments qui viennent au secours de notre vue, trop faible et trop grossière? Mais suppléons par l'imagination à ce qui nous manque du côté des yeux; et que notre imagination elle-même soit une espèce de microscope qui nous représente en chaque atome mille mondes nouveaux et invisibles. Elle ne pourra pas nous figurer sans cesse de nouvelles découvertes dans les petits corps : elle se lassera; il faudra qu'elle s'arrête, qu'elle succombe, et qu'elle laisse enfin dans le plus petit organe d'un ciron mille merveilles inconnues.

Renfermons-nous dans la machine de l'animal : elle a trois choses qui ne peuvent être trop admirées : 1° elle a en ellemême de quoi se défendre contre ceux qui l'attaquent pour la détruire; 2° elle a de quoi se renouveler par la nourriture; 3° elle a de quoi perpétuer son espèce par la génération. Examinons un peu ces trois choses.

(1) Ludens in orbe terrarum. *Prov.*, VIII, 31.

1° Les animaux ont ce qu'on nomme un instinct, pour s'approcher des objets utiles et pour fuir ceux qui peuvent leur nuire. Ne cherchons point en quoi consiste cet instinct; contentons-nous du simple fait, sans raisonner. Le petit agneau sent de loin sa mère, et court au-devant d'elle. Le mouton est saisi d'horreur aux approches du loup, et s'enfuit avant que d'avoir pu le discerner. Le chien de chasse est presque infaillible pour découvrir par la seule odeur, le chemin du cerf. Il y a dans chaque animal un ressort impétueux qui rassemble tout à coup les esprits, qui tend tous les nerfs, qui rend toutes les jointures plus souples, qui augmente d'une manière incroyable, dans les périls soudains, la force, l'agilité, la vitesse et les ruses, pour fuir l'objet qui le menace de sa perte. Il n'est pas question ici de savoir si les bêtes ont de la connaissance : je ne prétends entrer en aucune question de philosophie. Les mouvements dont je parle sont entièrement indélibérés, même dans la machine de l'homme. Si un homme qui danse sur la corde raisonnait sur les règles de l'équilibre, son raisonnement lui ferait perdre l'équilibre qu'il garde merveilleusement sans raisonner, et sa raison ne lui servirait qu'à tomber par terre. Il en est de même des bêtes. Dites, si vous voulez, qu'elles raisonnent comme les hommes : en le disant, vous n'affaiblissez en rien ma preuve. Leur raisonnement ne peut jamais servir à expliquer les mouvements que nous admirons le plus en elles. Dira-t-on qu'elles savent les plus fines règles de la mécanique, qu'elles observent avec une justesse si parfaite quand il est question de courir, de sauter, de nager, de se cacher, de se replier, de dérober leur piste aux chiens, ou de se servir de la partie la plus forte de leur corps pour se défendre? Dira-t-on qu'elles savent naturellement les mathématiques, que les hommes ignorent? Osera-t-on dire qu'elles font avec délibération et avec science tous ces mouvements si impétueux et si justes, que les hommes mêmes font sans étude et sans y penser? Leur donnera-t-on de la raison dans ces mouvements mêmes, où il est certain que l'homme n'en a pas?

C'est l'instinct, dira-t-on, qui conduit les bêtes. Je le veux; c'est en effet un instinct; mais cet instinct est une sagacité et une dextérité admirables, non dans la bête, qui ne raisonne ni ne peut avoir alors le loisir de raisonner, mais dans la sagesse supérieure qui la conduit. Cet instinct ou cette sagesse qui pense et veille pour la bête, dans les choses indélibérées où elle ne pourrait ni veiller ni penser, quand même elle serait aussi raisonnable que nous, ne peut être que la sagesse de l'ouvrier qui a fait cette machine. Qu'on ne parle donc plus d'instinct ni de nature : ces noms ne sont que de beaux noms dans la bouche de ceux qui les prononcent. Il y a, dans ce qu'ils appellent nature et instinct, un art et une industrie supérieure, dont l'invention humaine n'est que l'ombre. Ce qui est indubitable, c'est qu'il y a, dans les bêtes, un nombre prodigieux de mouvements entièrement indélibérés, qui sont exécutés selon les plus fines règles de la mécanique. C'est la machine seule qui suit ces règles. Voilà le fait indépendant de toute philosophie; et le fait seul décide.

Que penserait-on d'une montre qui fuirait à propos, qui se replierait, se défendrait, et échapperait, pour se conserver, quand on voudrait la rompre? N'admirerait-on pas l'art de l'ouvrier? Croirait-on que les ressorts de cette montre se seraient formés, proportionnés, arrangés et unis par un pur hasard? Croirait-on avoir expliqué nettement ces opérations si industrieuses, en parlant de l'instinct et de la nature de cette montre, qui marquerait précisément les heures à son maître, et échapperait à ceux qui voudraient briser ses ressorts?

2° Qu'y a-t-il de plus beau qu'une machine qui se répare et se renouvelle sans cesse elle-même? L'animal, borné dans ses forces, s'épuise bientôt par le travail; mais plus il travaille, plus il se sent pressé de se dédommager de son travail par une abondante nourriture. Les aliments lui rendent chaque jour la force qu'il a perdue. Il met au dedans de son corps une substance étrangère, qui devient la sienne par une espèce de métamorphose. D'abord elle est broyée, et se change en une espèce de liqueur; puis elle se purifie, comme si on la passait par un tamis pour en séparer tout ce qui est trop grossier; ensuite elle parvient au centre ou foyer des esprits, où elle se subtilise et devient du sang : enfin elle coule et s'insinue par des rameaux innombrables, pour arroser tous les membres; elle se filtre dans les chairs; elle devient chair elle-même; et tant d'aliments, de figures et de couleurs si différentes, ne sont plus qu'une même chair. L'aliment, qui était un corps inanimé, entretient la vie de l'animal, et devient l'animal même.

Les parties qui le composaient autrefois se sont exhalées par une insensible et continuelle transpiration. Ce qui était, il y a quatre ans, un tel cheval, n'est plus que de l'air ou du fumier. Ce qui était alors du foin et de l'avoine est devenu ce même cheval si fier et si vigoureux : du moins il passe pour le même cheval, malgré ce changement insensible de sa substance.

A la nourriture se joint le sommeil. L'animal interrompt non-seulement tous les mouvements extérieurs, mais encore toutes les principales opérations du dedans qui pourraient agiter et dissiper trop les esprits. Il ne lui reste que la respiration et la digestion : c'est-à-dire que tout mouvement qui userait ses forces est suspendu, et que tout mouvement propre à les renouveler s'exerce seul et librement. Ce repos, qui est une espèce d'enchantement, revient toutes les nuits, pendant que les ténèbres empêchent le travail. Qui est-ce qui a inventé cette suspension? qui est-ce qui a si bien choisi les opérations qui doivent continuer, et qui est-ce qui a exclu, avec un si juste discernement, toutes celles qui ont besoin d'être interrompues? Le lendemain, toutes les fatigues passées sont comme anéanties. L'animal travaille comme s'il n'avait jamais travaillé; et il a une vivacité qui l'invite à un travail nouveau. Par ce renouvellement, les nerfs sont toujours pleins d'esprits; les chairs sont souples; la peau demeure entière, quoiqu'elle dût, ce semble, s'user. Le corps vivant de l'animal use bientôt les corps inanimés, même les plus solides, qui sont autour de lui; et il ne s'use point. La peau d'un cheval use plusieurs selles. La chair d'un enfant, quoique si tendre et si délicate, use beaucoup d'habits, pendant qu'elle se fortifie tous les jours. Si ce renouvellement était parfait, ce serait l'immortalité et le don d'une jeunesse éternelle. Mais comme ce renouvellement n'est qu'imparfait, l'animal perd insensiblement ses forces et vieillit, parce que tout ce qui est créé doit porter la marque du néant d'où il est sorti, et avoir une fin.

3° Qu'y a-t-il de plus admirable que la multiplication des animaux? Regardez les individus; nul animal n'est immortel : tout vieillit, tout passe, tout disparaît, tout est anéanti. Regardez les espèces; tout subsiste, tout est permanent et immuable dans une vicissitude continuelle..... Toutes ces différentes espèces se conservent à peu près de même dans tous les siècles. On ne voit point que depuis trois mille ans aucune soit périe; on ne voit point aussi qu'aucune se multiplie avec un excès incommode pour les autres. Si les espèces des ours, des lions et des tigres se multipliaient à un certain point, ils détruiraient les espèces des cerfs, des daims, des moutons, des chèvres et des bœufs ; ils prévaudraient même sur le genre humain, et dépeupleraient la terre. Qui est-ce qui tient la mesure si juste pour n'éteindre jamais ces espèces, et pour ne les laisser jamais trop multiplier ?

Allons plus loin, et supposons tout ce qu'on raconte de plus étonnant de l'industrie des animaux. Admirons, tant qu'on le voudra, la certitude avec laquelle un chien s'élance dans le troisième chemin, dès qu'il a senti que la bête qu'il poursuit n'a laissé aucune odeur dans les deux premiers. Admirons la biche qui jette, dit-on, loin d'elle son petit faon dans quelque lieu caché, afin que les chiens ne puissent le découvrir par la senteur de sa piste. Admirons jusqu'à l'araignée, qui tend, par ses filets, des piéges subtils aux moucherons pour les enlacer et pour les surprendre avant qu'ils puissent se débarrasser. Admirons encore, s'il le faut, le héron, qui met, dit-on, sa tête sous son aile pour cacher dans ses plumes son bec, dont il veut percer l'estomac de l'oiseau de proie qui fond sur lui. Supposons tous ces faits merveilleux : la nature entière est pleine de ces prodiges. Mais qu'en faut-il conclure sérieusement ? Si on n'y prend bien garde, ils prouveront trop. Dirons-nous que les bêtes ont plus de raison que nous ? Leur instinct a sans doute plus de certitude que nos conjectures. Elles n'ont étudié ni dialectique, ni géométrie, ni mécanique : elles n'ont aucune méthode, aucune science, ni aucune culture : ce qu'elles font, elles le font sans l'avoir étudié ni préparé ; elles le font tout d'un coup, et sans tenir conseil. Nous nous trompons à toute heure, après avoir bien raisonné ensemble : pour elles, sans raisonner, elles exécutent, à toute heure, ce qui paraît demander le plus de choix et de justesse ; leur instinct est infaillible en beaucoup de choses.

Mais ce nom d'instinct n'est qu'un beau nom vide de sens : car que peut-on entendre par un instinct plus juste, plus précis et plus sûr que la raison même, sinon une raison plus parfaite ? Il faut donc trouver une merveilleuse raison ou dans l'ouvrage, ou dans l'ouvrier, ou dans la machine, ou dans celui qui l'a composée. Par exemple, quand je vois dans une montre, une justesse sur les heures qui surpasse toutes mes connaissances, je conclus que si la montre ne raisonne pas, il faut qu'elle ait été formée par un ouvrier qui raisonnait en ce genre plus juste que moi. Tout de même, quand je vois des bêtes qui font, à toute heure, des choses où il paraît une industrie plus sûre que la mienne, j'en conclus aussitôt que cette industrie si merveilleuse doit être nécessairement ou dans la machine, ou dans l'inventeur qui l'a fabriquée. Est-elle dans l'animal même? Quelle apparence y a-t-il qu'il soit si savant et si infaillible en certaines choses? Si cette industrie n'est pas en lui, il faut qu'elle soit dans l'ouvrier qui a fait cet ouvrage, comme tout l'art de la montre est dans la tête de l'horloger.

Ne me répondez point que l'instinct des bêtes est fautif en certaines choses. Il n'est pas étonnant que les bêtes ne soient pas infaillibles en tout, mais il est étonnant qu'elles le soient en beaucoup de choses. Si elles l'étaient en tout, elles auraient une raison infiniment parfaite; elles seraient des divinités. Il ne peut y avoir, dans les ouvrages d'une puissance infinie, qu'une perfection finie; autrement Dieu ferait des créatures semblables à lui, ce qui est impossible. Il ne peut donc mettre de la perfection, et par conséquent de la raison, dans ses ouvrages, qu'avec quelque borne. La borne n'est donc pas une preuve que l'ouvrage soit sans ordre et sans raison. De ce que je me trompe quelquefois, il ne s'ensuit pas que je ne sois point raisonnable, et que tout se fasse en moi par un pur hasard; il s'ensuit seulement que ma raison est bornée et imparfaite. Tout de même, de ce qu'une bête n'est pas infaillible en tout par son instinct, quoiqu'elle le soit en beaucoup de choses, il ne s'ensuit pas qu'il n'y ait aucune raison dans cette machine; il s'ensuit seulement que cette machine n'a point une raison sans bornes. Mais enfin le fait est constant, savoir, qu'il y a, dans les opérations de cette machine, une conduite réglée, un art merveilleux, une industrie qui va jusqu'à l'infaillibilité dans certaines choses. A qui la donnerons-nous cette industrie infaillible, à l'ouvrage, ou à son ouvrier?

Si vous dites que les bêtes ont des âmes différentes de leurs machines, je vous demanderai aussitôt : De quelle nature sont ces âmes entièrement différentes des corps, et attachées à eux? Qui est-ce qui a su les attacher à des natures si différentes? Qui est-ce qui a eu un empire si absolu sur des natures si diverses, pour les mettre dans une société si intime, si régulière, si constante, et où la correspondance est si prompte?

Si, au contraire, vous voulez que la même matière puisse tantôt penser, et tantôt ne penser pas, suivant les divers arrangements et configurations de parties qu'on peut lui donner, je ne vous dirai point ici que la matière ne peut penser, et qu'on ne saurait concevoir que les parties d'une pierre puissent jamais, sans y rien ajouter, se connaître elles-mêmes, quelque degré de mouvement et quelque figure que vous leur donniez : maintenant je me borne à vous demander en quoi consistent cet arrangement et cette configuration précise des parties que vous alléguez. Il faut, selon vous, qu'il y ait un certain degré de mouvement où la matière ne raisonne pas encore, et puis un autre à peu près semblable où elle commence tout à coup à raisonner et à se connaître. Qui est-ce qui a su choisir ce degré précis de mouvement. Qui est-ce qui a découvert la ligne selon laquelle les parties doivent se mouvoir? Qui est-ce qui a pris les mesures pour trouver au juste la grandeur et la figure que chaque partie a besoin d'avoir, pour garder toutes les proportions entre elles dans ce tout? Qui est-ce qui a réglé la figure extérieure par laquelle tous ces corps doivent être bornés? En un mot, qui est-ce qui a trouvé toutes les combinaisons dans lesquelles la matière pense, et dont la moindre ne pourrait être retranchée sans que la matière cessât aussitôt de penser? Si vous dites que c'est le hasard, je réponds que vous faites le hasard raisonnable jusqu'au point d'être la source de la raison même. Étrange prévention, de ne vouloir pas reconnaître une cause très-intelligente, et d'aimer mieux dire que la plus pure raison n'est qu'un effet de la plus aveugle de toutes les causes dans un sujet tel que la matière, qui lui-même est incapable de connaissance! En vérité, il n'y a rien qu'il ne vaille mieux admettre, que de dire des choses si insoutenables.

La philosophie des anciens, quoique très-imparfaite, avait néanmoins entrevu cet inconvénient; aussi voulait-elle que l'Esprit divin, répandu dans tout l'univers, fût une sagesse supérieure qui agît sans cesse dans toute la nature, et surtout dans les animaux, comme les âmes agissent dans les corps, et que cette impression continuelle de l'esprit divin, que le vulgaire nomme instinct, sans entendre le vrai sens de ce terme, fût la vie de tout ce qui vit. Ils ajoutaient que ces étincelles de l'esprit divin étaient le principe de toutes les générations; que les animaux les recevaient dans leur conception et à leur naissance, et qu'au moment de leur mort, ces particules divines se détachaient de toute la matière terrestre, pour s'envoler au ciel, où elles roulaient au nombre des astres. C'est cette philosophie, tout ensemble si magnifique et si fabuleuse, que Virgile exprime avec tant de grâce par ces vers sur les abeilles, où il dit que toutes les merveilles qu'on y admire ont fait dire à plusieurs qu'elles étaient animées par un souffle divin et par une portion de la Divinité; dans la persuasion où ils étaient que Dieu remplit la terre, la mer et le ciel; que c'est de là que les bêtes, les troupeaux et les hommes reçoivent la vie en naissant; et que c'est là que toutes choses rentrent et retournent lorsqu'elles viennent à se détruire, parce que les âmes, qui sont le principe de la vie, loin d'être anéanties par la mort, s'envolent au nombre des astres, et vont établir leur demeure dans le ciel :

> Esse apibus partem divinæ mentis, et haustus
> Æthérios, dixere : deum namque ire per omnes
> Terrasque, tractusque maris, cœlumque profundum :
> Hinc pecudes, armenta, viros, genus omne ferarum,
> Quemque sibi tenues nascentem arcessere vitas :
> Scilicet huc reddi deinde ac resoluta referri
> Omnia; nec morti esse locum, sed viva volare
> Sideris in numerum, atque alto succedere cœlo.
>
> VIRG., *Georg.*, lib. IV.

Cette sagesse divine, qui meut toutes les parties connues du monde, avait tellement frappé les stoïciens, et avant eux Platon, qu'ils croyaient que le monde entier était un animal; mais un animal raisonnable, philosophe, sage, enfin le Dieu suprême. Cette philosophie réduisait la multitude des dieux à un seul; et ce seul dieu à la nature, qui était éternelle, infaillible, intelligente, toute-puissante et divine. Ainsi les philosophes, à force de s'éloigner des poëtes, retombaient dans toutes les imaginations poétiques. Ils donnaient, comme les auteurs des fables, une vie, une intelligence, un art, un dessein, à toutes les parties de l'univers qui paraissent le plus inanimées. Sans doute ils avaient bien senti l'art qui est dans la nature, et ils ne se trompaient qu'en attribuant à l'ouvrage l'industrie de l'ouvrier.

Ne nous arrêtons pas davantage aux animaux inférieurs à l'homme : il est temps d'étudier le fond de l'homme même, pour découvrir en lui celui dont on dit qu'il est l'image. Je ne connais dans toute la nature que deux sortes d'êtres : ceux qui ont de la connaissance, et ceux qui n'en ont pas. L'homme rassemble en lui ces deux manières d'être : il a un corps comme les êtres corporels les plus inanimés, il a un esprit, c'est-à-dire une pensée par laquelle il se connaît, et aperçoit ce qui est autour de lui. S'il est vrai qu'il y ait un premier être qui ait tiré tous les autres du néant, l'homme est véritablement son image, car il rassemble comme lui, dans sa nature, tout ce qu'il y a de perfection réelle dans ces deux diverses manières d'être : mais l'image n'est qu'une image; elle ne peut être qu'une ombre du véritable être parfait.

Commençons l'étude de l'homme par la considération de son corps. Je ne sais, disait une mère à ses enfants, dans l'Écriture sainte (1), comment vous vous êtes formés dans mon sein. En effet, ce n'est point la sagesse des parents qui forme un ouvrage si composé et si régulier; ils n'ont aucune part à cette industrie. Laissons-les donc, et remontons plus haut.

Ce corps est pétri de boue; mais admirons la main qui l'a façonné. Le sceau de l'ouvrier est empreint sur son ouvrage; il semble avoir pris plaisir à faire un chef-d'œuvre avec une matière si vile. Jetons les yeux sur ce corps, où les os soutiennent les chairs qui les enveloppent : les nerfs qui y sont tendus en font toute la force; et les muscles, où les nerfs s'entrelacent, en s'enflant ou en s'allongeant, font les mouvements les plus justes et les plus réguliers. Les os sont brisés de distance en distance; ils ont des jointures où ils s'emboîtent les uns dans les autres, et ils sont liés par des nerfs et par des tendons. Cicéron admire avec raison le bel artifice qui lie ces os (2). Qu'y a-t-il de plus souple pour tous les divers mouvements? mais qu'y a-t-il de plus ferme et de plus durable? Après même qu'un corps est mort, et que ses parties sont séparées par la corruption, on voit encore ces jointures et ces liaisons qui ne peuvent qu'à peine se détruire. Ainsi, cette machine est droite ou repliée, roide ou souple, comme l'on veut. Du cerveau, qui est la source de tous les nerfs, partent les esprits (3). Ils sont si subtils, qu'on ne peut les voir, et néanmoins si réels et d'une action si forte, qu'ils font tous les mouvements de la machine et toute sa force. Ces esprits sont en un instant envoyés jusqu'aux extrémités des membres :

(1) *II. Machab.*, VII, 22.

(2) *De Nat. Deor.*, lib. II, n° 55.

(3) Remarquons que la valeur du raisonnement de Fénelon ne dépend pas de celle que l'on peut attribuer à la théorie des esprits vitaux. Avec toute autre, l'argument serait encore le même. (N. E.)

tantôt ils coulent doucement et avec uniformité; tantôt ils ont, selon les besoins, une impétuosité irrégulière; et ils varient à l'infini les postures, les gestes et les autres actions du corps.

Regardons cette chair : elle est couverte, en certains endroits, d'une peau tendre et délicate, pour l'ornement du corps. Si cette peau, qui rend l'objet si agréable et d'un si doux coloris, était enlevée, le même objet serait hideux, ferait horreur. En d'autres endroits cette même peau est plus dure et plus épaisse, pour résister aux fatigues de ces parties. Par exemple, combien la peau de la plante des pieds est-elle plus grossière que celle du visage! combien celle du derrière de la tête l'est-elle plus que celle du devant! Cette peau est percée partout comme un crible; mais ces trous, qu'on nomme pores, sont insensibles. Quoique la sueur et la transpiration s'exhalent par ces pores, le sang ne s'échappe jamais par là. Cette peau a toute la délicatesse qu'il faut pour être transparente, et pour donner au visage un coloris vif, doux et gracieux. Si la peau était moins serrée et moins unie, le visage paraîtrait sanglant, et comme écorché. Qui est-ce qui a su tempérer et mélanger ces couleurs pour faire une si belle carnation, que les peintres admirent, et n'imitent jamais qu'imparfaitement?

On trouve dans le corps humain des rameaux innombrables : les uns portent le sang du centre aux extrémités, et se nomment artères; les autres le rapportent des extrémités au centre, et se nomment veines. Par ces divers rameaux coule le sang, liqueur douce, onctueuse, et propre, par cette onction, à retenir les esprits les plus déliés, comme on conserve dans les corps gommeux les essences les plus subtiles et les plus spiritueuses. Ce sang arrose la chair, comme les fontaines et les rivières arrosent la terre. Après s'être filtré dans les chairs, il revient à sa source, plus lent et moins plein d'esprit; mais se renouvelle et se subtilise encore de nouveau dans cette source, pour circuler sans fin.

Voyez-vous cet arrangement et cette proportion des membres? Les jambes et les cuisses sont de grands os emboîtés les uns sur les autres, et liés par des nerfs; ce sont deux espèces de colonnes égales et régulières qui s'élèvent pour soutenir tout l'édifice. Mais ces colonnes se plient, et la rotule du genou est un os d'une figure à peu près ronde qui est mis tout exprès dans la jointure pour la remplir et pour la défendre, quand les os se replient pour le fléchissement du genou. Chaque colonne a son piédestal, qui est composé de pièces rapportées, et si bien jointes ensemble qu'elles peuvent se plier ou se tenir roides selon le besoin. Le piédestal tourne, quand on le veut, sous la colonne. Dans ce pied on ne voit que nerfs, que tendons, que petits os étroitement liés, afin que cette partie soit tout ensemble plus souple et plus ferme, selon les divers besoins : les doigts mêmes des pieds, avec leurs articles et leurs ongles, servent à tâter le terrain sur lequel on marche, à s'appuyer avec plus d'adresse et d'agilité, à garder mieux l'équilibre du corps, à se hausser ou à se pencher. Les deux pieds s'étendent en avant, pour empêcher que le corps ne tombe de ce côté-là quand il se penche ou qu'il se plie. Les deux colonnes se réunissent par le haut pour porter le reste du corps; et elles sont encore brisées dans cette extrémité, afin que cette jointure donne à l'homme la commodité de se reposer, en s'asseyant sur les deux plus gros muscles de tout le corps.

Le corps de l'édifice est proportionné à la hauteur des colonnes. Il contient toutes les parties qui sont nécessaires à la vie, et qui par conséquent doivent être placées au centre, et renfermées dans le lieu le plus sûr. C'est pourquoi deux rangs de côtes assez serrées, qui sortent de l'épine du dos, comme les branches d'un arbre naissent du tronc, forment une espèce de cercle pour cacher et tenir à l'abri ces parties si nobles et si délicates. Mais comme les côtes ne pourraient fermer entièrement ce centre du corps humain sans empêcher la dilatation de l'estomac et des entrailles, elles n'achèvent de former le cercle que jusqu'à un certain endroit, au-dessus duquel elles laissent un vide, afin que le dedans puisse s'élargir avec facilité pour la respiration et pour la nourriture.

Pour l'épine du dos, on ne voit rien, dans tous les ouvrages des hommes, qui soit travaillé avec un tel art : elle serait trop roide et trop fragile, si elle n'était faite que d'un seul os; en ce cas, les hommes ne pourraient jamais se plier. L'auteur de cette machine a remédié à cet inconvénient en formant des vertèbres, qui, s'emboîtant les unes dans les autres, font un tout de pièces rapportées, qui a plus de force qu'un tout d'une seule pièce. Ce composé est tantôt souple et tantôt roide : il se redresse et se replie en un moment, comme on le veut. Toutes ces vertèbres ont dans le milieu, une ouverture qui sert pour faire passer un allongement de la substance du cerveau jusqu'aux extrémités du corps, et pour y envoyer promptement des esprits par ce canal.

Mais qui n'admirera la nature des os? Ils sont très-durs, et on voit que la corruption même de tout le reste du corps ne les altère en rien. Cependant ils sont pleins de trous innombrables qui les rendent plus légers; et ils sont même, dans le milieu, pleins de la moëlle qui doit les nourrir. Ils sont percés précisément dans les endroits où doivent passer les ligaments qui les attachent les uns aux autres. De plus leurs extrémités sont plus grosses que le milieu, et font comme deux têtes à demi-rondes pour faire tourner plus facilement un os avec un autre, afin que le tout puisse se replier sans peine.

Dans l'enceinte des côtes sont placés avec ordre tous les grands organes, tels que ceux qui servent à faire respirer l'homme, ceux qui digèrent les aliments, et ceux qui font un sang nouveau. La respiration est nécessaire pour tempérer la chaleur interne, causée par le bouillonnement du sang, et par le cours impétueux des esprits. L'air est comme un aliment dont l'animal se nourrit, et par le moyen duquel il se renouvelle dans tous les moments de sa vie.

La digestion n'est pas moins nécessaire pour préparer les aliments à être changés en sang. Le sang est une liqueur propre à s'insinuer partout, et à s'épaissir en chair dans les extrémités, pour réparer dans tous les membres ce qu'ils perdent sans cesse par la transpiration, et par la dissipation des esprits. Les poumons sont comme de grandes enveloppes, qui, étant spongieuses, se dilatent et se compriment facilement; et comme ils prennent et rendent sans cesse beaucoup d'air, ils forment une espèce de soufflet en mouvement continuel.

L'estomac a un dissolvant qui cause la faim, et qui avertit l'homme du besoin de manger. Ce dissolvant, qui picote l'estomac, lui prépare par ce mésaise un plaisir très-vif lorsqu'il est apaisé par les aliments. Alors l'homme se remplit délicieusement d'une matière étrangère, qui lui ferait horreur s'il la pouvait voir dès qu'elle est introduite dans son estomac, et qui lui déplaît même quand il la voit étant déjà rassasié. L'estomac est fait comme une poche. Là les aliments, changés par une prompte coction, se confondent tous en une liqueur douce, qui devient ensuite une espèce de lait nommé chyle, et qui, parvenant enfin au cœur, y reçoit, par l'abondance des esprits, la forme, la vivacité et la couleur du sang. Mais pendant que le suc le plus pur des aliments passe de l'estomac dans les canaux destinés à faire le chyle et le sang, les parties grossières de ces mêmes aliments sont séparées, comme le son l'est de la fleur de farine, par un tamis; et elles sont rejetées en bas, pour en délivrer le corps par les issues les plus cachées, et les plus reculées des organes des sens, de peur qu'ils n'en soient incommodés. Ainsi les merveilles de cette machine sont si grandes, qu'on en trouve d'inépuisables, même jusque dans les fonctions les plus humiliantes, que l'on n'oserait expliquer en détail.

Il est vrai que les parties internes de l'homme ne sont pas agréables à voir comme les extérieures; mais remarquez qu'elles ne sont pas faites pour être vues. Il fallait même, selon le but de l'art, qu'elles ne pussent être découvertes sans horreur, et qu'ainsi un homme ne pût le découvrir, et entamer cette machine dans un autre homme, qu'avec une violente répugnance. C'est cette horreur qui prépare la compassion et l'humanité dans les cœurs, quand un homme en voit un autre qui est blessé. Ajoutez, avec saint Augustin (1), qu'il y a dans ces parties internes une proportion, un ordre et une industrie qui charment encore plus l'esprit attentif que la be uté extérieure ne saurait plaire aux yeux du corps. Ce dedans de l'homme, qui est tout ensemble si hideux et si admirable, est précisément comme il doit être pour montrer une boue travaillée de main divine. On y voit tout ensemble également, et la fragilité de la créature, et l'art du Créateur.

Du haut de cet ouvrage si précieux que nous avons dépeint, pendent les deux bras, qui sont terminés par les mains, et qui ont une parfaite symétrie entre eux. Les bras tiennent aux épaules, de sorte qu'ils ont un mouvement libre dans cette jointure. Ils sont encore brisés au coude et au poignet, pour pouvoir se replier et se tourner avec promptitude. Les bras sont de la juste longueur qu'il faut pour atteindre à toutes les parties du corps. Ils sont nerveux et pleins de muscles, afin qu'ils puissent, avec les reins, être souvent en action, et soutenir les plus grandes fatigues de tout le corps. Les mains sont un tissu de nerfs et d'osselets enchâssés les uns dans les autres, qui ont toute la force et toute la souplesse convenable pour tâter les corps voisins, pour les saisir, pour s'y accrocher, pour les lancer, pour les attirer, pour les repousser, pour les démêler, et pour les détacher les uns des autres. Les doigts, dont les bouts sont armés d'ongles, sont faits pour

(1) *De Civ. Dei*, lib. XXII, cap. XXIV, n° 4.

exercer, par la variété et la délicatesse de leurs mouvements, les arts les plus merveilleux. Les bras et les mains servent encore, suivant qu'on les étend ou qu'on les replie, à mettre le corps en état de se pencher, sans s'exposer à aucune chute. La machine a en elle-même, indépendamment de toutes les pensées qui viennent après coup, une espèce de ressort qui lui fait trouver soudainement l'équilibre dans tous ses contrastes.

Au-dessus du corps s'élève le cou, ferme ou flexible, selon qu'on le veut. Est-il question de porter un pesant fardeau sur la tête, le cou devient raide comme s'il n'était que d'un seul os. Faut-il pencher ou tourner la tête, le cou se plie en tous sens, comme si on en démontait tous les os. Ce cou, médiocrement élevé au-dessus des épaules, porte sans peine la tête, qui règne sur tout le corps. Si elle était moins grosse, elle n'aurait aucune proportion avec le reste de la machine. Si elle était plus grosse, outre qu'elle serait disproportionnée et difforme, sa pesanteur accablerait le cou, et courrait risque de faire tomber l'homme du côté où elle pencherait un peu trop. Cette tête, fortifiée de tous côtés par des os très-épais et très-durs, pour mieux conserver le précieux trésor qu'elle enferme, s'emboîte dans les vertèbres du cou, et a une communication très-prompte avec toutes les autres parties du corps. Elle contient le cerveau, dont la substance humide, molle et spongieuse, est composée de fils tendres et entrelacés. C'est là le centre des merveilles dont nous parlerons dans la suite. Le crâne se trouve percé régulièrement, avec une proportion et une symétrie exactes, pour les deux yeux, pour les deux oreilles, pour la bouche et pour le nez. Il y a des nerfs destinés aux sensations qui s'exercent dans la plupart de ces conduits. Le nez, qui n'a point de nerfs pour sa sensation, a un os cribleux pour faire passer les odeurs jusqu'au cerveau.

Parmi les organes de ces sensations, les principaux sont doubles, pour conserver dans un côté ce qui pourrait manquer dans l'autre par quelque accident. Ces deux organes d'une même sensation sont mis en symétrie, sur le devant ou sur les côtés, afin que l'homme en puisse faire un plus facile usage, ou à droite, ou à gauche, ou vis-à-vis de lui, c'est-à-dire vers l'endroit où ses jointures dirigent sa marche et toutes ses actions. D'ailleurs la flexibilité du cou fait que tous ces organes se tournent en un instant de quelque côté qu'il veut.

Tout le derrière de la tête, qui est le moins en état de se défendre, est le plus épais : il est orné de cheveux, qui servent en même temps à fortifier la tête contre les injures de l'air. Mais les cheveux viennent sur le devant pour accompagner le visage et lui donner plus de grâce.

Le visage est le côté de la tête qu'on nomme le devant, et où les principales sensations sont rassemblées avec un ordre et une proportion qui le rendent très-beau, à moins que quelque accident n'altère un ouvrage si régulier. Les deux yeux sont égaux, placés vers le milieu et aux deux côtés de la tête, afin qu'ils puissent découvrir sans peine de loin, à droite et à gauche, tous les objets étrangers, et qu'ils puissent veiller commodément pour la sûreté de toutes les parties du corps. L'exacte symétrie avec laquelle ils sont placés fait l'ornement du visage. Celui qui les a faits y a allumé je ne sais quelle flamme céleste, à laquelle rien ne ressemble dans tout le reste de la nature. Ces yeux, sont des espèces de miroirs, où se peignent tour à tour et sans confusion, dans le fond de la rétine, tous les objets du monde entier, afin que ce qui pense dans l'homme puisse les voir dans ces miroirs. Mais quoique nous apercevions tous les objets par un double organe, nous ne voyons pourtant jamais les objets comme doubles, parce que les deux nerfs qui servent à la vue dans nos yeux, ne sont que deux branches qui se réunissent dans une même tige, comme les deux branches des lunettes se réunissent dans la partie supérieure qui les joint. Les yeux sont ornés de deux sourcils égaux; et afin qu'ils puissent s'ouvrir et se fermer, ils sont enveloppés de paupières bordées d'un poil qui défend une partie si délicate.

Le front donne de la majesté et de la grâce à tout le visage : il sert à relever les traits. Sans le nez, posé dans le milieu, tout le visage serait plat et difforme. On peut juger de cette difformité quand on a vu des hommes en qui cette partie du visage est mutilée. Il est placé immédiatement au-dessus de la bouche, pour discerner plus commodément par les odeurs tout ce qui est propre à nourrir l'homme. Les deux narines servent tout ensemble à la respiration et à l'odorat. Voyez les lèvres : leur couleur vive, leur fraîcheur, leur figure, leur arrangement et leur proportion avec les autres traits, embellissent tout le visage. La bouche, par la correspondance de ses mouvements avec ceux des yeux, l'anime, l'égaie, l'attriste, l'adoucit, le trouble, et exprime chaque passion par des marques sensibles. Outre que les lèvres s'ouvrent pour recevoir l'aliment, elles servent encore, par leur souplesse et par la variété de leurs mouvements, à varier les sons qui font la parole. Quand elles s'ouvrent, elles découvrent un double rang de dents dont la bouche est ornée : ces dents sont de petits os enchâssés avec ordre dans les deux mâchoires; et les mâchoires ont un ressort pour s'ouvrir, et un pour se fermer; en sorte que les dents brisent comme un moulin les aliments, pour en préparer la digestion. Mais ces aliments ainsi brisés passent dans l'estomac par un conduit différent de celui de la respiration ; et ces deux canaux, quoique si voisins, n'ont rien de commun.

La langue est un tissu de petits muscles et de nerfs, si souple qu'elle se replie, comme un serpent, avec une mobilité et une souplesse inconcevables : elle fait dans la bouche ce que font les doigts, ou ce que fait l'archet d'un maître sur un instrument de musique; elle va frapper tantôt les dents, tantôt le palais. Il y a un conduit qui va au-dedans du cou, depuis le palais jusqu'à la poitrine : ce sont des anneaux de cartilages enchâssés très-juste les uns dans les autres, et garnis au-dedans d'une tunique ou membrane très-polie, pour faire mieux résonner l'air poussé par les poumons. Ce conduit a, du côté du palais, un bout qui n'est ouvert que comme une flûte, par une fente qui s'élargit ou qui se resserre à propos, pour grossir la voix ou pour la rendre plus claire. Mais de peur que les aliments, qui ont leur canal séparé, ne se glissent dans celui de la respiration, il y a une espèce de soupape qui fait sur l'orifice du conduit de la voix comme un pont-levis pour faire passer les aliments, sans qu'il en tombe aucune parcelle subtile ni aucune goutte par la fente dont je viens de parler. Cette espèce de soupape est très-mobile, et se replie très-subtilement; de manière qu'en tremblant sur cet orifice entr'ouvert, elle fait toutes les plus douces modulations de la voix. Ce petit exemple suffit pour montrer en passant, et sans entrer d'ailleurs dans aucun détail de l'anatomie, combien est merveilleux l'art des parties internes. Cet organe, tel que je viens de le représenter, est le plus parfait de tous les instruments de musique; et tous les autres ne sont parfaits qu'autant qu'ils l'imitent.

Qui pourrait expliquer la délicatesse des organes par lesquels l'homme discerne les saveurs et les odeurs innombrables des corps? Mais comment se peut-il faire que tant de voix frappent ensemble mon oreille sans se confondre, et que ces sons me laissent, après qu'ils ne sont plus, des ressemblances si vives et si distinctes de ce qu'ils ont été? Avec quel soin l'ouvrier qui a fait nos corps a-t-il donné à nos yeux une enveloppe humide et coulante pour les fermer! et pourquoi a-t-il laissé nos oreilles ouvertes? C'est, dit Cicéron (1), que les yeux ont besoin de se fermer à la lumière pour le sommeil, et que les oreilles doivent demeurer ouvertes pendant que les yeux se ferment, pour nous avertir et pour nous éveiller par le bruit, quand nous courons risque d'être surpris.

Qui est-ce qui grave dans mon œil, en un instant, le ciel, la mer, la terre, situés dans une distance presque infinie? Comment peuvent se ranger et se démêler dans un si petit organe, les images fidèles de tous les objets de l'univers, depuis le soleil jusqu'à des atomes? La substance du cerveau, qui conserve avec ordre des représentations si naïves de tant d'objets dont nous avons été frappés depuis que nous sommes au monde, n'est-elle pas le prodige le plus étonnant? On admire avec raison l'invention des livres, où l'on conserve la mémoire de tant de faits et le recueil de tant de pensées; mais quelle comparaison peut-on faire entre le plus beau livre et le cerveau d'un homme savant? Sans doute ce cerveau est un recueil infiniment plus précieux et d'une plus belle invention que le livre. C'est dans ce petit réservoir qu'on trouve à point nommé toutes les images dont on a besoin : on les appelle, elles viennent; on les renvoie, elles se renfoncent je ne sais où, et disparaissent, pour laisser la place à d'autres. On ferme et on ouvre son imagination comme un livre : on en tourne, pour ainsi dire, les feuillets; on passe soudainement d'un bout à l'autre : on a même des espèces de tables dans la mémoire, pour indiquer les lieux où se trouvent certaines images reculées. Ces caractères innombrables, que l'esprit de l'homme lit intérieurement avec tant de rapidité, ne laissent aucune trace distincte dans un cerveau qu'on ouvre. Cet admirable livre n'est qu'une substance molle, ou une espèce de peloton composé de fils tendres et entrelacés. Quelle main a su cacher dans cette espèce de boue, qui paraît si informe, des images si précieuses, et rangées avec un si bel art?

Tel est le corps de l'homme en gros. Je n'entre point dans

(1) *De Nat. Deor.*, lib. II, n° 56.

le détail de l'anatomie; car mon dessein n'est que de découvrir l'art qui est dans la nature, par le simple coup d'œil, sans aucune science. Le corps de l'homme pourrait sans doute être beaucoup plus grand et beaucoup plus petit. S'il n'avait, par exemple, qu'un pied de hauteur, il serait insulté par la plupart des animaux, qui l'écraseraient sous leurs pieds. S'il était haut comme les plus grands clochers, un petit nombre d'hommes consumeraient en peu de jours tous les aliments d'un pays; ils ne pourraient trouver ni chevaux, ni autres bêtes de charge qui pussent les porter ni les traîner dans aucune machine roulante; ils ne pourraient trouver assez de matériaux pour bâtir des maisons proportionnées à leur grandeur : il ne pourrait y avoir qu'un petit nombre d'hommes sur la terre, et ils manqueraient de la plupart des commodités. Qui est-ce qui a réglé la taille de l'homme à une mesure précise? qui est-ce qui a réglé celle de tous les autres animaux avec proportion à celle de l'homme? L'homme est le seul de tous les animaux qui est droit sur ses pieds. Par là il a une noblesse et une majesté qui le distinguent, même au dehors, de tout ce qui vit sur la terre.

Non-seulement sa figure est la plus noble, mais encore il est le plus fort et le plus adroit de tous les animaux à proportion de sa grandeur. Qu'on examine de près la pesanteur et la masse de la plupart des bêtes les plus terribles, on trouvera qu'elles ont plus de matière que le corps d'un homme; et cependant un homme vigoureux a plus de force de corps que la plupart des bêtes farouches : elles ne sont redoutables pour lui que par leurs dents et par leurs griffes. Mais l'homme, qui n'a point dans ses membres de si fortes armes naturelles, a des mains dont la dextérité surpasse, pour se faire des armes, tout ce que la nature a donné aux bêtes. Ainsi l'homme perce de ses traits, ou fait tomber dans ses piéges, et enchaîne les animaux les plus forts et les plus furieux; il sait même les apprivoiser dans leur captivité, et s'en jouer comme il lui plaît : il se fait flatter par les lions et par les tigres; il monte sur les éléphants.

Mais le corps de l'homme, qui paraît le chef-d'œuvre de la nature, n'est point comparable à sa pensée. Il est certain qu'il y a des corps qui ne pensent pas; on n'attribue aucune connaissance à la pierre, au bois, aux métaux, qui sont néanmoins certainement des corps. Il est même si naturel de croire que la matière ne peut penser, que tous les hommes sans prévention ne peuvent s'empêcher de rire quand on leur soutien que les bêtes ne sont que de pures machines; parce qu'ils ne sauraient concevoir que de pures machines puissent avoir les connaissances qu'ils prétendent apercevoir dans les bêtes : ils trouvent que c'est faire des jeux d'enfants qui parlent avec leurs poupées, que de vouloir donner quelque connaissance à de pures machines. De là vient que les anciens mêmes, qui ne connaissaient rien de réel qui ne fût un corps, voulaient néanmoins que l'âme de l'homme fût d'un cinquième élément, ou une espèce de quintessence sans nom, inconnue ici-bas, indivisible et immuable, toute céleste et toute divine, parce qu'ils ne pouvaient concevoir que la matière terrestre des quatre éléments pût penser et se connaître elle-même (1).

Mais supposons tout ce qu'on voudra, et ne contestons contre aucune secte de philosophes. Voici une alternative que nul philosophe ne peut éviter. Ou la matière peut devenir pensante, sans y rien ajouter ; ou bien la matière ne saurait penser ; et ce qui pense en nous est un être distingué d'elle, qui lui est uni. Si la matière peut devenir pensante sans y rien ajouter, il faut au moins avouer que toute matière n'est point pensante, et que la matière même qui pense aujourd'hui ne pensait point il y a cinquante ans : par exemple, la matière du corps d'un jeune homme ne pensait point dix ans avant sa naissance : il faudra donc dire que la matière peut acquérir la pensée par un certain arrangement, et par un certain mouvement de ses parties. Prenons, par exemple, la matière d'une pierre ou d'un amas de sable : cette portion de matière ne pense nullement. Pour la faire commencer à penser, il faut figurer, arranger, mouvoir en un certain sens et à un certain degré toutes ses parties. Qui est-ce qui a su trouver avec tant de justesse cette proportion, cette configuration, cet arrangement, ce mouvement en un tel sens et point dans un autre, ce mouvement à un tel degré, au-dessus et au-dessous duquel la matière ne penserait jamais ? Qui est-ce qui a donné toutes ces modifications si justes et si précises à une matière vile et informe, pour en former le corps d'un enfant, et pour le rendre peu à peu raisonnable ?

(1) Aristoteles quintam quamdam naturam censet esse, e qua sit mens. Cogitare enim, et providere, et discere, et docere... in horum quatuor generum nullo inesse putat; quintum genus adhibet, vacans nomine. Cic., *Tuscul. Quæst.*, lib. I, nº 10.

Si au contraire on dit que la matière ne peut être pensante sans y rien ajouter, et qu'il faut un autre être qui s'unisse à elle, je demande quel sera cet autre être qui pense, pendant que la matière à laquelle il est uni ne fait que se mouvoir. Voilà deux natures bien dissemblables. Nous ne connaissons l'une que par des figures et des mouvements locaux ; nous ne connaissons l'autre que par des perceptions et des raisonnements. L'une ne donne point l'idée de l'autre, et leurs idées n'ont rien de commun.

D'où vient que des êtres si dissemblables sont si intimement unis ensemble dans l'homme? d'où vient que les mouvements du corps donnent si promptement et si infailliblement certaines pensées à l'âme? d'où vient que les pensées de l'âme donnent si promptement et si infailliblement certains mouvements au corps? d'où vient que cette société si régulière dure soixante-dix ou quatre-vingts ans sans aucune interruption? d'où vient que cet assemblage de deux êtres et de deux opérations si différentes fait un composé si juste, que tant de gens sont tentés de croire que c'est un tout simple et indivisible? Quelle main a pu lier ces deux extrémités? Elles ne se sont point liées d'elles-mêmes. La matière n'a pu faire un pacte avec l'esprit; car elle n'a par elle-même ni pensée ni volonté pour faire des conditions. D'un autre côté, l'esprit ne se souvient pas d'avoir fait un pacte avec la matière, et il ne pourrait être assujetti à ce pacte, s'il l'avait oublié. S'il avait résolu librement et par lui-même de s'assujettir à la matière, il ne s'y assujettirait que quand il s'en souviendrait, et quand il lui plairait. Cependant il est certain qu'il dépend malgré lui du corps, et qu'il ne peut s'en délivrer, à moins qu'il ne détruise les organes du corps par une mort violente.

D'ailleurs, quand même l'esprit se serait assujetti volontairement à la matière, il ne s'ensuivrait pas que la matière fût mutuellement assujettie à l'esprit. L'esprit aurait, à la vérité, certaines pensées quand le corps aurait certains mouvements; mais le corps ne serait point déterminé à avoir à son tour certains mouvements dès que l'esprit aurait certaines pensées. Or il est certain que cette dépendance est réciproque. Rien n'est plus absolu que l'empire de l'esprit sur le corps. L'esprit veut, et tous les membres du corps se remuent à l'instant, comme s'ils étaient entraînés par les plus puissantes machines. D'un autre côté, rien n'est plus manifeste que le pouvoir du corps sur l'esprit. Le corps se meut, et à l'instant l'esprit est forcé de penser avec plaisir ou avec douleur à certains objets. Quelle main également puissante sur ces deux natures si diverses a pu leur imposer le joug, et les tenir captives dans une société si exacte et si inviolable? Dira-t-on que c'est le hasard? Si on le dit, entendra-t-on ce qu'on dira, et le pourra-t-on faire entendre aux autres? Le hasard a-t-il accroché, par un concours d'atomes, les parties du corps avec l'esprit? Si l'esprit peut s'accrocher à des parties du corps, il faut qu'il ait des parties lui-même, et par conséquent qu'il soit un vrai corps, auquel cas nous retombons dans la première réponse, que j'ai déjà réfutée. Si au contraire l'esprit n'a point de parties, rien ne peut l'accrocher avec celles du corps, et le hasard n'a pas de quoi les attacher ensemble.

Enfin mon alternative revient toujours, et elle est décisive. Si l'esprit et le corps ne sont qu'un tout composé de matière, d'où vient que cette matière, qui ne pensait pas hier, a commencé à penser aujourd'hui? qui est-ce qui lui a donné ce qu'elle n'avait pas, et qui est incomparablement plus noble qu'elle, quand elle est sans pensée? Ce qui lui donne la pensée ne l'a-t-il point lui-même; et la donnera-t-il sans l'avoir? Supposé même que la pensée résulte d'une certaine configuration, d'un certain arrangement et d'un degré du mouvement en un certain sens de toutes les parties de la matière, quel ouvrier a su trouver toutes ces combinaisons si justes et si précises pour faire une machine pensante? Si au contraire l'esprit et le corps sont deux natures différentes, quelle puissance supérieure à ces deux natures a pu les attacher ensemble, sans que l'esprit y ait aucune part, ni qu'il sache comment cette union s'est faite? Qui est-ce qui commande ainsi, avec cet empire suprême, aux esprits et aux corps, pour les tenir dans une correspondance et dans une espèce de police si incompréhensibles?

Remarquez que l'empire de mon esprit sur mon corps est souverain, et qu'il est néanmoins aveugle. Il est souverain dans son étendue bornée, puisque ma simple volonté, sans effort et sans préparation, fait mouvoir tout à coup immédiatement tous les membres de mon corps, selon les règles de cette machine. Comme l'Ecriture nous représente Dieu, qui dit, après la création de l'univers : *Que la lumière soit; et elle fut :* de même la seule parole intérieure de mon âme, sans préparation, fait ce qu'elle dit. Je dis en moi-même cette parole si intérieure, si simple et si momentanée : Que mon corps se meuve; et il se meut. A cette simple et intime volonté, toutes les parties de mon corps travaillent déjà, tous les nerfs sont tendus, tous les ressorts se hâtent de concourir ensemble, et toute la machine obéit, comme si chacun de ses organes les plus secrets entendait une voix souveraine et toute-puissante. Voilà sans doute la puissance la plus simple et la plus efficace qu'on puisse concevoir. Il n'y en a aucun autre exemple dans tous les êtres que nous connaissons. C'est précisément celle que les hommes, persuadés de la Divinité lui attribuent dans tout l'univers. L'attribuerai-je à mon faible esprit, ou plutôt à la puissance qu'il a sur mon corps, qui est si différente de lui? croirai-je que ma volonté a cet empire suprême par son propre fonds, elle qui est si faible et si imparfaite? Mais d'où vient que, parmi tant de corps, elle n'a ce pouvoir que sur un seul? Nul autre corps ne se remue selon ses désirs. Qui lui a donné sur un seul corps ce qu'elle n'a sur aucun autre? osera-t-on encore revenir à nous alléguer le hasard?

Cette puissance, qui est si souveraine, est en même temps aveugle. Le paysan le plus ignorant sait aussi bien mouvoir son corps que le philosophe le mieux instruit de l'anatomie. L'esprit du paysan commande à ses nerfs, à ses muscles, à ses tendons, à ses esprits animaux, qu'il ne connaît pas, et dont il n'a jamais ouï parler. Sans pouvoir les distinguer, et sans savoir où ils sont, il les trouve; il s'adresse précisément à ceux dont il a besoin, et il ne prend point les uns pour les autres.

Un danseur de corde ne fait que vouloir, et à l'instant les esprits coulent avec impétuosité, tantôt dans certains nerfs, et tantôt en d'autres : tous ces nerfs se tendent ou se relâchent à propos. Demandez-lui ce que c'est qu'un nerf; il n'en sait rien. Demandez-lui quels sont ceux qu'il a mis en mouvement, et par où il a commencé à les ébranler; il ne comprend pas même ce que vous voulez lui dire; il ignore profondément ce qu'il a fait dans tous les ressorts intérieurs de sa machine.

Le joueur de luth, qui connaît parfaitement toutes les cordes de son instrument, qui les voit de ses yeux, qui les touche l'une après l'autre de ses doigts, s'y méprend : mais l'âme, qui gouverne la machine du corps humain, en meut tous les ressorts à propos, sans les voir, sans les discerner, sans en savoir ni la figure, ni la situation, ni la force; et elle ne s'y mécompte point. Quel prodige! mon esprit commande à ce qu'il ne connaît point, et qu'il ne peut voir; à ce qui ne le connaît point, et qui est incapable de connaissance; et il est infailliblement obéi. Que d'aveuglement! que de puissance! L'aveuglement est de l'homme; mais la puissance, de qui est-elle, à qui l'attribuerons-nous, si ce n'est à celui qui voit ce que l'homme ne voit pas, et qui fait en lui ce qui le surpasse? Mon âme a beau vouloir remuer les corps qui l'environnent, et qu'elle connaît très-directement, aucun ne se remue; elle n'a aucun pouvoir pour ébranler le moindre atome par sa volonté : il n'y a qu'un seul corps, que quelque puissance supérieure doit lui avoir rendu propre. A l'egard de ce corps, elle n'a qu'à vouloir, et tous les ressorts de cette machine, qui lui sont inconnus, se meuvent à propos et de concert pour lui obéir.

Saint Augustin, qui a fait ces réflexions, les a parfaitement exprimées : « Les parties internes de nos corps, dit-il (1), ne » peuvent être vivantes que par nos âmes; mais nos âmes les » animent bien plus facilement qu'elles ne peuvent les connaître... L'âme ne connaît point le corps qui lui est soumis... » Elle ne sait point pourquoi elle ne met les nerfs en mouvement que quand il lui plaît, et pourquoi au contraire la pulsation des veines est sans interruption, quand même elle » ne le voudrait pas. Elle ignore quelle est la première partie » du corps qu'elle remue immédiatement, pour mouvoir par » celle-là toutes les autres... Elle ne sait point pourquoi elle » sent malgré elle, et ne meut les membres que quand il lui » plaît. C'est elle qui fait ces choses dans le corps. D'où vient » qu'elle ne sait ni ce qu'elle fait, ni comment elle le fait? » Ceux qui s'instruisent de l'anatomie, dit encore ce Père, » apprennent d'autrui ce qui se passe en eux, et qui est fait » par eux-mêmes. Pourquoi, dit-il, n'ai-je aucun besoin de » leçon pour savoir qu'il y a dans le ciel, à une prodigieuse » distance de moi, un soleil et des étoiles? et pourquoi ai-je » besoin d'un maître pour apprendre par où commence le » mouvement, quand je remue le doigt? Je ne sais comment » se fait ce que je fais moi-même au-dedans de moi. Nous » sommes trop élevés à l'égard de nous-mêmes, et nous ne » saurions nous comprendre. »

En effet, nous ne saurions trop admirer cet empire absolu

(1) *De Anima et ejus orig.*, lib. IV, cap. V, VI, n° 6, 7.

de l'âme sur des organes corporels qu'elle ne connaît pas, et l'usage continuel qu'elle en fait sans les discerner. Cet empire se montre principalement par rapport aux images tracées dans notre cerveau. Je connais tous les corps de l'univers qui ont frappé mes sens depuis un grand nombre d'années : j'en ai des images distinctes qui me les représentent, en sorte que je crois les voir lors même qu'ils ne sont plus. Mon cerveau est comme un cabinet de peintures dont tous les tableaux se remueraient, et se rangeraient, au gré du maître de la maison. Les peintres, par leur art, n'atteignent jamais qu'à une ressemblance imparfaite pour les portraits que j'ai dans la tête ; ils sont si fidèles, que c'est en les consultant que j'aperçois les défauts de ceux des peintres, et que je les corrige en moi-même. Ces images, plus ressemblantes que les chefs-d'œuvre de l'art des peintres, se gravent-elles dans ma tête sans aucun art? est-ce un livre dont tous les caractères se soient rangés d'eux-mêmes? S'il y a de l'art, il ne vient pas de moi ; car je trouve au-dedans de moi ce recueil d'images sans avoir jamais pensé ni à les graver, ni à les mettre en ordre. Mais encore toutes ces images se présentent et se retirent comme il me plaît, sans faire aucune confusion : je les appelle, elles viennent ; je les renvoie, elles se renfoncent je ne sais où : elles s'assemblent ou se séparent, comme je le veux. Je ne sais ni où elles demeurent, ni ce qu'elles sont : cependant je les trouve toujours prêtes.

L'agitation de tant d'images anciennes et nouvelles qui se réveillent, qui se joignent, qui se séparent, ne trouble point un certain ordre qu'elles ont. Si quelques-unes ne se présentent pas au premier ordre, du moins je suis assuré qu'elles ne sont pas loin : il faut qu'elles soient cachées dans certains recoins enfoncés. Je ne les ignore point comme les choses que je n'ai jamais connues ; au contraire, je sais confusément ce que je cherche. Si quelque autre image se présente en la place de celle que j'ai appelée, je la renvoie sans hésiter, en lui disant : Ce n'est pas vous dont j'ai besoin. Mais où sont donc ces objets à demi oubliés? Ils sont présents au-dedans de moi, puisque je les y cherche, et que je les y retrouve. Enfin, comment y sont-ils, puisque je les cherche longtemps en vain? où vont-ils?

« Je ne suis plus, dit saint Augustin (1), ce que j'étais,

(1) *De Anima et ejus orig.*, lib. IV, cap. VII, n° 10.

» lorsque je pensais ce que je n'ai pu retrouver. Je ne sais, » continue ce Père, comment il arrive que je sois ainsi sous- » trait à moi-même et privé de moi, ni comment est-ce que » je suis ensuite comme rapporté et rendu à moi-même. Je » suis comme un autre homme, et transporté ailleurs, quand » je cherche, et que je ne trouve pas ce que j'avais confié à » ma mémoire. Alors nous ne pouvons arriver jusqu'à nous ; » nous sommes comme si nous étions des étrangers éloignés » de nous : nous n'y arrivons que quand nous trouvons ce » que nous cherchons. Mais où est ce que nous cherchons, si » ce n'est au-dedans de nous ? et qu'est-ce que nous cher- » chons, si ce n'est nous-mêmes?... Une telle profondeur nous » étonne. »

Je me souviens distinctement d'avoir connu ce que je ne connais plus ; je me souviens de mon oubli même; je me rappelle les portraits de chaque personne en chaque âge de la vie où je l'ai vue autrefois. La même personne repasse plusieurs fois dans ma tête : d'abord je la vois enfant, puis jeune, et enfin âgée. Je place des rides sur le même visage où je vois d'un autre côté les grâces tendres de l'enfance; je joins ce qui n'est plus avec ce qui est encore, sans confondre ces extrémités. Je conserve un je ne sais quoi qui est tour à tour toutes les choses que j'ai connues depuis que je suis au monde. De ce trésor inconnu sortent tous les parfums, toutes les harmonies, tous les goûts, tous les degrés de lumière, toutes les couleurs et toutes leurs nuances; enfin toutes les figures qui ont passé par mes sens, et qu'ils ont confiées à mon cerveau.

Je renouvelle quand il me plaît la joie que j'ai ressentie il y a trente ans : elle revient; mais quelquefois ce n'est plus elle-même; elle paraît sans me réjouir : je me souviens d'avoir été bien aise, et je ne le suis point actuellement dans ce souvenir. D'un autre côté je renouvelle d'anciennes douleurs : elles sont présentes, car je les aperçois distinctement telles qu'elles ont été en leur temps : rien ne m'échappe de leur amertume et de la vivacité de leurs sentiments; mais elles ne sont plus elles-mêmes, elles ne me troublent plus, elles sont émoussées. Je vois toute leur rigueur sans la ressentir, ou, si je la ressens, ce n'est que par représentation, et cette représentation d'une peine autrefois cuisante n'est plus qu'un jeu : l'image des douleurs passées me réjouit. Il en est de même des plaisirs. Un cœur vertueux s'afflige en rappelant le souvenir de ses plaisirs déréglés : ils sont présents, car ils se montrent avec tout ce qu'ils ont eu de plus doux et de plus flatteur : mais ils ne sont plus eux-mêmes; et de telles joies ne reviennent que pour affliger.

Voilà donc deux merveilles également incompréhensibles; l'une, que mon cerveau soit une espèce de livre, où il y ait un nombre presque infini d'images et de caractères rangés avec un ordre que je n'ai point fait, et que le hasard n'a pu faire. Je ne l'ai point fait; car je n'ai jamais eu la moindre pensée ni d'écrire rien dans mon cerveau, ni d'y donner aucun ordre aux images et aux caractères que j'y traçais : je ne songeais qu'à voir les objets lorsqu'ils frappaient mes sens. Le hasard n'a pu non plus faire un si merveilleux livre; tout l'art même des hommes est trop imparfait pour atteindre jamais à une si haute perfection. Quelle main donc a pu le composer?

La seconde merveille que je trouve dans mon cerveau, c'est de voir que mon esprit lise avec tant de facilité tout ce qu'il lui plaît dans ce livre intérieur. Il lit des caractères qu'il ne connaît point. Jamais je n'en ai vu les traces empreintes dans mon cerveau; et la substance de mon cerveau elle-même, qui est comme le papier du livre, m'est entièrement inconnue. Tous ces caractères innombrables se transposent, et puis reprennent leur rang pour m'obéir : j'ai une puissance comme divine sur un ouvrage que je ne connais point, et qui est incapable de connaissance : ce qui n'entend rien entend ma pensée, et l'exécute dans le moment. La pensée de l'homme n'a aucun empire sur les corps; je le vois en parcourant toute la nature. Il n'y a qu'un seul corps que ma simple volonté remue, comme si elle était une divinité; et elle en remue tous les ressorts les plus subtils, sans les connaître. Qui est-ce qui l'a unie à ce corps, et lui a donné tant d'empire sur lui?

Finissons ces remarques par une courte réflexion sur le fond de notre esprit. J'y trouve un mélange incompréhensible de grandeur et de faiblesse. Sa grandeur est réelle : il rassemble sans confusion le passé avec le présent, et il perce par ses raisonnements jusque dans l'avenir; il a l'idée des corps et celle des esprits; il a l'idée de l'infini même, car il en affirme tout ce qui lui convient, et il en nie tout ce qui ne lui convient pas. Dites-lui que l'infini est triangulaire; il vous répondra sans hésiter, que ce qui n'a aucune borne ne peut avoir aucune figure. Demandez-lui qu'il vous assigne la première des unités qui composent un nombre infini; il vous répondra d'abord qu'il ne peut y avoir ni premier ni dernier, ni commencement ni fin, ni nombre dans l'infini; parce que si on pouvait y marquer une première ou une dernière unité, on pourrait ajouter quelque autre unité auprès de celle-là, et par conséquent augmenter le nombre : or un nombre ne peut être infini lorsqu'il peut recevoir quelque addition, et qu'on peut lui assigner une borne du côté où il peut recevoir un accroissement.

C'est même dans l'infini que mon esprit connaît le fini. Qui dit un homme malade dit un homme qui n'a pas la santé; qui dit un homme faible dit un homme qui manque de force. On ne conçoit la maladie, qui n'est qu'une privation de la santé, qu'en se représentant la santé même comme un bien réel dont cet homme est privé : on ne conçoit la faiblesse qu'en se représentant la force comme un avantage réel que cet homme n'a pas : on ne conçoit les ténèbres, qui ne sont rien de positif, qu'en niant et par conséquent en concevant la lumière du jour, qui est très-réelle et très-positive. Tout de même on ne conçoit le fini qu'en lui attribuant une borne, qui est une pure négation d'une plus grande étendue. Ce n'est donc que la privation de l'infini; et on ne pourrait jamais se représenter la privation de l'infini, si on ne concevait l'infini même; comme on ne pourrait concevoir la maladie, si on ne concevait la santé, dont elle n'est que la privation. D'où vient cette idée de l'infini en nous?

Oh! que l'esprit de l'homme est grand! il porte en lui de quoi s'étonner et se surpasser infiniment lui-même : ses idées sont universelles, éternelles et immuables. Elles sont universelles; car lorsque je dis : Il est impossible d'être et de n'être pas : le tout est plus grand que sa partie : une ligne parfaitement circulaire n'a aucune partie droite : entre deux points donnés, la ligne droite est la plus courte : le centre d'un cercle parfait est également éloigné de tous les points de la circonférence : un triangle équilatéral n'a aucun angle obtus ni droit; toutes ces vérités ne peuvent souffrir aucune exception; il ne pourra jamais y avoir d'être, de ligne, de cercle, d'angle, qui ne soit suivant ces règles. Ces règles sont de tous les temps, ou, pour mieux dire, elles sont avant tous les temps, et seront toujours au delà de toute durée compréhensible. Que l'univers se bouleverse et s'anéantisse; qu'il n'y ait plus même aucun esprit pour raisonner sur les êtres, sur les lignes, sur les cercles et sur les angles; il sera toujours également vrai en soi que la même chose ne peut tout ensemble être et n'être pas ; qu'un cercle parfait ne peut avoir aucune portion de ligne droite ; que le centre d'un cercle parfait ne peut être plus d'un côté de la circonférence que de l'autre, etc. On peut bien ne penser pas actuellement à ces vérités, et il pourrait même se faire qu'il n'y aurait ni univers, ni esprits capables de penser à ces vérités : mais enfin ces vérités n'en seraient pas moins constantes en elles-mêmes, quoique nul esprit ne les connût ; comme les rayons du soleil n'en seraient pas moins véritables, quand même tous les hommes seraient aveugles, et que personne n'aurait des yeux pour en être éclairé.

En assurant que deux et deux font quatre, dit saint Augustin (1), non-seulement on est assuré de dire vrai, mais on ne peut douter que cette proposition n'ait été toujours également vraie, et qu'elle ne doive l'être éternellement. Ces idées que nous portons au fond de nous-mêmes, n'ont point de bornes et n'en peuvent souffrir. On ne peut point dire que ce que j'ai avancé sur le centre des cercles parfaits ne soit vrai que pour un certain nombre de cercles : cette proposition est vraie par une nécessité évidente pour tous les cercles à l'infini.

Ces idées sans bornes ne peuvent jamais ni changer, ni s'effacer en nous, ni être altérées : elles sont le fond de notre raison. Il est impossible, quelque effort qu'on fasse sur son propre esprit, de parvenir à douter jamais sérieusement de ce que ces idées nous représentent avec clarté. Par exemple, je ne puis entrer dans un doute sérieux pour savoir si le tout est plus grand qu'une de ses parties ; si le centre d'un cercle parfait est également éloigné de tous les points de la circonférence. L'idée de l'infini est en moi comme celle des nombres, des lignes, des cercles, d'un tout et d'une partie. Changer nos idées, ce serait anéantir la raison même. Jugeons de notre grandeur par l'infini immuable qui est empreint au-dedans de nous, et qui ne peut jamais y être effacé.

Mais de peur qu'une grandeur si réelle ne nous éblouisse et ne nous flatte dangereusement, hâtons-nous de jeter les yeux sur notre faiblesse. Ce même esprit qui voit sans cesse l'infini, et dans la règle de l'infini toutes les choses finies, ignore aussi à l'infini tous les objets qui l'environnent. Il s'ignore profondément lui-même ; il marche comme à tâtons dans un abîme de ténèbres : il ne sait ni ce qu'il est, ni comment il est attaché à un corps, ni comment il a tant d'empire sur tous les

(1) *De Lib. Arb.*, lib. II, cap. VIII, n° 21 et seq.

ressorts de ce corps qu'il ne connaît point. Il ignore ses propres pensées et ses propres volontés : il ne sait avec certitude ni ce qu'il croit, ni ce qu'il veut. Souvent il s'imagine croire et vouloir ce qu'il n'a ni cru ni voulu. Il se trompe; et ce qu'il a de meilleur, c'est de le reconnaître. Il joint à l'erreur des pensées le dérèglement de la volonté; il est réduit à gémir dans l'expérience de sa corruption.

Voilà l'esprit de l'homme, faible, incertain, borné, plein d'erreurs. Qui est-ce qui a mis l'idée de l'infini, c'est-à-dire du parfait, dans un sujet si borné et si rempli d'imperfection? Se l'est-il donnée lui-même cette idée si haute et si pure, cette idée qui est elle-même une espèce d'infini en représentation? Quel être fini distingué de lui a pu lui donner ce qui est si disproportionné, avec tout ce qui est renfermé dans quelque borne? Supposons que l'esprit de l'homme est comme un miroir, où les images de tous les corps voisins viennent s'imprimer : quel être a pu mettre en nous l'image de l'infini si l'infini ne fut jamais? Qui peut mettre dans un miroir l'image d'un objet chimérique, qui n'a jamais été vis-à-vis de la glace de ce miroir? Cette image de l'infini n'est point un amas confus d'objets finis, que l'esprit prenne mal à propos pour un infini véritable : c'est le vrai infini dont nous avons la pensée. Nous le connaissons si bien, que nous le distinguons précisément de tout ce qu'il n'est pas, et que nulle subtilité ne peut nous mettre aucun autre objet en sa place. Nous le connaissons si bien, que nous rejetons de lui toute propriété qui marque la moindre borne. Enfin nous le connaissons si bien, que c'est en lui seul que nous connaissons tout le reste, comme on connaît la nuit par le jour, et la maladie par la santé.

Encore une fois, d'où vient une image si grande? La prend-on dans le néant? L'être borné peut-il imaginer et inventer l'infini, si l'infini n'est point? Notre esprit, si faible et si court, ne peut se former par lui-même cette image, qui n'aurait aucun patron. Aucun des objets extérieurs qui nous environnent ne peut nous donner cette image; car ils ne peuvent nous donner l'image que de ce qu'ils sont; et ils ne sont rien que de borné et d'imparfait. Où la prenons-nous donc cette image distincte, qui ne ressemble à rien de tout ce que nous sommes, et de tout ce que nous connaissons ici-bas hors de nous? D'où nous vient-elle? Où est donc cet infini que nous ne pouvons comprendre parce qu'il est réellement infini, et que nous ne pouvons néanmoins méconnaître, parce que nous le distinguons de tout ce qui lui est inférieur? Où est il? S'il n'était pas, pourrait-il venir se graver au fond de notre esprit?

Mais outre l'idée de l'infini, j'ai encore des notions universelles et immuables qui sont la règle de tous mes jugements. Je ne puis juger d'aucune chose qu'en les consultant, et il ne dépend pas de moi de juger contre ce qu'elles me représentent. Mes pensées, loin de pouvoir corriger ou forcer cette règle, sont elles-mêmes corrigées malgré moi par cette règle supérieure, et elles sont invinciblement assujetties à sa décision. Quelque effort d'esprit que je fasse, je ne puis jamais parvenir, comme je viens de le remarquer, à douter que deux et deux ne fassent quatre; que le tout ne soit plus grand que sa partie; que le centre d'un cercle parfait ne soit également distant de tous les points de la circonférence. Je ne suis point libre de nier ces propositions; et si je nie ces vérités, ou d'autres à peu près semblables, j'ai en moi quelque chose qui est au-dessus de moi, et qui me ramène par force au but. Cette règle fixe et immuable est si intérieure et si intime, que je suis tenté de la prendre pour moi-même : mais elle est au-dessus de moi, puisqu'elle me corrige, me redresse, me met en défiance contre moi-même, et m'avertit de mon impuissance. C'est quelque chose qui m'inspire à toute heure, pourvu que je l'écoute; et je ne me trompe jamais qu'en ne l'écoutant pas. Ce qui m'inspire me préserverait sans cesse de toute erreur, si j'étais docile et sans précipitation; car cette inspiration intérieure m'apprendrait à bien juger des choses qui sont à ma portée, et sur lesquelles j'ai besoin de former quelque jugement. Pour les autres, elle m'apprendrait à n'en juger pas; et cette seconde sorte de leçon n'est pas moins importante que la première. Cette règle intérieure est ce que je nomme ma raison : mais je parle de ma raison sans pénétrer la force de ce terme, comme je parle de la nature et de l'instinct sans entendre ce que signifient ces expressions.

A la vérité ma raison est en moi; car il faut que je rentre sans cesse en moi-même pour la trouver : mais la raison supérieure qui me corrige dans le besoin, et que je consulte, n'est point à moi, et elle ne fait point partie de moi-même. Cette règle est parfaite et immuable : je suis changeant et imparfait. Quand je me trompe, elle ne perd point sa droiture : quand je me détrompe, ce n'est pas elle qui revient au but : c'est elle qui, sans s'en être jamais écartée, a l'autorité sur moi de m'y rappeler et de m'y faire revenir. C'est un maître intérieur qui me fait taire, qui me fait parler, qui me fait croire, qui me fait douter, qui me fait avouer mes erreurs ou confirmer mes jugements : en l'écoutant, je m'instruis; en m'écoutant moi-même, je m'égare. Ce maître est partout, et sa voix se fait entendre, d'un bout de l'univers à l'autre, à tous les hommes comme à moi. Pendant qu'il me corrige en France, il corrige d'autres hommes à la Chine, au Japon, dans le Mexique et dans le Pérou, par les mêmes principes.

Deux hommes qui ne se sont jamais vus, qui n'ont jamais entendus parler l'un de l'autre, et qui n'ont jamais eu de liaison avec aucun autre homme qui ait pu leur donner des notions communes, parlent aux deux extrémités de la terre sur un certain nombre de vérités, comme s'ils étaient de concert. On sait infailliblement par avance dans un hémisphère ce qu'on répondra dans l'autre sur ces vérités. Les hommes de tous les pays et de tous les temps, quelque éducation qu'ils aient reçue, se sentent invinciblement assujettis à penser et à parler de même. Le maître qui nous enseigne sans cesse nous fait penser tous de la même façon. Dès que nous nous hâtons de juger, sans écouter sa voix avec défiance de nous-mêmes, nous pensons et nous disons des songes pleins d'extravagance.

Ainsi, ce qui paraît le plus à nous, et être le fond de nous-mêmes, je veux dire notre raison, est ce qui nous est le moins propre, et qu'on doit croire le plus emprunté. Nous recevons sans cesse et à tout moment une raison supérieure à nous, comme nous respirons sans cesse l'air, qui est un corps étranger, ou comme nous voyons sans cesse tous les objets voisins de nous à la lumière du soleil, dont les rayons sont des corps étrangers à nos yeux.

Cette raison supérieure domine jusqu'à un certain point, avec un empire absolu, tous les hommes les moins raisonnables, et fait qu'ils sont toujours tous d'accord, malgré eux, sur ces points. C'est elle qui fait qu'un sauvage du Canada pense beaucoup de choses comme les philosophes grecs et romains les ont pensées. C'est elle qui fait que les géomètres chinois ont trouvé à peu près les mêmes vérités que les européens, pendant que ces peuples si éloignés étaient inconnus les uns aux autres. C'est elle qui fait qu'on juge au Japon comme en France, que deux et deux font quatre; et il ne faut pas craindre qu'aucun peuple change d'opinion là-dessus.

C'est elle qui fait que les hommes pensent encore aujourd'hui sur divers points comme on pensait il y a quatre mille ans. C'est elle qui donne des pensées uniformes aux hommes les plus jaloux et les plus irréconciliables entre eux : c'est elle par qui les hommes de tous les siècles et de tous les pays sont comme enchaînés autour d'un certain centre immobile, et qui les tient unis par certaines règles invariables, qu'on nomme les premiers principes, malgré les variations infinies d'opinions qui naissent en eux de leurs passions, de leurs distractions et de leurs caprices, pour tous leurs autres jugements moins clairs. C'est elle qui fait que les hommes, tout dépravés qu'ils sont, n'ont point encore osé donner ouvertement le nom de vertu au vice, et qu'ils sont réduits à faire semblant d'être justes, sincères, modérés, bienfaisants, pour s'attirer l'estime les uns des autres.

On ne parvient point à estimer ce qu'on voudrait pouvoir estimer, ni à mépriser ce qu'on voudrait pouvoir mépriser. On ne peut forcer cette barrière éternelle de la vérité et de la justice. Le maître intérieur, qu'on nomme raison, le reproche intérieurement avec un empire absolu. Il ne le souffre pas, et il sait borner la folie la plus impudente des hommes. Après tant de siècles de règne effréné du vice, la vertu est encore nommée vertu, et elle ne peut être dépossédée de son nom par ses ennemis les plus brutaux et les plus téméraires.

De là vient que le vice, quoique triomphant dans le monde, est encore réduit à se déguiser sous le masque de l'hypocrisie, ou de la fausse probité, pour s'attirer une estime qu'il n'ose espérer en se montrant à découvert. Ainsi, malgré toute impudence, il rend un hommage forcé à la vertu, en voulant se parer de ce qu'elle a de plus beau pour recevoir les honneurs qu'elle se fait rendre. On critique, il est vrai, les hommes vertueux, et ils sont effectivement toujours répréhensibles en cette vie par leurs imperfections : mais les hommes les plus vicieux ne peuvent venir à bout d'effacer en eux l'idée de la vraie vertu. Il n'y a point encore eu d'homme sur la terre qui ait pu gagner, ni sur les autres, ni sur lui-même, d'établir dans le monde qu'il est plus estimable d'être trompeur que d'être sincère; d'être emporté et malfaisant, que d'être modéré et de faire du bien.

Le maître intérieur et universel dit donc toujours et partout les mêmes vérités. Nous ne sommes point ce maître : il est vrai que nous parlons souvent sans lui, et plus haut que lui ; mais alors nous nous trompons, nous bégayons, nous ne nous entendons pas nous-mêmes, nous craignons même de voir que nous nous sommes trompés, et nous fermons l'oreille, de peur d'être humiliés par ses corrections. Sans doute l'homme qui craint d'être corrigé par cette raison incorruptible, et qui s'égare toujours en ne la suivant pas, n'a pas cette raison parfaite, universelle et immuable qui le corrige malgré lui. En toutes choses, nous trouvons comme deux principes au-dedans de nous : l'un donne, l'autre reçoit ; l'un manque, l'autre supplée ; l'un se trompe, l'autre corrige ; l'un va de travers par sa pente, l'autre le redresse : c'est cette expérience mal prise et mal entendue qui avait fait tomber dans l'erreur les marcionites et les manichéens. Chacun sent en soi une raison bornée et subalterne, qui s'égare dès qu'elle échappe à une entière subordination, et qui ne se corrige qu'en rentrant sous le joug d'une autre raison supérieure, universelle et immuable. Ainsi tout porte en nous la marque d'une raison subalterne, bornée, participée, empruntée, et qui a besoin qu'une autre la redresse à chaque moment. Tous les hommes sont raisonnables de la même raison, qui se communique à eux selon divers degrés : il y a un certain nombre de sages ; mais la sagesse, où ils puisent comme dans la source, et qui les fait ce qu'ils sont, est unique.

Où est-elle cette sagesse? où est-elle cette raison commune et supérieure tout ensemble à toutes les raisons bornées et imparfaites du genre humain? Où est-il donc cet oracle qui ne se tait jamais, et contre lequel ne peuvent jamais rien tous les vains préjugés des peuples? Où est-elle cette raison qu'on a sans cesse besoin de consulter, et qui nous prévient pour nous inspirer le désir d'entendre sa voix? Où est-elle cette vive lumière qui *illumine tout homme venant en ce monde* (1)? Où est-elle cette pure et douce lumière qui non-seulement éclaire les yeux ouverts, mais qui ouvre les yeux fermés ; qui guérit les yeux malades, qui donne des yeux à ceux qui n'en n'ont pas, pour la voir ; enfin qui inspire le désir d'être éclairé par elle, et qui se fait aimer par ceux mêmes qui craignent de la voir? Tout œil la voit ; et il ne verrait rien s'il ne la voyait pas, puisque c'est par elle et à la faveur de ses purs rayons qu'il voit toutes choses. Comme le soleil sensible éclaire tous les corps, de même ce soleil d'intelligence éclaire tous les esprits. La substance de

(1) JOAN., I, 9.

l'œil de l'homme n'est point la lumière; au contraire, l'œil emprunte à chaque moment la lumière des rayons du soleil. Tout de même mon esprit n'est point la raison primitive, la vérité universelle et immuable; il est seulement l'organe par où passe cette lumière originale, et qui en est éclairé.

Il y a un soleil des esprits, qui les éclaire tous, beaucoup mieux que le soleil visible n'éclaire les corps : ce soleil des esprits nous donne tout ensemble et sa lumière et l'amour de sa lumière pour la chercher. Ce soleil de vérité ne laisse aucune ombre, et il luit en même temps dans les deux hémisphères : il brille autant sur nous la nuit que le jour : ce n'est point au dehors qu'il répand ses rayons; il habite en chacun de nous. Un homme ne peut jamais dérober ces rayons à un autre homme : on le voit également en quelque coin de l'univers qu'on soit caché. Un homme n'a jamais besoin de dire à un autre : Retirez-vous, pour me laisser voir ce soleil; vous me dérobez ses rayons, vous enlevez la portion qui m'est due. Ce soleil ne se couche jamais, et ne souffre aucun nuage que ceux qui sont formés par nos passions : c'est un jour sans ombre; il éclaire les sauvages, même dans les antres les plus profonds et les plus obscurs : il n'y a que les yeux malades qui se ferment à sa lumière; et encore même n'y a-t-il point d'homme si malade et si aveugle qui ne marche encore à la lueur de quelque lumière sombre qui lui reste de ce soleil intérieur des consciences. Cette lumière universelle découvre et représente à nos esprits tous les objets; et nous ne pouvons rien juger que par elle, comme nous ne pouvons discerner aucun corps qu'aux rayons du soleil.

Les hommes peuvent nous parler pour nous instruire; mais nous ne pouvons les croire qu'autant que nous trouvons une certaine conformité entre ce qu'ils nous disent et ce que nous dit le maître intérieur. Après qu'ils ont épuisé tous leurs raisonnements, il faut toujours revenir à lui, et l'écouter, pour la décision. Si un homme nous disait qu'une partie égale le tout dont elle est partie, nous ne pourrions nous empêcher de rire, il se rendrait méprisable, au lieu de nous persuader : c'est au fond de nous-mêmes, par la consultation du maître intérieur, que nous avons besoin de trouver les vérités qu'on nous enseigne, c'est-à-dire qu'on nous propose extérieurement. Ainsi, à proprement parler, il n'y a qu'un seul véritable maître qui enseigne tout et sans lequel on n'apprend rien. Les autres maîtres nous ramènent toujours dans cette école intime, où il parle seul. C'est là que nous recevons ce que nous n'avions pas; c'est là que nous apprenons ce que nous avions ignoré; c'est là que nous retrouvons ce que nous avions perdu par l'oubli; c'est dans le fond intime de nous-mêmes qu'il nous garde certaines connaissances comme ensevelies, qui se réveillent au besoin; c'est là que nous rejetons le mensonge que nous avions cru. Loin de juger ce maître, c'est par lui seul que nous sommes jugés souverainement en toutes choses. C'est un juge désintéressé, et supérieur à nous. Nous pouvons refuser de l'écouter, et nous étourdir; mais en l'écoutant nous ne pouvons le contredire. Rien ne ressemble moins à l'homme que ce maître invisible qui l'instruit et qui le juge avec tant de rigueur et de perfection. Ainsi notre raison, bornée, incertaine, fautive, n'est qu'une inspiration faible et momentanée d'une raison primitive, suprême et immuable, qui se communique avec mesure à tous les êtres intelligents.

On ne peut point dire que l'homme se donne lui-même les pensées qu'il n'avait pas : on peut encore moins dire qu'il les reçoive des autres hommes, puisqu'il n'admet et ne peut rien admettre du dehors sans le trouver aussi dans son propre fonds, en consultant au-dedans de soi les principes de la raison, pour voir si ce qu'on lui dit y répugne. Il y a donc une école intérieure où l'homme reçoit ce qu'il ne peut ni se donner, ni attendre des autres hommes, qui vivent d'emprunt comme lui.

Voilà donc deux raisons que je trouve en moi : l'une est moi-même; l'autre est au-dessus de moi. Celle qui est moi est très-imparfaite, fautive, incertaine, prévenue, précipitée, sujette à s'égarer, changeante, opiniâtre, ignorante et bornée, enfin elle ne possède jamais rien que d'emprunt. L'autre est commune à tous les hommes, et supérieure à eux; elle est parfaite, éternelle, immuable, toujours prête à se communiquer en tous lieux, et à redresser tous les esprits qui se trompent, enfin incapable d'être jamais ni épuisée ni partagée, quoiqu'elle se donne à tous ceux qui la veulent. Où est cette raison parfaite, qui est si près de moi, et si différente de moi? où est-elle? Il faut quelque chose de réel; car le néant ne peut être parfait, ni perfectionner les natures imparfaites. Où est-elle cette raison suprême? N'est-elle pas le Dieu que je cherche?

Je trouve encore d'autres traces de la Divinité en moi; en voici une bien touchante :

Je connais des nombres prodigieux, avec les rapports qui sont entre eux. Par où me vient cette connaissance? Elle est si distincte que je n'en puis douter sérieusement, et que je redresse d'abord, sans hésiter, tout homme qui manque à la suivre en supputant.

Si un homme dit que 17 et 3 font 22, je me hâte de lui dire : 17 et 3 ne font que 20 : aussitôt il est vaincu par sa propre lumière, et il acquiesce à ma correction. Le même maître, qui parle en moi pour le corriger, parle aussitôt en lui pour lui dire qu'il doit se rendre. Ce ne sont point deux maîtres qui soient convenus de nous accorder; c'est quelque chose d'indivisible, d'éternel, d'immuable, qui parle en même temps avec une persuasion invincible dans tous les deux. Encore une fois, d'où me vient cette notion si juste des nombres? Les nombres ne sont tous que des unités répétées. Tout nombre n'est qu'une composition ou une répétition d'unités. Le nombre de 2 n'est que de deux unités; le nombre de 4 se réduit à 1 répété quatre fois. On ne peut donc concevoir aucun nombre sans concevoir l'unité, qui est le fondement essentiel de tout nombre possible (1). On ne peut donc concevoir aucune répétition d'unités sans concevoir l'unité même qui en est le fond.

Mais par où est-ce que je puis connaître quelque unité réelle? Je n'en ai jamais vu, ni même imaginé par le rapport de mes sens. Que je prenne le plus subtil atome; il faut qu'il ait une figure, une longueur, une largeur et une profondeur; un dessus, un dessous, un côté gauche, un autre droit; et le dessus n'est point le dessous; un côté n'est point l'autre. Cet atome n'est donc pas véritablement un; il est composé de parties. Or le composé est un nombre réel, et une multitude d'êtres : ce n'est point une unité réelle : c'est un assemblage d'êtres dont l'un n'est pas l'autre.

Je n'ai donc jamais appris ni par mes yeux, ni par mes oreilles, ni par mes mains, ni même par mon imagination, qu'il y ait dans la nature aucune réelle unité; au contraire; mes sens et mon imagination ne me présentent jamais rien que de composé, rien qui ne soit un nombre réel, rien qui ne soit une multitude. Toute unité m'échappe sans cesse, elle me fuit, comme par une espèce d'enchantement. Puisque je la cherche dans tant de divisions d'un atome, j'en ai certainement l'idée distincte; et ce n'est que par sa simple et claire

(1) S. AUG., *de Lib. Arb.*, lib. II, n° 22.

idée que je parviens, en la répétant, à connaître tant d'autres nombres. Mais puisqu'elle m'échappe dans toutes les divisions des corps de la nature, il s'ensuit clairement que je ne l'ai jamais connue par le canal de mes sens et de mon imagination. Voilà donc une idée qui est en moi indépendamment des sens, de l'imagination, et des impressions des corps.

De plus, quand même je ne voudrais pas reconnaître de bonne foi que j'ai une idée claire de l'unité, qui est le fond de tous les nombres, parce qu'ils ne sont que des répétitions ou des collections d'unités, il faudrait au moins avouer que je connais beaucoup de nombres, avec leurs propriétés et leurs rapports. Je sais, par exemple, combien font 900,000,000 joints avec 800,000,000 d'une autre somme. Je ne m'y trompe point; et je redresserais d'abord avec certitude un autre homme qui s'y tromperait. Cependant ni mes sens ni mon imagination n'ont jamais pu me représenter distinctement tous ces millions rassemblés. L'image qu'ils m'en présenteraient ne ressemblerait pas même davantage à dix-sept cents millions qu'à un nombre très-inférieur.

D'où me vient donc une idée si distincte des nombres, que je n'ai jamais pu ni sentir ni imaginer? Ces idées indépendantes des corps ne peuvent ni être corporelles, ni être reçues dans un sujet corporel : elles me découvrent la nature de mon âme, qui reçoit ce qui est incorporel, et qui le reçoit au-dedans de soi d'une manière incorporelle. D'où me vient une idée si incorporelle des corps mêmes! Je ne puis la porter par ma propre nature au-dedans de moi, puisque ce qui connaît en moi les corps est incorporel, et qu'il les connaît sans que cette connaissance lui vienne par le canal des organes corporels, tels que les sens et l'imagination. Il faut que ce qui pense en moi soit pour ainsi dire un néant de nature corporelle. Comment ai-je pu connaître des êtres qui n'ont aucun rapport de nature avec mon être pensant? Il faut sans doute qu'un être supérieur à ces deux natures si diverses, et qui les renferme toutes deux dans son infini, les ait jointes dans mon âme, et m'ait donné l'idée d'une nature toute différente de celle qui pense en moi.

Pour les unités, quelqu'un dira peut-être que je ne les connais point par les corps, mais seulement par les esprits; et qu'ainsi mon esprit étant un, et m'étant véritablement connu, c'est par là, et non par les corps, que j'ai l'idée de l'unité. Mais voici ma réponse :

Il s'ensuivra du moins de là que je connais des substances qui n'ont rien d'étendu ni de divisible, et qui sont présentes. Voilà déjà des natures purement incorporelles, au nombre desquelles je dois mettre mon âme. Qui est-ce qui l'a unie à mon corps? Cette âme n'est point un être infini; elle n'a pas toujours été; elle pense dans certaines bornes. Qui est-ce qui l'a faite? qui est-ce qui lui fait connaître les corps, si différents d'elle? qui est-ce qui lui donne tant d'empire sur un certain corps, et qui donne réciproquement à ce corps tant d'empire sur elle? De plus, comment sais-je si cette âme qui pense est réellement une, ou bien si elle a des parties? Je ne vois point cette âme. Dira-t-on que c'est dans une chose si invisible et si impénétrable que je vois clairement ce que c'est qu'unité? Loin d'apprendre par mon âme ce que c'est que d'être un, c'est au contraire par l'idée claire que j'ai déjà de l'unité que j'examine si mon âme est une ou divisible.

Ajoutez à cela que j'ai au-dedans de moi une idée claire d'une unité parfaite qui est bien au-dessus de celle que je puis trouver dans mon âme : elle se trouve souvent comme partagée entre deux opinions, entre deux inclinations, entre deux habitudes contraires. Ce partage que je trouve au fond de moi-même ne marque-t-il point quelque multiplicité, ou composition de parties? L'âme d'ailleurs a tout au moins une composition successive de pensées, dont l'une est très-différente de l'autre. Je conçois une unité infiniment plus une, s'il m'est permis de parler ainsi : je conçois un être qui ne change jamais de pensée, qui pense toujours toutes choses tout à la fois, et en qui on ne peut trouver aucune composition même successive. Sans doute c'est cette idée de la parfaite et suprême unité qui me fait tant chercher quelque unité dans les esprits, et même dans les corps.

Cette idée, toujours présente au fond de moi-même, est née avec moi; elle est le modèle parfait sur lequel je cherche partout quelque copie imparfaite de l'unité. Cette idée de ce qui est *un*, simple et indivisible par excellence, ne peut être que l'idée de Dieu. Je connais donc Dieu avec une telle clarté, que c'est en le connaissant que je cherche dans toutes les créatures, en moi-même, quelque ouvrage et quelque ressemblance de son unité. Les corps ont, pour ainsi dire, quelque vestige de cette unité, qui échappe dans la division de ses parties; et les esprits en ont une plus grande ressemblance, quoiqu'ils aient une composition successive de pensées.

Mais voici un autre mystère que je porte au-dedans de moi, et qui me rend incompréhensible à moi-même : c'est que d'un côté je suis libre, et que de l'autre je suis dépendant. Examinons ces deux choses, pour voir s'il est possible de les accorder.

Je suis un être dépendant : l'indépendance est la suprême perfection. Être par soi-même, c'est porter en soi-même la source de son propre être, c'est ne rien emprunter d'aucun être différent de soi. Supposez un être qui rassemble toutes les perfections que vous pourrez concevoir, mais qui sera un être emprunté et dépendant, il sera moins parfait qu'un autre être en qui vous ne mettrez que la simple indépendance; car il n'y a aucune comparaison à faire entre un être qui est par soi, et un être qui n'a rien que d'emprunté, et qui n'est en lui que comme par prêt.

Ceci me sert à reconnaître l'imperfection de ce que j'appelle mon âme. Si elle était par elle-même, elle n'emprunterait rien d'autrui, elle n'aurait besoin ni de s'instruire dans ses ignorances, ni de se redresser dans ses erreurs; rien ne pourrait ni la corriger de ses vices, ni lui inspirer aucune vertu, ni rendre sa volonté meilleure qu'elle ne se trouverait d'abord : cette âme posséderait toujours tout ce qu'elle serait capable d'avoir, et ne pourrait jamais rien recevoir du dehors. En même temps il serait certain qu'elle ne pourrait rien perdre; car ce qui est par soi est toujours nécessairement tout ce qu'il est. Ainsi mon âme ne pourrait tomber ni dans l'ignorance, ni dans l'erreur, ni dans le vice, ni dans aucune diminution de bonne volonté : elle ne pourrait aussi ni s'instruire, ni se corriger, ni devenir meilleure qu'elle n'est. Or j'éprouve tout le contraire : j'oublie, je me trompe, je m'égare; je perds la vue de la vérité et l'amour du bien; je me corromps, je me diminue. D'un autre côté, je m'augmente en acquérant la sagesse et la bonne volonté, que je n'avais jamais eues. Cette expérience intime me convainc que mon âme n'est point un être par soi et indépendant, c'est-à-dire nécessaire, et immuable en tout ce qu'il possède. Par où me peut venir cette augmentation de moi-même? qui est-ce qui peut perfectionner mon être en me rendant meilleur, et par conséquent en me faisant être plus que je n'étais?

La volonté ou capacité de vouloir est sans doute un degré d'être, et de bien ou de perfection; mais la bonne volonté ou le bon vouloir est un autre degré de bien supérieur : car on peut abuser de la volonté pour vouloir mal, pour tromper, pour nuire, pour faire l'injustice; au lieu que le bon vouloir est le bon usage de la volonté même, lequel ne peut être que bon. Le bon vouloir est donc ce qu'il y a de plus précieux dans l'homme; c'est ce qui donne le prix à tout le reste; c'est là, pour ainsi dire, tout l'homme (1).

Nous venons de voir que ma volonté n'est point par elle-même, puisqu'elle est sujette à perdre et à recevoir des degrés de bien ou de perfection : nous avons vu qu'elle est un bien inférieur au bon vouloir, parce qu'il est meilleur de bien vouloir que d'avoir simplement une volonté susceptible du bien et du mal. Comment pourrais-je croire que moi, être faible, imparfait, emprunté et dépendant, je me donne à moi-même le plus haut degré de perfection, pendant qu'il est visible que l'inférieur me vient d'un premier être? Puis-je m'imaginer que Dieu me donne le moindre bien, et que je me donne sans lui le plus grand? Où prendrais-je ce haut degré de perfection pour me le donner? serait-ce dans le néant, qui est mon propre fond? Dirai-je que d'autres esprits à peu près égaux au mien me le donnent? Mais puisque ces êtres, bornés et dépendants comme le mien, ne peuvent se rien donner à eux-mêmes, ils peuvent encore moins donner à autrui. N'étant point par eux-mêmes, ils n'ont par eux-mêmes aucun vrai pouvoir ni sur moi, ni sur les choses qui sont imparfaites en moi, ni sur eux-mêmes. Il faut donc, sans s'arrêter à eux, remonter plus haut, et trouver une cause première qui soit féconde et toute-puissante, pour donner à mon âme le bon vouloir qu'elle n'a pas.

Ajoutons encore une réflexion. Ce premier être est la cause de toutes les modifications de ses créatures. L'opération suit l'être, comme disent les philosophes. L'être qui est dépendant dans le fond de son être ne peut être que dépendant dans toutes ses opérations. L'accessoire suit le principal. L'auteur du fond de l'être l'est donc aussi de toutes les modifications ou manières d'être des créatures. C'est ainsi que Dieu est la cause réelle et immédiate de toutes les configurations, combinaisons et mouvements de tous les corps de l'univers : c'est à l'occasion d'un corps qu'il a mû, qu'il en meut un autre; c'est lui qui a tout créé, et c'est lui qui fait tout dans son ouvrage.

(1) Hoc est enim omnis homo. *Eccles.*, XII, 13.

Or le vouloir est la modification des volontés, comme le mouvement est la modification des corps. Dirons-nous qu'il est la cause réelle, immédiate et totale du mouvement de tous les corps, et qu'il n'est pas autant la cause réelle et immédiate du bon vouloir des volontés? Cette modification, la plus excellente de toutes, sera-t-elle la seule que Dieu ne fera point dans son ouvrage, et que l'ouvrage se donnera lui-même avec indépendance? Qui le peut penser? Mon bon vouloir, que je n'avais pas hier, et que j'ai aujourd'hui, n'est donc pas une chose que je me donne : il me vient de celui qui m'a donné la volonté et l'être.

Comme vouloir est plus parfait qu'être simplement, bien vouloir est plus parfait que vouloir. Le passage de la puissance à l'acte vertueux est ce qu'il y a de plus parfait dans l'homme. La puissance n'est qu'un équilibre entre la vertu et le vice, qu'une suspension entre le bien et le mal. Le passage à l'acte est la décision pour le bien, et par conséquent le bien supérieur. La puissance susceptible du bien et du mal vient de Dieu. Nous avons fait voir qu'on n'en pouvait douter. Dirons-nous que le coup décisif qui détermine au plus grand bien ne vient pas de lui, ou en vient moins? Tout ceci prouve évidemment ce que dit l'Apôtre (1), savoir, que Dieu donne le vouloir et le faire, selon son bon plaisir. Voilà la dépendance de l'homme; cherchons sa liberté.

Je suis libre, et je n'en puis douter : j'ai une conviction intime et inébranlable que je puis vouloir et ne vouloir pas; qu'il y a en moi une élection, non-seulement entre le vouloir et le non-vouloir, mais encore entre diverses volontés, sur la variété des objets qui se présentent. Je sens, comme dit l'Écriture, que je suis *dans la main de mon conseil* (2). En voilà déjà assez pour me montrer que mon âme n'est point corporelle. Tout ce qui est corps ou corporel ne se détermine en rien soi-même, et est au contraire déterminé en tout par des lois qu'on nomme physiques, qui sont nécessaires, invincibles, et contraires à ce que j'appelle liberté. De là je conclus que mon âme est d'une nature entièrement différente de celle de mon corps. Qui est-ce qui a pu unir d'une union réciproque deux natures si différentes, et les tenir dans un concert si juste pour toutes leurs opérations? Ce lien ne peut être

(1) *Philipp.*, II, 13.
(2) *Eccles.*, XV, 14.

formé, comme nous l'avons déjà remarqué, que par un être supérieur qui réunisse ces deux genres de perfections dans sa perfection infinie.

Il n'en est pas de même de cette modification de mon âme, qu'on nomme vouloir, comme des modifications des corps. Un corps ne se modifie en rien lui-même; il est modifié par la seule puissance de Dieu : il ne se meut point, il est mû; il n'agit en rien, il est seulement agi, s'il m'est permis de parler de la sorte. Ainsi Dieu est l'unique cause réelle et immédiate de toutes les différentes modifications des corps. Pour les esprits, il n'en est pas de même : ma volonté se détermine elle-même. Or, se déterminer à un vouloir, c'est se modifier : ma volonté se modifie donc elle-même. Dieu peut prévenir mon âme, mais il ne lui donne point le vouloir de la même manière dont il donne le mouvement aux corps.

Si c'est Dieu qui me modifie, je me modifie moi-même avec lui, je suis cause réelle avec lui de mon propre vouloir. Mon vouloir est tellement à moi, qu'on ne peut s'en prendre qu'à moi si je ne veux pas ce qu'il faut vouloir. Quand je veux une chose, je suis maître de ne la vouloir pas; quand je ne la veux pas, je suis maître de la vouloir. Je ne suis pas contraint dans mon vouloir, et je ne saurais l'être; car je ne saurais vouloir malgré moi ce que je veux, puisque le vouloir que je suppose exclut évidemment toute contrainte.

Outre l'exemption de toute contrainte, j'ai encore l'exemption de toute nécessité. Je sens que j'ai un vouloir, pour ainsi dire, à deux tranchants, qui peut se tourner à son choix vers le oui et vers le non, vers un objet ou vers un autre : je ne connais point d'autre raison de mon vouloir que mon vouloir même ; je veux une chose, parce que je veux bien la vouloir, et que rien n'est tant en ma puissance que de vouloir ou de ne vouloir pas. Quand même ma volonté ne serait pas contrainte, si elle était nécessité, elle serait aussi invinciblement déterminée à vouloir, que les corps le sont à se mouvoir. La nécessité tomberait autant sur le vouloir pour les esprits, qu'elle tombe sur le mouvement pour les corps. Alors il ne faudrait pas s'en prendre davantage aux volontés de ce qu'elles voudraient, qu'aux corps de ce qu'ils se mouvraient.

Il est vrai que les volontés voudraient vouloir ce qu'elles voudraient; mais les corps se meuvent du mouvement dont ils se meuvent, comme les volontés veulent du vouloir dont elles veulent. Si le vouloir est nécessité comme le mouvement, il n'est ni plus digne de louange, ni plus digne de blâme. Le vouloir nécessité, pour être un vrai vouloir non contraint, n'en est pas moins un vouloir qu'on ne peut s'abstenir d'avoir, et duquel on ne peut se prendre à celui qui l'a. La connaissance précédente ne donne point de liberté véritable; car un vouloir peut être précédé de la connaissance de divers objets, et n'avoir pourtant aucune réelle élection. La délibération même n'est qu'un jeu ridicule, si je délibère entre deux partis, étant dans l'impuissance actuelle de prendre l'autre. Enfin il n'y a aucune élection sérieuse et véritable entre deux objets, s'ils ne sont tous deux actuellement tout prêts, en sorte que je puisse laisser et prendre celui qu'il me plaira.

En disant que je suis libre, je dis donc que mon vouloir est pleinement en ma puissance, et que Dieu même me le laisse pour le tourner où je voudrai; que je ne suis point déterminé comme les autres êtres, et que je me détermine moi-même. Je conçois que si ce premier être me prévient pour m'inspirer une bonne volonté, je demeure le maître de rejeter son actuelle inspiration (1), quelque forte qu'elle soit; de la frustrer de son effet, et de lui refuser mon consentement. Je conçois aussi que quand je rejette son inspiration pour le bien, j'ai le vrai et actuel pouvoir de ne la rejeter pas, comme j'ai le pouvoir actuel et immédiat de me lever quand je demeure assis, et de fermer les yeux quand je les ai ouverts. Les objets peuvent me solliciter, par tout ce qu'ils ont d'agréable, à les vouloir; les raisons de vouloir peuvent se présenter à moi avec ce qu'elles ont de plus vif et de plus touchant; le premier être peut aussi m'attirer par ses plus persuasives inspirations. Mais enfin, dans cet attrait actuel des objets, des raisons, et même de l'inspiration d'un être supérieur, je demeure encore maître de ma volonté pour vouloir ou ne vouloir pas.

C'est cette exemption non-seulement de toute contrainte, mais encore de toute nécessité, et cet empire sur mes propres actes, qui fait que je suis inexcusable quand je veux mal, et que je suis louable quand je veux bien. Voilà le fond du mérite et qui rend juste la punition ou la récompense; voilà ce qui fait qu'on exhorte, qu'on reprend, qu'on menace, qu'on promet. C'est là le fondement de toute police, de toute ins-

(1) *Concil. Trid.*, sess. VI, cap. V.

truction, et de toute règle des mœurs. Tout se réduit, dans la vie humaine, à supposer, comme le fondement de tout, que rien n'est tant en la puissance de notre volonté que notre propre vouloir; et que nous avons ce libre arbitre, ce pouvoir, pour ainsi dire, à deux tranchants, cette vertu élective entre deux partis qui sont immédiatement comme sous notre main.

C'est ce que les bergers et les laboureurs chantent sur les montagnes, ce que les marchands et les artisans supposent dans leur négoce, ce que les acteurs représentent dans les spectacles, ce que les magistrats croient dans leurs conseils, ce que les docteurs enseignent dans leurs écoles, ce que nul homme sensé ne peut révoquer en doute sérieusement. Cette vérité, imprimée au fond de nos cœurs, est supposée dans la pratique par les philosophes mêmes qui voudraient l'ébranler par de creuses spéculations. L'évidence intime de cette vérité est comme celle des premiers principes, qui n'ont besoin d'aucune preuve, et qui servent eux-mêmes de preuves aux autres vérités moins claires. Comment le premier être peut-il avoir fait une créature qui soit ainsi l'arbitre de ses propres actes?

Rassemblons maintenant ces deux vérités également certaines : Je suis dépendant d'un premier être dans mon vouloir même, et néanmoins je suis libre. Quelle est donc cette liberté dépendante? Comment peut-on comprendre un vouloir qui est libre et qui est donné par un premier être? Je suis dans mon vouloir, comme Dieu dans le sien. C'est en cela principalement que je suis son image, et que je lui ressemble. Quelle grandeur, qui tient de l'infini! Voilà le trait de la Divinité même. C'est une espèce de puissance divine que j'ai sur mon vouloir; mais je ne suis qu'une simple image de cet être si libre et si puissant.

L'image de l'indépendance divine n'est pas la réalité de ce qu'elle représente; ma liberté n'est qu'une ombre de celle de ce premier être par qui je suis et par qui j'agis. D'un côté, le pouvoir que j'ai de vouloir mal est moins un vrai pouvoir qu'une faiblesse et une fragilité de mon vouloir : c'est un pouvoir de déchoir, de me dégrader, de diminuer mon degré de perfection et d'être. D'un autre côté, le pouvoir que j'ai de bien vouloir n'est point un pouvoir absolu, puisque je ne l'ai point de moi-même. La liberté n'étant donc autre chose que ce pouvoir, le pouvoir emprunté ne peut faire qu'une liberté empruntée et dépendante. Un être si imparfait et si emprunté ne peut donc être que dépendant. Comment est-il libre? Quel profond mystère! Sa liberté, dont je ne puis douter, montre sa perfection ; sa dépendance montre le néant dont il est sorti.

Nous venons de voir les traces de la Divinité, ou, pour mieux dire, le sceau de Dieu même, dans tout ce qu'on appelle les ouvrages de la nature. Quand on ne veut point subtiliser, on remarque du premier coup d'œil une main qui est le premier mobile dans toutes les parties de l'univers. Les cieux, la terre, les astres, les plantes, les animaux, nos corps, nos esprits, tout marque un ordre, une mesure précise, un art, une sagesse, un esprit supérieur à nous, qui est comme l'âme du monde entier, et qui mène tout à ses fins avec une force douce et insensible, mais toute-puissante. Nous avons vu, pour ainsi dire, l'architecture de l'univers, la juste proportion de toutes ses parties; et le simple coup d'œil nous a suffi partout pour trouver dans une fourmi, encore plus que dans le soleil, une sagesse et une puissance qui se plaît à éclater en façonnant ses plus vils ouvrages. Voilà ce qui se présente d'abord sans discussion aux hommes les plus ignorants. Que serait-ce si nous entrions dans les secrets de la physique, et si nous faisions la dissection des parties internes des animaux, pour y trouver la plus parfaite mécanique?

CHAPITRE III.

Réponse aux objections des Épicuriens.

J'entends certains philosophes qui me répondent que tout ce discours, sur l'art qui éclate dans toute la nature, n'est qu'un sophisme perpétuel. Toute la nature, me diront-ils, est à l'usage de l'homme; il est vrai; mais vous en concluez mal à propos qu'elle a été faite avec art pour l'usage de l'homme. C'est être ingénieux à se tromper soi-même pour trouver ce qu'on cherche, et qui ne fut jamais. Il est vrai, continueront-ils, que l'industrie de l'homme se sert d'une infinité de choses que la nature lui fournit, et qui lui sont commodes; mais la nature n'a point fait tout exprès ces choses pour sa commodité. Par exemple, des villageois grimpent tous les jours par certaines pointes de rochers au sommet d'une montagne; il ne s'ensuit pas néanmoins que ces pointes de rochers aient été taillées avec art comme un escalier pour la commodité des hommes. Tout de même, quand on est à la campagne pendant un orage, et qu'on rencontre une caverne, on s'en sert, comme d'une maison, pour se mettre à couvert : il n'est pourtant pas vrai que cette caverne ait été faite exprès pour servir de maison aux hommes. Il en est de même du monde entier : il a été formé par le hasard, et sans dessein; mais les hommes, le trouvant tel qu'il est, ont eu l'invention de le tourner à leurs usages. Ainsi l'art que vous voulez admirer dans l'ouvrage et dans son ouvrier n'est que dans les hommes, qui savent après coup se servir de tout ce qui les environne. Voilà sans doute la plus forte objection que ces philosophes puissent faire ; et je crois qu'ils ne peuvent point se plaindre que je l'aie affaiblie. Mais nous allons voir combien elle est faible en elle-même, quand on l'examine de près : la simple répétition de ce que j'ai déjà dit suffira pour le démontrer.

Que dirait-on d'un homme qui se piquerait d'une philosophie subtile, et qui, entrant dans une maison, soutiendrait qu'elle a été faite par le hasard, et que l'industrie n'y a rien mis pour en rendre l'usage commode aux hommes, à cause qu'il y a des cavernes qui ressemblent en quelque chose à cette maison, et que l'art des hommes n'a jamais creusées? On montrerait à celui qui raisonnerait de la sorte toutes les parties de cette maison. Voyez-vous, lui dirait-on, cette grande porte de la cour? elle est plus grande que toutes les autres, afin que les carrosses y puissent entrer. Cette cour est assez spacieuse pour y faire tourner les carrosses avant qu'ils sortent. Cet escalier est composé de marches basses, afin qu'on puisse monter sans effort ; il tourne suivant les appartements et les étages pour lesquels il doit servir. Les fenêtres, ouvertes de distance en distance, éclairent tout le bâtiment : elles sont vitrées, de peur que le vent n'entre avec la lumière; on peut les ouvrir quand on veut, pour respirer un air doux dans la belle saison. Le toit est fait pour défendre tout le bâtiment des injures de l'air. La charpente est en pointe, afin que la pluie et la neige s'y écoulent facilement des deux côtés. Les tuiles portent un peu les unes sur les autres, pour mettre à couvert le bois de la charpente. Les divers planchers des étages servent à multiplier les logements dans un petit espace, en les faisant les uns au-dessus des autres. Les cheminées sont faites pour allumer du feu en hiver sans brûler la maison, et pour faire exhaler la fumée sans la laisser sentir à ceux qui se chauffent. Les appartements sont distribués de manière qu'ils ne sont point engagés les uns dans les autres; que toute une famille nombreuse y peut loger, sans que les uns aient besoin de passer par les chambres des autres; et que le logement du maître est le principal. On y voit des cuisines, des offices, des écuries, des remises de carrosses. Les chambres sont garnies de lits pour se coucher, de chaises pour s'asseoir, de tables pour écrire et pour manger.

Il faut, dirait-on à ce philosophe, que cet ouvrage ait été conduit par quelque habile architecte; car tout y est agréable, riant, proportionné, commode : il faut même qu'il ait eu sous lui d'excellents ouvriers. Nullement, répondrait ce philosophe; vous êtes ingénieux à vous tromper vous-même. Il est vrai que cette maison est riante, agréable, proportionnée, commode; mais elle s'est faite d'elle-même avec toutes ses proportions. Le hasard en a assemblé les pierres avec ce bel ordre; il a élevé les murs, assemblé et posé la charpente, percé les fenêtres, placé l'escalier. Gardez-vous bien de croire qu'aucune main d'homme y ait eu aucune part : les hommes ont seulement profité de cet ouvrage quand ils l'ont trouvé fait. Ils s'imaginent qu'il est fait pour eux, parce qu'ils y remarquent des choses qu'ils savent tourner à leur commodité; mais tout ce qu'ils attribuent au dessein d'un architecte imaginaire n'est que l'effet de leur invention après coup. Cette maison si régulière et si bien entendue ne s'est faite que comme une caverne; et les hommes, la trouvant faite, s'en servent comme ils se serviraient, pendant un orage, d'un antre qu'ils trouveraient sous un rocher au milieu d'un désert.

Que penserait-on de ce bizarre philosophe, s'il s'obstinait à soutenir sérieusement que cette maison ne montre aucun art? Quand on lit la fable d'Amphion, qui, par un miracle de l'harmonie, faisait élever avec ordre et symétrie les pierres les unes sur les autres pour former les murailles de Thèbes, on se joue de cette fiction poétique; mais cette fiction n'est pas si incroyable que celle que l'homme que nous supposons oserait défendre. Au moins pourrait-on s'imaginer que l'harmonie, qui consiste dans un mouvement local de certains corps, pourrait, par quelqu'une de ces vertus secrètes qu'on admire dans la nature sans les entendre, ébranler les pierres avec un certain ordre, et une espèce de cadence, qui ferait quelque régularité dans l'édifice. Cette explication choque néanmoins et révolte la raison; mais enfin elle est encore moins extravagante que celle que je viens de mettre dans la bouche d'un philosophe. Qu'y a-t-il de plus absurde que de se représenter des pierres qui se taillent, qui sortent de la carrière, qui montent les unes sur les autres sans laisser de vide, qui portent avec elles leur ciment pour leur liaison, qui s'arrangent pour distribuer les appartements, qui reçoivent au-dessus d'elles le bois d'une charpente avec les tuiles pour mettre l'ouvrage à couvert? Les enfants mêmes qui bégayent encore riraient si on leur proposait sérieusement cette fable.

Mais pourquoi rira-t-on moins d'entendre dire que le monde

s'est fait de lui-même comme cette maison fabuleuse? Il ne s'agit pas de comparer le monde à une caverne informe qu'on suppose faite par le hasard; il s'agit de le comparer à une maison où éclaterait la plus parfaite architecture. Le moindre animal est d'une structure et d'un art infiniment plus admirable que la plus belle de toutes les maisons.

Un voyageur entrant dans le Saïde, qui est le pays de l'ancienne Thèbes à cent portes, et qui est maintenant désert, y trouverait des colonnes, des pyramides, des obélisques avec des inscriptions en caractères inconnus. Dirait-il aussitôt : Les hommes n'ont jamais habité ces lieux; aucune main d'homme n'a travaillé ici; c'est le hasard qui a formé ces colonnes, qui les a posées sur leurs piédestaux, et qui les a couronnées de leurs chapiteaux avec des proportions si justes; c'est le hasard qui a lié si solidement les morceaux dont ces pyramides sont composées; c'est le hasard qui a taillé ces obélisques d'une seule pierre, et qui y a gravé tous ces caractères? Ne dirait-il pas au contraire, avec toute la certitude dont l'esprit des hommes est capable : Ces magnifiques débris sont les restes d'une architecture majestueuse qui florissait dans l'ancienne Égypte?

Voilà ce que la simple raison fait dire au premier coup d'œil, et sans avoir besoin de raisonner. Il en est de même du premier coup d'œil jeté sur l'univers. On peut s'embrouiller soi-même après coup par de vains raisonnements pour obscurcir ce qu'il y a de plus clair; mais le simple coup d'œil est décisif. Un ouvrage tel que le monde ne se fait jamais de lui-même : les os, les tendons, les veines, les artères, les nerfs, les muscles qui composent le corps de l'homme, ont plus d'art et de proportion que toute l'architecture des anciens Grecs et Égyptiens. L'œil du moindre animal surpasse la mécanique de tous les artisans ensemble. Si on trouvait une montre dans les sables d'Afrique, on n'oserait dire sérieusement que le hasard l'a formée dans ces lieux déserts, et on n'a point de honte de dire que le corps des animaux, à l'art desquels nulle montre ne peut jamais être comparée, sont des caprices du hasard!

Je n'ignore pas un raisonnement que les épicuriens peuvent faire. Les atomes, diront-ils, ont un mouvement éternel; leur concours fortuit doit avoir déjà épuisé, dans cette éternité, des combinaisons infinies. Qui dit l'infini dit quelque chose qui comprend tout sans exception. Parmi ces combinaisons infinies des atomes qui sont déjà arrivées successivement, il faut nécessairement qu'on y trouve toutes celles qui sont possibles. S'il y en avait une seule de possible au delà de celles qui sont contenues dans cet infini, il ne serait plus infini véritable, parce qu'on pourrait y ajouter quelque chose, et que ce qui peut être augmenté, ayant une borne par le côté susceptible d'accroissement, n'est point véritablement infini. Il faut donc que la combinaison des atomes, qui fait le système présent du monde, soit une des combinaisons que les atomes ont eues successivement. Ce principe étant posé, faut-il s'étonner que le monde soit tel qu'il est? Il a dû prendre cette forme précise un peu plus tôt ou un peu plus tard. Il fallait bien qu'il parvînt, dans quelqu'un de ces changements infinis, à cette combinaison qui le rend aujourd'hui si singulier, puisqu'il doit avoir déjà eu tour à tour toutes les combinaisons concevables. Dans le total de l'éternité sont renfermés tous les systèmes : il n'y en a aucun que le concours des atomes ne forme et n'embrasse tôt ou tard. Dans cette variété infinie de nouveaux spectacles de la nature, celui-ci a été formé en son rang : il a trouvé place à son tour. Nous nous trouvons actuellement dans ce système. Le concours des atomes qui l'a fait le défera ensuite, pour en faire d'autres à l'infini de toutes les espèces possibles. Ce système ne pouvait manquer de trouver sa place, puisque tous, sans exception, doivent trouver la leur chacun à son tour. C'est en vain qu'on cherche un art chimérique dans un ouvrage que le hasard a dû faire tel qu'il est.

Un exemple achèvera d'éclaircir ceci. Je suppose un nombre infini de combinaisons des lettres de l'alphabet formées successivement par le hasard : toutes les combinaisons possibles sont sans doute renfermées dans ce total, qui est véritablement infini. Or est-il que l'*Iliade* d'Homère n'est qu'une combinaison de lettres? L'*Iliade* d'Homère est donc renfermée dans ce recueil infini de combinaisons des caractères de l'alphabet. Ce fait étant supposé, un homme qui voudra trouver de l'art dans l'*Iliade* raisonnera très-mal. Il aura beau admirer l'harmonie des vers, la justesse et la magnificence des expressions, la naïveté des peintures, la proportion des parties du poëme, son unité parfaite, et sa conduite inimitable; en vain il se récriera que le hasard ne peut jamais faire rien de si parfait, et que le dernier effort de l'art humain peut à peine achever un si bel ouvrage : tout ce raisonnement si spécieux portera visiblement à faux. Il sera certain que le hasard ou concours fortuit des caractères les assemblant tour à tour avec une variété infinie, il a fallu que la combinaison précise qui fait l'*Iliade* vînt à son tour, un peu plus tôt ou un peu plus tard. Elle est enfin venue, et l'*Iliade* entière se trouve parfaite, sans que l'art d'un Homère s'en soit mêlé. Voilà l'objection rapportée de bonne foi, sans l'affaiblir en rien. Je demande au lecteur une attention suivie pour les réponses que j'y vais faire.

I° Rien n'est plus absurde que de parler de combinaisons successives des atomes qui soient infinies en nombre. L'infini ne peut jamais être successif ni divisible. Donnez-moi un nombre que vous prétendrez être infini; je pourrai toujours faire deux choses qui démontreront que ce n'est pas un infini véritable. 1° J'en puis retrancher une unité : alors il deviendra moindre qu'il n'était, et sera certainement fini; car tout ce qui est moindre que l'infini a une borne par l'endroit où l'on s'arrête, et où l'on pourrait aller au delà : or le nombre qui est fini dès qu'on en retranche une seule unité ne pouvait pas être infini avant ce retranchement. Une seule unité est certainement finie : or un fini joint à un autre fini ne saurait faire l'infini. Si une seule unité ajoutée à un nombre fini finissait l'infini, il faudrait dire que le fini égalerait presque l'infini; ce qui est le comble de l'absurdité. 2° Je puis ajouter une unité à ce nombre, et par conséquent l'augmenter; or ce qui peut être augmenté n'est point infini; car l'infini ne peut avoir aucune borne; et ce qui peut recevoir de l'augmentation est borné par l'endroit où l'on s'arrête, pouvant aller plus loin, et y ajouter quelque unité. Il est donc évident que nul composé divisible ne peut être l'infini véritable.

Ce fondement étant posé, tout le roman de la philosophie épicurienne disparaît en un moment. Il ne peut jamais y avoir aucun corps divisible qui soit véritablement infini en étendue, ni aucun nombre ni aucune succession qui soit un infini véritable. De là il s'ensuit qu'il ne peut jamais y avoir un nombre successif de combinaisons d'atomes qui soit infini. Si cet infini chimérique était véritable, toutes les combinaisons possibles et concevables d'atomes s'y rencontreraient, j'en conviens; par conséquent il serait vrai qu'on y trouverait toutes les combinaisons qui semblent demander la plus grande industrie : ainsi on pourrait attribuer au pur hasard tout ce que l'art fait de plus merveilleux.

Si on voyait des palais d'une parfaite architecture, des meubles, des montres, des horloges, et toutes sortes de machines les plus composées, dans une île déserte, il ne serait plus permis de conclure qu'il y a eu des hommes dans cette île, et qu'ils ont fait tous ces beaux ouvrages. Il faudrait dire : Peut-être qu'une des combinaisons infinies des atomes, que le hasard a faites successivement, a formé tous ces composés dans cette île déserte, sans que l'industrie d'aucun homme s'en soit mêlée. Ce discours ne serait qu'une conséquence très-bien tirée du principe des épicuriens : mais l'absurdité de la conséquencesert à faire sentir celle du principe qu'ils veulent poser.

Quand les hommes, par la droiture naturelle de leur sens commun, concluent que ces sortes d'ouvrages ne peuvent venir du hasard, ils supposent visiblement, quoique d'une manière confuse, que les atomes ne sont point éternels, et qu'ils n'ont point eu dans leur concours fortuit, une succession de combinaisons infinies; car si on supposait ce principe, on ne pourrait plus distinguer jamais les ouvrages de l'art d'avec ceux de ces combinaisons qui seraient fortuites comme des coups de dés.

Tous les hommes, qui supposent naturellement une différence sensible entre les ouvrages de l'art et ceux du hasard, supposent donc, sans l'avoir bien approfondi, que les combinaisons d'atomes n'ont point été infinies; et leur supposition est juste. Cette succession infinie de combinaisons d'atomes est, comme je l'ai déjà montré, une chimère plus absurde que toutes les absurdités qu'on voudrait expliquer par ce faux principe. Aucun nombre, ni successif, ni continu, ne peut être infini : d'où il s'ensuit clairement que les atomes ne peuvent être infinis en nombre, que la succession de leurs divers mouvements et de leurs combinaisons n'a pu être infinie, que le monde n'a pu être éternel, et qu'il faut trouver un commencement précis et fixe de ces combinaisons successives. Il faut trouver un premier individu dans les générations de chaque espèce; il faut trouver de même la première forme qu'a eue chaque portion de matière qui fait partie de l'univers : et comme les changements successifs de cette matière n'ont pu avoir qu'un nombre borné, il ne faut admettre dans ces différentes combinaisons, que celles que le hasard produit d'ordinaire, à moins qu'on ne reconnaisse une sagesse supérieure qui ait fait avec un art parfait les arrangements que le hasard n'aurait su faire.

II° Les philosophes épicuriens sont si faibles dans leur système, qu'ils ne peuvent venir à bout de le former qu'autant qu'on leur donne sans preuve tout ce qu'ils demandent de plus fabuleux. Ils supposent d'abord des atomes éternels; c'est supposer ce qui est en question. Où prennent-ils que les atomes ont toujours été, et sont par eux-mêmes? Être par soi-même, c'est la suprême perfection. De quel droit supposent-ils, sans preuve, que les atomes ont un être parfait, éternel, immuable dans leur propre fonds? Trouvent-ils cette perfection dans l'idée qu'ils ont de chaque atome en particulier? Un atome n'étant pas l'autre, et étant absolument distingué de lui, il faudrait que chacun d'eux portât en soi l'éternité et l'indépendance à l'égard de tout autre être. Encore une fois, est-ce dans l'idée qu'ils ont de chaque atome que ces philosophes trouvent cette perfection? Mais donnons-leur là-dessus tout ce qu'ils demanderont, et ce qu'ils ne devraient pas même oser demander. Supposons donc que les atomes sont éternels, existants par eux-mêmes, indépendants de tout autre être, et par conséquent entièrement parfaits.

Faudra-t-il supposer encore qu'ils ont par eux-mêmes le mouvement? Le supposera-t-on à plaisir, pour réaliser un système plus chimérique que les contes de fées? Consultons l'idée que nous avons d'un corps; nous le concevons parfaitement sans supposer qu'il se meuve : nous nous le représentons en repos; et l'idée n'en est pas moins claire en cet état; il n'en a pas moins ses parties, sa figure et ses dimensions.

C'est en vain qu'on veut supposer que tous les corps sont sans cesse en quelque mouvement sensible ou insensible, et que, si quelques portions de la matière sont dans un moindre mouvement que les autres, du moins la masse universelle de la matière a toujours dans sa totalité, le même mouvement. Parler ainsi, c'est parler en l'air, et vouloir être cru sur tout ce qu'on s'imagine. Où prend-on que la masse de la matière a toujours dans sa totalité le même mouvement? qui est-ce qui en a fait l'expérience? Ose-t-on appeler philosophie cette fiction téméraire qui suppose ce qu'on ne peut jamais vérifier? N'y a-t-il qu'à supposer tout ce qu'on veut, pour éluder les vérités les plus simples et les plus constantes? De quel droit suppose-t-on aussi que tous les corps se meuvent sans cesse sensiblement ou insensiblement? Quand je vois une pierre qui paraît immobile, comment me prouvera-t-on qu'il n'y a aucun atome dans cette pierre qui ne se meuve actuellement? Ne me donnera-t-on jamais, pour preuves décisives, que des suppositions sans vraisemblance?

Allons encore plus loin. Supposons, par un excès de complaisance, que tous les corps de la nature se meuvent actuellement : s'ensuit-il que le mouvement leur soit essentiel, et qu'aucun d'eux ne puisse jamais être en repos? s'ensuit-il que le mouvement soit essentiel à toute portion de matière? D'ailleurs si tous les corps ne se meuvent pas également; si les uns se meuvent plus sensiblement et plus fortement que les autres; si le même corps peut se mouvoir tantôt plus et tantôt moins, si un corps qui se meut communique son mouvement au corps voisin qui était en repos, ou dans un mouvement tellement inférieur qu'il était insensible, il faut avouer qu'une manière d'être qui tantôt augmente et tantôt diminue dans les corps ne leur est pas essentielle.

Ce qui est essentiel à un être est toujours le même en lui. Le mouvement qui varie dans les corps, et qui, après avoir augmenté, se ralentit jusqu'à paraître absolument anéanti; le mouvement qui se perd, qui se communique, qui passe d'un corps dans un autre comme une chose étrangère, ne peut être de l'essence des corps. Je dois donc conclure que les corps sont parfaits dans leur essence, sans qu'on leur attribue aucun mouvement : s'ils ne l'ont point par leur essence, ils ne l'ont que par accident; s'ils ne l'ont que par accident, il faut remonter à la vraie cause de cet accident. Il faut, ou qu'ils se donnent eux-mêmes le mouvement, ou qu'ils le reçoivent de quelque autre être. Il est évident qu'ils ne se le donnent point eux-mêmes; nul être ne se peut donner ce qu'il n'a pas en soi. Nous voyons même qu'un corps qui est en repos demeure toujours immobile, si quelque autre corps voisin ne vient l'ébranler. Il est donc vrai que nul corps ne se meut par soi-même, et n'est mû que par quelque autre corps qui lui communique son mouvement.

Mais d'où vient qu'un corps en peut mouvoir un autre? D'où vient qu'une boule qu'on fait rouler sur une table unie ne peut en aller toucher une autre sans la remuer? Pourquoi n'aurait-il pas pu se faire que le mouvement ne se communiquât jamais d'un corps à un autre? En ce cas, une boule mue s'arrêterait auprès d'une autre en la rencontrant, et ne l'ébranlerait jamais.

On me répondra que les lois du mouvement entre les corps

décident que l'un ébranle l'autre. Mais où sont-elles écrites ces lois du mouvement? qui est-ce qui les a faites, et qui les rend si inviolables? Elles ne sont point dans l'essence des corps; car on peut concevoir le corps en repos, et on conçoit même des corps dont les uns ne communiqueraient point leur mouvement aux autres, si ces règles, dont la source est inconnue, ne les y assujettissaient. D'où vient cette police, pour ainsi dire arbitraire, pour le mouvement entre tous les corps? D'où viennent ces lois si ingénieuses, si justes, si bien assorties les unes aux autres, et dont la moindre altération renverserait tout à coup tout le bel ordre de l'univers?

Un corps étant entièrement distingué de l'autre, il est par le fond de sa nature absolument indépendant de lui en tout : d'où il s'ensuit qu'il ne doit rien recevoir de lui, et qu'il ne doit être susceptible d'aucune de ses impressions. Les modifications d'un corps ne sont point une raison pour modifier de même un autre corps, dont l'être est entièrement indépendant de l'être du premier. C'est en vain qu'on allègue que les masses les plus solides et les plus pesantes entraînent celles qui sont moins grosses et moins solides, et que, suivant cette règle, une grosse boule de plomb doit ébranler une petite boule d'ivoire. Nous ne parlons point du fait; nous en cherchons la cause. Le fait est constant; la cause en doit aussi être certaine et précise. Cherchons-la sans aucune prévention, et dans un plein doute sur tout préjugé. D'où vient qu'un gros corps en entraîne un petit? La chose pourrait se faire tout aussi naturellement d'une autre façon; il pourrait tout aussi bien se faire que le corps le plus solide ne pût jamais ébranler aucun autre corps, c'est-à-dire que le mouvement fût incommunicable. Il n'y a que l'habitude qui nous assujettisse à supposer que la nature doit agir ainsi.

De plus, nous avons vu que la matière ne peut être ni infinie ni éternelle. Il faut donc trouver un premier atome par où le mouvement aura commencé dans un moment précis, et un premier concours des atomes qui aura formé une première combinaison. Je demande quel moteur a mû ce premier atome, et a donné ce premier branle à la machine de l'univers. Il n'est pas permis d'éluder une question si précise par un cercle sans fin. Ce cercle, dans un tout fini, doit avoir une fin certaine : il faut trouver le premier atome ébranlé, et le premier moment de cette première motion, avec le premier moteur dont la main a fait ce premier coup.

Parmi les lois du mouvement, il faut regarder comme arbitraires toutes celles dont on ne trouve pas la raison dans l'essence même des corps. Nous avons déjà vu que nul mouvement n'est essentiel à aucun corps. Donc toutes ces lois qu'on suppose comme éternelles et immuables sont au contraire arbitraires, accidentelles, et instituées sans nécessité; car il n'y en a aucune dont on trouve la raison dans l'essence d'aucun corps.

S'il y avait quelque règle du mouvement qui fût essentielle aux corps, ce serait sans doute celle qui fait que les masses moins grandes et moins solides sont mues par celles qui ont plus de grandeur et de solidité : or nous avons vu que celle-là même n'a point de raison dans l'essence des corps. Il y en a une autre qui semblerait encore être très-naturelle : c'est celle que les corps se meuvent toujours plutôt en ligne directe qu'en ligne détournée, à moins qu'ils ne soient contraints dans leur mouvement par la rencontre d'autres corps; mais cette règle même n'a aucun fondement réel dans l'essence de la matière. Le mouvement est tellement accidentel et surajouté à la nature des corps, que cette nature des corps ne nous montre point une règle primitive et immuable, suivant laquelle ils doivent se mouvoir, et encore moins se mouvoir suivant certaines règles. De même que les corps auraient pu ne se mouvoir jamais, ou ne se communiquer jamais de mouvement les uns aux autres, ils auraient pu aussi ne se mouvoir jamais qu'en ligne circulaire; et ce mouvement aurait été aussi naturel que le mouvement en ligne directe. Qui est-ce qui a choisi entre ces deux règles également possibles? Ce que l'essence des corps ne décide point ne peut avoir été décidé que par celui qui a donné aux corps le mouvement qu'ils n'avaient point par leur essence. D'ailleurs ce mouvement en ligne directe pouvait être de bas en haut ou de haut en bas, du côté droit au côté gauche, ou du côté gauche au droit, ou en ligne diagonale. Qui est-ce qui a déterminé le sens dans lequel la ligne droite serait suivie?

Ne nous lassons point de suivre les épicuriens dans leurs suppositions les plus fabuleuses; poussons la fiction jusqu'au dernier excès de complaisance. Mettons le mouvement dans l'essence des corps. Supposons à leur gré que le mouvement en ligne directe est encore de l'essence de tous les atomes. Donnons aux atomes une intelligence et une volonté, comme les poètes en ont donné aux rochers et aux fleuves. Accordons-leur le choix du sens dans lequel ils commenceront leur ligne droite. Quel fruit tireront ces philosophes de tout ce que je leur aurai donné contre toute évidence? Il faudra, 1° que tous les atomes se meuvent de toute éternité; 2° qu'ils se meuvent tous également; 3° qu'ils se meuvent tous en ligne droite; 4° qu'ils le fassent par une règle immuable et essentielle.

Je veux bien encore, par grâce, supposer que ces atomes sont de figures différentes; car je laisse supposer à nos adversaires tout ce qu'ils seraient obligés de prouver, et sur quoi ils n'ont pas même l'ombre d'une preuve. On ne saurait trop donner à des gens qui ne peuvent jamais rien conclure de tout ce qu'on leur donnera. Plus on leur passe d'absurdités, plus ils sont pris par leurs propres principes.

Ces atomes de tant de bizarres figures, les uns ronds, les autres crochus, les autres en triangle, etc., sont obligés par leur essence d'aller toujours tout droit, sans pouvoir jamais tant soit peu fléchir ni à droite ni à gauche. Ils ne peuvent donc jamais s'accrocher, ni faire ensemble aucune composition. Mettez tant qu'il vous plaira les crochets les plus aiguisés auprès d'autres crochets semblables : si chacun d'eux ne se meut jamais qu'en ligne véritablement directe, ils se mouvront éternellement tous auprès les uns des autres sur des lignes parallèles, sans pouvoir se joindre et s'accrocher. Les deux lignes droites qu'on suppose parallèles, quoique immédiatement voisines, ne se couperont jamais, quand même on les pousserait à l'infini. Ainsi pendant toute l'éternité, il ne peut résulter aucun accrochement, ni par conséquent aucune composition, de ce mouvement des atomes en ligne directe.

Les épicuriens, ne pouvant fermer les yeux à l'évidence de cet inconvénient, qui sape les fondements de tout leur système, ont encore inventé comme une dernière ressource ce que Lucrèce nomme *clinamen*. C'est un mouvement qui décline un peu de la ligne droite, et qui donne moyen aux atomes de se rencontrer. Ainsi ils les tournent en imagination comme il leur plaît, pour parvenir à quelque but. Mais où prennent-ils cette petite inflexion des atomes, qui vient si à propos pour sauver leur système? Si la ligne droite pour le mouvement est essentielle aux corps, rien ne peut les fléchir, ni par conséquent les joindre pendant toute l'éternité; le *clinamen* viole l'essence de la matière, et ces philosophes se contredisent sans pudeur. Si au contraire la ligne droite pour le mouvement n'est pas essentielle à tous les corps, pourquoi nous allègue-t-on d'un ton si affirmatif des lois éternelles, nécessaires et immuables pour le mouvement des atomes, sans recourir à un premier moteur? et pourquoi élève-t-on tout un système de philosophie sur le fondement d'une fable si ridicule? Sans le *clinamen*, la ligne droite ne peut jamais rien faire, et le système tombe par terre. Avec le *clinamen*, inventé comme les fables des poëtes, la ligne droite est violée, et le système se tourne en dérision. L'un et l'autre, c'est-à-dire la ligne droite et le *clinamen*, sont des suppositions en l'air et de purs songes. Mais ces deux songes s'entre-détruisent; et voilà à quoi aboutit la licence effrénée que les esprits se donnent, de supposer comme vérité éternelle tout ce que leur imagination leur fournit pour autoriser une fable, pendant qu'ils refusent de reconnaître l'art avec lequel toutes les parties de l'univers ont été formées et mises en leurs places.

Pour dernier prodige d'égarement, il fallait que les épicuriens osassent expliquer encore par ce *clinamen*, qui est en lui-même si inexplicable, ce que nous appelons l'âme de l'homme, et son libre arbitre. Ils sont donc réduits à dire que c'est dans ce mouvement où les atomes sont dans une espèce d'équilibre entre la ligne droite et la ligne un peu courbée, que consiste la volonté humaine.

Etrange philosophie! Les atomes, s'ils ne vont qu'en ligne droite, sont inanimés, incapables de tout degré de connaissance et de volonté : mais les mêmes atomes, s'ils ajoutent à la ligne droite un peu de déclinaison, deviennent tout à coup animés, pensants et raisonnables; ils sont eux-mêmes des âmes intelligentes, qui se connaissent, qui réfléchissent, qui délibèrent, qui sont libres dans ce qu'elles font. Quelles métamorphoses plus absurdes que celles des poëtes! que dirait-on de la religion si elle avait besoin, pour être prouvée, de principes aussi puérils que ceux de la philosophie qui ose la combattre sérieusement?

Mais remarquons à quel point ces philosophes s'imposent à eux-mêmes. Qu'est-ce qu'ils peuvent trouver dans le *clinamen* qui explique avec quelque couleur la liberté de l'homme? Cette liberté n'est point imaginaire; et il faudrait douter de tout ce qui nous est le plus intime et le plus certain, pour douter de notre libre arbitre. Je sens que je suis libre de demeurer assis, quand je me lève pour marcher; je le sens avec une si pleine certitude, qu'il n'est pas en mon pouvoir d'en douter jamais sérieusement, et que je me démentirais moi-même si j'osais dire le contraire. Peut-on pousser plus loin l'évidence de la preuve de la religion? Il faut douter de notre liberté même, pour pouvoir douter de la Divinité; d'où je conclus qu'on ne saurait douter de la Divinité sérieusement; car personne ne peut entrer en un doute sérieux sur sa propre liberté. Si, au contraire, on avoue de bonne foi que les hommes sont véritablement libres, rien n'est plus facile que de montrer que la liberté de la volonté humaine ne peut consister en aucune combinaison des atomes.

S'il n'y a aucun premier moteur qui ait donné à la matière des lois arbitraires pour son mouvement, il faut que le mouvement soit essentiel aux corps, et que toutes les lois du mouvement soient aussi nécessaires que les essences des natures le sont. Tous les mouvements des corps doivent donc, suivant ce système, se faire par des lois constantes, nécessaires et immuables. La ligne droite doit donc être essentielle à tous les atomes qui ne sont pas détournés par d'autres atomes. La ligne droite doit être essentielle, ou de bas en haut, ou de haut en bas, ou de droite à gauche, ou de gauche à droite, ou de quelque sens de diagonale qui soit précis et immuable. D'ailleurs, il est évident que nul atome ne peut être détourné par un autre; car cet autre atome porte aussi dans son essence la même détermination invincible et éternelle à suivre la ligne directe dans le même sens. D'où il s'ensuit que tous les atomes, d'abord posés sur différentes lignes, doivent parcourir à l'infini ces mêmes lignes parallèles sans s'approcher jamais, et que ceux qui sont dans la même ligne doivent se suivre les uns les autres à l'infini, sans pouvoir s'attraper. Le *clinamen*, comme nous l'avons déjà dit, est manifestement impossible; mais supposant, contre la vérité évidente, qu'il soit possible, il faudrait alors dire que le *clinamen* n'est pas moins nécessaire, immuable et essentiel aux atomes, que la ligne droite.

Dira-t-on qu'une loi essentielle et immuable du mouvement local des atomes explique la véritable liberté de l'homme? Ne voit-on pas que le *clinamen* ne peut pas mieux l'expliquer que la ligne directe même? Le *clinamen*, s'il était vrai, serait aussi nécessaire que la ligne perpendiculaire, par laquelle une pierre tombe du haut d'une tour dans la rue. Cette pierre est-elle libre dans sa chute? La volonté de l'homme, selon le principe du *clinamen*, ne l'est pas davantage:

Est-ce ainsi qu'on explique la liberté? est-ce ainsi que l'homme ose démentir son propre cœur sur son libre arbitre, de peur de reconnaître son Dieu? D'un côté, dire que la liberté de l'homme est imaginaire, c'est étouffer la voix et le sentiment de toute la nature; c'est se démentir sans pudeur; c'est nier ce qu'on porte de plus certain au fond de soi-même; c'est vouloir réduire un homme à croire qu'il ne peut jamais choisir entre les deux partis sur lesquels il délibère de bonne foi en toute occasion. Rien n'est plus glorieux à la religion que de voir qu'il faille tomber dans des excès si monstrueux, dès qu'on veut révoquer en doute ce qu'elle enseigne. D'un autre côté, avouer que l'homme est véritablement libre, c'est reconnaître en lui un principe qui ne peut jamais être expliqué sérieusement par les combinaisons d'atomes, et par les lois du mouvement local, qu'on doit supposer toutes également nécessaires et essentielles à la matière, dès qu'on nie le premier moteur. Il faut donc sortir de toute l'enceinte de la matière, et chercher loin des atomes combinés quelque principe incorporel pour expliquer le libre arbitre, dès qu'on l'admet de bonne foi. Tout ce qui est matière et atomes ne se meut que par des lois nécessaires, immuables et invincibles. La liberté ne peut donc se trouver ni dans les corps, ni dans aucun mouvement local; il faut donc la chercher dans quelque être incorporel. Cet être incorporel, qui doit se trouver en moi uni à mon corps, quelle main l'a attaché et assujetti aux organes de cette machine corporelle? Où est l'ouvrier qui lie des natures si différentes? Ne faut-il pas une puissance supérieure aux corps et aux esprits, pour les tenir dans cette union avec un empire si absolu?

Deux atomes crochus, dit un épicurien, s'accrochent ensemble. Tout cela est faux, selon son système; car j'ai prouvé que ces deux atomes crochus ne s'accrochent jamais, faute de se rencontrer. Mais, enfin, après avoir supposé que deux atomes crochus s'unissent en s'accrochant, il faudra que l'épicurien avoue que l'être pensant qui est libre dans ses opérations, et qui par conséquent n'est point un amas d'atomes toujours mus par des lois nécessaires, est incorporel, et qu'il n'a pu s'accrocher par sa figure au corps qu'il anime. Ainsi l'épicurien, de quelque côté qu'il se tourne, renverse de ses propres mains son système. Mais gardons-nous bien de vouloir confondre les hommes qui se trompent, puisque nous sommes hommes comme eux, et aussi capables de nous tromper : plaignons-les; ne songeons qu'à les éclairer avec patience, qu'à les édifier, qu'à prier pour eux, et qu'à conclure en faveur d'une vérité évidente.

Tout porte donc la marque divine dans l'univers : les cieux, la terre, les plantes, les animaux, et les hommes plus que tout le reste. Tout nous montre un dessein suivi, un enchaînement de causes subalternes conduites avec ordre par une cause supérieure.

Il n'est point question de critiquer ce grand ouvrage. Les défauts qu'on y trouve viennent de la volonté libre et déréglée de l'homme, qui les produit par son déréglement; ou de celle de Dieu, toujours sainte et toujours juste, qui veut tantôt punir les hommes infidèles, et tantôt exercer par les méchants les bons qu'il veut perfectionner. Souvent même ce qui paraît défaut à notre esprit borné, dans un endroit séparé de l'ouvrage, est un ornement par rapport au dessein général, que nous ne sommes pas capables de regarder avec des vues assez simples pour connaître la perfection du tout. N'arrive-t-il pas tous les jours qu'on blâme téméraírement certains morceaux des ouvrages des hommes, faute d'avoir assez pénétré toute l'étendue de leurs desseins? C'est ce qu'on éprouve tous les jours pour les ouvrages des peintres et des architectes.

Si des caractères d'écriture étaient d'une grandeur immense, chaque caractère regardé de près occuperait toute la vue d'un homme; il ne pourrait en apercevoir qu'un seul à la fois, et il ne pourrait lire, c'est-à-dire assembler les lettres, et découvrir le sens de tous ces caractères rassemblés. Il en est de même des grands traits que la Providence forme dans la conduite du monde entier pendant la longue suite des siècles. Il n'y a que le tout qui soit intelligible, et le tout est trop vaste pour être vu de près. Chaque événement est comme un caractère particulier qui est trop grand pour la petitesse de nos organes, et qui ne signifie rien s'il est séparé des autres. Quand nous verrons en Dieu à la fin des siècles, dans son vrai point de vue, le total des événements du genre humain, depuis le premier jusqu'au dernier jour de l'univers, et leurs proportions par rapport aux desseins de Dieu, nous nous écrierons : Seigneur, il n'y a que vous de juste et de sage.

On ne juge des ouvrages des hommes qu'en examinant le total : chaque partie ne doit point avoir toute perfection, mais seulement celle qui lui convient dans l'ordre et dans la proportion des différentes parties qui composent le tout. Dans un corps humain, il ne faut pas que tous les membres soient des yeux; il faut aussi des pieds et des mains. Dans l'univers, il faut un soleil pour le jour; mais il faut aussi une lune pour la nuit (1). C'est ainsi qu'il faut juger de chaque partie par rapport au tout : toute autre vue est courte et trompeuse. Mais qu'est-ce que les faibles desseins des hommes, si on les compare avec celui de la création et du gouvernement de l'univers? Autant que le ciel est élevé au-dessus de la terre, autant, dit Dieu dans les Écritures (2), mes voies et mes pensées sont-elles élevées au-dessus des vôtres. Que l'homme admire donc ce qu'il entend, et qu'il se taise sur ce qu'il n'entend pas.

Mais, après tout, les vrais défauts mêmes de cet ouvrage ne sont que des imperfections que Dieu y a laissées pour nous avertir qu'il l'avait tiré du néant. Il n'y a rien dans l'univers qui ne porte et qui ne doive porter également ces deux caractères si opposés : d'un côté, le sceau de l'ouvrier sur son ouvrage; de l'autre côté, la marque du néant d'où il est tiré, et où il peut retomber à toute heure. C'est un mélange incompréhensible de bassesse et de grandeur, de fragilité dans la matière, et d'art dans la façon. La main de Dieu éclate partout, jusque dans un ver de terre. Le néant se fait sentir partout, jusque dans les plus vastes et les plus sublimes génies. Tout ce qui n'est point Dieu ne peut avoir qu'une perfection bornée, et ce qui n'a qu'une perfection bornée demeure toujours imparfait par l'endroit où la borne se fait sentir, et avertit que l'on y pourrait encore beaucoup ajouter. La créature serait le créateur même, s'il ne lui manquait rien; car elle aurait la plénitude de la perfection, qui est la Divinité même. Dès qu'elle ne peut être infinie, il faut qu'elle soit bornée en perfection, c'est-à-dire imparfaite par quelque côté. Elle peut avoir plus ou moins d'imperfection; mais enfin il faut qu'elle soit toujours imparfaite. Il faut qu'on puisse toujours marquer l'endroit précis où elle manque, et que la critique puisse dire : Voilà ce qu'elle pourrait avoir encore, et qu'elle n'a pas.

Concluons-nous qu'un ouvrage de peinture est fait par le hasard, quand on y remarque des ombres, ou même quelques

(1) Nec tibi occurrit perfecta universitas, nisi ubi majora sic præsto sunt, ut minora non desint. S. AUG., *de Lib. Arb.*, lib. III, cap. VIII, n° 25.

(2) *Isai.*, LV, 9.

négligences de pinceau? Le peintre, dit-on, aurait pu finir davantage ces carnations, ces draperies, ces lointains. Il est vrai que ce tableau n'est point parfait selon les règles; mais quelle folie serait-ce de dire : Ce tableau n'est point absolument parfait; donc ce n'est qu'un amas de couleurs formé par le hasard, et la main d'aucun peintre n'y a travaillé! Ce qu'on rougirait de dire d'un tableau mal fait et presque sans art, on n'a pas de honte de le dire de l'univers, où éclate une foule de merveilles incompréhensibles avec tant d'ordre et de proportion.

Qu'on étudie le monde tant qu'on voudra; qu'on descende au dernier détail; qu'on fasse l'anatomie du plus vil animal; qu'on regarde de près le moindre grain de blé semé dans la terre, et la manière dont ce germe se multiplie; qu'on observe attentivement les précautions avec lesquelles un bouton de rose s'épanouit au soleil, et se referme vers la nuit : on y trouvera plus de dessein, de conduite et d'industrie, que dans tous les ouvrages de l'art. Ce qu'on appelle même l'art des hommes n'est qu'une faible imitation du grand art qu'on nomme les lois de la nature, et que les impies n'ont pas eu de honte d'appeler le hasard aveugle.

Faut-il donc s'étonner si les poëtes ont animé tout l'univers; s'ils ont donné des ailes aux vents, et des flèches au soleil; s'ils ont peint les fleuves qui se hâtent de se précipiter dans la mer, et les arbres qui montent vers le ciel, pour vaincre les rayons du soleil par l'épaisseur de leurs ombrages? Ces figures ont passé même dans le langage vulgaire : tant il est naturel aux hommes de sentir l'art dont toute la nature est pleine. La poésie n'a fait qu'attribuer aux créatures inanimées le dessein du Créateur, qui fait tout en elles. Du langage figuré des poëtes, ces idées ont passé dans la théologie des païens, dont les théologiens furent les poëtes. Ils ont supposé un art, une puissance, une sagesse, qu'ils ont nommés *numen*, dans les créatures mêmes les plus privées d'intelligence. Chez eux les fleuves ont été des dieux, et les fontaines des naïades : les bois et les montagnes ont eu leurs divinités particulières : les fleurs ont eu Flore, et les fruits Pomone. Plus on contemple sans prévention toute la nature, plus on y découvre partout un fonds inépuisable de sagesse, qui est comme l'âme de l'univers.

Que s'ensuit-il de là? La conclusion vient d'elle-même. S'il faut tant de sagesse et de pénétration, dit Minutius Félix (1), même pour remarquer l'ordre et le dessein merveilleux de la structure du monde, à plus forte raison combien en a-t-il fallu pour le former! Si on admire tant les philosophes parce qu'ils découvrent une petite partie des secrets de cette sagesse qui a tout fait, il faut être bien aveugle pour ne l'admirer pas elle-même.

Voilà le grand objet du monde entier, où Dieu, comme dans un miroir, se présente au genre humain. Mais les uns (je parle des philosophes) se sont évanouis dans leurs pensées; tout s'est tourné pour eux en vanité. A force de raisonner subtilement, plusieurs d'entre eux ont perdu même une vérité qu'on trouve naturellement et simplement en soi, sans avoir besoin de philosophie.

Les autres, enivrés par leurs passions, vivent toujours distraits. Pour apercevoir Dieu dans ses ouvrages, il faut au moins y être attentif. Les passions aveuglent à un tel point, non-seulement les peuples sauvages, mais encore les nations qui semblent le mieux policées, qu'elles ne voient pas la lumière même qui les éclaire. A cet égard, les Égyptiens, les Grecs et les Romains n'ont pas été moins aveuglés et moins abrutis que les sauvages les plus grossiers; ils se sont ensevelis comme eux dans les choses sensibles, sans remonter plus haut; et ils n'ont cultivé leur esprit que pour se flatter par de plus douces sensations, sans vouloir remarquer de quelle source elles venaient.

Ainsi vivent les hommes sur la terre : ne leur dites rien; ils ne pensent à rien, excepté à ce qui flatte leurs passions grossières ou leur vanité. Leurs âmes s'appesantissent tellement, qu'ils ne peuvent plus s'élever à aucun objet incorporel : tout ce qui n'est point palpable, et qui ne peut être vu, ni goûté, ni entendu, ni senti, ni compté, leur semble chimérique. Cette faiblesse de l'âme, se tournant en crédulité, leur paraît une force : et leur vanité s'applaudit de résister à ce qui frappe naturellement le reste des hommes. C'est comme si un monstre se glorifiait de n'être pas formé selon les règles communes de la nature; ou comme si un aveugle-né triomphait de ce qu'il serait incrédule pour la lumière et pour les couleurs, que le reste des hommes aperçoit.

O mon Dieu! si tant d'hommes ne vous découvrent point dans ce beau spectacle que vous leur donnez de la nature

(1) *Octav.*, cap. XVII.

entière, ce n'est pas que vous soyez loin de chacun de nous. Chacun de nous vous touche comme avec la main; mais les sens, et les passions qu'ils excitent, emportent toute l'application de l'esprit. Ainsi, Seigneur, votre lumière luit dans les ténèbres, et les ténèbres sont si épaisses, qu'elles ne la comprennent pas : vous vous montrez partout, et partout les hommes distraits négligent de vous apercevoir. Toute la nature parle de vous, et retentit de votre saint nom; mais elle parle à des sourds, dont la surdité vient de ce qu'ils s'étourdissent toujours eux-mêmes. Vous êtes auprès d'eux, et au-dedans d'eux; mais ils sont fugitifs et errants hors d'eux-mêmes. Ils vous trouveraient, ô douce lumière, ô éternelle beauté, toujours ancienne et toujours nouvelle, ô fontaine des chastes délices, ô vie pure et bienheureuse de tous ceux qui vivent véritablement, s'ils vous cherchaient au-dedans d'eux-mêmes! Mais les impies ne vous perdent qu'en se perdant. Hélas! vos dons, qui leur montrent la main d'où ils viennent, les amusent jusqu'à les empêcher de la voir : ils vivent de vous, et ils vivent sans penser à vous : ou plutôt ils meurent auprès de la vie, faute de s'en nourrir : car quelle mort n'est-ce point de vous ignorer? Ils s'endorment dans votre sein tendre et paternel; et, pleins des songes trompeurs qui les agitent pendant leur sommeil, ils ne sentent pas la main puissante qui les porte. Si vous étiez un corps stérile, impuissant et inanimé, tel qu'une fleur qui se flétrit, une rivière qui coule, une maison qui va tomber en ruine, un tableau qui n'est qu'un amas de couleurs pour frapper l'imagination, ou un métal inutile qui n'a qu'un peu d'éclat, ils vous apercevraient, et vous attribueraient follement la puissance de leur donner quelque plaisir, quoique en effet le plaisir ne puisse venir des choses inanimées qui ne l'ont pas, et que vous en soyez l'unique source. Si vous n'étiez donc qu'un être grossier, fragile et inanimé, qu'une masse sans vertu, qu'une ombre de l'être, votre nature vaine occuperait leur vanité; vous seriez un objet proportionné à leurs pensées basses et brutales : mais parce que vous êtes trop au dedans d'eux-mêmes, où ils ne rentrent jamais, vous leur êtes un Dieu caché; car ce fond intime d'eux-mêmes est le lieu le plus éloigné de leur vue, dans l'égarement où ils sont. L'ordre et la beauté que vous répandez sur la face de vos créatures sont comme un voile qui vous dérobe à leurs yeux malades. Quoi donc! la lumière qui devrait les éclairer les aveugle; et les rayons du soleil même empêchent qu'ils ne l'aperçoivent! Enfin, parce que vous êtes une vérité trop haute et trop pure pour passer par les sens grossiers, les hommes, rendus semblables aux bêtes, ne peuvent vous concevoir : comme si l'homme ne connaissait pas tous les jours la sagesse et la vertu, dont aucun de ses sens néanmoins ne peut lui rendre témoignage; car elles n'ont ni son, ni couleur, ni odeur, ni goût, ni figure, ni aucune qualité sensible. Pourquoi donc, ô mon Dieu, douter plutôt de vous que de ces autres choses très-réelles et très-manifestes, dont on suppose la vérité certaine dans toutes les affaires les plus sérieuses de la vie, et lesquelles, aussi bien que vous, échappent à nos faibles sens? O misère! ô nuit affreuse qui enveloppe les enfants d'Adam! ô monstrueuse stupidité! ô renversement de tout l'homme! L'homme n'a des yeux que pour voir des ombres, et la vérité lui paraît un fantôme : ce qui n'est rien est tout pour lui : ce qui est tout ne lui semble rien. Que vois-je dans toute la nature? Dieu, Dieu partout, et encore Dieu seul. Quand je pense, Seigneur, que tout l'être est en vous, vous épuisez et vous engloutissez, ô abîme de vérité, toute ma pensée; je ne sais ce que je deviens : tout ce qui n'est point vous disparaît, et à peine me reste-t-il de quoi me trouver encore moi-même. Qui ne vous voit point n'a rien vu; qui ne vous goûte point n'a jamais rien senti : il est comme s'il n'était pas; sa vie entière n'est qu'un songe. Levez-vous, Seigneur, levez-vous; qu'à votre face vos ennemis se fondent comme la cire, et s'évanouissent comme la fumée. Malheur à l'âme impie qui, loin de vous, est sans Dieu sans espérance, sans éternelle consolation! Déjà heureuse celle qui vous cherche, qui soupire, et qui a soif de vous! Mais pleinement heureuse celle sur qui rejaillit la lumière de votre face, dont votre main a essuyé les larmes, et dont votre amour a déjà comblé les désirs! Quand sera-ce, Seigneur? O beau jour sans nuage et sans fin, dont vous serez vous-même le soleil, et où vous coulerez au travers de mon cœur comme un torrent de volupté! A cette douce espérance mes os tressaillent, et s'écrient : *Qui est semblable à vous?* Mon cœur se fond, et ma chair tombe en défaillance, ô Dieu de mon cœur, et mon éternelle portion.

SECONDE PARTIE.

DÉMONSTRATION

DE L'EXISTENCE ET DES ATTRIBUTS DE DIEU,

TIRÉE DES IDÉES INTELLECTUELLES.

CHAPITRE PREMIER.

Méthode qu'il faut suivre dans la recherche de la vérité.

Il me semble que la seule manière d'éviter toute erreur est de douter sans exception de toutes les choses dans lesquelles je ne trouverai pas une pleine évidence. Je me défie donc de tous mes préjugés : la clarté avec laquelle j'ai cru jusqu'ici voir diverses choses n'est point une raison de les supposer vraies. Je me défie de tout ce qu'on appelle impression des sens, principes accoutumés, vraisemblances : je ne veux rien croire, s'il n'y a rien qui soit parfaitement certain; je veux que ce soit la seule évidence et l'entière certitude des choses qui me forcent à y acquiescer, faute de quoi je les laisserai au nombre des douteuses.

Cette règle posée, je ne compte plus sur aucun des êtres que j'ai cru jusqu'ici apercevoir autour de moi : peut-être ne sont-ils que des illusions. J'ai toujours reconnu qu'il y a un temps, toutes les nuits, où je crois voir ce que je ne vois point, et où je crois toucher ce que je ne touche pas; j'ai appelé ce temps le temps du sommeil : mais qui m'a dit que je ne suis pas toujours endormi, et que toutes mes perceptions ne sont pas des songes?

Si le sommeil, dans un certain degré, peut causer une illusion que la veille fait découvrir, qui est-ce qui me répondra que la veille elle-même n'est pas une autre espèce de sommeil dans un autre degré, d'où je ne sors jamais, et dont aucun autre état ne peut me découvrir l'illusion? Quelle différence suppose-t-on entre un homme qui dort, et un homme que la fièvre met dans le délire? Celui qui dort ne rêve que pendant quelques heures; ensuite il s'éveille, et le réveil lui montre la fausseté de ses songes : celui qui est en délire fait des espèces de songes pendant plusieurs jours; la guérison est pour lui ce que le réveil est pour l'autre; il n'aperçoit ses erreurs qu'après la fin de sa maladie. Voilà une illusion plus longue, mais qui a pourtant ses bornes, et qu'on découvre après qu'on n'y est plus.

Il y a d'autres illusions encore plus longues, et qui durent même toute la vie. Un insensé qui est incurable passera sa vie à croire voir ce qui n'est point devant ses yeux; jamais il ne s'apercevra de son illusion : c'est un songe de toute la vie qu'on fait les yeux ouverts, et sans être endormi. Comment pourrai-je m'assurer que je ne suis point dans ce cas? Celui qui y est ne croit point y être; il se croit aussi sûr que moi de n'y être pas. Je ne crois pas plus fermement que lui voir ce qu'il me semble que je vois. Mais quoi! je n'en saurais pourtant douter dans la pratique, il est vrai; mais cet insensé dans la pratique ne peut non plus que moi douter de tout ce qu'il s'imagine voir, et qu'il ne voit point. Cette persuasion inévitable dans la pratique n'est donc point une preuve : peut-être n'est-elle en moi, non plus que dans cet insensé, qu'une misère de ma condition, et un entraînement invincible dans l'erreur. Quoique celui qui songe ne puisse s'empêcher de croire ce que ses songes lui représentent, il ne s'ensuit pas que ces songes soient vrais. Quoiqu'un insensé ne puisse s'empêcher de se croire roi, et de penser qu'il voit ce qu'il ne voit point, il ne s'ensuit pas que sa royauté et tous les autres objets de son extravagance soient véritables. Peut-être que, dans le moment de ce que j'appelle la mort, j'éprouverai une espèce de réveil qui me détrompera de tous les songes grossiers de cette vie, comme le réveil du matin me détrompe des songes de la nuit, ou comme la guérison d'un fou le désabuse des erreurs dont il a été le jouet pendant sa folie.

Une autre chose est peut-être encore possible, qui est que l'illusion, que je vois plus longue dans un fou que dans un homme qui dort, sera encore plus longue et plus constante dans l'homme qui ne dort ni n'extravague. Peut-être que, dans la veille et dans le plus grand sang-froid, je suis le jouet d'une illusion qui ne se dissipera jamais, et que nul autre état ne me tirera de cette tromperie perpétuelle. Que ferai-je? du moins je veux tâcher de me préserver de l'illusion, en doutant de tout. Mais quoi! peut-on toujours douter de tout? Est-ce un état sérieux et possible? Ne serait-ce point une folie pire que l'illusion même que je veux tâcher d'éviter? Non, il ne peut point y avoir de folie à n'assurer pas ce qu'on ne trouve point entièrement assuré. Si la pratique m'entraîne à supposer les choses dont je n'ai point de preuve évidente, je me regarderai comme un homme qu'un torrent entraîne toujours insensiblement, et qui se prend toujours, pour se retenir, aux branches des arbres plantés sur le rivage.

Un homme fort assoupi se fait violence pour vaincre le sommeil, mais le sommeil le surprend toujours, et aussitôt qu'il dort sa raison disparaît : il rêve, il fait des songes ridicules; dès qu'il s'éveille, il aperçoit son erreur et l'illusion de ses songes, dans lesquels néanmoins il retombe au bout de trois minutes. C'est ainsi que je suis entre la veille et le sommeil, entre mon doute philosophique, qui seul est raisonnable, et le songe trompeur de la vie commune. Pour me défendre de cette continuelle et invincible illusion, au moins je tâcherai de temps en temps de me reprendre à ma règle immuable de n'admettre que ce qui est certain. Dans ces moments de retour au-dedans de moi-même je désavouerai tous mes jugements précipités, je me remettrai en suspens, et je me défierai autant de moi que de tout ce qu'il me semble qui m'environne.

Voilà ce qu'il faut faire, si je veux suivre la raison; elle ne doit croire que ce qui est certain, elle ne doit que douter de ce qui est douteux. Jusqu'à ce que je trouve quelque chose d'invincible par pure raison pour me montrer la certitude de tout ce qu'on appelle nature et univers, l'univers entier doit m'être suspect de n'être qu'un songe et une fable. Toute la nature n'est peut-être qu'un vain fantôme. Cet état de suspension, il est vrai, m'étonne et m'effraye; il me jette au-dedans de moi dans une solitude profonde et pleine d'horreur; il me gêne, il me tient comme en l'air : il ne saurait durer, j'en conviens; mais il est le seul état raisonnable. Ma pente à supposer les choses dont je n'ai point de preuve est semblable au goût des enfants pour les fables et les métamorphoses. On aime mieux supposer le mensonge que de se tenir dans cette violente suspension, pour ne se rendre qu'à la seule vérité exactement démontrée.

O raison, où me jetez-vous? où suis-je? que suis-je? Tout m'échappe; je ne puis me défendre de l'erreur qui m'entraîne, ni renoncer à la vérité qui me fuit. Jusques à quand serai-je dans ce doute, qui est une espèce de tourment, et qui est pourtant le seul usage que je puisse faire de la raison? O abîme de ténèbres qui m'épouvante! ne croirai-je jamais rien? croirai-je sans être assuré? Qui me tirera de ce trouble?

Il me vient une pensée que je dois examiner. S'il y a un être de qui je tienne le mien, ne doit-il pas être bon et véritable? pourrait-il l'être s'il me trompait, et s'il ne m'avait mis au monde que pour une illusion perpétuelle? Mais qui m'a dit qu'un être puissant, malin et trompeur, ne m'ait point formé? Qui est-ce qui m'a dit que je n'ai point été formé par le hasard dans un état qui porte l'illusion par lui-même? De plus, comment sais-je si je ne suis pas moi-même la cause volontaire de mon illusion? Pour éviter l'erreur, je n'ai qu'à ne juger jamais, et à demeurer dans un doute universel sans exception. C'est en voulant juger que je m'expose à me tromper moi-même. Peut-être que celui qui m'a mis au monde ne m'y a mis que pour demeurer toujours dans le doute, peut-être que j'abuse de ma raison, que je passe au delà des bornes qui me sont marquées, et que je me livre moi-même à l'erreur toutes les fois que je veux juger. Je ne jugerai donc plus; mais j'examinerai toutes choses, en me défiant de moi-même et de celui qui m'a formé, supposé que j'aie été formé par un être supérieur à moi.

Dans cette incertitude, que je veux pousser aussi loin qu'elle peut aller, il y a une chose qui m'arrête tout court. J'ai beau vouloir douter de toutes choses, il m'est impossible de pouvoir douter si je suis. Le néant ne saurait douter; et quand même je me tromperais, il s'ensuivrait par mon erreur même que je suis quelque chose, puisque le néant ne peut se tromper. Douter et se tromper, c'est penser. Ce moi qui pense, qui doute, qui craint de se tromper, qui n'ose juger de rien, ne saurait faire tout cela, s'il n'était rien.

Mais d'où vient que je m'imagine que le néant ne saurait penser? Je me réponds aussitôt à moi-même : C'est que qui dit néant exclut sans réserve toute propriété, toute action, toute manière d'être, et par conséquent la pensée; car la pensée est une manière d'être et d'agir. Cela me paraît clair. Mais peut-être que je me contente trop aisément. Allons donc encore plus loin, et voyons précisément pourquoi cela me paraît clair.

Toute la clarté de ce raisonnement roule sur la connaissance que j'ai du néant, et sur celle que j'ai de la pensée. Je connais clairement que le néant ne peut rien, ne fait rien, ne reçoit rien, et n'a jamais rien : d'un autre côté, je connais clairement que penser c'est agir, c'est faire, c'est avoir quelque chose : donc je connais clairement que la pensée actuelle ne peut jamais convenir au néant. C'est l'idée claire de la pensée qui me découvre l'incompatibilité qui est entre le néant et elle, parce qu'elle est une manière d'être : d'où il s'ensuit que quand j'ai une idée claire d'une chose, il ne dépend plus de moi d'aller contre l'évidence de cette idée. L'exemple sur lequel je suis le montre invinciblement. Quelque violence que je me fasse, je ne puis parvenir à douter si ce qui pense en moi existe : il n'est donc question que d'avoir des idées bien claires comme celles que j'ai de la pensée; en les consultant, on sera toujours déterminé à nier de la chose ce que son idée en exclut, et à affirmer de cette même chose ce que son idée renferme clairement.

Mais je parle d'idée, et je ne sais encore ce que c'est. C'est quelque chose que je ne puis encore bien démêler : c'est une lumière qui est en moi, qui n'est point moi-même, qui me corrige, qui me redresse, ou peut-être qui me trompe, mais enfin qui m'entraîne par son évidence véritable ou fausse. Quoi qu'il en soit, c'est une règle qui est au-dedans de moi, de laquelle je ne puis juger, et par laquelle au contraire il faut que je juge de tout, si je veux juger : c'est une règle qui me force même à juger, comme il paraît par l'exemple de ce que j'examine maintenant; car il m'est impossible de m'abstenir de juger que je suis, puisque je pense; la clarté de l'idée de la pensée me met dans une absolue impuissance de douter si je suis.

Ma règle de ne juger jamais pour ne me tromper pas, ne

peut donc me servir que dans les choses où je n'ai point d'idées claires : mais pour celles où j'ai une idée entièrement claire, cette clarté trompeuse ou véritable me force à juger malgré moi ; je ne suis plus libre d'hésiter. Quand même cette clarté d'idée ne serait qu'une illusion, il faut que je me livre à elle. Je pousse le doute aussi loin que je puis ; mais je ne puis le pousser jusqu'à contredire mes idées claires. Qu'un autre encore plus incrédule et plus défiant que moi le pousse plus loin : je l'en défie ; je le défie de douter sérieusement de son existence. Pour en douter, il faudrait qu'il crût qu'on peut penser, et n'être rien. La raison n'a que ses idées ; elle n'a point en elle de quoi les combattre ; il faudrait qu'elle sortît d'elle-même, et qu'elle se tournât contre elle-même pour les contredire. Quand même elle ne trouverait point de quoi montrer la certitude de ses idées, elle n'a rien en elle qui puisse lui servir d'instrument pour ébranler ce que ses idées lui représentent. Il est vrai, encore une fois qu'elle peut douter de ce que ses idées lui proposent comme douteux : ce doute, bien loin de combattre les idées, est au contraire une manière très-exacte de les suivre et de s'y soumettre : mais pour les choses qu'elles représentent clairement, on ne peut s'empêcher ni de les concevoir clairement, ni de les croire avec certitude.

Je conclus donc trois choses sur l'idée claire que j'ai de mon existence par ma pensée : la première est que nul homme de bonne foi ne peut douter contre une idée entièrement claire ; la seconde, que quand même nos idées seraient trompeuses, elles nous entraîneraient invinciblement toutes les fois qu'elles auraient cette clarté parfaite ; la troisième, que nous n'avons rien en nous qui nous mette en droit de douter de la certitude de nos idées claires. Ce serait douter sans savoir pourquoi, et ce doute n'aurait rien de vraisemblable ; car toute l'étendue de notre raison, loin de nous révolter contre nos idées, ne consiste qu'à les consulter comme une règle supérieure et immuable.

Je sais bien que ceux qui se plaisent à douter confondront toujours les idées entièrement claires avec celles qui ne le sont pas, et qu'ils se serviront de l'exemple de certaines choses dont les idées sont obscures, et laissent une entière liberté d'opinion, pour combattre la certitude des idées claires sur lesquelles on n'est point libre de douter : mais je les convaincrai toujours par leur propre expérience, s'ils sont de bonne foi. Pendant qu'ils doutent de tout, je les défie de douter si ce qui doute en eux est un néant. Si la croyance que je suis parce que je doute est une erreur, non-seulement c'est une erreur sans remède, mais encore une erreur de laquelle la raison n'a aucun prétexte de se défier.

Ce qui résulte de tout ceci est qu'il faut bien se garder de prendre une idée obscure pour une idée claire, ce qui fait la précipitation des jugements et l'erreur; mais aussi qu'on ne doit et qu'on ne peut jamais sérieusement hésiter sur les choses que nos idées renferment clairement.

Ce que je viens de dire est une espèce de lueur qui se présente à moi dans cet abîme de ténèbres où je suis enfoncé; ce n'est point encore un vrai jour, ce n'est qu'un faible commencement; et quelque envie que j'aie de voir la lumière, j'aime encore mieux l'affreuse obscurité qu'une lumière fausse. Plus la vérité est précieuse, plus je crains de trouver ce qui lui ressemblerait, et qui ne serait pas elle-même. O vérité! si vous êtes quelque chose qui puisse m'entendre et me voir, écoutez mes désirs; voyez la préparation de mon cœur; ne souffrez pas que je prenne votre ombre pour vous-même; soyez jalouse de votre gloire; montrez-vous, il me suffira de vous voir: c'est pour vous seule, et non pour moi, que je vous veux. Jusques à quand m'échapperez-vous?

Mais que dis-je? peut-être que la vérité ne saurait m'entendre. Il est vrai que ma raison ne me fournit aucun sujet de doute sur mes idées claires: mais que sais-je si ma raison elle-même n'est point une fausse mesure pour mesurer toutes choses? Qui m'a dit que cette raison n'est point elle-même une illusion perpétuelle de mon esprit, séduit par un esprit puissant et trompeur qui est supérieur au mien? Peut-être que cet esprit me représente comme clair ce qui est le plus absurde; peut-être que le néant est capable de penser, et qu'en pensant je ne suis rien; peut-être qu'une même chose peut tout ensemble exister et n'exister pas; peut-être que la partie est aussi grande que le tout. Me voilà rejeté dans une étrange incertitude; et il ne m'est pas même permis d'avoir impatience d'en sortir, quelque violent que soit cet état, puisque mon impatience serait une mauvaise disposition pour connaître la vérité. Examinons donc tranquillement ce que je viens de dire.

Je fais une extrême différence entre mes opinions libres et variables, et mes idées claires que je ne suis jamais libre de changer. Quand même elles seraient fausses, il m'est impos-

sible de les redresser, et je suis sans ressource dévoué à l'erreur. Ceux mêmes qui m'accuseront de me tromper, si c'est une tromperie, sont dans la nécessité de se tromper toujours aussi bien que moi. Cette erreur n'est point un accident; c'est un état fixe où nous sommes nés : c'est leur nature, c'est la mienne. Cette raison qui nous trompe n'est point une inspiration étrangère, ni quelque chose de dehors qui vienne porter la séduction au dedans de nous, ou qui nous pousse pour nous égarer : cette raison trompeuse est nous-mêmes; et s'il est vrai que nous soyons quelque chose, nous sommes précisément cette raison qui se trompe. Puisque cette raison est le fond de notre nature même, il faudrait que l'esprit supérieur qui nous tromperait nous eût donné lui-même une nature fausse toute tournée à l'erreur, et incapable de la vérité; il faudrait qu'il nous eût donné, pour ainsi dire, une raison à l'envers, et qui s'attacherait toujours au contre-pied de la vérité. Un esprit qui aurait fait le mien de la sorte serait non-seulement supérieur, mais tout-puissant. Un esprit qui fait des esprits, qui les fait de rien, qui ne trouve rien de fait en eux par une règle droite et simple, mais qui y fait et qui y met tout suivant son dessein, et qui fait à son gré une raison qui n'est point une raison, une raison qui renverse la raison même, doit être un esprit tout-puissant. Il faut qu'il soit créateur, et qu'il ait fait son ouvrage de rien : s'il avait fait son ouvrage de quelque chose, il aurait été assujetti à cette chose dont il se serait servi dans sa production : ce qu'il aurait trouvé déjà fait aurait été dans la règle droite et primitive de la simple nature. Mais pour faire en sorte que tout ce qui est en nous et que tout nous-mêmes ne soit qu'erreur et illusion, il faut, pour ainsi dire, qu'il n'ait rien pris dans la nature, et qu'il ait formé tout exprès de rien un être tout nouveau, qui soit l'antipode de la vraie raison. N'est-ce pas être créateur? n'est-ce pas être tout-puissant?

J'ose même dire que cet esprit trompeur serait plus que tout-puissant; et voici ma raison : Je conçois que l'être et la vérité sont la même chose; en sorte qu'une chose n'est qu'autant qu'elle est vraie, et qu'elle n'est vraie qu'autant qu'elle est. L'être intelligent, suivant cette règle, n'a d'être qu'autant qu'il a d'intelligence : donc si un esprit n'était point intelligent, il ne pourrait pas être; car il n'a d'autre être que son intelligence. Mais l'intelligence elle-même, qui est-elle? Qui dit intelligence dit essentiellement la connaissance de quelque vérité. Le pur néant ne saurait être l'objet de l'intelligence; on ne le conçoit point, on n'en a point d'idée; il ne peut se présenter à l'esprit. Si donc il n'y avait dans toute la nature rien de vrai ni de réel qui répondît à nos idées, notre intelligence elle-même, et par conséquent notre être, n'aurait rien de réel. Comme nous ne connaîtrions rien de véritable hors de nous ni en nous, nous ne serions aussi rien de véritable nous-mêmes; nous serions un néant qui doute; nous serions un néant qui ne peut s'empêcher de se tromper, parce qu'il ne peut s'empêcher de juger; un néant qui agit toujours, qui pense et qui repense sans cesse sur sa pensée; un néant qui se replie lui-même; un néant qui se cherche, qui se trouve, et enfin qui s'échappe à soi-même. Quel étrange néant! C'est ce néant monstrueux qu'un esprit supérieur tromperait. N'est-ce pas être plus que tout-puissant, d'agir sur le néant comme sur quelque chose de vrai et de réel? Bien plus : quel prodige de faire que le néant agisse, qu'il se croie quelque chose, et qu'il se dise à lui-même, comme à quelqu'un : Je pense, donc je suis! Mais non, peut-être que je pense sans exister, et que je me trompe sans être sorti du néant.

Si cet esprit est tout-puissant, il ne peut donc m'avoir donné l'être qu'autant qu'il m'aura donné la vraie intelligence; car il n'y a que le réel et le véritable qui soit intelligible. Ainsi, supposé que je sois quelque chose, et quelque chose d'intelligent, un créateur tout-puissant n'a pu me créer qu'en me rendant intelligent de la vérité. Il n'est pas question de savoir s'il a voulu me tromper ou non : quand même il l'aurait voulu, il ne l'aurait pas pu. Il a bien pu me donner une intelligence bornée, et l'exclure de connaître les vérités infinies; mais il n'a pu me donner quelque degré d'être, sans me donner aussi quelque degré d'intelligence de la vérité. La raison est, comme je l'ai déjà dit plusieurs fois, que le néant est aussi incapable d'être connu qu'il est incapable de connaître. Si je pense, il faut que je sois quelque chose, et il faut que ce que je pense soit quelque chose aussi.

Ce que je dis d'un être tout-puissant, il faut à plus forte raison le dire du hasard. Supposé même que le hasard pût former un être intelligent, et faire, par un assemblage fortuit, que ce qui ne pensait point commençât à penser; du moins il ne pourrait pas faire qu'un être qui penserait pensât sans penser rien de vrai; car le mensonge est un néant, et le néant n'est point l'objet de la pensée. On ne peut penser qu'à l'être et à ce qui est vrai ; car l'être et la vérité sont la même chose. On peut bien se tromper en partie, en joignant sans raison des êtres séparés ; mais cette erreur est mélangée de vérité, et il est impossible de se tromper en tout : ce serait ne plus penser ; car la pensée ne subsisterait plus si elle portait entièrement à faux, et si elle n'avait aucun objet réel et véritable.

Tout se réduit donc à ce désespoir absolu et à ce naufrage universel de la raison humaine, de dire : Une même chose peut tout ensemble être et n'être pas ; penser et n'être rien ; penser et ne penser rien : ou bien il faut conclure qu'un premier être, quoique tout-puissant, n'a pu nous donner l'intelligence à quelque degré sans nous donner en même temps quelque portion de vérité intelligible pour objet de notre pensée.

Je sais bien qu'après ce raisonnement, il reste toujours à savoir si nous pouvons penser sans être, et si une même chose peut tout ensemble être et n'être pas : mais au moins il est manifeste que, si ces deux choses sont incompatibles, un premier être, par sa toute-puissance, n'a pu, quand même il l'aurait voulu, nous créer intelligents dans une entière privation de la vérité.

D'ailleurs, si cet être supérieur est créateur et tout-puissant, il faut qu'il soit infiniment parfait. Il ne peut être par lui-même, et pouvoir tirer quelque chose du néant, sans avoir en soi la plénitude de l'être, puisque l'être, la vérité, la bonté, la perfection, ne peut être qu'une même chose. S'il est infiniment parfait, il est infiniment vrai ; s'il est infiniment vrai, il est infiniment opposé à l'erreur et au mensonge. Cependant, s'il avait fait ma raison fausse, et incapable de connaître la vérité, il l'aurait faite essentiellement mauvaise ; et par conséquent il serait mauvais lui-même : il aimerait l'erreur, il en serait la cause volontaire ; et en me créant il n'aurait eu d'autre fin que l'illusion et la tromperie : il faut donc ou qu'il soit incapable de me créer de la sorte, ou qu'il n'existe point.

Je vois bien, par mes songes, que je puis avoir été créé pour être quelquefois dans une illusion passagère. Cette illusion est plutôt une suspension de ma raison qu'une véritable erreur. Pendant cette illusion je n'ai rien de libre : un moment après il me vient des pensées nettes, précises et suivies, qui sont supérieures à celles du songe, et qui les font évanouir. Ainsi cet état est bien appelé du nom d'illusion passagère, et d'impuissance de raisonner de suite. Mais si l'état de la veille me trompait de même ce serait une chose bien différente : ma raison serait essentiellement fausse, parce que toutes mes idées, qui sont le fond de ma raison même, et qui sont immuables en moi, seraient le contre-pied de la véritable raison : ce serait une erreur de nature et essentielle, de laquelle rien ne pourrait me tirer; il faudrait faire de moi un autre moi-même, et anéantir toutes mes idées, pour me faire concevoir la moindre vérité; ou, pour mieux dire, cette nouvelle créature qui commencerait à voir quelque vérité ne serait rien moins que moi-même : elle serait plutôt une nouvelle créature produite en ma place après mon anéantissement.

Je comprends bien qu'un être créateur et infiniment parfait peut quelquefois suspendre pour un peu de temps ma raison et ma liberté, en me donnant des perceptions confuses qui s'effacent et se perdent les unes dans les autres, comme je l'éprouve dans mes songes. Ces erreurs passagères, si on peut les nommer ainsi, sont bientôt corrigées par les pensées fixes et réfléchies de la veille. Je ne sais même si on peut dire que je fasse aucun véritable jugement, ni par conséquent que je tombe réellement dans l'erreur pendant que je dors. J'avoue qu'à mon réveil il me semble que pendant mes songes j'ai jugé, j'ai raisonné, j'ai craint, j'ai espéré, j'ai aimé, j'ai haï, en conséquence de mes jugements : mais peut-être que mes jugements, non plus que les actes de ma volonté, n'ont point été véritables pendant que je dormais. Il peut se faire que des images emprecintes dans mon cerveau pendant la journée se sont réveillées la nuit par le cours fortuit des esprits. Ces images de mes pensées et de mes volontés de la veille étant ainsi excitées, ont fait une nouvelle trace qui a été accompagnée de perceptions confuses et de sensations passagères, sans aucune réflexion ni jugement formel. A mon réveil je puis apercevoir ces nouvelles traces des images faites pendant la veille, et croire que j'y ai joint dans mon songe les jugements qu'elles représentent, quoique je ne les aie pas joints réellement pendant mon sommeil. Le souvenir n'est apparemment que la perception des traces déjà faites : ainsi quand j'aperçois à mon réveil les traces renouvelées en dormant, je rappelle les jugements du jour dont les images du songe de la nuit sont composées; et par conséquent je puis bien croire me souvenir que j'ai jugé en dormant, quoique je n'aie fait aucun jugement réel.

De plus, quand même j'aurais jugé et me serais réellement

trompé pendant mes songes, je ne serais point surpris qu'un être infiniment parfait et véritable m'eût mis dans cette nécessité de me tromper pendant que je dors. Ces erreurs n'influent dans aucune action libre et raisonnable de ma vie ; elles ne me font faire rien de méritoire ni de déméritoire ; elles ne sont ni un abus de la raison, ni une opposition fixe à la vérité ; elles sont bientôt redressées par les jugements que je fais quand je veille, et qui sont suivis d'une volonté libre.

Je comprends que le premier être peut vouloir tirer la vérité de l'erreur, comme tirer le bien du mal en permettant que par la suspension des esprits je fasse en dormant des songes trompeurs. Par cette expérience il me montre de grandes vérités : car qu'y a-t-il de plus propre à me montrer la faiblesse de ma raison et le néant de mon esprit, que d'éprouver cet égarement périodique et inévitable de mes pensées? C'est un délire réglé, qui tient près d'un tiers de ma vie, et qui m'avertit, pour les deux autres tiers, que je dois me défier de moi, et rabaisser mon orgueil. Il m'apprend que ma raison même n'est pas à moi en propre, qu'elle m'est prêtée et retirée tour à tour, sans que je puisse ni la retenir quand elle m'échappe, ni la rappeler quand elle est absente, ni résister à l'illusion que son absence cause en moi, ni même avoir par mon industrie, aucune part à son retour.

Voilà un temps d'erreur bien employé, s'il me mène tout droit à me connaître, et à me faire remonter à une sagesse sans laquelle la mienne n'est que folie. Mais quelle comparaison peut-on faire de cette illusion si passagère et si utile, avec un état d'erreur d'où rien ne me pourrait tirer, et où ma raison la plus évidente serait par elle-même un fonds inépuisable de séduction et de mensonge? Une nature et une essence toute d'erreur, qui serait un néant de raison ; une nature toute fausse et toute mauvaise, ou, pour mieux dire, qui ne serait point une nature positive, mais un absolu néant en toute manière, ne peut jamais être l'ouvrage d'un créateur tout bon, tout véritable et tout-puissant.

Voilà ce que ma raison me représente sur elle-même, et voilà ce que je trouve, ce me semble, clairement toutes les fois que je la consulte. Le doute universel et absolu dans lequel je m'étais retranché n'est-il pas plus sûr? Nullement; car on se trompe autant à douter lorsqu'il faudrait croire, que l'on se trompe à croire lorsqu'il faudrait encore douter. Douter, c'est juger qu'il ne faut rien croire. Supposé qu'il faille croire quelque chose, et que j'hésite mal à propos, je me trompe en doutant de tout, et je suis en demeure à l'égard de la vérité qui se présente à moi. Que ferai-je? La dernière espérance m'est arrachée; il ne me reste pas même la triste consolation d'éviter l'erreur en me retranchant dans le doute. Où suis-je? que suis-je? où est-ce que je vais? où m'arrêterai-je? Mais comment puis-je m'arrêter? Si je renonce à ma raison, et si elle m'est suspecte en ce qu'elle me présente de plus clair, je suis réduit à cette extrémité, de douter si une même chose peut tout ensemble être et n'être pas. Je ne puis me prendre à rien pour m'arrêter dans une pente si effroyable; il faut que je tombe jusqu'au fond de cet abîme. Encore si je pouvais y demeurer! mais cet abîme où je suis tombé me repousse, et le doute me paraît aussi sujet à l'erreur que mes anciennes opinions. Si un être tout-puissant, infiniment bon et véritable, m'a fait pour connaître la vérité par la raison droite qu'il m'a donnée, je suis inexcusable de m'aveugler moi-même par un doute capricieux, et mon doute universel est un monstre. Si au contraire ma raison est fausse, je ne laisse pas d'être excusable en la suivant; car que puis-je faire de mieux que de me servir fidèlement de tout ce qui est en moi, pour tâcher d'aller droit à la vérité? M'est-il permis de me défier, sans aucun fondement ni intérieur ni extérieur, de tout ce qui me paraît également dans tous les temps, raison, certitude, évidence? Il faut donc mieux suivre cette évidence qui m'entraîne nécessairement, qui ne peut m'être suspecte d'aucun côté, qui est conforme à tout ce que je puis concevoir de l'Être tout-puissant qui peut m'avoir fait, enfin contre laquelle je ne saurais trouver aucun fondement de doute solide, que de me livrer au doute vague, qui peut être lui-même une erreur et une hésitation de mon faible esprit, qui demeure incertain, faute de savoir saisir la vérité par une vue ferme et constante.

Me voilà donc enfin résolu à croire que je pense, puisque je doute; et que je suis, puisque je pense : car le néant ne saurait penser, et une même chose ne peut tout ensemble être et n'être pas. Ces vérités que je commence à connaître, et dont la découverte a tant coûté à mon esprit, sont en bien petit nombre. Si j'en demeure là, je ne connais dans toute la nature que moi seul, et cette solitude me remplit d'horreur. De plus, si je me connais, je ne me connais guère. Il est vrai que je suis quelque chose qui se connaît soi-même, et dont la nature est de connaître : mais d'où est-ce que je viens? est-ce du néant que je suis sorti, ou bien ai-je toujours été? qui est-ce qui a pu commencer en moi la pensée? ce qu'il me semble voir autour de moi est-il quelque chose? O vérité! vous commencez à luire à mes yeux. Je vois poindre un faible rayon de lumière naissante sur l'horizon, au milieu d'une profonde et affreuse nuit : achevez de percer mes ténèbres; débrouillez peu à peu le chaos où je suis enfoncé. Il me semble que mon cœur est droit devant vous, je ne crains que l'erreur; je crains autant de résister à l'évidence, et de ne pas croire ce qui mérite d'être cru, que de croire trop légèrement ce qui est incertain. O vérité, venez à moi; montrez-vous toute pure! que je vous voie, et je serai rassasié en vous voyant!

CHAPITRE II.

Preuves métaphysiques de l'existence de Dieu.

NOTIONS PRÉLIMINAIRES.

Tous mes soins pour douter ne me peuvent donc plus empêcher de croire certainement plusieurs vérités. La première est que je pense quand je doute. La seconde, que je suis un être pensant, c'est-à-dire dont la nature est de penser; car je ne connais encore que cela de moi. La troisième, d'où les deux autres premières dépendent, est qu'une même chose ne peut tout ensemble exister et n'exister pas, car si je pouvais tout ensemble être et n'être pas, je pourrais aussi penser et n'être pas. La quatrième, que ma raison ne consiste que dans mes idées claires, et qu'ainsi je puis affirmer d'une chose tout ce qui est clairement renfermé dans l'idée de cette chose-là; autrement je ne pourrais conclure que je suis, puisque je pense. Ce raisonnement n'a aucune force, qu'à cause que l'existence est clairement renfermée dans l'idée de la pensée. Penser est une action et une manière d'être : donc il est évident, par cet exemple, qu'on peut assurer d'une chose tout ce qui est clairement renfermé dans son idée : hésiter encore là-dessus, ce n'est plus exactitude, et force d'esprit pour douter de ce qui est douteux, c'est légèreté et irrésolution, c'est inconstance d'un esprit flottant, qui ne sait rien saisir par un jugement ferme, qui n'embrasse ni ne suit rien, à qui la vérité connue échappe, et qui se laisse ébranler contre ses plus parfaites convictions, par toutes sortes de pensées vagues.

Ce fondement immobile étant posé, je me réjouis de connaître quelques vérités, c'est là mon véritable bien : mais je suis bien pauvre, mon esprit se trouve rétréci dans quatre vérités; je n'oserais passer au delà sans crainte de tomber dans l'erreur. Ce que je connais n'est presque rien; ce que j'ignore est infini : mais peut-être que je tirerai insensiblement du peu que je connais déjà, quelque partie de cet infini qui m'est jusqu'ici inconnu.

Je connais ce que j'appelle *moi*, qui pense, et à qui je donne le nom d'esprit. Hors de moi je ne connais encore rien; je ne sais s'il y a d'autres esprits que le mien, ni s'il y a des corps. Il est vrai que je crois apercevoir un corps, c'est-à-dire une étendue qui m'est propre, que je remue comme il me plaît, et dont les mouvements me causent de la douleur ou du plaisir. Il est vrai aussi que je crois voir d'autres corps à peu près semblables au mien, dont les uns se meuvent et les autres sont immobiles autour de moi. Mais je me tiens ferme à ma règle inviolable, qui est de douter sans relâche de tout ce qui peut être tant soit peu douteux.

Non-seulement tous ces corps qu'il me semble apercevoir, tant le mien que les autres, mais encore tous les esprits qui me paraissent en société avec moi, qui me communiquent leurs pensées, et qui sont attentifs aux miennes : tous ces êtres, dis-je, peuvent n'avoir rien de réel, et n'être qu'une pure illusion qui se passe tout entière au-dedans de moi seul : peut-être suis-je moi seul toute la nature. N'ai-je pas l'expérience que quand je dors je crois voir, entendre, toucher, flairer, goûter ce qui n'est point et qui ne sera jamais? Tout ce qui me frappe pendant mon songe, je le porte au-dedans de moi, et au dehors il n'y a rien de vrai. Ni les corps que je m'imagine sentir, ni les esprits que je me représente en société de pensée avec le mien, ne sont ni esprits ni corps; ils ne sont, pour ainsi dire, que mon erreur. Qui me répondra, encore une fois, que ma vie entière ne soit point un songe, et un charme que rien ne peut rompre? Il faut donc par nécessité, suspendre encore mon jugement sur tous ces êtres qui me sont suspects de fausseté.

Etant ainsi comme repoussé par tout ce que je m'imagine connaître au dehors de moi, je rentre au-dedans, et je suis encore étonné dans cette solitude au fond de moi-même. Je me cherche, je m'étudie : je vois bien que je suis; mais je ne sais ni comment je suis, ni si j'ai commencé à être, ni par où j'ai pu exister. O prodige! je ne suis sûr que de moi-même; et ce moi où je me renferme m'étonne, me surpasse, me confond, et m'échappe dès que je prétends le tenir. Me suis-je fait moi-même? Non; car pour faire il faut être; le néant ne fait rien : donc pour me faire il aurait fallu que j'eusse été avant que d'être : ce qui est une manifeste contradiction. Ai-je toujours été? suis-je par moi-même? Il me semble que je n'ai pas toujours été; je ne connais mon être que par la pensée, et je suis un être pensant. Si j'avais toujours été, j'aurais toujours pensé, si j'avais toujours pensé, ne me souviendrais-je point de mes pensées? Ce que j'appelle mémoire, c'est ce qui fait connaître ce que l'on a pensé autrefois. Mes pensées se replient sur elles-mêmes; en sorte qu'en pensant je m'aperçois que je pense, et ma pensée se connaît elle-même : il m'en reste une connaissance après même qu'elle est passée, qui fait que je la retrouve quand il me plaît, et c'est ce que j'appelle souvenir. Il y a donc bien de l'apparence que si j'avais toujours pensé je m'en souviendrais.

Il peut néanmoins se faire que quelque cause inconnue et étrangère, quelque être puissant et supérieur au mien, aurait agi sur le mien pour lui ôter la perception de ses pensées anciennes, et aurait produit en moi ce que j'appelle oubli. J'éprouve en effet que quelques-unes de mes pensées m'échappent, en sorte que je ne les retrouve plus. Il y en a même quelques-unes qui se perdent tellement, qu'à cet égard-là je ne pense point d'avoir jamais pensé.

Mais quel serait cet être étranger et supérieur au mien, qui aurait empêché ma pensée de se replier ainsi sur elle-même, et de s'apercevoir, comme elle le fait naturellement? Dans cette incertitude je suspends mon jugement, suivant ma règle, et je me tourne d'un autre côté par un chemin plus court. Suis-je par moi-même, ou suis-je par autrui? Si je suis par moi-même, il s'ensuit que j'ai toujours été; car je porte, pour ainsi dire, au-dedans de moi essentiellement la cause de mon existence : ce qui me fait exister aujourd'hui a dû me faire exister éternellement, et d'une manière immuable. Si au contraire je suis par autrui, d'une manière variable et empruntée, cet autrui, quel qu'il soit, m'a fait passer du néant à l'être. Qui dit un passage du néant à l'être, dit une succession dans laquelle on commence à être, et où le néant précède l'existence. Tout consiste donc à examiner si je suis par moi-même, ou non.

Pour faire cet examen, je ne puis manquer en m'attachant à une de mes principales règles, qui est comme la clef universelle de toute vérité, qui est de consulter mes idées, et de n'affirmer que ce qu'elles renferment clairement.

Pour démêler ceci, j'ai besoin de rassembler certaines choses qui me paraissent claires. L'être, la vérité et la bonté ne sont qu'une même chose; en voici la preuve : La bonté et la vérité ne peuvent convenir au néant, car le néant ne peut jamais être ni vrai ni bon à aucun degré : donc la vérité et la bonté ne peuvent convenir qu'à l'être. Pareillement l'être ne peut convenir qu'à ce qui est vrai, car ce qui est entièrement faux n'est rien; et ce qui est faux en partie n'existe aussi qu'en partie. Il en est de même de la bonté : ce qui n'est qu'un peu bon n'a qu'un peu d'être; ce qui est meilleur est davantage; ce qui n'a aucune bonté n'a aucun être. Le mal n'est rien de réel, il n'est que l'absence du bien; comme une ombre n'est qu'une absence de la lumière.

Il est vrai qu'il y a certaines choses très-réelles et très-positives que l'on nomme mauvaises, non à cause de leur nature réelle et véritable, qui est bonne en elle-même en tout ce qu'elle contient, mais par la privation de certains biens qu'elles devraient avoir, et qu'elles n'ont pas. Je ne saurais donc me tromper en croyant que la vérité et la bonté ne sont que l'être. La bonté et la vérité étant réelles, et n'y ayant point d'autre réalité que l'être, il s'ensuit clairement qu'être vrai, être bon, et être simplement, c'est la même chose : mais comme je puis concevoir qu'une chose soit plus ou moins, je la puis concevoir aussi plus ou moins vraie, plus ou moins bonne.

PREMIÈRE PREUVE,

Tirée de l'imperfection de l'être humain.

Ces principes posés, je reviens à l'être qui serait par lui-même, et je trouve qu'il serait dans la suprême perfection. Ce qui a l'être par soi est éternel et immuable; car il porte toujours également dans son propre fonds la cause et la nécessité de son existence. Il ne peut rien recevoir de dehors : ce qu'il recevrait de dehors ne pourrait jamais faire une même chose avec lui, ni par conséquent le perfectionner; car ce qui serait d'une nature communiquée et variable ne peut jamais faire un même être avec ce qui est par soi, et incapable de changement. La distance et la disproportion entre de telles parties seraient infinies : donc elles ne pourraient jamais entre elles composer un vrai tout. On ne peut donc rien ajouter à sa vérité, à sa bonté et à sa perfection ; il est par lui-même tout ce qu'il peut être, et il ne peut jamais être moins que ce qu'il est. Être ainsi, c'est exister au suprême degré de l'être, et par conséquent au suprême degré de vérité et de perfection.

Donnez-moi un être communiqué et dépendant, et concevez-le à l'infini aussi parfait qu'il vous plaira, il demeurera toujours infiniment au-dessous de celui qui est par lui-même. Quelle comparaison entre un être emprunté, changeant, susceptible de perdre et de recevoir, qui est sorti du néant, et qui est près d'y retomber ; avec un être nécessaire, indépendant, immuable, qui ne peut dans son indépendance rien recevoir d'autrui, qui a toujours été, qui sera toujours, et qui trouve en soi tout ce qu'il doit être ?

Puisque l'être qui est par lui-même surpasse tellement la perfection de tout être créé qu'on puisse concevoir en montant jusqu'à l'infini, il s'ensuit qu'un être qui est par lui-même est au suprême degré d'être, et par conséquent infiniment parfait dans son essence.

Il reste à savoir si ce que j'appelle moi, qui pense, qui raisonne, et qui se connaît soi-même, est cet être immuable qui subsiste par lui-même, ou non. Ce que j'appelle moi, ou mon esprit, est infiniment éloigné de l'infinie perfection. J'ignore, je me trompe, je me détrompe, du moins je m'imagine me détromper ; je doute, et souvent le doute, qui est une imperfection, est le meilleur parti pour moi. Quelquefois j'aime mes erreurs, je m'y obstine, et je crains de m'en détromper, je tombe dans la mauvaise foi, et je dis le contraire de ce que je pense. Je reçois l'instruction d'autrui ; on me reprend, on a raison de me reprendre ; je reçois donc la vérité d'autrui. Mais ce qui est bien pis encore, je veux, je ne veux pas ; ma volonté est variable, incertaine, contraire à elle-même. Puis-je me croire souverainement parfait parmi tant de changements et de défauts, parmi tant d'ignorance et d'erreurs involontaires et même volontaires ?

S'il est manifeste que je ne suis point infiniment parfait, il est manifeste aussi que je ne suis point par moi-même. Si je ne suis point par moi-même, il faut que je sois par autrui ;

car j'ai déjà reconnu clairement que je n'ai pu me produire moi-même. Si je suis par autrui, il faut que cet autrui, qui m'a fait passer du néant à l'être, soit par lui-même, et par conséquent infiniment parfait. Ce qui fait passer une chose du néant à l'être, non-seulement doit avoir l'être par soi-même, mais encore une puissance infinie de le communiquer; car il y a une distance infinie depuis le néant jusqu'à l'existence. Si quelque chose pouvait ajouter à l'infini, il faut avouer que la fécondité de créer ajouterait infiniment à la perfection infinie de l'être qui est par lui-même : donc cet être qui est par lui-même, et par qui je suis, est infiniment parfait; et c'est ce qu'on appelle Dieu.

Toutes ces propositions sont claires, et rien ne peut m'arrêter dans leur enchaînement. Car de quoi douterai-je? N'est-il pas vrai que ce qui est par soi-même est pleinement et parfaitement? c'est sans doute, s'il est permis de parler ainsi, le plus être de tous les êtres, et par conséquent infiniment parfait. Mon esprit n'est donc point par soi-même; car il n'est point dans cette infinie perfection : en le reconnaissant, je ne dois point craindre de me tromper; et je me tromperais bien grossièrement, si peu que j'en doutasse. Il est donc indubitable que je ne suis point par moi-même, et que je suis par autrui.

Encore une fois, cet autrui, s'il est lui-même sorti du néant, n'a pu m'en tirer. Ce qui n'a l'être que par autrui ne peut le garder par soi-même, bien loin de le pouvoir donner à qui ne l'a pas. Faire que ce qui n'était pas commence à être, c'est disposer de l'être en propre, et avoir la puissance infinie; car on ne peut concevoir nulle puissance finie à aucun degré, qui ne soit au-dessous de celle-là. Donc l'être par qui je suis est au suprême degré d'être et de puissance; il est infiniment parfait, et je ne vois plus rien qui me donne le moindre prétexte de doute.

Voilà donc enfin le premier rayon de vérité qui luit à mes yeux. Mais quelle vérité? celle du premier être. O vérité plus précieuse elle seule que toutes les autres ensemble que je puis découvrir! vérité qui me tient lieu de toutes les autres! Non, je n'ignore plus rien, puisque je connais ce qui est tout, et que tout ce qui n'est pas lui n'est rien. O vérité universelle, infinie, immuable, c'est donc vous-même que je connais; c'est vous qui m'avez fait, et qui m'avez fait par vous-même! Je serais comme si je n'étais pas, si je ne vous connaissais point.

Pourquoi vous ai-je si longtemps ignorée? Tout ce que j'ai cru voir sans vous n'était point véritable; car rien ne peut avoir aucun degré de vérité que par vous seule, ô vérité première! Je n'ai vu jusqu'ici que des ombres; ma vie entière n'a été qu'un songe. J'avoue que je connais jusqu'à présent peu de vérités; mais ce n'est pas la multitude que je cherche.

O vérité précieuse! ô vérité féconde, ô vérité unique! en vous seule je trouve tout, et ma curiosité s'épuise. De vous sortent tous les êtres, comme de leur source; en vous je trouve la cause immédiate de tout : votre puissance, qui est sans bornes, n'en laisse aucune à ma contemplation. Je tiens la clef de tous les mystères de la nature, dès que je découvre son auteur. O merveille qui m'explique toutes les autres! vous êtes incompréhensible, mais vous me faites tout comprendre : vous êtes incompréhensible, et je m'en réjouis. Votre infini m'étonne et m'accable; c'est ma consolation : je suis ravi que vous soyez si grand que je ne puisse vous voir tout entier; c'est à cet infini que je vous reconnais pour l'être qui m'a tiré du néant. Mon esprit succombe sous tant de majesté; heureux de baisser les yeux, ne pouvant soutenir par mes regards l'éclat de votre gloire.

SECONDE PREUVE,

Tirée de l'idée que nous avons de l'infini.

Toutes les choses que j'ai déjà remarquées me font voir que j'ai en moi l'idée de l'infini, et d'une infinie perfection. Il est vrai que je ne saurais épuiser l'infini ni le comprendre, c'est-à-dire le connaître autant qu'il est intelligible. Je ne dois pas m'en étonner, car j'ai déjà reconnu que mon intelligence est finie : par conséquent, elle ne saurait égaler ce qui est infiniment intelligible. Il est néanmoins constant que j'ai une idée précise de l'infini; je discerne très-nettement ce qui lui convient et ce qui ne lui convient pas; je n'hésite jamais à en exclure toutes les propriétés des nombres et des quantités finies. L'idée même que j'ai de l'infini n'est ni confuse ni négative; car ce n'est point en excluant indéfiniment toutes bornes que je me représente l'infini. Qui dit borne dit une négation toute simple; au contraire, qui nie cette négation affirme quelque chose de très-positif. Donc le terme d'infini, quoiqu'il paraisse dans ma langue un terme négatif, et qu'il veuille dire *non fini*, est néanmoins très-positif. C'est le mot de *fini* dont le vrai sens est très-négatif. Rien n'est si négatif qu'une borne ; car qui dit borne dit négation de toute étendue ultérieure. Il faut donc que je m'accoutume à regarder toujours le terme de *fini* comme étant négatif : par conséquent, celui d'infini est très-positif. La négation redoublée vaut une affirmation ; d'où il s'ensuit que la négation absolue de toute négation est l'expression la plus positive qu'on puisse concevoir, et la suprême affirmation : donc le terme d'infini est infiniment affirmatif par sa signification, quoiqu'il paraisse négatif dans le tour grammatical.

En niant toutes bornes, ce que je conçois est si précis et si positif, qu'il est impossible de me faire jamais prendre aucune autre chose pour celle-là.

Donnez-moi une chose finie aussi prodigieuse qu'il vous plaira ; faites en sorte qu'à force de surpasser toute mesure sensible, elle devienne comme infinie à mon imagination : elle demeure toujours finie en mon esprit ; j'en conçois la borne lors même que je ne puis l'imaginer. Je ne puis marquer où elle est, mais je sais clairement qu'elle est, et, loin qu'elle se confonde avec l'infini, je conçois avec évidence qu'elle est encore infiniment distante de l'idée que j'ai de l'infini véritable.

Que si on me vient parler d'indéfini, comme d'un milieu entre ce qui est infini et ce qui est borné, je réponds que cet indéfini ne peut signifier rien, à moins qu'il ne signifie quelque chose de véritablement fini, dont les bornes échappent à l'imagination, sans échapper à l'esprit. Mais enfin tout ce qui n'est point précisément l'infini, de quelque grandeur énorme qu'il soit, est infiniment éloigné de lui ressembler.

Non-seulement j'ai l'idée de l'infini, mais encore j'ai celle d'une perfection infinie. Parfait et bon, c'est la même chose. La bonté et l'être sont encore la même chose. Etre infiniment bon et parfait, c'est être infiniment. Il est certain que je conçois un être infini et infiniment parfait. Je distingue nettement de lui tout être d'une perfection bornée, et je ne me laisserais pas non plus éblouir à une perfection indéfinie qu'à un corps indéfini. Il est donc vrai, et je ne me trompe point, que je porte toujours au-dedans de moi, quoique je sois fini, une idée qui me représente une chose infinie.

Où l'ai-je prise, cette idée qui est si fort au-dessus de moi, qui me surpasse infiniment, qui m'étonne, qui me fait disparaître à mes propres yeux, qui me rend l'infini présent? d'où vient-elle? où l'ai-je prise? dans le néant? Rien de ce qui est fini ne peut me la donner; car le fini ne représente point l'infini, dont il est infiniment dissemblable. Si nul fini, quelque grand qu'il soit, ne peut me donner l'idée du vrai infini, comment est-ce que le néant me la donnerait? Il est manifeste d'ailleurs que je n'ai pu me la donner moi-même; car je suis fini comme toutes les autres choses dont je puis avoir quelques idées. Bien loin que je puisse comprendre que j'invente l'infini, s'il n'y en a aucun de véritable, je ne puis pas même comprendre qu'un infini réel hors de moi ait pu imprimer en moi, qui suis borné, une image ressemblante à la nature infinie. Il faut donc que l'idée de l'infini me soit venue du dehors, et je suis même bien étonné qu'elle ait pu y entrer.

Encore une fois, d'où me vient-elle, cette merveilleuse représentation de l'infini, qui tient de l'infini même, et qui ne ressemble à rien de fini? Elle est en moi; elle est plus que moi; elle me paraît tout, et moi rien. Je ne puis l'effacer ni l'obscurcir, ni la diminuer, ni la contredire. Elle est en moi; je ne l'y ai pas mise, je l'y ai trouvée, et je ne l'y ai trouvée qu'à cause qu'elle y était déjà avant que je la cherchasse. Elle y demeure invariable, lors même que je n'y pense pas, et que je pense à autre chose. Je la retrouve toutes les fois que je la cherche, et elle se présente souvent, quoique je ne la cherche pas. Elle ne dépend point de moi; c'est moi qui dépends d'elle. Si je m'égare, elle me rappelle : elle me corrige; elle redresse mes jugements; et quoique je l'examine je ne puis ni la corriger, ni en douter, ni juger d'elle : c'est elle qui me juge et qui me corrige.

Si ce que j'aperçois est l'infini même immédiatement présent à mon esprit, cet infini est donc : si au contraire ce n'est qu'une représentation de l'infini qui s'imprime en moi, cette ressemblance de l'infini doit être infinie; car le fini ne ressemble en rien à l'infini, et n'en peut être la vraie représentation. Il faut donc que ce qui représente véritablement l'infini ait quelque chose d'infini pour lui ressembler et pour le représenter.

Cette image de la Divinité même sera donc un second Dieu semblable au premier en perfection infinie : comment sera-t-il reçu et contenu dans mon esprit borné? D'ailleurs, qui aura fait cette représentation infinie de l'infini pour me la donner? Se sera-t-elle faite elle-même? L'image infinie de l'infini n'aura-t-elle ni original sur lequel elle soit faite, ni cause réelle qui l'ait produite? Où en sommes-nous? et quel amas d'extravagances! Il faut donc conclure invinciblement que c'est l'être infiniment parfait qui se rend immédiatement présent à moi quand je le conçois, et qu'il est lui-même l'idée que j'ai de lui.

Je l'avais déjà trouvé lorsque j'ai reconnu qu'il y a nécessairement dans la nature un être qui est par lui-même, et par conséquent infiniment parfait. J'ai reconnu que je ne suis point cet être, parce que je suis infiniment au-dessous de l'infinie perfection. J'ai reconnu qu'il est hors de moi, et que je suis par lui. Maintenant je découvre qu'il m'a donné l'idée de lui, en me faisant concevoir une perfection infinie sur laquelle je ne puis me méprendre ; car quelque perfection bornée qui se présente à moi, je n'hésite point ; sa borne fait aussitôt que je la rejette, et je lui dis dans mon cœur : Vous n'êtes point mon Dieu ; vous n'êtes point mon infiniment parfait ; vous n'êtes point par vous-même : quelque perfection que vous ayez, il y a un point et une mesure au delà de laquelle vous n'avez plus rien et vous n'êtes rien.

Il n'en est pas de même de mon Dieu, qui est tout : il est, et il ne cesse point d'être : il est, et il n'y a pour lui ni degré ni mesure : il est, et rien n'est que par lui. Tel est ce que je conçois ; et, puisque je le conçois, il est ; car il n'est pas étonnant qu'il soit, puisque rien, comme je l'ai vu, ne peut être que par lui. Mais ce qui est étonnant et incompréhensible, c'est que moi, faible, borné, défectueux, je puisse le concevoir. Il faut qu'il soit non-seulement l'objet immédiat de ma pensée, mais encore la cause qui me fait penser; comme il est la cause qui me fait être, et qu'il élève ce qui est fini à penser l'infini.

Voilà le prodige que je porte toujours au-dedans de moi. Je suis un prodige moi-même. N'étant rien, du moins n'étant qu'un être emprunté, borné, passager, je tiens de l'infini et de l'immuable que je conçois : par là je ne puis me comprendre moi-même. J'embrasse tout, et je ne suis rien, je suis un rien qui connaît l'infini : les paroles me manquent pour m'admirer et me mépriser tout ensemble. O Dieu! ô le plus être de tous les êtres! ô être devant qui je suis comme si je n'étais pas! vous vous montrez à moi ; et rien de tout ce qui n'est pas vous ne peut vous ressembler. Je vous vois; c'est vous-même : et ce rayon qui part de votre face rassasie mon cœur, en attendant le plein jour de la vérité.

TROISIÈME PREUVE,

Tirée de l'idée de l'être nécessaire.

Mais la règle fondamentale de toute certitude que j'ai posée d'abord, me découvre encore évidemment la vérité du premier être. J'ai dit que si la raison est raison, elle ne consiste que dans la simple et fidèle consultation de mes idées. Je ne saurais juger d'elle, et je juge de tout par elle. Si quelque chose me paraît certain et évident, c'est que mes idées me le représentent comme tel, et je ne suis plus libre d'en douter. Si au contraire quelque chose me paraît faux et absurde, c'est que mes idées y répugnent. En un mot, dans tous mes jugements, soit que j'affirme ou que je nie, c'est toujours mes idées immuables qui décident de ce que je pense. Il faut donc ou renoncer pour jamais à toute raison, ce que je ne suis pas libre de faire, ou suivre mes idées claires sans crainte de me tromper.

Quand j'examine si le néant peut penser, au lieu de l'examiner sérieusement, il me prend envie de rire. D'où cela vient-il? C'est que l'idée de la pensée renferme clairement quelque chose de positif et de réel qui ne convient qu'à l'être. La seule attention à cette idée porte un ridicule manifeste dans ma question. Il en est de même de certaines autres questions.

Demandez à un enfant de quatre ans si la table de la chambre où il est se promène d'elle-même, et si elle se joue comme lui; au lieu de répondre, il rira. Demandez à un laboureur bien grossier si les arbres de son champ ont de l'amitié pour lui, si ses vaches lui ont donné conseil dans ses affaires domestiques, si sa charrue a bien de l'esprit; il répondra que vous vous moquez de lui. En effet, toutes ces questions ont une impertinence qui choque même le laboureur le plus ignorant et l'enfant le plus simple.

En quoi consiste cette impertinence? à quoi précisément se réduit-elle? A choquer le sens commun, dira quelqu'un. Mais qu'est-ce que le sens commun? n'est-ce pas les premières notions que tous les hommes ont également des mêmes choses? Ce sens commun, qui est toujours et partout le même, qui prévient tout examen, qui rend l'examen même de certaines questions ridicule, qui fait que malgré soi on rit au lieu d'examiner, qui réduit l'homme à ne pouvoir douter, quelque effort qu'il fît pour se mettre dans un vrai doute; ce sens qui est celui de tout homme; ce sens qui n'attend que d'être consulté, mais qui se montre au premier coup d'œil, et qui découvre aussitôt l'évidence ou l'absurdité de la question; n'est-ce pas ce que j'appelle mes idées? Les voilà donc ces idées ou notions générales que je ne puis ni contredire ni examiner, suivant lesquelles au contraire j'examine et je décide tout, en sorte que je ris au lieu de répondre, toutes les fois qu'on me propose ce qui est clairement opposé à ce que ces idées immuables me représentent.

Ce principe est constant, et il n'y aurait que son application qui pourrait être fautive : c'est-à-dire qu'il faut, sans hésiter, suivre toutes mes idées claires; mais qu'il faut bien prendre garde de ne prendre jamais pour idée claire celle qui renferme quelque chose d'obscur. Aussi veux-je suivre exactement cette règle dans les choses que je vais méditer.

J'ai déjà reconnu que j'ai l'idée d'un être infiniment parfait : j'ai vu que cet être est par lui-même, supposé qu'il soit; qu'il est nécessairement; qu'on ne saurait jamais le concevoir que comme existant, parce que l'on conçoit que son essence est d'exister toujours par soi-même. Si on ne peut le concevoir que comme existant, parce que l'existence est renfermée dans son essence, on ne saurait jamais le concevoir comme n'existant pas actuellement, et n'étant que simplement possible. Le mettre hors de l'existence actuelle au rang des choses purement possibles, c'est anéantir son idée, c'est changer son essence : par conséquent ce n'est plus lui; c'est prendre un autre être pour lui, afin de pouvoir s'en imaginer ce qui ne peut jamais lui convenir; c'est détruire la supposition; c'est se contredire soi-même.

Il faut donc ou nier absolument que nous ayons aucune idée nécessaire et infiniment parfaite, ou reconnaître que nous ne le saurions jamais concevoir que dans l'existence actuelle qui fait son essence. S'il est donc vrai que nous le concevions, et si nous ne pouvons le concevoir qu'en cette manière, je dois conclure, suivant ma règle, sans crainte de me tromper, qu'il existe toujours actuellement.

1° Il est certain que j'ai une idée de cet être, puisqu'il faut nécessairement qu'il y en ait un. Si je ne suis pas moi-même cet être, il faut que j'aie reçu l'existence par lui. Non-seulement je le conçois, mais encore je vois évidemment qu'il faut qu'il soit dans la nature. Il faut, ou que tout soit nécessaire, ou qu'un seul être nécessaire ait fait tous les autres : mais dans l'une et dans l'autre de ces deux suppositions, il demeure toujours également vrai qu'on ne peut se passer de quelque être nécessaire. Je conçois cet être et sa nécessité.

2° L'idée que j'en ai renferme clairement l'existence actuelle. Je ne la distingue de tout autre être que par là. Ce n'est que par cette existence actuelle que je le conçois : ôtez-la-lui, il n'est plus rien; laissez-la-lui, il demeure tout. Elle est donc clairement renfermée dans son essence, comme l'existence est renfermée dans la pensée. Il n'est pas plus vrai de dire que qui dit penser dit être, que qui dit être par soi-même dit essentiellement une existence actuelle et nécessaire. Donc il faut affirmer l'existence actuelle, de la simple idée de l'être infiniment parfait, de même que j'affirme mon actuelle existence de ma pensée actuelle.

On me dira peut-être que c'est un sophisme. Il est vrai, dira quelqu'un, que cet être existe nécessairement, supposé qu'il existe : mais comment saurons-nous s'il existe effectivement? Quiconque me fera cette objection n'entend ni l'état de la question, ni la valeur des termes. Il est question ici de juger de l'existence pour Dieu, comme nous sommes obligés de juger, par rapport à tous les autres êtres, des quantités qui conviennent ou ne conviennent pas à leur essence. Si l'existence actuelle est aussi inséparable de l'essence de Dieu que la raison, par exemple, est inséparable de l'homme, il faut conclure que Dieu existe essentiellement, avec la même certitude que l'on conclut que l'homme est essentiellement raisonnable. Quand on a vu clairement que la raison est essentielle à l'homme, on ne s'amuse pas à conclure puérilement que l'homme est raisonnable, supposé qu'il soit raisonnable; mais on conclut absolument et sérieusement qu'il ne peut jamais être que raisonnable. De même, quand on a une fois reconnu que l'existence actuelle est essentielle à l'être nécessaire et infiniment parfait que nous concevons, il n'est plus temps de s'arrêter; il faut nécessairement achever d'aller jusqu'au bout : en un mot, il faut conclure que cet être existe actuellement et essentiellement, en sorte qu'il ne saurait jamais n'exister pas.

Que si ce raisonnement abstrait de toutes les choses sensibles échappe à quelques esprits par son extrême simplicité et son abstraction, loin de diminuer sa force, cela l'augmente; car il n'est fondé sur aucune des choses qui peuvent séduire les sens ou l'imagination : tout s'y réduit à deux règles; l'une, de pure métaphysique, que nous avons déjà admise, qui est de consulter nos idées claires et immuables; l'autre est de pure dialectique, qui est de tirer la conséquence immédiate, et d'affirmer précisément d'une chose ce que son idée claire renferme.

Ainsi ce qui arrête pour une conclusion si évidente en elle-même quelques esprits, c'est qu'ils ne sont point accoutumés à raisonner certainement sur ce qui est abstrait et insensible; c'est qu'ils tombent dans un préjugé d'habitude, qui est de raisonner sur l'existence de Dieu comme ils raisonnent sur les qualités des créatures, ne voyant pas combien leur sophisme est absurde. Il faut ici raisonner de l'existence qui est essentielle, comme on raisonne pour l'intelligence, qui est essentielle à l'homme. Il n'est pas essentiel à l'homme d'être; mais supposé qu'il soit, il lui est essentiel d'être intelligent : donc on peut affirmer en tout temps de l'homme, que c'est un être intelligent quand il existe. Pour Dieu, l'existence actuelle lui est essentielle : donc il faut toujours affirmer de lui, non pas qu'il existe actuellement, supposé qu'il existe, ce qui serait ridicule et identique, pour parler comme l'école; mais qu'il existe actuellement, puisque les essences ne peuvent changer, et que la sienne emporte l'existence actuelle. Si on était ferme à contempler les choses abstraites qui sont évidentes par elles-mêmes, on rirait autant de ceux qui doutent là-dessus, qu'un enfant rit quand on lui demande si la table se joue avec lui, si une pierre lui parle, si sa poupée a bien de l'esprit.

Il est donc vrai, ô mon Dieu, que je vous trouve de tous côtés! J'avais déjà vu qu'il fallait dans la nature un être nécessaire et par lui-même; que cet être était nécessairement parfait et infini; que je n'étais point cet être, et que j'avais été fait par lui : c'était déjà vous reconnaître et vous avoir trouvé. Mais je vous retrouve encore par un autre endroit : vous sortez, pour ainsi dire, du fond de moi-même par tous les côtés. Cette idée que je porte au-dedans de moi-même d'un être nécessaire et infiniment parfait, que dit-elle, si je l'écoute au fond de mon cœur? Qui l'y a mise, si ce n'est vous? ou plutôt cette idée n'est-elle pas vous-même? Le mensonge et le néant pourraient-ils me représenter une suprême et universelle vérité (1)? Cette idée infinie de l'infini dans un esprit borné n'est-elle pas le sceau de l'ouvrier tout-puissant, qu'il a imprimé sur son ouvrage?

De plus, cette idée ne m'apprend-elle pas que vous êtes toujours actuellement et nécessairement; comme mes autres idées m'apprennent ce que d'autres choses peuvent être par vous, ou n'être point, suivant qu'il vous plaît? Je vois aussi évidemment votre existence nécessaire et immuable, que je vois la mienne empruntée et sujette au changement. Pour en douter, il faudrait douter de la raison même, qui ne consiste que dans les idées; il faudrait démentir l'essence des choses, et se contredire soi-même. Toutes ces différentes manières d'aller à vous, ou plutôt de vous trouver en moi, sont liées et s'entre-soutiennent. Ainsi, ô mon Dieu, quand on ne craint point de vous voir, et qu'on n'a point des yeux malades qui fuient la lumière, tout sert à vous découvrir, et la nature entière ne parle que de vous : on ne peut même la concevoir, si on ne vous conçoit. C'est dans votre pure et universelle lumière qu'on voit la lumière inférieure par laquelle tous les objets particuliers sont éclairés.

(1) Ces mots, *ou plutôt*, jusqu'à *universelle vérité*, sont effacés dans une copie revue par Fénelon. Il les a laissés dans une autre, et a ajouté de sa main, *cette idée n'est-elle*, au lieu de *n'est-ce*, qu'on lisait auparavant. (*Edit. de Vers.*)

CHAPITRE III.

Réfutation du spinosisme.

Il me reste encore une difficulté à éclaircir : elle se présente à moi tout à coup, et me rejette dans l'incertitude. La voici dans toute son étendue. J'ai l'idée de quelque chose qui est infiniment parfait, il est vrai, et je vois bien que cette idée doit avoir un fondement réel : il faut qu'elle ait son objet véritable; il faut que quelque chose ait mis en moi une si haute idée : tout ce qui est inférieur à l'infini en est infiniment dissemblable, et par conséquent n'en peut donner l'idée. Il faut donc que l'idée de l'infinie perfection me vienne par un être réel et existant avec une perfection infinie : tout cela est certain. J'ai cru trouver un premier être par cette preuve : mais ne pourrais-je point me tromper? Ce raisonnement prouve bien qu'il y a réellement dans la nature quelque chose qui est infiniment parfait; mais il ne prouve point que cette perfection infinie soit distinguée de tous les êtres qui paraissent m'environner. Peut-être que cette multitude d'êtres, dont l'assemblage porte le nom d'univers, est une masse infinie qui dans son tout renferme des perfections infinies par sa variété. Peut-être même que toutes ses parties, qui paraissent se diviser les unes des autres, sont indivisibles du tout; et que ce tout infini et indivisible en lui-même contient cette infinie perfection dont j'ai l'idée, et dont je cherche la réalité.

Pour mieux développer cette indivisibilité du tout, je me représente que la séparation des parties entre elles ne doit pas me faire conclure qu'aucune de ces parties puisse jamais être séparée du tout. La séparation des parties entre elles n'est qu'un changement de situation, et point une division réelle. Afin que les parties fussent réellement divisées, il faudrait qu'elles ne fissent plus un même tout ensemble. Pendant qu'une partie qui est dans une extrême distance d'une autre tient à elle par toutes celles qui occupent le milieu, on ne peut pas dire qu'il y ait une réelle division. Pour séparer réellement une partie de toutes les autres, il faudrait mettre quelque espace réel entre toutes les autres et elle : or cela est impossible, supposé que le tout soit infini, car où trouvera-t-on, au delà de l'infini, qui n'a point de bornes, un espace vide qu'on puisse mettre entre une partie de cet infini, et tout le reste dont il est composé? Il est donc vrai que cet infini sera indivisible dans son tout, quoiqu'il soit divisible pour le rapport que chacune de ses parties a avec les autres parties voisines.

Un corps rond qui se meut sur son propre centre demeure immobile dans son tout, quoique chacune de ses parties soit en mouvement. Cet exemple fait entendre quelque chose de ce que je veux dire; mais il est très-imparfait : car ce corps rond a une superficie qui correspond à d'autres corps voisins; et comme toute cette superficie change de situation et de correspondance aux corps voisins, on peut conclure par là que tout le corps de figure ronde se meut et change de place. Mais pour une masse infinie, il n'en est pas de même; elle n'a aucune borne ni superficie; elle ne correspond à aucun corps étranger : donc il est certain qu'elle est, dans son tout, parfaitement immobile, quoique ses parties bornées, si on les considère par rapport les unes aux autres, se meuvent perpétuellement. En un mot, le tout infini ne peut se mouvoir, quoique les parties étant finies se meuvent sans cesse. Par là je rassemble dans ce tout infini toutes les perfections d'une nature simple et indivisible, et toutes les merveilles d'une nature divisible et variable. Le tout est un et immuable par son infini : les parties se multiplient à l'infini, et forment par des combinaisons infinies une variété que rien n'épuise. Une même chose prend successivement toutes les formes les plus contraires : c'est une fécondité de natures diverses, où tout est nouveau, tout est éternel, tout est changeant, tout est immuable. N'est-ce point cet assemblage infini, ce tout infini, et par conséquent indivisible et immuable, qui m'a donné l'idée d'une infinie perfection? Pourquoi irais-je la chercher ailleurs, puisque je puis si facilement la trouver là? Pourquoi ajouter à l'univers qui paraît m'environner une autre nature incompréhensible, que j'appelle Dieu?

Voilà, ce me semble, la difficulté aussi grande qu'elle peut l'être; et, de bonne foi, je n'oublie rien de tout ce qui peut la fortifier : mais je trouve, sans prévention, qu'elle s'évanouit dès que je veux l'examiner de près. Voici comment :

1° Quand je suppose l'univers infini, je ne puis éviter de croire que le tout est changeant, si toutes les parties prises séparément sont changeantes. Il est vrai qu'il n'y aura point dans cet univers infini une superficie ou circonférence qui tourne comme la circonférence d'un corps circulaire, dont le centre est immobile : mais comme toutes les parties de ce tout infini seront en mouvement et changeantes, il s'ensuivra nécessairement que tout sera aussi en mouvement, et dans un changement perpétuel : car le tout n'est point un fantôme ni une idée abstraite, il n'est précisément que l'assemblage des parties : donc si toutes les parties se meuvent, le tout, qui n'est que toutes les parties prises ensemble, se meut aussi.

A la vérité, je dois, pour lever toute équivoque, distinguer soigneusement deux sortes de mouvements : l'un interne, pour ainsi dire; l'autre externe. Par exemple, on fait rouler une boule dans un lieu uni, et on fait bouillir devant le feu un pot rempli d'eau, et bien fermé : la boule se meut de ce mouvement que j'appelle externe, c'est-à-dire qu'elle sort tout entière d'un espace pour aller dans un autre. Voilà ce que l'univers, qu'on suppose infini, ne saurait faire, je l'avoue. Mais le pot rempli d'eau bouillante, et qui est bien fermé, a une autre sorte de mouvement que j'appelle interne; c'est-à-dire que cette eau se meut, et très-rapidement, sans sortir de l'espace qui la renferme : elle est toujours au même lieu, et elle ne laisse pas de se mouvoir sans cesse. Il est vrai de dire que toute cette eau bout, qu'elle est agitée, qu'elle change de rapports, et qu'en un mot rien n'est plus changeant par le dedans, quoique ce dehors paraisse immobile. Il en serait précisément de même de cet univers qu'on supposerait infini : il ne pourrait changer tout entier de place; mais tous les mouvements différents du dedans qui forment tous les rapports, qui font les générations et les corruptions des substances, seraient perpétuels et infinis. La masse se mouvrait sans cesse dans toutes ses parties. Or, il est évident qu'un tout qui change perpétuellement ne saurait remplir l'idée que j'ai de l'infinie perfection; car un être simple, immuable, qui n'a aucune modification parce qu'il n'a ni parties ni bornes, qui n'a en soi ni changement ni ombre de changement, et qui renferme toutes les perfections de toutes les modifications les plus variées dans sa parfaite et immuable simplicité, est plus parfait que cet assemblage infini et éternel d'êtres changeants, bornés et incapables d'aucune consistance. Donc il est manifeste qu'il faut renoncer à l'idée d'un être infiniment parfait, ou qu'il le faut chercher dans une nature simple et indivisible, loin de ce chaos qui ne subsisterait que dans un perpétuel changement.

2° Il faut reconnaître de bonne foi qu'un assemblage de parties réellement distinguées les unes des autres ne peut point être cette unité souveraine et infinie dont j'ai l'idée. Si ce tout était réellement un et simple, il serait vrai de dire que chaque partie serait le tout : si chaque partie était réellement le tout, il faudrait qu'elle fût comme lui réellement infinie, indivisible, immobile, immuable, incapable d'aucune borne ni modification. Tout au contraire, chaque partie est défectueuse, bornée, changeante, sujette à je ne sais combien de modifications successives.

Il faudrait encore admettre une autre absurdité et contradiction manifeste : c'est qu'y ayant une identité réelle entre toutes les parties qui feraient un tout réellement un et indivisible, il s'ensuivrait que les parties ne seraient plus parties, et que l'une serait réellement l'autre : d'où il faudrait conclure que l'air serait l'eau; que le ciel serait la terre; que l'hémisphère où il est nuit serait celui où il serait jour; que la glace serait chaude, et le feu froid; qu'une pierre serait du bois; que le verre serait du marbre; qu'un corps rond serait tout ensemble rond, carré, triangulaire, et de toutes les figures et dimensions concevables à l'infini; que mes erreurs seraient celles de mon voisin; que je serais tout ensemble croyant ce qu'il croit, et doutant des mêmes choses qu'il croit et dont je doute; il serait vicieux par mes vices, je serais vertueux par ses vertus; je serais tout ensemble vicieux et vertueux, sage et insensé, ignorant et instruit. En un mot, tous les corps et toutes les pensées de l'univers ne faisant tous ensemble qu'un seul être simple, réellement un et indivisible, il faudrait brouiller toutes les idées, confondre toutes les natures et propriétés, renoncer à toutes les distinctions, attribuer à la pensée toutes les qualités sensibles des corps, et aux corps toutes les pensées des êtres pensants : il faudrait attribuer à chaque corps toutes les modifications de tous les corps et de tous les esprits : il faudrait conclure que chaque partie est le tout, et que chaque partie est aussi chacune des autres parties : ce qui ferait un monstre dont la raison a honte et horreur. Ainsi rien n'est si insensé que cette vision.

S'il y a identité réelle entre les parties et le tout, il faut dire que le tout est chaque partie, ou que chaque partie est le tout : si le tout est chaque partie, il a toutes les modifications changeantes et tous les défauts qui sont dans les parties : donc ce tout n'est pas l'être infiniment parfait; et il renferme en soi d'infinies contradictions par l'opposition de toutes les modifications ou qualités des parties. Si au contraire chaque partie est le tout, chaque partie est donc infinie, immuable, incapable de bornes et de modifications : donc elle n'est plus partie ni rien de tout ce qu'elle paraît.

3° Dès que vous n'admettez point cette identité réelle et réciproque de tous les êtres de l'univers, vous ne pouvez plus en faire quelque chose d'une unité réelle, ni par conséquent en rien faire ni de parfait ni d'infini. Chacun de ces êtres a une existence indépendante des autres. Chaque atome existant par lui-même, il faudrait qu'il fût lui seul pris séparément, infiniment parfait; car, suivant la règle que nous avons posée, on ne peut être à un plus haut degré d'être, que d'être par soi. Il est manifeste qu'un seul atome n'est point infiniment parfait, puisque tout le reste de la matière de l'univers ajoute tant à son étendue et à sa perfection; donc chaque atome pris séparément ne peut exister par soi-même. S'il n'existe point par soi-même, il ne peut exister que par autrui, et cet autrui, qu'il faut nécessairement trouver, est la première cause que je cherche.

Je remarque en passant qu'il faut conclure de tout ceci que tout composé doit nécessairement avoir des bornes. Un être qui est parfaitement un et simple peut être infini, parce que l'unité ne le borne point; et qu'au contraire plus il est un, plus il est parfait : de sorte que s'il est souverainement un, il est souverainement et infiniment parfait. Mais pour tout ce qui est composé, ayant des parties bornées dont l'une n'est point réellement l'autre, et dont l'une a son existence indépendante de l'autre, je puis concevoir nettement la non-existence d'une de ses parties, puisqu'elle n'est point essentiellement existante par elle-même; je puis, dis-je, la concevoir sans altérer ni diminuer l'existence de toutes les autres. Cependant il est manifeste qu'en ne concevant plus cette partie comme existante et unie aux autres, j'amoindris le tout. Un tout amoindri n'est point infini : ce qui est moindre est borné; car ce qui est au-dessous de l'infini n'est point infini. Si ce tout amoindri est borné, comme il n'est amoindri que par le retranchement d'une seule unité, il s'ensuit clairement qu'il n'était point infini avant même que cette unité en eût été détachée; car vous ne pouvez jamais faire l'infini d'un composé fini, en lui ajoutant une seule unité finie.

Ma conclusion est que tout composé ne peut jamais être infini. Tout ce qui a des parties réelles qui sont bornées et mesurables ne peut composer que quelque chose de fini : tout nombre collectif ou successif ne peut jamais être infini. Qui dit nombre dit amas d'unités réellement distinguées, et réciproquement indépendantes les unes des autres pour exister et n'exister pas. Qui dit amas d'unités réciproquement indépendantes dit un tout qu'on peut diminuer, et qui par conséquent n'est point infini. Il est certain que le même nombre était plus grand avant le retranchement d'une unité qu'il ne l'est après qu'elle est retranchée. Depuis le retranchement de cette unité bornée, le tout n'est point infini : donc il ne l'était pas avant ce retranchement.

L'unique moyen d'éluder ce raisonnement est de dire qu'il y a dans l'infini des infinités d'infinis; mais c'est un tour captieux : il ne faut point s'imaginer qu'il puisse y avoir des infinis plus grands les uns que les autres. Si l'on était bien attentif à la vraie idée de l'infini, on concevrait sans peine qu'il ne peut y avoir ni de plus ni de moins, qui sont les mesures relatives, dans ce qui ne peut jamais avoir aucune mesure. Il est ridicule de penser qu'il y ait rien au delà d'une chose dès qu'elle est véritablement infinie, ni que cent mille millions d'infinis soient plus qu'un seul infini. C'est dégrader l'infini que d'en imaginer plusieurs, puisque plusieurs n'ajoutent rien de réel à un seul.

Voilà donc une règle qui me paraît certaine pour rejeter tous les infinis composés; ils se détruisent et se contredisent eux-mêmes par leur composition; ils ne peuvent être ni infinis ni parfaits : ils ne peuvent être infinis, par la raison que je viens d'expliquer; ils ne peuvent être parfaits au plus haut degré de perfection, puisque je conçois qu'un être infini et réellement un doit être incomparablement plus parfait que tous ces composés. Donc il est essentiel, pour remplir mon idée d'une infinie perfection, de revenir à l'unité; et toutes les perfections que je cherche dans les composés, loin d'augmenter par la multitude, ne font que s'affaiblir en se multipliant.

4° J'ai reconnu une vérité dont il ne m'est pas permis de douter; c'est que l'être et la bonté ou perfection sont précisément la même chose. La perfection est quelque chose de positif, et l'imperfection n'est que l'absence de ce positif : or il n'y a rien de réel et de positif que l'être. Tout ce qui n'est point réellement l'être est le néant. Diminuez la perfection, vous diminuez l'être : ôtez-la entièrement, vous anéantissez l'être; augmentez la perfection, vous augmentez l'être : il est donc vrai que ce qui est peu a peu de perfection; ce qui est davantage est plus parfait; ce qui est infiniment est infiniment parfait.

S'il y avait donc un composé infini, il faudrait qu'il eût une perfection infinie. Puisqu'il aurait un être infini, il aurait une substance infinie; il aurait une variété infinie de modifications, qui seraient toutes de véritables degrés de perfection; et par conséquent il y aurait dans cet infini infiniment varié un infini actuel de véritables perfections. On n'oserait pourtant dire qu'il fût infiniment parfait, par la raison que j'ai si souvent retouchée; c'est que ce tout n'est point un; il ne fait point une unité simple, réelle, à laquelle on puisse donner l'être de toutes les parties pour y accumuler une infinie perfection.

Par là on tombe, en supposant ce tout, dans une absurdité et une contradiction manifeste. Il y a des êtres infinis, et par conséquent des perfections infinies : ce tout n'est pourtant pas infiniment parfait, quoiqu'il contienne un infini de perfections; car un seul être qui sans parties existerait infiniment serait infiniment plus parfait; d'où je conclus que ce composé infini est une chimère indigne d'un examen sérieux.

Pour me convaincre encore mieux de ce qui me paraît déjà clair, je prends l'assemblage de tous les corps qui me paraissent m'environner, et que j'appelle l'univers : je suppose cet univers infini. S'il est infini en être, il doit par conséquent l'être en perfection. Cependant je ne saurais dire qu'une masse infinie, en quelque ordre et arrangement qu'on la mette, puisse jamais être d'une infinie perfection; car cette masse, quoique infinie, qui compose tant de globes, de terres et de cieux, ne se connaît point elle-même : je ne puis m'empêcher de croire que ce qui se connaît soi-même, et qui pense, est d'une perfection supérieure.

Je ne veux point examiner ici si la matière pense, et je supposerai même, tant qu'on le voudra, que la matière peut penser : mais enfin la masse infinie de l'univers ne pense pas, et il n'y a que les corps organisés des animaux auxquels on peut vouloir attribuer la pensée. Qu'on le prétende donc tant qu'on voudra, cela ne peut pas m'empêcher de reconnaître manifestement que cette portion de l'être qu'on appellera esprit ou matière, comme on voudra, que cette portion, dis-je, de l'être qui pense et qui se connaît, a plus de perfection que la masse infinie et inanimée du reste de l'univers. Voilà donc quelque chose qu'il faut mettre au-dessus de l'infini.

Mais passons maintenant à cette portion de l'être pensant qui est supérieure au reste de l'univers. Supposons, pour pousser à bout la difficulté, un nombre infini d'êtres pensants; toutes nos difficultés reviennent toujours : un de ces êtres n'est point l'autre : on peut en concevoir un de moins sans détruire tout le reste, et par là on détruit l'infini. Etrange infini, que le retranchement d'une seule unité rend fini! Ces êtres pensants sont tous très-imparfaits; ils ignorent, ils doutent, ils se contredisent; ils pourraient avoir plus de perfection qu'ils n'en ont; et réellement ils croissent en perfection lorsqu'ils sortent de quelque ignorance ou qu'ils se tirent de quelque erreur, ou qu'ils deviennent plus sincères, et mieux intentionnés pour se conformer à la raison. Quel est donc cet infini en perfections, qui est plein d'imperfections manifestes? Quel est cet infini si fini par tous les côtés, qui croît et qui décroît sensiblement?

Je vois donc bien qu'il me faut un autre infini pour remplir cette haute idée qui est en moi. Rien ne peut m'arrêter qu'un infini simple et indivisible, immuable et sans aucune modification, en un mot, un infini qui soit un, et qui soit toujours le même. Ce qui n'est pas réellement et parfaitement immuable n'est pas un; car il est tantôt une chose, tantôt une autre : ainsi ce n'est pas un même être, mais plusieurs êtres successifs. Ce qui n'est pas souverainement un n'existe point souverainement : tout ce qui est divisible n'est point le vrai et réel être; ce n'est qu'une composition et un rapport de divers êtres, et non pas un être réel qu'on puisse désigner.

Ce n'est pas encore la réalité qu'on cherche et qu'on veut trouver seule : on n'arrive à la réalité de l'être que quand on parvient à la véritable unité de quelque être, ce qui existe souverainement doit être un, et être même la souveraine unité. Il en est de l'unité comme de la bonté et de l'être; ces trois choses n'en font qu'une : ce qui existe moins est moins bon et moins un; ce qui existe davantage est davantage bon et un; ce qui existe souverainement est souverainement bon et un. Donc un composé n'est point souverainement, et il faut chercher dans la parfaite simplicité l'être souverain.

Je vous avais donc perdu de vue pour un peu de temps, ô mon trésor! ô Unité infinie qui surpassez toutes les multitudes! je vous avais perdue, et c'était pis que me perdre moi-même! Mais je vous retrouve avec plus d'évidence que jamais. Un nuage avait couvert mes faibles yeux pour un moment; mais vos rayons, ô Vérité éternelle, ont percé ce nuage! Non, rien ne peut remplir mon idée que vous, ô Unité qui êtes tout et devant qui tous les nombres accumulés ne seront jamais rien! Je vous revois, et vous me remplissez. Tous les faux infinis mis en votre place me laissaient vide. Je chanterai éternellement au fond de mon cœur : *Qui est semblable à vous!*

CHAPITRE IV.

Nouvelle preuve de l'existence de Dieu, tirée de la nature des idées.

Il y a déjà quelque temps que je raisonne sur mes idées, sans avoir bien démêlé ce que c'est qu'idée : c'est sans doute ce qui m'est le plus intime, et c'est peut-être ce que je connais le moins. En un sens, mes idées sont moi-même ; car elles sont ma raison. Quand une proposition est contraire à mes idées, je trouve qu'elle est contraire à tout moi-même, et qu'il n'y a rien en moi qui n'y résiste. Ainsi mes idées et le fond de moi-même ou de mon esprit ne me paraissent qu'une même chose. D'un autre côté, mon esprit est changeant, incertain, ignorant, sujet à l'erreur, précipité dans ses jugements, accoutumé à croire ce qu'il n'entend point clairement, et à juger sans avoir assez bien consulté ses idées, qui sont certaines et immuables par elles-mêmes. Mes idées ne sont donc point moi, et je ne suis point mes idées. Que croirai-je donc qu'elles puissent être? Elles ne sont point les êtres particuliers qui me paraissent autour de moi : car que sais-je, si ces êtres sont réels hors de moi? et je ne puis douter que les idées que je porte au dedans de moi ne soient très-réelles. De plus, tous ces êtres sont singuliers, contingents, changeants et passagers ; mes idées sont universelles, nécessaires, éternelles et immuables.

Quand même je ne serais plus pour penser aux essences des choses, leur vérité ne cesserait point d'être : il serait toujours vrai que le néant ne pense point, qu'une même chose ne peut tout ensemble être et n'être pas; qu'il est plus parfait d'être par soi que d'être par autrui. Ces objets généraux sont immuables, et toujours exposés à quiconque a des yeux : ils peuvent bien manquer de spectateurs; mais qu'ils soient vus ou qu'ils ne le soient pas, ils sont toujours également visibles. Ces vérités, toujours présentes à tout œil ouvert pour les voir, ne sont donc point cette vile multitude d'êtres singuliers et changeants, qui n'ont pas toujours été, et qui ne commencent à être que pour n'être plus dans quelques moments. Où êtes-vous donc, ô mes idées, qui êtes si près et si loin de moi, qui n'êtes ni moi ni ce qui m'environne; puisque ce qui m'environne et ce que j'appelle moi-même est si imparfait?

Quoi donc! mes idées sont-elles Dieu? Elles sont supérieures à mon esprit, puisqu'elles le redressent et le corrigent. Elles ont le caractère de la divinité, car elles sont universelles et immuables comme Dieu. Elles subsistent très-réellement, selon un principe que nous avons déjà posé : rien n'existe tant que ce qui est universel et immuable. Si ce qui est changeant, passager et emprunté, existe véritablement, à plus forte raison ce qui ne peut changer et qui est nécessaire. Il faut donc trouver dans la nature quelque chose d'existant et de réel qui soit mes idées, quelque chose qui soit au-dedans de moi et qui ne soit point moi, qui me soit supérieur, qui soit en moi lors même que je ne n'y pense pas, avec qui je croie être seul, comme si je n'étais qu'avec moi-même; enfin qui me soit plus présent et plus intime que mon propre fond. Ce je ne sais quoi si admirable, si familier et si inconnu, ne peut-être que Dieu. C'est donc la vérité universelle et indivisible qui me montre comme par morceaux, pour s'accommoder à ma portée, toutes les vérités que j'ai besoin d'apercevoir.

C'est dans l'infini que je vois le fini : en donnant à l'infini diverses bornes, je fais, pour ainsi dire, du Créateur diverses natures créées et bornées. Le même Dieu qui me fait être me fait penser; car la pensée est mon être. Le même Dieu qui me fait penser n'est pas seulement la cause qui produit ma pensée; il en est encore l'objet immédiat; il est tout ensemble infiniment intelligent et infiniment intelligible. Comme intelligence universelle, il tire du néant toute actuelle intellection; comme infiniment intelligible, il est l'objet immédiat de toute intellection actuelle. Ainsi tout se rapporte à lui : l'intelligence et l'intelligibilité sont comme l'être; rien n'est que par lui, par conséquent rien n'est intelligent ni intelligible que par lui seul. Mais l'intelligence et l'intelligibilité sont de même que l'être; c'est-à-dire qu'elles sont réelles dans les créatures, parce que les créatures existent réellement.

Tout ce qui est vérité universelle et abstraite est une idée. Tout ce qui est idée est Dieu même, comme je l'ai déjà reconnu.

Il reste à expliquer plusieurs choses : 1° comment est-ce que Dieu, étant parfait, nos idées sont néanmoins imparfaites ; 2° comment est-ce que nos idées, si elles sont Dieu, qui est simple, indivisible et infini, peuvent être distinctes les unes des autres, et fixées par certaines bornes ; 3° comment est-ce que nous pouvons connaître des natures bornées dans un être qui ne peut avoir aucune borne ; 4° comment est-ce que nous pouvons connaître les individus qui n'ont rien que de singulier et de différent des idées universelles, et qui, étant très-réels, ont aussi immédiatement en eux-mêmes une vérité et une intelligibilité très-propre et très-réelle.

Il faut d'abord présupposer que l'être qui est par lui-même, et qui fait exister tout le reste, renferme en soi la plénitude et la totalité de l'être. On peut dire qu'il est souverainement, et qu'il est le plus être de tous les êtres. Quand je dis *le plus être*, je ne dis pas qu'il est un plus grand nombre d'êtres ; car s'il était multiplié, il serait imparfait. A choses égales, un vaut toujours mieux que plusieurs. Qui dit plusieurs ne saurait faire un être parfait. Ce sont plusieurs êtres imparfaits, qui ne peuvent jamais faire une unité réelle et parfaite. Qui dit une multitude réelle de parties dit nécessairement l'imperfection de chaque partie ; car chaque partie prise séparément est moins parfaite que le tout. De plus, il faut ou qu'elle soit inutile au tout, et par conséquent un défaut en lui, ou qu'elle achève sa perfection : ce qui marque que cette perfection est bornée, puisque sans cette union le tout serait fini et imparfait, et qu'en ajoutant quelque chose de fini à un tout qui était fini lui-même, on ne peut jamais faire que quelque chose de fini et d'imparfait.

D'ailleurs, qui dit parties réellement distinguées les unes des autres dit des choses qui peuvent réellement subsister sans faire un tout ensemble, et dont l'union n'est qu'accidentelle ; par conséquent le tout peut diminuer, et même souffrir une entière dissolution, ce qui ne peut jamais convenir à un être infiniment parfait. Je le conçois nécessairement immuable, et dont la perfection ne peut décroître. Je le conçois véritablement un, véritablement simple, sans composition, sans division, sans nombre, sans succession, et indivisible. C'est la parfaite unité qui est équivalente à l'infinie multitude, ou pour mieux dire qui la surpasse infiniment; puisque nulle multitude, ainsi que je viens de le remarquer, ne peut jamais être conçue infiniment parfaite.

Cependant j'ai l'idée d'un être infiniment parfait : cette idée exclut toute composition et toute divisibilité; elle renferme donc essentiellement une parfaite unité. Par conséquent le premier être doit être conçu comme étant tout, non comme *plures*, mais comme *plus omnibus*. S'il est infiniment plus que toutes choses, n'étant néanmoins qu'une seule chose, il faut qu'il ait en vertu et en degré de perfection ce qu'il ne peut avoir en multiplication et en étendue. En un mot, il faut que l'unité ait elle seule, sans se multiplier, des degrés infinis de perfection qui surpassent infiniment toute multitude, si grande et si parfaite qu'on puisse la concevoir.

C'est donc, s'il est permis de parler ainsi, par les degrés de perfections intensives, et non par la multitude des parties et des perfections, qu'il faut élever le premier être jusqu'à l'infini. Cela posé, je dis que Dieu voit une infinité de degrés de perfection en lui, qui sont la règle et le modèle d'une infinité de natures possibles, qu'il est libre de tirer du néant. Ces degrés n'ont rien de réellement distingué entre eux; mais nous les appelons degrés, parce qu'il faut bien parler comme on peut, et que l'homme, fini et grossier, bégaye toujours quand il parle de l'être infini et infiniment simple. Celui qui existe souverainement et infiniment peut, par son existence infinie, faire exister ce qui n'existe pas. Il manquerait quelque chose à l'être infiniment parfait, s'il ne pouvait rien produire hors de lui. Rien ne marque tant l'être par soi, que de pouvoir tirer du néant, et faire passer à l'existence actuelle. Cette fécondité toute-puissante, plus elle nous est incompréhensible, plus elle est le dernier trait et le plus fort caractère de l'être infini.

Cet être qui est infiniment, voit, en montant jusqu'à l'infini, tous les divers degrés auxquels il peut communiquer l'être. Chaque degré de communication possible constitue une essence possible, qui répond à ce degré d'être qui est en Dieu indivisible avec tous les autres. Ces degrés infinis, qui sont indivisibles en lui, se peuvent diviser à l'infini dans les créatures, pour faire une infinie variété d'espèces. Chaque espèce sera bornée dans un degré d'être correspondant à ces degrés infinis et indivisibles que Dieu connaît en lui.

Ces degrés que Dieu voit distinctement en lui-même, et

qu'il voit éternellement de la même manière, parce qu'ils sont immuables, sont les modèles fixes de tout ce qu'il peut faire hors de lui. Voilà la source des vrais universaux, des genres, des différences et des espèces; et voilà en même temps les modèles immuables des ouvrages de Dieu, qui sont les idées que nous consultons pour être raisonnables. Quand Dieu nous montre en lui ces divers degrés, avec leurs propriétés et les rapports qu'ils ont entre eux éternellement, c'est Dieu même, infinie vérité, qui se montre immédiatement à nous avec les bornes ou degrés auxquels il peut communiquer son être.

La perception de ces degrés de l'être de Dieu est ce que nous appelons la consultation de nos idées. Cela étant, il est aisé de voir comment nos idées sont imparfaites. Dieu ne nous montre pas tous les degrés infinis d'êtres qui sont en lui; il nous borne à ceux que nous avons besoin de concevoir dans cette vie. Ainsi, nous ne voyons l'infini que d'une manière finie, par rapport aux degrés ou bornes auxquelles il peut se communiquer en la création de ses ouvrages.

Ainsi, nous n'avons qu'un petit nombre d'idées, et chacune d'elles est restreinte à un certain degré d'être. Il est vrai que nous voyons ce degré d'être, qui fait un genre ou une espèce, d'une manière abstraite de tout individu changeant, et avec une universalité sans bornes : mais enfin ce genre universel n'est pas le genre suprême; ce n'est qu'un degré fini d'être, qui peut être communiqué à l'infini aux individus que Dieu voudrait produire dans ce degré. Ainsi, nos idées sont un mélange perpétuel de l'être infini de Dieu qui est notre objet, et des bornes qu'il donne toujours essentiellement à chacune des créatures, quoique sa fécondité puisse produire des créatures à l'infini.

Il est aisé de voir par là que nos idées, quoique imparfaites dans le sens que j'ai expliqué, ne laissent pas d'être Dieu même. C'est la raison infinie de Dieu et sa vérité immuable qui se présente à nous à divers degrés, selon notre mesure bornée.

Il faut encore remarquer que parmi les degrés infinis d'êtres qui constituent toutes les essences des créatures possibles, Dieu ne nous montre que celles qu'il lui plaît, suivant les usages qu'il veut que nous en fassions. Par exemple, je ne trouve en moi l'idée que de deux sortes de substances, les unes pensantes, les autres étendues. Pour la nature pensante, je vois bien qu'elle existe; car je suis actuellement : mais je ne sais point encore si elle existe hors de moi. Pour la nature étendue que j'appelle corps, je sais bien que j'en ai l'idée; mais je doute encore s'il y a des corps réels dans la nature. Il faut donc convenir que Dieu, en me donnant des idées, ne m'a montré, pour ainsi dire, qu'une parcelle de lui-même. Ce n'est pas qu'il soit divisible dans sa substance; mais c'est que comme elle est communicable hors de lui avec une espèce de divisibilité par degrés, une puissance bornée, telle que mon esprit, se soulage à la considérer suivant cette division de degrés.

On peut aussi accuser nos idées d'imperfection sur ce qu'il nous arrive de nous tromper souvent. Mais nos erreurs ne viennent point de nos idées; car nos idées sont vraies et immuables : en les suivant nous ne connaîtrions pas toute vérité, mais nous ne croirions jamais rien que de véritable. Nous en avons de claires, nous en avons de confuses. A l'égard des confuses, il faut demeurer dans la suspension du doute : à l'égard des claires, il faut, ou renoncer à toute raison, ou décider comme elle sans crainte de se tromper.

D'où viennent donc nos erreurs? De la précipitation de nos jugements. La suspension du doute nous est un supplice : nous ne voulons nous assujettir longtemps ni à la peine d'examiner ce qui est obscur, ni à l'inquiétude attachée au doute. Nous croyons nous rendre supérieurs aux difficultés, en les décidant bien ou mal, et en nous flattant de croire que nous en avons tranché le nœud. Au défaut de la vérité, son ombre nous flatte et nous amuse. Après avoir jugé témérairement sur des idées obscures qui nous avertissent de ne juger point, nous nous jetons à contre-temps dans l'autre extrémité. Nous hésitons sans savoir pourquoi; nous devenons ombrageux et irrésolus. La force nous manque pour suivre toute notre raison jusqu'au bout. Nous voyons clairement ce qu'elle renferme, et nous n'osons le conclure avec elle; nous nous en défions comme si nous étions en droit de la redresser, et que nous portassions au-dedans de nous un principe plus raisonnable que la raison même. Ainsi nous ne sommes pas trompés; mais nous nous trompons toujours nous-mêmes, ou en décidant sur des idées obscures, ou en ne consultant pas assez des idées claires, ou enfin en rejetant par incertitude ce que nos idées claires nous ont découvert.

Je crois avoir éclairci, par toutes ces remarques, les quatre premières difficultés que j'avais proposées. Il reste donc que toutes nos connaissances universelles, que nous appelons consultation d'idées, ont Dieu même pour objet immédiat; mais Dieu considéré avec certaine précision par rapport aux divers degrés selon lesquels il peut communiquer son être; de même que nous les divisions quelquefois par certaines précisions de l'esprit, pour distinguer ses attributs les uns des autres, sans nier néanmoins sa souveraine simplicité.

Si quelqu'un me demande comment est-ce que Dieu se rend présent à l'âme, quelle espèce, quelle image, quelle lumière nous le découvre, je réponds qu'il n'a besoin ni d'espèce, ni d'image, ni de lumière. La souveraine vérité est souverainement intelligible : l'être par lui-même est par lui-même intelligible : l'être infini est présent à tout. Le moyen par lequel on supposerait que Dieu se rendrait présent à mon esprit ne serait point un être par lui-même; il ne pourrait exister que par création : n'étant point par lui-même, il ne serait point intelligible par lui-même, et ne le serait que par son créateur. Ainsi, bien loin qu'il pût servir à Dieu de milieu, d'image, d'espèce ou de lumière, tout au contraire il faudrait que Dieu lui en servît. Ainsi je ne puis concevoir que Dieu seul intimement présent par son infinie vérité et souverainement intelligible par lui-même, qui se montre immédiatement à moi.

Mais il reste une difficulté qui mérite d'être débrouillée : c'est de savoir comment je connais les individus. Les idées universelles, nécessaires et immuables ne peuvent me les représenter; car elles ne leur ressemblent en rien, puisqu'ils sont contingents, changeants et particuliers. D'ailleurs, puisqu'ils ont un être réel et propre qui leur est communiqué, ils ont donc une vérité et une intelligibilité qui n'est point celle de Dieu; autrement nous concevrions Dieu quand nous croyons concevoir la créature.

A cela je réponds que l'intelligibilité n'est autre chose que la vérité, et que la vérité n'est autre chose que l'être. Quand nous considérons une chose universelle, nécessaire et immuable, c'est l'être suprême que nous considérons immédiatement, puisqu'il n'y a que lui seul à qui toutes ces choses conviennent. Quand je considère quelque chose de singulier, qui n'est ni vrai, ni intelligible, ni existant par soi, mais qui a une véritable et propre intelligibilité par communication, ce n'est plus l'être suprême que je conçois, car il n'est ni singulier, ni produit, ni sujet au changement : c'est donc un être changeant et créé que j'aperçois en lui-même. Dieu, qui me crée, et qui le crée aussi, lui donne une véritable et propre intelligibilité, en même temps qu'il me donne de mon côté une véritable et propre intelligence. Il ne nous en faut pas davantage, et je ne puis rien concevoir au delà. Si on me demande encore comment est-ce qu'un être particulier peut être présent à mon esprit, et qui est-ce qui détermine mon esprit à l'apercevoir plutôt qu'un autre être, je réponds qu'il est vrai qu'après avoir conçu mon intelligence actuelle et l'intelligibilité actuelle de cet individu, je me trouve encore indifférent à l'apercevoir plutôt qu'un autre : mais ce qui lève cette indifférence, c'est Dieu, qui modifie ma pensée comme il lui plaît.

Pour expliquer ce que je conçois là-dessus, je me servirai d'une comparaison tirée de la nature corporelle. Ce n'est pas que je veuille affirmer qu'il y a des corps; car il n'y a encore rien d'évident qui me tire du doute sur cette matière : mais c'est que la comparaison que je vais faire ne roule que sur les apparences des corps, et sur les idées que j'ai de leur possibilité sans décider de leur existence actuelle. Je suppose donc un corps capable par ses dimensions, de correspondre à une superficie capable de recevoir ce corps. Ces deux choses posées, il ne s'ensuit point encore que ce corps soit actuellement dans ce lieu; car il peut être aussitôt ailleurs, et rien de ce que nous avons vu ne le détermine à cette situation. Que faut-il donc pour l'y déterminer? Il faut que Dieu, qui crée de nouveau son ouvrage en chaque moment, comme nous l'avons déjà remarqué, détermine ce corps, dans le moment où il le crée, à correspondre plutôt à cette superficie qu'à une autre. Dieu, en donnant l'être dans chaque instant, donne aussi la manière et les circonstances de l'être. Par exemple, il crée le corps A voisin du corps B, plutôt que du corps C, parce que le corps qu'il crée est par lui-même indifférent à ces divers rapports. Ainsi la même action de Dieu qui crée le corps fait sa position actuelle. Le même qui le crée le modifie et le rend contigu au corps qu'il lui plaît.

Tout de même, quand Dieu tire du néant une puissance intelligente, et que d'ailleurs il a formé des natures intelligibles, il ne s'ensuit pas qu'une de ces créatures intelligibles doive être plutôt qu'une autre l'objet de cette intelligence. La puissance ne peut être déterminée par les objets, puisque je les suppose tous également intelligibles : par où le sera-t-elle donc? Par elle-même? nullement; car étant en chaque moment créée, elle se trouve en chaque moment dans l'actuelle modification où Dieu la met par cette création toujours actuelle. C'est donc le choix de Dieu qui la modifie comme il lui plaît. Il la détermine à un objet particulier de sa pensée, comme il détermine un corps à correspondre par sa dimension à une certaine superficie plutôt qu'à une autre. Si un corps était immense, il serait partout, n'aurait aucune borne, et par conséquent ne serait resserré dans aucune superficie. De même, si mon intelligence était infinie, elle atteindrait toute vérité intelligible, et ne serait bornée à aucune en particulier. Ainsi le corps infini n'aurait aucun lieu, et l'esprit infini n'aurait aucun objet particulier de sa pensée. Mais comme je connais l'un et l'autre borné, il faut que Dieu crée à chaque moment l'un et l'autre dans des bornes précises : la borne de l'étendue, c'est le lieu; la borne de la pensée, c'est l'objet particulier. Ainsi je conçois que c'est Dieu qui me rend les objets présents.

J'avoue qu'il reste encore une difficulté, qui est de savoir ce que c'est qu'un individu. Tout le reste, comme nous l'avons vu, consiste en des vérités universelles et immuables que j'appelle idées, qui sont Dieu même. Mais elles ne sont point l'être singulier; et dans cet être singulier j'observe deux choses : la première est son existence actuelle, qui est contingente et variable; la seconde est sa correspondance à un certain degré d'être qui est en Dieu, et dont cet individu est lui-même une communication. Cette correspondance est l'espèce de cette créature, et cela rentre dans les idées universelles.

Pour l'existence actuelle, il m'est impossible de l'expliquer; car je n'ai point de terme plus clair pour définir ceux-là. Il est inutile de m'objecter que deux individus ne peuvent être distingués par l'existence actuelle, qui, loin d'être la différence essentielle de chacun d'eux, leur est commune, puisque tous deux existent actuellement. C'est un sophisme facile à démêler.

L'existence actuelle peut être prise génériquement ou singulièrement. L'existence actuelle prise génériquement, non-seulement n'est point la différence dernière d'un être, mais elle est au contraire le genre suprême, et le plus universel de tous. Que si on veut de bonne foi considérer l'existence actuelle sans abstraction, il est vrai de dire qu'elle est précisément ce qui distingue une chose d'une autre. L'existence actuelle de mon voisin n'est point la mienne; la mienne n'est point celle de mon voisin; l'une est entièrement indépendante de l'autre : il peut cesser d'être sans que mon existence soit en péril; la sienne ne souffrira rien quand je serai anéanti. Cette indépendance réciproque montre l'entière distinction, et c'est la véritable différence individuelle. Cette existence actuelle et indépendante de toute autre existence produite est l'être singulier ou l'individu : cet être singulier est vrai et intelligible selon la mesure dont il existe par communication. Il est intelligible; je suis intelligent, et c'est Dieu qui me modifie pour rapporter mon intelligence bornée à cet objet intelligible plutôt qu'à un autre : voilà tout ce que je puis concevoir là-dessus. Je conclus donc que l'objet immédiat de toutes mes connaissances universelles est Dieu même, et que l'être singulier ou l'individu créé, qui ne laisse pas d'être réel, quoiqu'il soit communiqué, est l'objet immédiat de mes connaissances singulières.

Ainsi je vois Dieu en tout, ou, pour mieux dire, c'est en Dieu que je vois toutes choses; car je ne connais rien, et je ne distingue rien, et je ne m'assure de rien que par mes idées. Cette connaissance même des individus, où Dieu n'est pas l'objet immédiat de ma pensée, ne peut se faire qu'autant que Dieu donne à cette créature l'intelligibilité, et à moi l'intelligence actuelle. C'est donc à la lumière de Dieu que je vois tout ce qui peut être vu.

Mais quelle différence entre cette lumière et celle qui me paraît éclairer les corps! C'est un jour sans nuage et sans ombre, sans nuit, et dont les rayons ne s'affaiblissent par aucune distance. C'est une lumière qui n'éclaire pas seulement les yeux ouverts et sains, elle ouvre, elle purifie, elle forme les yeux qui doivent être dignes de la voir. Elle ne se répand pas seulement sur les objets pour les rendre visibles; elle fait qu'ils sont vrais, et hors d'elle rien n'est véritable; car c'est elle qui fait tout ce qu'elle montre. Elle est tout ensemble lumière et vérité; car la vérité universelle n'a pas besoin de rayons empruntés pour luire. Il ne faut point la chercher, cette lumière, au dehors de soi : chacun la trouve en soi-même; elle est la même pour tous. Elle découvre également toute chose; elle se montre à la fois à tous les hommes dans tous les coins de l'univers. Elle met au-dedans de nous ce qui est dans la distance la plus éloignée; elle nous fait juger de ce qui est au delà des mers, dans les extrémités de la terre, par ce qui est au-dedans de nous. Elle n'est point nous-mêmes; elle n'est point à nous, elle est infiniment au-dessus de nous :

cependant elle nous est si familière et si intime, que nous la trouvons toujours aussi près de nous que nous-mêmes. Nous nous accoutumons même à supposer, faute de réflexion, qu'elle n'est rien de distingué de nous. Elle nous réconcilie souvent avec nous-mêmes : jamais elle ne tarit; jamais elle ne nous trompe; et nous ne nous trompons que faute de la consulter assez attentivement, ou en décidant avec impatience quand elle ne décide pas.

O vérité, ô lumière, tous ne voient que par vous; mais peu vous voient et vous reconnaissent! On ne voit tous les objets de la nature que par vous; et on doute si vous êtes! C'est à vos rayons qu'on discerne toutes les créatures; et on doute si vous luisez! Vous brillez en effet dans les ténèbres; mais les ténèbres ne vous comprennent pas, et ne veulent pas vous comprendre. O douce lumière! heureux qui vous voit! heureux, dis-je, par vous, car vous êtes la vérité et la vie! Quiconque ne vous voit pas est aveugle : c'est trop peu, il est mort. Donnez-moi des yeux pour vous voir, un cœur pour vous aimer. Que je vous voie, et que je ne voie plus rien! Que je vous voie, et tout est fait pour moi! Je suis rassasié dès que vous paraissez.

CHAPITRE V.

De la nature et des attributs de Dieu.

J'ai reconnu un premier être, qui a fait tout ce qui n'est point lui : mais il s'en faut bien que j'aie assez médité ce qu'il est, et comment tout le reste est par lui. J'ai dit qu'il est l'être infini, mais infini par intention, comme dit l'école, et non par collection : ce qui est un est plus que ce qui est plusieurs. L'unité peut être parfaite; la multitude ne peut l'être, comme nous l'avons vu. Je conçois un être qui est souverainement un, et souverainement tout : il n'est formellement aucune chose singulière; il est éminemment toutes choses en général. Il ne peut être resserré dans aucune manière d'être.

Être une certaine chose précise, c'est n'être que cette chose en particulier. Quand je dis de l'être infini qu'il est l'Être simplement, sans rien ajouter, j'ai tout dit. Sa différence, c'est de n'en avoir point. Le mot d'infini, que j'ai ajouté, ne lui donne rien d'effectif; c'est un terme presque superflu, que je donne à la coutume et à l'imagination des hommes. Les mots ne doivent être ajoutés que pour ajouter au sens des choses. Ici, qui ajoute au mot d'être diminue le sens, bien loin de l'augmenter : plus on ajoute, plus on diminue; car ce qu'on ajoute ne fait que limiter ce qui était dans sa première simplicité sans restriction. Qui dit l'Être sans restriction emporte l'infini; et il est inutile de dire l'infini, quand on n'a ajouté aucune différence au genre universel, pour le restreindre à une espèce, ou à un genre inférieur. Dieu est donc l'Être; et j'entends enfin cette grande parole de Moïse : *Celui qui est m'a envoyé vers vous.* L'Être est son nom essentiel, glorieux, incommunicable, ineffable, inouï à la multitude.

J'ai l'idée de deux espèces de l'être : je conçois l'être pensant et l'être étendu. Que l'être étendu existe actuellement ou non, il est certain que j'en ai l'idée. Mais comme cette idée ne renferme point cette existence actuelle, il pourrait n'exister pas, quoique je le conçoive. Outre ces deux espèces de l'être, Dieu peut en tirer du néant une infinité d'autres, dont il ne m'a donné aucune idée ; car il peut former des créatures correspondantes aux divers degrés d'êtres qui sont en lui, en remontant jusqu'à l'infini. Toutes ces espèces d'êtres sont en lui comme dans leur source. Tout ce qu'il y a d'être, de vérité et de bonté dans chacune de ces essences possibles découle de lui, et elles ne sont possibles qu'autant que leur degré d'être est actuellement en Dieu.

Dieu est donc véritablement en lui-même tout ce qu'il y a de réel et de positif dans les esprits, tout ce qu'il y a de réel et de positif dans les corps, tout ce qu'il y a de réel et de positif dans les essences de toutes les autres créatures possibles, dont je n'ai point d'idée distincte. Il a tout l'être du corps, sans être borné au corps ; tout l'être de l'esprit, sans être borné à l'esprit ; et de même des autres essences possibles. Il est tellement tout être, qu'il a tout l'être de chacune de ses créatures, mais en retranchant la borne qui la restreint. Otez toutes bornes, ôtez toute différence qui resserre l'être dans les espèces, vous demeurez dans l'universalité de l'être, et par conséquent dans la perfection infinie de l'être par lui-même.

Il s'ensuit de là que l'être infini ne pouvant être resserré dans aucune espèce, Dieu n'est pas plus esprit que corps, ni corps qu'esprit ; à parler proprement, il n'est ni l'un ni l'autre ; car qui dit ces deux sortes de substance dit une différence précise de l'être, et par conséquent une borne, qui ne peut jamais convenir à l'être universel (1).

(1) Ce paragraphe et le précédent sont du nombre de ceux qui ont été le plus défigurés dans les éditions antérieures. Nous les avons rétablis d'après une copie revue et corrigée en plusieurs endroits par Fénelon lui-même. Nous croyons cependant devoir mettre sous les yeux du lecteur la glose que les premiers éditeurs insérèrent dans le texte à la fin du § 66.

« Dieu, à proprement parler, ne doit pas plus être considéré sous l'idée » restreinte de ce que nous appelons esprit que sous quelque idée que ce » soit d'une perfection particulière, déterminée et exclusive de toute autre ; » car cette restriction ne peut convenir à l'être infini en perfection. Je ne » prétends pas dire ici que Dieu ne soit intelligent ; mais je cherche au

Pourquoi donc dit-on que Dieu est un esprit? d'où vient que l'Écriture même l'assure? C'est pour apprendre aux hommes grossiers que Dieu est incorporel, et que ce n'est point un être borné par la nature matérielle : c'est encore dans le dessein de faire entendre que Dieu est intelligent comme les esprits, et qu'il a en lui tout le positif, c'est-à-dire toute la perfection de la pensée, quoiqu'il n'en ait point la borne. Mais enfin, quand il envoie Moïse avec tant d'autorité pour prononcer son nom, et pour déclarer ce qu'il est, Moïse ne dit point : Celui qui est esprit m'a envoyé vers vous; il dit : *Celui qui est.* Celui *qui est*, dit infiniment davantage que Celui *qui est esprit.* Celui qui est esprit n'est qu'esprit. Celui qui est est tout être, et est souverainement, sans être rien de particulier. Il ne faut point disputer sur une équivoque.

Au sens où l'Écriture appelle Dieu esprit, je conviens qu'il en est un; car il est incorporel et intelligent : mais, dans la rigueur des termes métaphysiques, il faut conclure qu'il n'est non plus esprit que corps. S'il était esprit, c'est-à-dire déterminé à ce genre particulier d'être, il n'aurait aucune puissance sur la nature corporelle, ni aucun rapport à tout ce qu'elle contient; il ne pourrait ni la produire, ni la conserver, ni la mouvoir. Mais quand je le conçois dans ce genre que l'école appelle transcendental, que nulle différence ne peut jamais faire déchoir de sa simplicité universelle, je conçois qu'il peut également tirer de son être simple et infini les esprits, les corps, et toutes les autres essences possibles qui correspondent à ses degrés infinis d'être.

» contraire à exprimer quelque chose du caractère de sa suprême intelli-
» gence; à montrer qu'elle renferme éminemment en elle la réalité de toutes
» les perfections qu'elle communique, et que tout ce qu'il y a de réel et de posi-
» tif dans l'intelligence et dans l'étendue, découle de la plénitude de son être.
» Ce qu'il y a de réel dans l'intelligence, Dieu le possède dans un souve-
» rain degré; c'est sa science, son verbe, sa lumière. Cependant ce serait
» le dégrader, que de le restreindre à l'idée d'esprit dans ce degré et dans
» ce sens où nous le sommes. Son intelligence n'est ni successive ni multi-
» pliée; il n'est pas seulement esprit dans ce genre et dans ce degré précis
» d'être qu'il nous a communiqué. Si nous voyions son essence à découvert,
» nous verrions qu'il diffère infiniment de l'idée que nous avons d'un esprit
» créé. Cette pensée, loin de ravaler l'idée de l'être incompréhensible, est une
» exaltation de cette idée au suprême degré d'incompréhensibilité. »

Il est aisé de voir que les éditeurs ont prétendu, par cette glose, aller au-devant des mauvaises interprétations qu'on pouvait donner au texte de Fénelon; comme s'il ne s'expliquait pas assez clairement lui-même dans ce même paragraphe et dans le suivant. (*Édit. de Vers.*)

ARTICLE PREMIER.

Unité de Dieu.

J'ai commencé à découvrir l'être qui est par lui-même : mais il s'en faut bien que je le connaisse ; et je n'espère pas même de le connaître tout entier, puisqu'il est infini, et que ma pensée a des bornes. Je conçois néanmoins que je puis en connaître beaucoup de choses très-utiles, en consultant l'idée que j'ai de la suprême perfection. Tout ce qui est clairement renfermé dans cette idée doit être attribué à cet être souverain ; et je dois aussi exclure de lui tout ce qui est contraire à cette idée. Il ne me reste donc, pour connaître Dieu autant qu'il peut être connu par ma faible raison, qu'à chercher dans cette idée tout ce que je puis concevoir de plus parfait. Je suis assuré que c'est Dieu. Tout ce qui paraît excellent, mais au-dessus de quoi on peut encore concevoir un autre degré d'excellence, ne peut lui appartenir; car il n'est pas seulement la perfection, mais il est la perfection suprême en tout genre. Ce principe est bientôt posé : mais il est très-fécond ; les conséquences en sont infinies ; et c'est à moi à prendre garde de les tirer toutes, sans me relâcher jamais.

I. L'Etre qui est par lui-même est un, comme je l'ai déjà remarqué : s'il était composé, il ne serait plus souverainement parfait; car je conçois qu'à choses égales d'ailleurs, ce qui est simple, indivisible et véritablement un, est plus parfait que ce qui est divisible et composé de parties. J'ai même déjà reconnu que nul composé divisible ne peut être véritablement infini.

II. Je conçois qu'il ne peut point y avoir deux êtres infiniment parfaits. Toutes les raisons qui me convainquent qu'il faut qu'il y en ait un ne me mènent point à croire qu'il y en ait deux. Il faut qu'il y ait un être par lui-même qui ait tiré du néant tous les autres êtres qui ne sont point par eux-mêmes : cela est clair. Mais un seul être par soi-même suffit pour tirer du néant tout ce qui en a été tiré. A cet égard, deux ne feraient pas plus qu'un : par conséquent rien n'est plus inutile et plus téméraire que d'en croire plusieurs. Deux également parfaits seraient semblables en tout, et l'un ne serait qu'une répétition inutile de l'autre. Il n'y a pas plus de raison de croire qu'il y en a deux, que de croire qu'il y en a cinq cent mille. De plus, je conçois qu'une infinité d'êtres infiniment parfaits ne mettraient dans la nature rien de réel au delà d'un seul être infiniment parfait. Rien ne peut aller au delà du véritable infini; et quand on s'imagine que plusieurs infinis font plus qu'un infini tout seul, c'est qu'on perd de vue ce que c'est qu'infini, et qu'on détruit, par une imagination fausse, ce qu'on avait supposé en consultant la pure idée de l'infini.

Il ne peut point y avoir plusieurs infinis. Qui dit plusieurs dit une augmentation de nombres. L'infini ne peut admettre ni nombre ni augmentation. Cent mille êtres infiniment parfaits ne pourraient faire tous ensemble dans leur collection, qu'une perfection infinie, et rien au delà. Un seul être infiniment parfait fournit également cette infinie perfection; avec cette différence qu'un seul être infiniment parfait est infiniment un et simple, au lieu que cette collection infinie d'êtres infiniment parfaits aurait le défaut de la composition ou de la collection, et par conséquent serait moins parfaite qu'un seul être qui aurait dans son unité, l'infinie et souveraine perfection; ce qui détruit la supposition et renferme une contradiction manifeste.

D'ailleurs il faut remarquer que si nous supposons deux êtres dont chacun soit par soi-même, aucun des deux ne sera véritablement d'une perfection infinie : en voici la preuve, qui est claire. Une chose n'est point infiniment parfaite quand on peut en concevoir une autre d'une perfection supérieure. Or est-il que je conçois quelque chose de plus parfait que ces deux êtres par eux-mêmes que nous venons de supposer : donc ces deux êtres ne seraient point infiniment parfaits.

Il me reste à prouver que je conçois quelque chose de plus parfait que ces deux êtres, et je n'aurai aucune peine à le démontrer. Quelque concorde et quelque union qu'on se représente entre deux premiers êtres, il faut toujours se les représenter comme deux puissances mutuellement indépendantes, et dont l'une ne peut rien ni sur l'action ni sur les ouvrages de l'autre. Voilà ce qu'on peut penser de mieux pour ces deux êtres, pour éviter l'opposition entre eux : mais ce système est bientôt renversé. Il est plus parfait de pouvoir tout seul produire toutes les choses possibles, que de n'en pouvoir produire qu'une partie, quelque infinie qu'on veuille se l'imaginer, et d'en laisser à une autre cause une autre partie également infinie à produire de son côté. En un mot, il est plus parfait de réunir en soi la toute-puissance, que de la partager avec un autre être égal à soi. Dans ce système, chacun de ces deux êtres n'aurait aucun pouvoir sur tout ce que l'autre aurait fait : ainsi sa puissance serait bornée, et nous en concevons une autre bien plus grande; je veux dire celle d'un seul premier être qui réunisse en lui la puissance des deux autres. Donc un seul être par soi-même est quelque chose de plus parfait que deux êtres qui auraient par eux-mêmes l'existence.

Cela posé, il s'ensuit clairement que pour remplir mon idée d'un être infiniment parfait, de laquelle je ne dois jamais rien relâcher, il faut que je lui attribue d'être souverainement un. Ainsi, qui dit perfection souveraine et infinie, réduit manifestement tout à l'unité. Je ne puis donc avoir aucune idée de deux êtres infiniment parfaits; car l'un partageant la même puissance infinie avec l'autre, il partagerait aussi avec lui l'infinie perfection, et par conséquent chacun d'eux serait moins puissant et moins parfait que s'il était tout seul. D'ou il faut conclure, contre la supposition, que ni l'un ni l'autre ne serait véritablement cette souveraine et infinie perfection que je cherche, et qu'il faut que je trouve quelque part, puisque j'en ai une idée claire et distincte.

On peut encore faire ici une remarque décisive : c'est que si ces deux êtres qu'on suppose sont également et infiniment parfaits, ils se ressemblent en tout; car si chacun contient toute perfection, il n'y en a aucune dans l'un qui ne soit de même dans l'autre. S'ils sont si exactement semblables en tout, il n'y a rien qui distingue l'idée de l'un d'avec l'idée de l'autre; et on ne peut les discerner que par l'indépendance mutuelle de leur existence, comme les individus d'une même espèce. S'ils n'ont aucune distinction ou dissemblance dans l'idée, il n'est donc pas vrai que j'aie des idées distinctes de deux êtres de cette nature, et par conséquent je ne dois pas croire qu'ils existent.

III. Il est évident qu'il ne peut point y avoir plusieurs êtres par eux-mêmes qui soient inégaux, en sorte qu'il y en ait un supérieur aux autres, et auquel les autres soient subordonnés. J'ai déjà remarqué que tout être qui existe par soi-même et nécessairement est au souverain degré de l'être, et par conséquent de la perfection. S'il est souverainement parfait, il ne peut être inférieur en perfection à aucun autre. Donc il ne peut y avoir plusieurs êtres par eux-mêmes qui soient subordonnés les uns aux autres : il ne peut y en avoir qu'un seul infiniment parfait, et nécessairement existant par soi-même. Tout ce qui existe au-dessous de celui-là n'existe que par lui, et par conséquent tout ce qui est inférieur est infiniment au-dessous de lui; puisqu'il y a une distance infinie entre l'existence nécessaire par soi-même, qui emporte l'infinie perfection, et l'existence empruntée d'autrui, qui emporte toujours une perfection bornée, et par conséquent, s'il m'est permis de parler ainsi, une imperfection infinie.

L'être par lui-même ne peut être qu'un. Il est l'être sans rien ajouter. S'il était deux, ce serait un ajouté à un, et chacun des deux ne serait plus l'être sans rien ajouter. Chacun des deux serait borné et restreint par l'autre. Les deux ensemble feraient la totalité de l'être par soi, et cette totalité serait une composition. Qui dit composition dit parties et bornes, parce que l'une n'est point l'autre. Qui dit composition de parties dit nombre, et exclut l'infini. L'infini ne peut être qu'un. L'être suprême doit être la suprême unité, puisque être et unité sont synonymes. Nombre et bornes sont synonymes pareillement. De tous les nombres, celui qui est le plus éloigné de l'unité c'est le nombre de deux, parce qu'il est nombre, comme les autres, et qu'il est le plus borné de tous. Il n'y a aucun des autres nombres, quelque grand qu'on le conçoive, qui ne demeure toujours infiniment au-dessous de l'infini.

J'en conclus que plusieurs dieux non-seulement ne seraient pas plus qu'un seul Dieu, mais encore seraient infiniment moins qu'un seul. 1° Ils ne seraient pas plus qu'un seul; car cent millions d'infinis ne peuvent jamais surpasser un seul infini : l'idée véritable de l'infini exclut tout nombre d'infinis, et l'infinité même d'infinis. Qui dit infinité d'infinis ne fait qu'imaginer une multitude confuse d'êtres indéfinis, c'est-à-dire sans bornes précises, mais néanmoins véritablement bornés. Dire une infinité d'infinis, c'est un pléonasme et une vaine et puérile répétition du même terme, sans pouvoir rien ajouter à la force de sa simplicité; c'est comme si on parlait de l'anéantissement du néant. Le néant anéanti est ridicule, et il n'est pas plus néant que le néant simple. De même l'infinité des infinis n'est que le simple infini unique et indivisible. Qui dit simplement infini dit un être auquel on ne peut rien ajouter, et qui épuise tout être. Si on pouvait y ajouter, ce qui pourrait être ajouté étant distingué de cet infini, ne serait point lui, et serait quelque chose qui en serait la borne. Donc l'infini auquel on pourrait ajouter ne serait pas vrai infini. L'infini étant l'être auquel on ne peut rien ajouter, une infinité d'infinis ne seraient pas plus que l'infini simple. Ils sont donc clairement impossibles; car les nombres ne sont que des répétitions de l'unité, et toute répétition est une addition. Puisqu'on ne peut ajouter à l'infini, il est évident qu'il est impossible de le répéter. Le tout est plus que les parties : les infinis simples, dans cette supposition, seraient les parties : l'infinité d'infinis serait le tout; et le tout ne serait point plus que chaque partie. Donc il est absurde et extravagant de vouloir imaginer ni une infinité d'infinis, ni même aucun nombre d'infinis.

2° J'ajoute que plusieurs infinis seraient infiniment moins qu'un; un infini véritablement un est véritablement infini. Ce qui est parfaitement et souverainement un est parfait, est l'être souverain, est l'être infini, parce que l'unité et l'être sont synonymes. Un nombre pluriel ou une infinité d'infinis seraient infiniment moins qu'un seul infini. Ce qui est composé consiste en des parties, dont l'une réellement n'est point l'autre, dont l'une est la borne de l'autre. Tout ce qui est composé de parties bornées est un nombre borné, et ne peut jamais faire la suprême unité qui est l'être suprême et le vrai infini. Ce qui n'est pas véritablement infini est infiniment moindre que l'infini véritable. Donc plusieurs infinis ou une infinité d'infinis seraient infiniment moins qu'un seul véritable infini. Dieu est l'infini; donc il est évident qu'il est un, et que plusieurs dieux ne seraient pas dieux. Cette supposition se détruit elle-même. En multipliant l'unité infinie, on la diminue, parce qu'on lui ôte son unité, dans laquelle seule peut se trouver le vrai infini.

Le vrai infini est l'être le plus être que nous puissions concevoir. Il faut remplir entièrement cette idée de l'infini, pour trouver l'être infiniment parfait. Cette idée épuise d'abord tout l'être, et ne laisse rien pour la multiplication. Un seul être qui est par lui seul, qui a en soi la totalité de l'être, avec une fécondité unique et universelle, en sorte qu'il fait être tout ce qu'il lui plaît, et que rien ne peut être hors de lui que par lui seul, est sans doute infiniment supérieur à un être qu'on suppose par soi indépendant et fécond, mais qui a un égal indépendant et fécond comme lui. Outre que ces deux prétendus infinis seraient la borne l'un de l'autre, et par conséquent ne seraient ni l'un ni l'autre rien moins qu'infinis; de plus, chacun d'eux serait moins qu'un seul infini qui n'aurait point d'égal. La simple égalité est une dégradation par comparaison à l'être unique, et supérieure à tout ce qui n'est pas lui.

Enfin, chacun de ces deux dieux connaîtrait ou ignorerait son égal. S'il l'ignorait, il aurait une intelligence défectueuse; il serait ignorant d'une vérité infinie. S'il connaissait parfaitement son égal, son intelligence surpasserait infiniment son intelligibilité. Son intelligibilité serait la vérité au delà de laquelle son intelligence apercevrait une autre intelligibilité infinie; je veux dire celle de son égal : son intelligibilité et son intelligence seraient pourtant sa propre essence : donc il serait plus parfait et moins parfait que lui-même, ce qui est impossible.

De plus, voici une autre contradiction. Ou chacun de ces deux infinis pourrait produire des êtres à l'infini, ou il ne le pourrait pas. S'il ne le pouvait pas, il ne serait pas infini, contre la supposition. Si au contraire il le pouvait indépendamment de l'autre, le premier qui commencerait à produire des êtres détruirait son égal; car cet égal ne pourrait point produire ce que le premier aurait produit : donc sa puissance serait bornée par cette restriction. Borner sa puissance, ce serait borner sa perfection, et par conséquent sa substance même. Donc il est clair que le premier des deux qui agirait librement sans l'autre détruirait l'infini de son égal. Que si on suppose qu'ils ne peuvent agir l'un sans l'autre, je conclus que ces deux puissances réciproquement dépendantes sont imparfaites et bornées l'une par l'autre, et qu'elles font un composé fini. Il faut donc revenir à une puissance véritablement une et indivisible pour trouver le véritable infini.

Il n'y aurait pas plus de raison à admettre deux êtres infinis qu'à en admettre cent mille, et qu'à en admettre un nombre infini. On ne doit admettre l'infini qu'à cause de l'idée que nous en avons. Il n'est donc question que de trouver ce qui remplit cette idée. Or est-il qu'un seul infini la remplit tout entière; qu'une infinité d'infinis n'y ajoutent rien, qu'au contraire ils se détruiraient les uns les autres, et que leur collection ne ferait plus qu'un tout fini, par une contradiction manifeste. Donc il est évident qu'il ne peut y avoir qu'un seul infini.

(1) Il faut même comprendre qu'il ne peut jamais y avoir dans la nature plusieurs infinis en divers genres. Les genres ne sont pas des restrictions de l'être; toutes les diversités d'être ne peuvent consister que dans les divers degrés ou bornes d'être, suivant lesquelles l'être est distribué : mais enfin il n'y a en toutes choses que de l'être, et les différences ne sont que de pures bornes ou négations. Il n'y a rien de réel et de positif que l'être, car tout ce qui n'est pas l'être n'est rien : les natures ne sont point différentes les unes des autres par l'être; car c'est au contraire par l'être qu'elles sont communes : elles ne sont donc différentes que par leur degré d'être, ou leur borne, qui est une négation. Suivant que les natures sont plus ou moins bornées, suivant qu'elles ont plus ou moins d'être, elles sont plus ou moins parfaites. Comme les divers degrés du thermomètre marquent le plus ou le moins de chaleur dans l'air, les divers degrés de l'être font le plus ou le moins de perfection des natures. C'est ce qui constitue tous les genres et toutes les espèces. Enfin on ne peut jamais concevoir dans aucune nature que l'être et sa restriction. Elle n'a rien de réel et de positif que l'être : et il n'y a jamais rien d'ajouté à l'être que sa restriction ou borne, qui n'est qu'une négation d'être ultérieur. Un genre n'étant donc qu'une certaine borne précise de l'être, il serait ridicule de supposer jamais aucun infini en aucun genre particulier; ce serait faire des infinis sans des bornes précises. Le vrai infini exclut tout genre et toute notion limitée; le vrai infini épuise tous les degrés d'être, et par conséquent tous les genres, qui ne consistent que dans ces degrés précis : ce qui est tout être n'est d'aucun genre d'être. Il est donc évidemment absurde de s'imaginer des infinis en divers genres; c'est n'avoir l'idée ni des genres ni de l'infini. Qui dit infini dit tous les degrés d'être réunis dans une suprême indivisibilité, et un être qui épuise tous les genres sans se renfermer en aucun.

Il ne peut y avoir deux infinis qui soient en rien différents l'un de l'autre, parce que ce qui serait dans l'un et qui ne serait pas dans l'autre, serait à l'égard de cet autre une borne de son être, et une chose réelle qu'on pourrait y ajouter : par

(1) Ce paragraphe et les suivants, jusqu'au 82e, sont omis dans les éditions précédentes : nous les publions d'après le manuscrit original. (*Édit. de Vers.*)

conséquent il ne serait pas infini. Deux vrais infinis ne pourraient donc jamais être distingués l'un de l'autre, parce qu'on ne pourrait jamais trouver dans l'un aucune chose que l'autre n'eût pas précisément de même.

Il ne me reste qu'une difficulté ; la voici : c'est que j'ai admis une extension, pour ainsi dire, de l'être, qui est très-différente de son intension. L'intension consiste dans les degrés; l'extension, dans le nombre d'êtres distingués les uns des autres qui ont le même degré d'être. Puisqu'il peut y avoir, outre un être infini, plusieurs êtres bornés qui ont tous certains degrés d'être correspondant aux divers degrés qui sont tous réunis indivisiblement dans cet être infini, il s'ensuit que cet être infini n'épuise tout l'être qu'intensivement, c'est-à-dire qu'il en a en lui tous les degrés, en remontant toujours à l'infini. Mais il n'épuise point l'être extensivement, puisqu'il peut y avoir d'autres êtres réellement distingués de lui, et possédant d'une manière bornée des degrés d'être qui sont en lui sans bornes. Puisqu'un être infini n'épuise pas l'être extensivement, il peut y avoir deux êtres infinis : chacun d'eux épuisera l'être intensivement, car chacun aura tous les degrés d'être ; mais ils ne l'épuiseront pas extensivement, car il sera vrai de dire qu'extensivement ils ne seront que deux, ce qui est beaucoup au-dessous de la multitude des êtres que nous reconnaissons déjà extensivement. Voilà, ce me semble, l'objection dans toute sa force.

Elle a quelque chose de vrai. Je conçois qu'un infini, ni cent infinis intensifs ne peuvent épuiser l'être extensivement : il n'y aurait qu'une extension ou multiplication infinie d'êtres distingués les uns des autres qui épuiseraient l'être pris extensivement; en un mot, un seul infini intensif épuise l'être intensivement, et il faudrait de même un infini extensif, c'est-à-dire une infinité d'êtres réellement distingués les uns des autres, pour épuiser l'être pris extensivement. Mais le nombre infini d'êtres distingués les uns des autres est impossible, parce qu'il est essentiel à l'infini d'être indivisible, et par conséquent sans aucun nombre. Dès qu'on mettrait la moindre distinction ou divisibilité, c'est-à-dire le moindre nombre ou répétition d'unités, dans l'infini, on le détruirait; car on pourrait retrancher une unité après laquelle l'infini amoindri ne serait plus infini, et par conséquent il ne l'aurait jamais été; car un tout qui est fini après le retranchement d'une partie bornée ne pouvait être infini quand cette partie bornée y était. Deux finis ne peuvent jamais faire un infini. De là il faut conclure que tout être composé de parties et qui renferme un vrai nombre, ne peut jamais être que fini.

Ce principe évident posé, je conclus trois choses. 1° S'il y avait plusieurs infinis, ils n'en pourraient jamais faire qu'un seul. 2° Ils feraient moins qu'un seul infini; car le total de ces infinis rassemblés serait une composition et un nombre : donc le tout serait fini. 3° Un seul infini est conçu plus parfait que plusieurs infinis distingués ne peuvent l'être : donc plusieurs sont impossibles; car ils ne seraient pas dans la plus haute perfection qu'on puisse concevoir.

J'avoue qu'un seul infini, ni cent mille infinis, n'épuisent pas l'être extensivement; car, en tant que distingués les uns des autres, ils ne sont que le nombre de cent mille, qui est un nombre borné en eux, comme il le serait dans des hommes. Mais je trouve que la nature de l'infini est d'être essentiellement un, et incompatible avec un autre infini. Je ne puis admettre l'infini que par l'idée que j'en ai, et l'idée que j'en ai exclut évidemment toute multiplication, même extensive, de l'infini. Cette multiplication, qui semble d'abord possible du côté par où l'infini semble fini, qui est le nombre, se trouve néanmoins absolument impossible par la véritable nature de l'infini, qui est essentiellement sans bornes en tout genre réel. Qui dit infini dit ce qui n'a aucune borne en aucun sens convenable : l'infini est donc infini par son unité même. Cette unité n'est pas, comme les unités bornées, un commencement de nombre auquel on peut ajouter : c'est une unité pleine et infinie, à laquelle vous ne pouvez ajouter qu'en la détruisant par une contradiction grossière. C'est se tromper à plaisir que de s'imaginer Dieu un, comme chaque individu créé est un. De telles unités sont les derniers êtres; car un est le plus bas degré des nombres : tout pluriel est au-dessus de telles unités. Concevoir Dieu comme étant un de cette façon, c'est n'en avoir aucune idée. L'un infini épuise tous les nombres, et n'en admet aucun, comme l'immensité renferme toutes les étendues sans en admettre aucune, et comme l'éternité renferme toutes les successions sans en admettre jamais l'ombre. Cette unité, qui est infinie et infiniment une, ne peut être plus une qu'elle l'est.

Voici donc la contradiction qui se trouve à admettre plusieurs infinis. D'un côté, le total de ces infinis ne serait pas souverainement un; il ne serait rien moins que la suprême unité que je cherche, et qui seule remplit mon idée. D'un autre côté, chacune de ces unités ne serait pas aussi infinie qu'elle pourrait l'être; car une unité qui en exclut toute autre en tout genre est encore plus infinie que celle qui peut avoir une égale : or ce qui nous paraît le plus infini est le seul infini véritable : il n'y aurait donc ni unité pleinement infinie en tout genre, qui est le seul véritable infini, ni infini souverainement un, en sorte qu'on ne pût rien concevoir de plus un, de plus simple, de plus indivisible, de moins composé par des nombres. Il faut donc conclure que cette objection, qui n'est rien dans son fond, n'est fortifiée que par une grossière habitude de mon imagination, qui, par la règle commune des nombres pour les choses finies, ajoute toujours de nouvelles unités à la première unité conçue. L'un infini est plus que toutes les pluralités; il ne souffre aucune addition; il n'est point un à notre mode pour n'être qu'un : il est un pour être tout. Cet un infini et infiniment un peut faire des êtres distingués de lui et bornés : mais ces êtres ne sont point une addition à son infini, car le fini joint à l'infini ne fait rien : il ne peut y avoir entre eux aucune mesure, c'est un être d'un autre ordre, qui ne peut faire avec lui ni composition, ni addition, ni nombre. Mais deux infinis seraient égaux; ils feraient un nombre véritable, et par conséquent fini : ils seraient parties de ce tout dont l'idée est présente à mon esprit quand je prononce le mot d'infini. Les deux ensemble ne seraient réellement qu'un seul infini; il faudrait ou qu'on ne pût ni les diviser ni les distinguer par l'idée, auquel cas ce ne serait plus qu'un seul et même être infiniment simple; ou qu'ils fissent une composition d'un seul infini dont ils seraient les parties, auquel cas ce serait un tout divisible, nombrable et borné. Voilà la conclusion où je retombe toujours invinciblement. Donc il n'y a et il ne peut y avoir qu'un seul infini, qui est une unité d'une autre nature que toutes les autres, et qui ne souffre d'addition en aucun genre.

Après cet examen, je n'ai pas besoin de raisonner sur la multitude des dieux, dont les poëtes ont fait divers degrés. Il ne peut y avoir qu'un seul infini : tout ce qui n'est pas cet unique infini est fini; tout ce qui est fini est infiniment au-dessous de l'infini. Donc il y a la plus essentielle des différences entre le plus parfait des êtres finis qui sont possibles et concevables, et cet unique infini par qui seul tous ces êtres peuvent être possibles. Donc tous ces êtres, quoique inégaux entre eux, sont tous égaux par comparaison à l'infini, puisqu'ils lui sont tous infiniment inférieurs, et que toutes ces infériorités sont égales en tant qu'infinies; car il ne peut y avoir d'inégalité entre des infinis. Donc tout être, si parfait qu'on le conçoive, s'il n'est point l'unique infini, n'est devant lui que comme un néant; et, loin de mériter un nom et un honneur commun avec lui, ne peut servir qu'à être devant lui comme s'il n'était pas.

Quelle folie donc d'adorer plusieurs dieux! Pourquoi en croirais-je plus d'un? L'idée de la souveraine perfection ne souffre que l'unité. O vous, être infini qui vous montrez à moi, vous êtes tout, et il ne faut plus rien chercher après vous. Vous remplissez toutes choses, et il ne reste plus de place, ni dans l'univers, ni dans mon esprit même, pour une autre perfection égale à la vôtre. Vous épuisez toute ma pensée. Tout ce qui n'est pas vous est infiniment moins que vous. Tout ce qui n'est pas vous-même n'est qu'une ombre de l'être, un être à demi tiré du néant, un rien dont il vous plaît de faire quelque chose pour quelques moments.

O être seul digne de ce nom! qui est semblable à vous? Où sont donc ces vains fantômes de divinité que l'on a osé comparer à vous? Vous êtes, et tout le reste n'est point devant vous. Vous êtes, et tout le reste, qui n'est que par vous, est comme s'il n'était pas. C'est vous qui avez fait ma pensée : c'est vous seul qu'elle cherche et qu'elle admire. Si je suis quelque chose, ce quelque chose sort de vos mains. Il n'était point, et par vous il a commencé à être. Il sort de vous, et il veut retourner à vous. Recevez donc ce que vous avez fait; reconnaissez votre ouvrage. Périssent tous les faux dieux qui sont les vaines images de votre grandeur! Périsse tout être qui veut être pour soi-même, ou qui veut que quelque autre être soit pour lui! Périsse, périsse tout ce qui n'est point à celui qui a tout fait pour lui-même! Périsse toute volonté monstrueuse et égarée qui n'aime point l'unique bien pour l'amour duquel tout ce qui est a reçu l'être.

ARTICLE II.

Simplicité de Dieu.

Je conçois clairement, par toutes les réflexions que j'ai déjà faites, que le premier être est souverainement un et simple; d'où il faut conclure que toutes ces perfections n'en font qu'une, et que si je les multiplie, c'est par la faiblesse de mon esprit, qui, ne pouvant d'une seule vue embrasser le tout qui est infini et parfaitement un, le multiplie pour se soulager, et le divise en autant de parties qu'il a de rapports à diverses choses hors de lui. Ainsi je me représente en lui autant de degrés d'être qu'il en a communiqué aux créatures qu'il a produites, et une infinité d'autres qui correspondent aux créatures plus parfaites, en remontant jusqu'à l'infini, qu'il pourrait tirer du néant.

Tout de même je me représente cet être unique par diverses faces, pour ainsi dire, suivant les divers rapports qu'il a à ses ouvrages : c'est ce qu'on nomme perfections ou attributs. Je donne à la même chose divers noms, suivant ses divers rapports extérieurs ; mais je ne prétends point par ces divers noms, exprimer des choses réellement diverses.

Dieu est infiniment intelligent, infiniment puissant, infiniment bon : son intelligence, sa volonté, sa bonté, sa puissance, ne sont qu'une même chose. Ce qui pense en lui est la même chose qui veut ; ce qui agit, ce qui peut et qui fait tout, est précisément la même chose qui pense et qui veut ; ce qui prépare, ce qui arrange et qui conserve tout est la même chose qui détruit ; ce qui punit est la même chose qui pardonne et qui redresse ; en un mot, en lui tout est un d'une suprême unité.

Il est vrai que, malgré cette unité suprême, j'ai un fondement de distinguer ces perfections, et de les considérer l'une sans l'autre, quoique l'une soit l'autre réellement. C'est qu'en lui, comme je l'ai remarqué, l'unité est équivalente et infiniment supérieure à la multitude. Ainsi je distingue ces perfections, non pour me représenter qu'elles ont quelque ombre de distinction entre elles, mais pour les considérer par rapport à cette multitude de choses créées que l'unité souveraine surpasse infiniment. Cette distinction des perfections divines, que j'admets en considérant Dieu, n'est donc rien de vrai en lui ; et je n'aurais aucune idée de lui, dès que je cesserais de le croire souverainement un. Mais c'est un ordre et une méthode que je mets par nécessité dans les opérations bornées et successives de mon esprit, pour me faire des espèces d'entrepôts dans ce travail, et pour contempler l'infini à diverses reprises, en le regardant par rapport aux diverses choses qu'il fait hors de lui.

Il ne faut point s'étonner que, quand je contemple la Divinité, mon opération ne puisse point être aussi une que mon objet. Mon objet est infini, et infiniment un; mon esprit et mon opération ne sont ni infinis ni infiniment un; au contraire, ils sont infiniment bornés et multipliés.

O unité infinie! je vous entrevois, mais c'est toujours en me multipliant. Universelle et indivisible vérité, ce n'est pas vous que je divise; car vous demeurez toujours une et tout entière, et je croirais faire un blasphème que de croire en vous quelque composition. Mais c'est moi, ombre de l'unité qui ne suis jamais entièrement un. Non, je ne suis qu'un amas et un tissus de pensées successives et imparfaites. La distinction qui ne peut se trouver dans vos perfections se trouve réellement dans mes pensées, qui tendent vers vous, et dont aucune ne peut atteindre jusqu'à la suprême unité. Il faudrait être un autant que vous, pour vous voir d'un seul regard indivisible dans votre unité infinie.

O multiplicité créée, que tu es pauvre dans ton abondance apparente! Tout nombre est bientôt épuisé; toute composition a des bornes étroites; tout ce qui est plus d'un est infiniment moins qu'un. Il n'y a que l'unité; elle seule est tout, et après elle n'y a plus rien. Tout le reste paraît exister, et on ne sait précisément où il existe, ni quand il existe. En divisant toujours, on cherche toujours l'être qui est l'unité, et on le cherche sans le trouver jamais. La composition n'est qu'une représentation et une image trompeuse de l'être. C'est un je ne sais quoi, qui fond dans mes mains dès que je le presse. Lorsque j'y pense le moins, il se présente à moi, je n'en puis douter : je le tiens; je dis : Le voilà. Veux-je le saisir encore de plus près et l'approfondir, je ne sais plus ce qu'il devient; et je ne puis me prouver à moi-même que ce que je tiens a quelque chose de certain, de précis et de consistant. Ce qui est réel n'est point plusieurs; il est singulier, et n'est qu'une seule chose. Ce qui est vrai et réel, doit sans doute être précisément soi-même, et rien au delà. Mais où trouverons-nous cet être réel et précis de chaque chose, qui la distingue de toute autre? Pour y parvenir, il faut arriver jusqu'à la réelle et véritable unité. Cette unité, où est-elle? Par conséquent où sera donc l'être et la réalité des choses?

O Dieu! il n'y a que vous. Moi-même, je ne suis point : je ne puis me trouver dans cette multitude de pensées successives, qui sont tout ce que je puis trouver de moi. L'unité, qui est la vérité même, se trouve si peu en moi, que je ne puis concevoir l'unité suprême qu'en la divisant et en la multipliant, comme je suis moi-même multiplié. A force d'être plusieurs pensées, dont l'une n'est point l'autre, je ne suis plus rien, et je ne puis pas même voir d'une seule vue celui qui est un, parce qu'il est un, et que je ne le suis pas. Oh! qui me tirera des nombres, des compositions et des successions, qui sentent si fort le néant? Plus on multiplie les nombres, plus on s'éloigne de l'être précis et réel, qui n'est que dans l'unité.

Les compositions ne sont que des assemblages de bornes, tout y porte le caractère du néant; c'est un je ne sais quoi qui n'a aucune consistance, qui échappe de plus en plus à mesure que l'on s'y enfonce et qu'on y veut regarder de plus près. Ce sont des nombres magnifiques, et qui semblent promettre les unités qui les composent; mais ces unités ne se trouvent point. Plus on presse pour les saisir, plus elles s'évanouissent. La multitude augmente toujours, et les unités, seuls véritables fondements de la multitude, semblent fuir, et se jouer de notre recherche. Les nombres successifs s'enfuient aussi toujours : celui dont nous parlons, pendant que nous en parlons n'est déjà plus : celui qui le touche, à peine est-il, et il finit; trouvez-le si vous pouvez : le chercher, c'est l'avoir déjà perdu. L'autre qui vient n'est pas encore : il sera, mais il n'est rien, et il fera néanmoins un tout avec les autres qui ne sont plus rien. Quel assemblage de ce qui n'est plus, de ce qui cesse actuellement d'être, et de ce qui n'est pas encore! C'est pourtant cette multitude de néant qui est ce que j'appelle moi : elle contemple l'être; elle le divise pour le contempler; et en le divisant elle confesse que la multitude ne peut contempler l'unité indivisible.

ARTICLE III.

Immutabilité et éternité de Dieu.

Quoique je ne puisse voir d'une vue assez simple la souveraine simplicité de Dieu, je conçois néanmoins comment toute la variété des perfections que je lui attribue se réunit dans un seul point essentiel. Je conçois en lui une première chose, qui est lui-même tout entier, si je l'ose dire, et dont toutes les autres résultent. Posez ce premier point, tout le reste s'ensuit clairement et immédiatement. Mais quel est-il ce premier point? C'est celui-là même par lequel nous avons commencé, et qui m'a découvert la nécessité d'un premier être.

Être par soi-même, c'est la source de tout ce que je trouve en Dieu : c'est par là que j'ai reconnu qu'il est infiniment parfait. Ce qui a l'être par soi existe au suprême degré, et par conséquent possède la plénitude de l'être. On ne peut atteindre au suprême degré et à la plénitude de l'être que par l'infini; car aucun fini n'est jamais ni plein ni suprême, puisqu'il y a toujours quelque chose de possible au-dessus. Donc il faut que l'être par soi-même soit un être infini.

S'il est un être infini, il est infiniment parfait; car l'être, la bonté et la perfection sont la même chose. D'ailleurs on ne peut rien concevoir de plus parfait que d'être par soi; et toute perfection d'un être qui n'est point par soi, quelque haute qu'on se la représente, est infiniment au-dessous de celle d'un être qui est par lui-même : donc l'être qui est par lui-même, et par qui tout ce qui n'est point lui existe, est infiniment parfait.

Il faut même pour faciliter cette discussion, en réglant les termes dont je suis obligé de me servir, arrêter une fois pour toutes, qu'à l'avenir ces manières de m'exprimer, *être par soi-même*, *être nécessaire*, *être infiniment parfait*, *premier être*, *première cause*, et *Dieu* sont termes absolument synonymes.

De cette idée de l'être nécessaire, j'ai tiré la simplicité et l'unité de Dieu : sa simplicité, parce que rien de composé ne peut être ni infiniment parfait ni même infini : son unité, puisque s'il y avait deux êtres nécessaires et indépendants l'un de l'autre, chacun d'eux serait moins parfait dans cette puissance partagée, qu'un seul qui la réunit tout entière. Maintenant examinons les autres perfections que je dois lui attribuer.

Il est immuable. Ce qui est par soi ne peut jamais être conçu autrement : il a toujours la même raison d'exister, et la même cause de son existence, qui est son essence même : il est donc immuable dans son existence. Il n'est pas moins incapable de changement pour les manières d'être, que pour le fond de l'être. Dès qu'on le conçoit infini et infiniment simple, on ne peut plus lui attribuer aucune modification; car les modifications sont des bornes de l'être. Être modifié d'une telle façon, c'est être de cette façon, à l'exclusion de toutes les autres. L'infini parfait ne peut donc avoir aucune modification, et par conséquent n'en saurait changer : il n'en peut avoir non plus pour ses parties que pour son tout, puisqu'il n'a aucune partie : donc il est simplement et absolument immuable.

Ce qu'il produit hors de lui est toujours fini. La créature ayant des bornes dans son être, elle a par conséquent des modifications : n'étant pas tout être, il faut qu'elle soit quelque être particulier; il faut qu'elle soit resserrée dans les bornes étroites de quelque manière précise d'être. Il n'y a que celui qui est tout qui n'est jamais rien de singulier, et qui efface toutes les distinctions : il est l'être simple et sans restriction.

Quoique chaque modification prise en particulier ne soit pas essentielle à la créature, parce qu'elle n'a rien en soi de nécessaire, rien qui ne soit contingent et variable au gré de celui qui l'a produite, il lui est néanmoins essentiel d'avoir toujours quelque modification. Ce qui n'est point par soi ne peut jamais être tout être, ce qui n'est point tout être ne peut exister qu'avec une borne : vous pouvez changer sa borne; mais il lui en faut toujours une nécessairement.

Aussitôt que j'ai reconnu que la créature est essentiellement bornée, et changeante par la mutabilité de ses bornes, je trouve ce que c'est que le temps. Le temps, sans en chercher une définition plus exacte, est le changement de la créature. Qui dit changement dit succession; car ce qui change passe nécessairement d'un état à un autre : l'état d'où l'on sort précède, et celui où l'on entre suit. Le temps est le changement de l'être créé : le temps est la négation d'une chose très-réelle et souverainement positive, qui est la permanence de l'être : ce qui est permanent d'une absolue permanence n'a en soi ni avant ni après, ni plus tôt ni plus tard. La non-permanence est le changement; c'est la défaillance de l'être, ou la mutation d'une manière en une autre : mais enfin, toute mutation renferme une succession, et toute existence bornée emporte une durée visible et plus ou moins longue.

Il y a des changements incertains, que l'on mesure par d'autres qui sont certains et réglés; comme on peut mesurer une promenade ou un travail qu'on fait, ou une conversation dont on s'occupe, par le cours des astres, par une pendule, ou par une horloge de sable. C'est un changement ou un mouvement incertain d'un être, qu'on mesure par un autre mouvement plus précis et plus uniforme. Quand même les êtres créés ne changeraient point de modifications, il ne laisserait pas d'y avoir, quant au fond de la substance, une mutation continuelle. Voici comment :

C'est que la création de l'être qui n'est point par lui-même n'est pas absolue et permanente : l'être qui est par lui-même ne tire point du néant des êtres qui ensuite subsistent par eux-mêmes hors du néant d'une manière fixe; ils ne peuvent continuer à exister qu'autant que l'être nécessaire les soutient hors du néant; ils n'en sont jamais dehors par eux-mêmes : donc ils n'en sont dehors que par un don actuel de l'être. Ce don actuel est libre, et par conséquent révocable : s'il est libre et révocable, il peut être plus ou moins long; dès qu'il peut être plus ou moins long, il est divisible; dès qu'il est divisible, il renferme une succession; dès qu'on y met une succession, voilà un tissu de créations successives. Ainsi ce n'est point une existence fixe et permanente; ce sont des existences bornées et divisibles qui se renouvellent sans cesse par de nouvelles créations.

Il est donc certain que tout est successif dans la créature, non-seulement la variété des modifications, mais encore le renouvellement continuel d'une existence bornée. Cette non-permanence de l'être créé est ce que j'appelle le temps. Ainsi, loin de vouloir connaître l'éternité par le temps, comme je suis tenté de le faire, il faut au contraire connaître le temps par l'éternité : car on peut connaître le fini par l'infini, en y mettant une borne ou négation; mais on ne peut jamais connaître l'infini par le fini, car une borne ou négation ne donne aucune idée de ce qui est souverainement positif.

Cette non-permanence de la créature est donc ce que je nomme le temps; par conséquent la parfaite et absolue permanence de l'être nécessaire et immuable est ce que je dois nommer l'éternité. Dieu ne peut changer de modifications, puisqu'il n'en peut jamais avoir aucune, le vrai infini ne souffrant point de bornes dans son être. Il ne peut avoir aucune borne dans son existence : par conséquent il ne peut avoir aucun temps ni durée, car ce que j'appelle durée, c'est une existence divisible et bornée; c'est ce qui est précisément opposé à la permanence. Il est donc permanent et fixe dans son existence.

J'ai déjà remarqué que comme tout être divisible est borné, aussi tout véritable infini est indivisible. L'existence divine qui est infinie est donc indivisible. Si elle n'est point divisible comme l'existence bornée des créatures dans lesquelles il y a ce que l'on appelle la partie antérieure et la partie postérieure, il s'ensuit donc que cette existence infinie est toujours tout entière. Celle des créatures n'est jamais toute à la fois; ses parties ne peuvent se réunir; l'une exclut l'autre, et il faut que l'une finisse afin que l'autre commence.

La raison de cette incompatibilité entre ces parties d'existence est que le Créateur ne donne qu'avec mesure l'existence à sa créature : dès qu'il la lui donne bornée, il la lui donne divisible en parties, dont l'une n'est pas l'autre. Mais pour l'être nécessaire, infini et immuable, c'est tout le contraire, son existence est infinie et indivisible. Ainsi, non-seulement il n'y a point d'incompatibilité dans les parties de son existence, comme dans celles de l'existence de la créature; mais, pour parler correctement, il faut dire que son existence n'a aucunes parties; elle est essentiellement toujours tout entière.

C'est donc retomber dans l'idée du temps et confondre tout, que de vouloir encore imaginer en Dieu rien qui ait rapport à aucune succession. En lui rien ne dure, parce que rien ne passe; tout est fixe, tout est à la fois, tout est immobile. En Dieu rien n'a été, rien ne sera; mais tout est. Supprimons donc pour lui toutes les questions que l'habitude et la faiblesse de l'esprit fini, qui veut embrasser l'infini à sa mode étroite et raccourcie, me tenterait de faire. Dirai-je, ô mon Dieu! que vous aviez déjà eu une éternité d'existence en vous-même avant que vous m'eussiez créé, et qu'il vous reste encore une autre éternité, après ma création, où vous existez toujours? Ces mots de déjà et d'après sont indignes de *Celui qui est*. Vous ne pouvez souffrir aucun passé et aucun avenir en vous. C'est une folie que de vouloir diviser votre éternité, qui est une permanence indivisible : c'est vouloir que le rivage s'enfuie, parce qu'en descendant le long d'un fleuve je m'éloigne toujours de ce rivage qui est immobile. Insensé que je suis! je veux, ô immobile vérité, vous attribuer l'être borné, changeant et successif de votre créature! Vous n'avez en vous aucune mesure dont on puisse mesurer votre existence, car elle n'a ni bornes ni parties : vous n'avez rien de mesurable; les mesures mêmes qu'on peut tirer des êtres bornés, changeants, divisibles et successifs, ne peuvent servir à vous mesurer, vous qui êtes infini, indivisible, immuable et permanent.

Comment dirai-je donc que la courte durée de la créature est par rapport à votre éternité? N'étiez-vous pas avant moi? ne serez-vous pas après moi? Ces paroles tendent à signifier quelque vérité : mais elles sont, à la rigueur, indignes et impropres : ce qu'elles ont de vrai, c'est que l'infini surpasse infiniment le fini; qu'ainsi votre existence infinie surpasse infiniment en tout sens mon existence, qui, étant bornée, a un commencement, un milieu, et une fin.

Mais il est faux que la création de votre ouvrage partage votre éternité en deux éternités. Deux éternités ne feraient pas plus qu'une seule : une éternité partagée qui aurait une partie antérieure et une partie postérieure ne serait plus une véritable éternité; en voulant la multiplier on la détruirait, parce qu'une partie serait nécessairement la borne de l'autre par le bout où elles se toucheraient. Qui dit éternité, s'il entend ce qu'il dit, ne dit que ce qui est, et rien au delà; car tout ce qu'on ajoute à cette infinie simplicité l'anéantit : qui dit éternité ne souffre plus le langage du temps. Le temps et l'éternité sont incommensurables : ils ne peuvent être comparés; et on est séduit par sa propre faiblesse toutes les fois qu'on imagine quelque rapport entre des choses si disproportionnées.

Vous avez néanmoins, ô mon Dieu, fait quelque chose hors de vous; car je ne suis pas vous, et il s'en faut infiniment. Quand est-ce donc que vous m'avez fait? Est-ce que vous n'étiez pas avant que de me faire? Mais que dis-je? me voilà déjà retombé dans mon illusion, et dans les questions du temps : je parle de vous comme de moi, où comme de quelque autre être passager que je pourrais mesurer avec moi. Ce qui passe peut être mesuré avec ce qui passe; mais ce qui ne passe point est hors de toute mesure et de toute comparaison avec ce qui passe : il n'est permis de demander ni quand il a été, ni s'il était avant ce qui n'est pas, ou qui n'est qu'en passant. Vous êtes, et c'est tout. Oh! que j'aime cette parole, et qu'elle me remplit pour tout ce que j'ai à connaître de vous! Vous êtes *Celui qui est*. Tout ce qui n'est point cette parole vous dégrade : il n'y a qu'elle qui vous ressemble : en n'ajoutant rien au mot d'*être*, elle ne diminue rien de votre grandeur. Elle est, je l'ose dire, cette parole, infiniment parfaite comme vous : il n'y a que vous qui puissiez parler ainsi, et renfermer votre infini dans trois mots si simples.

Je ne suis pas, ô mon Dieu, ce qui est : hélas! je suis presque ce qui n'est pas. Je me vois comme un milieu incompréhensible entre le néant et l'être : je suis celui qui a été; je suis celui qui sera; je suis celui qui n'est plus ce qu'il a été; je suis celui qui n'est pas encore ce qu'il sera, et dans cet entre deux que suis-je? un je ne sais quoi qui ne peut s'arrêter en soi, qui n'a aucune consistance, qui s'écoule rapidement comme l'eau; un je ne sais quoi que je ne puis saisir, qui s'enfuit de mes propres mains, qui n'est plus dès que je veux le saisir ou l'apercevoir; un je ne sais quoi qui finit dans l'instant même où il commence, en sorte que je ne puis jamais un seul moment me trouver moi-même fixe et présent à moi-même pour dire simplement : *Je suis*. Ainsi ma durée n'est qu'une défaillance perpétuelle.

Oh! que je suis loin de votre éternité, qui est indivisible, infinie, et toujours présente tout entière! que je suis même bien éloigné de la comprendre! Elle m'échappe à force d'être vraie, simple et immense; comme mon être m'échappe à force d'être composé de parties, mêlé de vérité et de mensonge, d'être et de néant. C'est trop peu que de dire de vous que vous étiez des siècles infinis avant que je fusse. J'aurais honte de parler ainsi; car c'est mesurer l'infini avec le fini, qui est un demi-néant. Quand je crains de dire que vous étiez avant que je fusse, ce n'est pas pour douter que vous existant, vous ne m'ayez créé, moi qui n'existais pas; mais c'est pour éloigner de moi toutes les idées imparfaites qui sont indignes de vous. Dirai-je que vous étiez avant moi? non, car voilà deux termes que je ne puis souffrir. Il ne faut pas dire, *Vous étiez;* car *vous étiez* marque un temps passé et une succession. Vous êtes; et il n'y a qu'un présent immobile, indivisible et infini, que l'on puisse vous attribuer. Pour parler dans la rigueur des termes, il ne faut point dire que vous avez toujours été; il faut dire que vous êtes; et ce terme de *toujours*, qui est si fort pour la créature, est trop faible pour vous, car il marque une continuité, et non pas une permanence : il vaut mieux dire simplement et sans restriction que vous êtes.

O Être! ô Être! votre éternité, qui n'est que votre être même, m'étonne; mais elle me console. Je me trouve devant vous comme si je n'étais pas; je m'abîme dans votre infini : loin de mesurer votre permanence par rapport à ma fluidité continuelle, je commence à me perdre de vue, à ne me trouver plus, et à ne voir en tout que ce qui est, je veux dire vous-même.

Ce que j'ai dit du passé, je le dis de même de l'avenir. On ne peut point dire que vous serez après ce qui passe; car vous ne passez point : ainsi vous ne serez pas, mais vous êtes, et je me trompe toutes les fois que je sors du présent en parlant de vous. On ne dit point d'un rivage immobile, qu'il devance ou qu'il suit les flots d'une rivière : il ne devance ni ne suit, car il ne marche point. Ce que je remarque de ce rivage par rapport à l'immobilité locale, je le dois dire de l'être infini par rapport à l'immobilité d'existence. Ce qui passe a été et sera, et passe du prétérit au futur par un présent imperceptible qu'on ne peut jamais assigner. Mais ce qui ne passe point existe absolument, et n'a qu'un présent infini. Il est, et c'est tout ce qu'il est permis d'en dire : il est sans temps dans tous les temps de la créature. Quiconque sort de cette simplicité tombe de l'éternité dans le temps.

Il n'y a donc en vous, ô vérité infinie, qu'une existence indivisible et permanente. Ce qu'on appelle éternité *à parte post*, et éternité, *à parte ante*, n'est qu'une illusion grossière : il n'y a en vous non plus de milieu que de commencement et de fin. Ce n'est donc point au milieu de votre éternité que vous avez produit quelque chose hors de vous.

Je le dirai trois fois; mais ces trois n'en font qu'une : les voici : O permanente et infinie vérité, *vous êtes*, et rien n'est hors de vous : *vous êtes*, et ce qui n'était pas commence à être hors de vous : *vous êtes*, et ce qui était hors de vous cesse d'être. Mais ces trois répétitions de ces termes *vous êtes* ne font qu'un seul infini qui est indivisible. C'est cette éternité même qui reste encore tout entière : il n'en est point écoulé une moitié, car elle n'a aucune partie : ce qui est essentiellement toujours tout présent ne peut jamais être passé. O éternité! je ne puis vous comprendre, car vous êtes infinie : mais je conçois tout ce que je dois exclure de vous pour ne vous méconnaître jamais.

Cependant, ô mon Dieu! quelque effort que je fasse pour ne point multiplier votre éternité par la multitude de mes pensées bornées, il m'échappe toujours de vous faire semblable à moi, et de diviser votre existence indivisible. Souffrez donc que j'entre encore une fois dans votre lumière inaccessible dont je suis ébloui.

N'est-il pas vrai que vous avez pu créer une chose avant que d'en créer une autre? Puisque cela est possible, je suis en droit de le supposer. Ce que vous n'avez pas fait encore ne viendra sans doute qu'après ce que vous avez déjà fait. La création n'est pas seulement la créature produite hors de vous; elle renferme aussi l'action par laquelle vous produisez cette créature. Si vos créations sont les unes plus tôt que les autres, elles sont successives : si vos actions sont successives, voilà une succession en vous ; et par conséquent voilà le temps dans l'éternité même.

Pour démêler cette difficulté, je remarque qu'il y a entre vous et vos ouvrages toute la différence qui doit être entre l'infini et le fini, entre le permanent et le fluide ou successif. Ce qui est fini et divisible peut être comparé et mesuré avec ce qui est fini et divisible : ainsi vous avez mis un ordre et un arrangement dans vos créatures par le rapport de leurs bornes ; mais cet ordre, cet arrangement, ce rapport qui résulte des bornes, ne peut jamais être en vous, qui n'êtes ni divisible ni borné. Une créature peut donc être plus tôt que l'autre, parce que chacune d'elles n'a qu'une existence bornée : mais il est faux et absurde de penser que vous soyez créant plutôt l'une que l'autre. Votre action par laquelle vous créez est vous-même ; autrement vous ne pourriez agir sans cesser d'être simple et indivisible. Il faut donc concevoir que vous êtes éternellement créant tout ce qu'il vous plaît de créer.

De votre part, vous créez éternellement par une action simple, infinie et permanente, qui est vous-même : de sa part, la créature n'est pas créée éternellement ; la borne est en elle, et point dans votre action. Ce que vous créez éternellement n'est que dans un temps ; c'est que l'existence infinie et indivisible ne communique au dehors qu'une existence divisible et bornée. Vous ne créez donc point une chose plus tôt que l'autre, quoiqu'elle doive exister deux mille ans plus tôt. Ces rapports sont entre vos ouvrages ; mais ces rapports de bornes ne peuvent aller jusqu'à vous. Vous connaissez ces rapports que vous avez faits ; mais la connaissance des bornes de votre ouvrage ne met aucune borne en vous. Vous voyez dans ce cours d'existences divisibles et bornées ce que j'appelle le présent, le passé, l'avenir : mais vous voyez ces choses hors de vous ; il n'y en a aucune qui vous soit plus présente qu'une autre. Vous embrassez tout également par votre infini indivisible : ce qui n'est plus n'est plus, et sa cessation est réelle ; mais la même existence permanente, à laquelle ce qui n'est plus était présent pendant qu'il était, est encore la même, lorsqu'une autre chose passagère a pris la place de celle qui est anéantie.

Comme votre existence n'a aucune partie, une chose qui passe ne peut dans son passage répondre à une partie plutôt qu'à une autre ; ou, pour mieux dire, elle ne peut répondre à rien : car il n'y a nulle proportion concevable entre l'infini indivisible, et ce qui est divisible et passager.

Il faut néanmoins qu'il y ait quelque rapport entre l'ouvrier et l'ouvrage ; mais il faut bien se garder d'imaginer un rapport de successions et de bornes : l'unique rapport qu'il y faut concevoir est que ce qui est, et qui ne peut cesser d'être, fait que ce qui n'est point reçoit de lui une existence bornée qui commence pour finir. Tout autre rapport, ô mon Dieu, détruit votre permanence et votre simplicité infinie. Vous êtes si grand et si pur dans votre perfection, que tout ce que je mêle du mien dans l'idée que j'ai de vous fait qu'aussitôt ce n'est plus vous-même. Je passe ma vie à contempler votre infini, et à le détruire. Je le vois et je ne saurais en douter : mais dès que je veux le comprendre, il m'échappe ; ce n'est plus lui ; je retombe dans le fini. J'en vois assez pour me contredire et pour me reprendre toutes les fois que j'ai conçu ce qui est moins que vous-même : mais à peine me suis-je relevé, que je retombe de mon propre poids.

Ainsi c'est un mélange perpétuel de ce que vous êtes et de ce que je suis. Je ne puis ni me tromper entièrement, ni posséder d'une manière fixe votre vérité : c'est que je vous vois de la même manière que j'existe : en moi tout est fini et passager ; je vois par des pensées courtes et fluides l'infini qui ne s'écoule jamais. Bien loin de vous méconnaître dans cet embarras, je vous reconnais à ce caractère nécessaire de l'infini qui ne serait plus l'infini si le fini pouvait y atteindre. Ce n'est pas un nuage qui couvre votre vérité ; c'est la lumière de cette vérité même qui me surpasse : c'est parce que vous êtes trop clair et trop lumineux, que mon regard ne peut se fixer sur vous. Je ne m'étonne point que je ne puisse vous comprendre ; mais je ne saurais assez m'étonner de ce que je puis même vous entrevoir, et de ce que je m'aperçois de mon erreur lorsque je prends quelque chose pour vous, ou que je vous attribue ce qui ne vous convient pas.

ARTICLE IV.

Immensité de Dieu.

Après avoir considéré l'éternité et l'immutabilité de Dieu, qui sont la même chose, je dois examiner son immensité. Puisqu'il est par lui-même, il est souverainement. Puisqu'il est souverainement, il a tout l'être en lui. Puisqu'il a tout l'être en lui, il a sans doute l'étendue : l'étendue est une manière d'être dont j'ai l'idée. J'ai déjà vu que mes idées sur l'essence des choses sont des degrés réels de l'être, qui sont actuellement existants en Dieu, et possibles hors de lui, parce qu'il peut les produire. L'étendue est donc en lui, et il ne peut la produire au dehors qu'à cause qu'elle est renfermée dans la plénitude de son être.

D'où vient donc que je ne le nomme point étendu et corporel? C'est qu'il y a une extrême différence, comme je l'ai déjà remarqué, entre attribuer à Dieu tout le positif de l'étendue, ou lui attribuer l'étendue avec une borne ou négation. Qui met l'étendue sans bornes change l'étendue en l'immensité : qui met l'étendne avec une borne fait la nature corporelle. Dès que vous ne mettez aucune borne à l'étendue, vous lui ôtez la figure, la divisibilité, le mouvement, l'impénétrabilité : la figure, parce qu'elle n'est que la manière d'être borné par une superficie; la divisibilité, parce que ce qui est infini, comme nous l'avons vu, ne peut être diminué, ni par conséquent divisé, ni par conséquent composé et divisible; le mouvement, parce que si vous supposez un tout qui n'a ni parties ni bornes, il ne peut ni se mouvoir au delà de sa place, puisqu'il ne peut y avoir de place au delà du vrai infini, ni changer l'arrangement et la situation de ses parties, puisqu'il n'a aucunes parties dont il soit composé; enfin l'impénétrabilité, puisqu'on ne peut concevoir l'impénétrabilité qu'en concevant deux corps bornés, dont l'un n'est point l'autre, et dont l'un ne peut occuper le même espace que l'autre. Il n'y a point deux corps de la sorte dans l'étendue infinie et indivisible : donc il n'y a point en elle d'impénétrabilité.

Ces principes posés, il s'ensuit que tout le positif de l'étendue se trouve en Dieu, sans que Dieu soit ni figuré, ni capable de mouvement, ni divisible, ni impénétrable, ni par conséquent palpable, ni par conséquent mesurable. Il n'est en aucun lieu, non plus qu'il n'est en aucun temps : car il n'a, par son être absolu et infini, aucun rapport aux lieux et aux temps, qui ne sont que des bornes et des restrictions de l'être. Demander s'il est au delà de l'univers, s'il en surpasse les extrémités en longueur, largeur, profondeur, c'est faire une question aussi absurde que de demander s'il était avant que le monde fût, et s'il sera encore après que le monde ne sera plus.

Comme il ne peut y avoir en Dieu ni passé ni futur, il ne peut y avoir aussi en lui au delà ni au deçà. Comme la permanence absolue exclut toute mesure de succession, l'immensité n'exclut pas moins toute mesure d'étendue. Il n'a point été, il ne sera point; mais il est. Tout de même, à proprement parler, il n'est point ici, il n'est point là, il n'est point au-delà d'une telle borne; mais il est absolument. Toutes ces expressions qui le rapportent à quelque terme, qui le fixent à un certain lieu, sont impropres et indécentes.

Où est-il donc? il est; et il est tellement, qu'il faut bien se garder de demander où. Ce qui n'est qu'à demi, ce qui n'est qu'avec des bornes, est tellement une certaine chose, qu'il n'est que cette chose précisément. Pour lui, il n'est précisément aucune chose singulière et restreinte : il est tout; il est l'être; ou, pour dire encore mieux en disant plus simplement, il est : car moins on dit de paroles de lui, et plus on dit de choses. Il est : gardez-vous bien d'y rien ajouter. Les autres êtres qui ne sont que des demi-êtres, des êtres estropiés, des portions imperceptibles de l'être, ne sont point simplement : on est réduit à demander quand et où est-ce qu'ils sont. S'ils sont, ils n'ont pas été; s'ils sont ici, ils ne sont pas là. Ces deux questions, *quand* et *où* épuisent leur être. Mais pour Celui qui est, tout est dit quand on a dit qu'il est. Celui qui demande encore quelque chose n'a rien compris dans l'unique chose qu'il faut concevoir : l'infini indivisible ne peut répondre à aucun être divisible et fini que l'on nomme un corps.

Mais refuserai-je de dire qu'il est partout? Non, je ne refuserai point de le dire, s'il le faut, pour m'accommoder aux notions populaires et imparfaites. Je ne lui attribuerai point une présence corporelle en chaque lieu; car il n'a point une superficie contiguë à la superficie des autres corps; mais je lui attribuerai, par condescendance, une présence d'immensité, c'est-à-dire que comme en chaque temps on doit toujours dire de Dieu, Il est, sans le restreindre, en disant, Il est aujourd'hui; de même en chaque lieu on doit dire, Il est, sans le restreindre, en disant, Il est ici.

Mais, encore une fois, n'est-ce pas lui ôter une perfection, et à moi une consolation merveilleuse, que de n'oser pas dire qu'il est ici? Eh bien, je le dirai tant qu'on voudra, pourvu que je l'entende comme je le dois. Quand je crains de dire qu'il est présent ici, ce n'est pas pour lui attribuer quelque chose de moins réel et de moins grand que la présence; c'est au contraire pour m'élever à une manière plus pure de le concevoir dans sa simplicité universelle; c'est pour reconnaître qu'il est infiniment plus que présent.

Je soutiens qu'être simplement et absolument est infiniment plus que d'être partout; car être partout est une chose bornée, puisque les lieux, qui sont des superficies de corps, et par conséquent des corps véritables, sont divisibles, et ont nécessairement des bornes. Il est vrai que je ne puis concevoir aucun lieu où Dieu n'agisse, c'est-à-dire aucun être que Dieu ne produise sans cesse. Tout lieu est corps : il n'y a aucun corps sur lequel Dieu n'agisse, et qui ne subsiste par l'actuelle opération de Dieu. Il est donc clair qu'il n'y a aucun lieu où Dieu n'opère; mais il y a une grande différence entre opérer sur un corps, ou être par sa propre substance dans ce corps. Je ne puis concevoir la présence locale que par un rapport local de substance à substance : il n'y a aucun rapport local entre une substance qui n'a ni borne ni lieu, et une substance bornée et figurée : il est donc manifeste que Dieu, à proprement parler, n'est en aucun lieu, quoiqu'il agisse sur tous les lieux; car il ne peut avoir aucun rapport local par sa substance avec aucun corps.

Mais où est-il donc? n'est-il nulle part? Non, il n'est en aucun lieu : il existe trop pour exister avec quelque borne, et par conséquent pour être présent par sa substance dans un certain lieu. Ces sortes de questions, qui paraissent si embarrassantes, ne le sont qu'à cause qu'on s'engage mal à propos à y répondre : au lieu d'y répondre, il faut les supprimer. C'est comme qui demanderait de quel bois est une statue de marbre, de quelle couleur est l'eau pure, qui n'en a aucune; de quel âge est l'enfant qui n'est pas encore né.

Que deviennent donc toutes ces idées d'immensité qui représentent Dieu comme remplissant tous les espaces de l'univers, et débordant infiniment au delà? Ce ne sont point des idées de mon esprit attentif sur lui-même; ce sont au contraire des imaginations ridicules. A proprement parler, Dieu n'est ni dedans ni dehors le monde; car il n'y a pour l'être infini ni dedans ni dehors, qui sont des termes de mesure.

Toute cette erreur grossière vient de ce que les idées d'éternité et d'immensité nous surmontent par leur caractère d'infini, et nous échappent par leur simplicité. On veut toujours rentrer dans le composé, dans le fini, dans le nombre et dans la mesure. Ainsi on imagine, contre ses propres idées, une fausse éternité qui n'est qu'une suite ou succession confuse de siècles à l'infini, et une fausse immensité qui n'est qu'une composition confuse d'espaces et de substances à l'infini; mais tout cela n'a aucun rapport à l'éternité et à l'immensité véritable. Ces successions de siècles, ces assemblages d'espaces remplis par des substances, sont divisibles, et par conséquent ont essentiellement des bornes, quoique je ne me représente pas actuellement et distinctement ces bornes, en considérant ces deux objets. Ainsi, quand je leur attribue l'infini, je me contredis moi-même par distraction, et je dis une chose qui ne peut avoir aucun sens.

La seule véritable manière de contempler l'éternité et l'immensité de Dieu, c'est de bien croire qu'il ne peut être en aucun temps, ni en aucun lieu; que toutes les questions du temps et du lieu sont impertinentes à son égard; qu'il y faut répondre, non par une réponse catégorique et sérieuse, mais en se rappelant leur absurdité, et en leur imposant silence pour toujours. Ces deux choses, savoir, l'éternité et l'immensité, ont entre elles un merveilleux rapport : aussi ne sont-elles que la même chose, c'est-à-dire l'être simple et sans bornes. Ecartez scrupuleusement toute idée de bornes, et vous n'hésiterez plus par de vaines questions.

Dieu est : tout ce que vous ajoutez à ces deux mots, sous les plus beaux prétextes, obscurcit au lieu d'éclaircir. Dire qu'il est *toujours*, c'est tomber dans une équivoque, et se préparer une illusion : *toujours*, peut vouloir dire une succession qui ne finit point, et Dieu n'a point une succession de siècles qui ne finisse jamais. Ainsi, dire qu'il est dit plus que dire qu'il est *toujours*. Tout de même, dire qu'il est *partout* dit moins que de dire qu'il est; car dire qu'il est *partout*, c'est vouloir persuader que la substance de Dieu s'étend et se rapporte localement à tous les espaces divisibles : or, l'infini indivisible ne peut avoir ce rapport local de substance avec les corps divisibles et mesurables.

Il est donc vrai qu'à parler en rigueur, il ne faut pas dire que Dieu est toujours et partout. Si Dieu agit sur un corps, il ne s'ensuit pas pour cela qu'il soit par une présence substantielle dans ce corps : l'infini indivisible, sans rapport de sa part au fini divisible, ne laisse pas d'agir sur lui. Tout de même, quoique Dieu agisse sur les temps ou successions de créatures, il ne s'ensuit pas qu'il soit dans aucun temps ou mutation de créatures. L'immense borne et arrange tout; l'immobile meut tout. Celui qui est fait que chaque chose est avec mesure pour l'étendue et pour la durée.

Les choses bornées peuvent se comparer et se rapporter par leurs bornes les unes aux autres. L'infini indivisible ne peut être ni comparé, ni rapporté, ni mesuré. En lui tout est absolu ; nul terme relatif ne peut lui convenir. Il n'est pas plus dans le monde qu'il a créé, que hors du monde dans les espaces qu'il n'a point créés ; car il n'est ni dans l'un ni dans l'autre.

Il n'a point été créant certaines choses plutôt que d'autres, quoiqu'il ait mis une succession à l'existence bornée de ses créatures ; car il est éternellement créant tout ce qui doit être créé et exister successivement. Tout de même, il n'y a point en lui des rapports différents aux parties les plus éloignées entre elles, qui composent l'univers. La borne étant dans la créature, et point dans lui, il s'ensuit que les rapports, les successions et les mesures sont uniquement dans les créatures, sans qu'il soit permis de lui en rien donner.

Il est éternellement créant ce qui est créé aujourd'hui, comme il est éternellement créant ce qui fut créé au premier jour de l'univers : de même il est immense dans les plus petites créatures comme dans les plus grandes. L'ordre et les relations sont dans les créatures entre elles. Comparez-les entre elles, il est vrai de dire qu'une créature est plus ancienne que l'autre, que l'une est plus étendue ou plus éloignée que l'autre. La borne fait cet ordre et ce rapport. Il est vrai aussi que Dieu voit cet ordre et ce rapport qu'il a fait dans ses ouvrages : mais ce qu'il voit dans le fini divisible n'est pas en lui, puisqu'il est indivisible et infini ; car il ne se divise ni ne se borne en faisant hors de soi des êtres divisibles et bornés. Loin donc, loin de moi, toutes ces questions importunes où je trouve que mon Dieu est méconnu : il est plus que toujours, car il est ; il est plus que partout, car il est. En lui il n'y a ni présence ni absence locale, puisqu'il n'y a point de lieu ni de bornes ; il n'y a ni au delà, ni au deçà, ni dedans, ni dehors. Il est, et toutes choses sont par lui : on peut dire même qu'elles sont en lui, non pour signifier qu'il est leur lieu et leur superficie, mais pour représenter plus sensiblement qu'il agit sur tout ce qui est, et qu'il peut, outre ces êtres bornés, en produire d'autres plus étendus sur lesquels il agirait avec la même puissance.

O mon Dieu, que vous êtes grand ! Peu de pensées atteignent jusqu'à vous; et quand on commence à vous concevoir, on ne peut vous exprimer; les termes manquent : les plus simples sont les meilleurs; les plus figurés et les plus multipliés sont les plus impropres. Si on a la sobriété de la sagesse, après avoir dit que vous êtes, on n'ose plus rien ajouter. Plus on vous contemple, plus on aime à se taire, en considérant ce que c'est que cet être qui n'est qu'être, qui est le plus être de tous les êtres, et qui est si souverainement être, qu'il fait lui seul comme il lui plaît être tout ce qui est. En vous voyant, ô simple et infinie Vérité, je deviens muet : mais je deviens, si je l'ose dire, semblable à vous; ma vue devient simple et indivisible comme vous. Ce n'est point en parcourant la multitude de vos perfections que je vous conçois bien; au contraire, en les multipliant pour les considérer par divers rapports et diverses faces, je vous affaiblis, je vous diminue; je me diminue, je m'affaiblis, je me confonds : cet amas de parcelles divines n'est plus parfaitement mon Dieu; ces infinis partagés et distingués ne sont plus ce simple infini qui est le seul infini véritable.

Oh! que j'aime bien mieux vous voir tout réuni en vous-même d'un seul regard! Je vois l'être, et j'ai tout vu; j'ai puisé dans la source, je vous ai presque vu face à face. C'est vous-même; car qu'êtes-vous, sinon l'être? et qu'y pourrait-on ajouter qui fût au delà?

Hélas! comment cela se peut-il faire? Moi qui suis celui qui n'est point, ou, tout au plus qui est un je ne sais quoi qu'on ne peut trouver ni nommer, et qui dans le moment n'est déjà plus; moi, néant; moi, ombre de l'être, je vois Celui qui est; et en le nommant *Celui qui est*, j'ai tout dit; je ne crains point d'en dire trop peu. Dès lors il n'est plus resserré ni dans les temps ni dans les espaces. Des mondes infinis tels que je puis me les figurer, des siècles infinis imaginés de même, ne sont rien en présence de Celui qui est. Il m'étonne, et j'en suis ravi; je succombe en le voyant, et c'est ma joie; je bégaye, et c'est tant mieux de ce qu'il ne me reste plus aucune parole pour dire, ni ce qu'il est, ni ce que je ne suis pas, ni ce qu'il fait en moi, ni ce que je conçois de lui.

Mais, ô mon Dieu! craindrai-je que vous ne m'entendiez pas, ou que vous soyez absent de moi, parce que j'ai reconnu qu'il est indigne de vous attribuer une présence substantielle en chaque partie de l'univers? Non, mon Dieu, non, je ne le crains point : je vous entends, et vous m'entendez mieux que toutes vos créatures ne m'entendront : vous êtes plus que présent ici : vous êtes au-dedans de moi plus que moi-même : je ne suis dans le lieu même où je suis que d'une manière finie : vous êtes infiniment, et votre action infinie est sur moi : vous n'êtes borné nulle part, et je vous trouve partout : vous y êtes avant que j'y sois, et je n'y vais qu'à cause que vous m'y portez : je vous laisse au lieu que je quitte; je vous trouve partout où je passe; vous m'attendez au lieu où j'arrive. Voilà, ô mon Dieu! ce que ma tendresse grossière me fait dire, ou plutôt bégayer!

Ces paroles impropres et imparfaites sont le langage d'un amour faible et grossier : je les dis pour moi, et non pas pour vous; pour contenter mon cœur, non pour m'instruire ni pour vous louer dignement. Quand je parle pour vous, je trouve toutes mes expressions basses et impures; je reviens à l'être; je m'envole jusqu'à Celui qui est; je ne suis plus en moi ni moi-même; je deviens celui qui voit, celui qui est : je le vois, je me perds, je m'entends, mais je ne saurais me faire entendre : ce que je vois éteint toute curiosité; sans raisonner, je vois la vérité universelle : je vois, et c'est ma vie, je vois ce qui est, et ne veux plus voir ce qui n'est pas. Quand sera-ce que je verrai ce qui est, pour n'avoir plus d'autre vie que cette vue fixe? Quand serai-je, par ce regard simple et permanent, une même chose avec lui? Quand est-ce que tout moi-même sera réduit à cette seule parole immuable IL EST, IL EST, IL EST? Si j'ajoute, IL SERA AU SIÈCLE DES SIÈCLES, c'est pour parler selon ma faiblesse, et non pour mieux exprimer sa perfection.

ARTICLE V.

Science de Dieu.

Je ne puis concevoir Dieu comme étant par lui-même, sans le concevoir comme ayant en lui-même la plénitude de l'être, et par conséquent toutes les manières d'être à l'infini. Ce fondement posé, il s'ensuit que l'intelligence ou pensée, qui est une manière d'être, est en lui. Moi qui pense, je ne suis point par moi-même : c'est ce que j'ai déjà clairement reconnu par mon imperfection. Puisque je ne suis point par moi-même, il faut que je sois par un autre. Cet autre que je cherche est Dieu. Ce Dieu qui m'a fait, et qui m'a donné l'être pensant, n'aurait pu me le donner s'il ne l'avait pas. Il pense donc, et il pense infiniment : puisqu'il a la plénitude de l'être, il faut qu'il ait la plénitude de l'intelligence, qui est une sorte d'être.

La première chose qui se présente à examiner est de savoir ce que c'est que pensée et intelligence ; mais c'est une question à laquelle je ne puis répondre. Penser, concevoir, connaître, apercevoir, sont les termes les plus simples et les plus clairs dont je puisse me servir ; je ne puis donc expliquer ni définir ces termes : d'autres les obscurciraient, loin de les éclaircir. Si je ne conçois pas clairement ce que c'est que concevoir et connaître, je ne conçois rien. Il y a certaines premières notions qui développent toutes les autres, et qui ne peuvent être développées à leur tour; et il n'y en a aucune qui soit plus dans ce premier rang que la notion de la pensée.

La seconde question à faire est de savoir quelle est la science ou intelligence que Dieu a en lui-même. Je ne puis douter qu'il ne se connaisse. Puisqu'il est infiniment intelligent, il faut qu'il connaisse l'universelle et infinie intelligibilité, qui est lui-même. S'il ne connaissait pas sa propre essence, il ne connaîtrait rien. On ne peut connaître les êtres participés et créés que par l'être nécessaire et créateur, dans la puissance duquel on trouve leur possibilité ou essence, et dans la volonté duquel on voit leur existence actuelle : car cette existence actuelle n'étant point par soi-même, et ne portant point sa cause dans son propre fond, ne peut être découverte que médiatement dans ce qui est précisément sa raison d'être, dans la cause qui la tire actuellement de l'indifférence à être ou à n'être pas.

Si donc Dieu ne se connaissait pas lui-même, il ne pourrait rien connaître hors de lui, et par conséquent il ne connaîtrait rien du tout. S'il ne connaissait rien, il serait un néant d'intelligence. Comme au contraire je dois lui attribuer l'intelligence la plus parfaite, qui est l'infinie, il faut conclure qu'il connaît actuellement une intelligibilité infinie; il n'y en a qu'une seule qui soit véritablement infinie, je veux dire la sienne; car l'intelligibilité et l'être sont la même chose. La créature ne peut jamais être infinie, car elle ne peut jamais avoir un être infini, qui serait une infinie perfection. Dieu ne peut donc trouver qu'en lui seul l'infinie intelligibilité, qui doit être l'objet de son intelligence infinie.

D'ailleurs il est aisé de voir tout d'un coup que l'idée d'une intelligence qui se connaît tout entière parfaitement est plus parfaite que l'idée d'une intelligence qui ne se connaîtrait point ou qui se connaîtrait imparfaitement. Il faut toujours remplir cette idée de la plus haute perfection, pour juger de Dieu. Il est donc manifeste qu'il se connaît lui-même, et qu'il se connaît parfaitement, c'est-à-dire qu'en se voyant il égale par son intelligence son intelligibilité; en un mot, il se comprend.

J'aperçois une extrême différence entre concevoir et comprendre. Concevoir un objet, c'est en avoir une connaissance qui suffit pour le distinguer de tout autre objet avec lequel on pourrait le confondre, et ne connaître pourtant pas tellement tout ce qui est en lui, qu'on puisse s'assurer de connaître distinctement toutes ses perfections autant qu'elles sont en elles-mêmes intelligibles. Comprendre signifie connaître distinctement et avec évidence toutes les perfections de l'objet, autant qu'elles sont intelligibles. Il n'y a que Dieu qui connaisse infiniment l'infini : nous ne connaissons l'infini que d'une manière finie. Il doit donc voir en lui-même une infinité de choses que nous ne pouvons y voir; et celles mêmes que nous y voyons, il les voit avec une évidence et une précision, pour les démêler et les accorder ensemble, qui surpasse infiniment la nôtre.

Dieu, qui se connaît de cette connaissance parfaite que je nomme compréhension, ne se contemple point successivement et par une suite de pensées réfléchies. Comme Dieu est souverainement un, sa pensée, qui est lui-même, est aussi souverainement une : comme il est infini, sa pensée est infinie : une pensée simple, indivisible et infinie, ne peut avoir aucune succession : il n'y a donc dans cette pensée aucune des propriétés du temps qui est une existence bornée, divisible et changeante.

On ne peut point dire que Dieu commence à connaître ce qu'il n'a pas connu, ni qu'il cesse de connaître et de penser ce qu'il pensait. On ne peut mettre aucun ordre ni arrangement dans ses pensées, en sorte que l'une précède et que l'autre suive; car cet ordre, cette méthode et cet arrangement ne peuvent se trouver que dans les pensées bornées et divisibles qui font une succession.

L'infinie intelligence connaît l'infinie et universelle intelligibilité ou vérité par un seul regard, qui est lui-même, et qui par conséquent n'a ni variété, ni progrès, ni succession, ni distinction, ni divisibilité. Ce regard unique épuise toute vérité, et il ne s'épuise jamais lui-même; car il est toujours tout entier; ou pour mieux dire il faut parler de lui comme de Dieu, puisqu'il n'est avec lui qu'une même chose. Il n'a point été, il ne sera point; mais il est, et il est toujours toute pensée réduite à une.

Si l'intelligence divine n'a point de succession et de progrès, ce n'est pas que Dieu ne voie la liaison et l'enchaînement des vérités entre elles. Mais il y a une extrême différence entre voir toutes ces liaisons des vérités, ou ne les voir que successivement, en tirant peu à peu l'une de l'autre par la liaison qu'elles ont entre elles. Il voit sans doute toutes ces liaisons des vérités; il voit comment l'une prouve l'autre; il voit tous les différents ordres que les intelligences bornées peuvent suivre pour démontrer ces vérités; mais il voit et les vérités et leurs liaisons, et l'ordre pour les tirer les unes des autres, par une vue simple, unique, permanente, infinie, et incapable de toute division. Telle est l'intelligence par laquelle Dieu connaît toute vérité en lui-même.

Il faut maintenant examiner comment il connaît ce qui est hors de lui.

Il ne faut point regarder ce qui est purement possible comme étant hors de lui. Nous avons déjà reconnu, en parlant des idées et des divers degrés de l'être en remontant à l'infini, que Dieu voit en lui-même tous les différents degrés auxquels il peut communiquer l'être à ce qui n'est pas, et que ces divers degrés de possibilité constituent toutes les essences de natures possibles. Elles n'ont de différence entre elles que par le plus ou moins d'être : Dieu les voit donc dans sa puissance, qui est lui-même; et comme ce qui est purement possible n'est rien de réel hors de sa puissance et des degrés infinis d'être qui sont communicables à son choix, cette possibilité n'est rien qui soit hors de lui, ni qu'on en puisse distinguer.

Pour les êtres futurs, ils ne sont jamais futurs à son égard, et ils ne seront jamais passés pour lui; car il n'y a, comme je l'ai remarqué, pas même l'ombre de passé ou d'avenir pour lui. Il voit bien que dans l'ordre qu'il met entre les existences bornées, qui par leurs bornes sont successives, les unes sont devant, et les autres viennent après; il voit que l'une est future, l'autre présente, et l'autre passée par le rapport qu'elles ont entre elles. Mais cet ordre qu'il voit entre elles n'est point pour lui; tout lui est donc également présent. Le mot de *présent* même n'exprime qu'imparfaitement ce que je conçois; car le mot de présent signifie une chose contemporaine à l'autre; et en ce sens, il n'y a non plus de présent que de passé et de futur en Dieu. A parler dans l'exactitude rigoureuse, il n'y a aucun rapport d'existence entre l'existence fluide, divisible et successible, et la permanence absolue de l'existence infinie et indivisible de Dieu. Mais enfin, quoiqu'on exprime imparfaitement la permanence absolue par le mot de présence continuelle, on peut dire, avec le correctif que je viens de marquer, que tout est toujours présent à Dieu.

Le futur qu'il voit dans cette sorte de présence, est un objet qu'il trouve encore en lui-même. En voici deux raisons : 1° il voit les choses selon qu'il convient à sa perfection de les voir; 2° il les voit telles qu'elles sont en elles-mêmes.

Il voit les choses suivant qu'il convient à sa perfection de les voir. Quand je vois une chose, je la vois, parce qu'elle est : c'est la vérité de l'objet qui me donne la connaissance de l'objet même. Comme cette vérité de l'objet n'est point par elle-même, ce n'est point par elle, mais par celui qui l'a faite, que je suis rendu intelligent. Ainsi c'est la vérité par elle-même qui reluit dans cette vérité particulière et communiquée : c'est cette vérité universelle, dis-je, qui m'éclaire. Mais enfin, la vérité qui est mon objet est hors de moi, et c'est elle qui me donne la connaissance que je n'avais pas; et il est certain que ce que j'appelle moi, qui est un être pensant, reçoit une lumière ou connaissance de l'objet.

Il n'en est pas de même de Dieu. Comme il est par lui-même, il est aussi intelligent par lui-même. Être par soi, c'est être infiniment, sans rien recevoir d'autrui. Être intelligent par soi, c'est être infiniment intelligent sans rien recevoir d'autrui. Dieu a donc l'intelligence infinie, sans pouvoir rien recevoir même de son objet : son objet ne peut donc lui rien donner.

Conclurons-nous de là que Dieu ne voit point les choses, parce qu'elles sont; mais qu'au contraire elles ne sont qu'à cause qu'il les voit? Non, je ne puis entrer dans cette pensée, Dieu ne pense une chose qu'autant qu'elle est vraie ou existante. Il la voit donc, parce qu'elle est réelle. Il est vrai qu'elle n'est réelle que par lui. Si on prend sa pensée et sa science pour lui-même, parce qu'en effet sa science n'est rien de distingué de lui, il faudrait avouer en ce sens que sa science est la cause des êtres qui en sont les objets. Mais si on considère sa science sous cette idée précise de science, et en tant qu'elle n'est qu'une simple vue des objets intelligibles, il faut conclure qu'elle ne fait point les choses en les voyant, mais qu'elle les voit parce qu'elles sont faites.

La raison qui me le persuade est que l'idée de penser, de concevoir, de connaître, prise dans une entière précision, ne renferme que la simple perception d'un objet déjà existant, sans aucune action ni efficacité sur lui. Qui dit simplement connaissance dit une action qui suppose son objet, et qui ne le fait pas. C'est donc par autre chose que par la simple pensée prise dans cette précision de son idée, que Dieu agit sur les objets pour les rendre vrais et réels ; et sa science ou pensée ne les fait point, mais elle les suppose.

Comment dirons-nous donc que Dieu ne reçoit rien de l'objet qu'il conçoit? Le voici : c'est que l'objet n'est vrai ou intelligible que par la puissance et par la volonté de Dieu. Cet objet n'ayant point l'être par lui-même, est par lui-même indifférent à exister ou à n'exister pas : ce qui le détermine à l'existence est la volonté de Dieu, et c'est son unique raison d'être. Dieu voit donc la vérité de cet être sans sortir de lui-même, et sans rien emprunter de dehors. Il en voit la possibilité ou essence dans ses propres degrés infinis d'être, comme nous l'avons expliqué plusieurs fois; il en voit l'existence ou vérité actuelle, dans sa propre volonté, qui est l'unique raison ou cause de cette existence.

Il est inutile de demander si Dieu ne connaît pas les objets en eux-mêmes; il les connaît tels qu'ils sont. Ils ne sont point par eux-mêmes ; ils ne sont que par lui, et par conséquent ce n'est que par lui qu'ils sont intelligibles : il ne peut donc les connaître que par soi-même et par sa volonté. S'il considère leur essence, il n'y trouvera nulle détermination à exister; il n'y trouvera même aucune possibilité par elles-mêmes : il trouvera seulement qu'elles ne sont pas impossibles à sa puissance. Ainsi, c'est dans sa seule puissance qu'il trouve leur possibilité, qui n'est rien par elle-même. C'est aussi dans sa volonté positive qu'il trouve leur existence; car pour leur essence, elle ne renferme en soi aucune raison ou cause d'exister : au contraire, elle renferme par soi nécessairement la non-existence. Il n'y voit donc que néant, et il ne peut jamais trouver l'existence de sa créature que dans sa pure volonté, hors de laquelle l'objet lui-même n'est plus que néant.

Ainsi Dieu n'est point éclairé comme moi par des objets extérieurs; il ne peut voir que ce qu'il fait; car tout ce qu'il ne fait point actuellement n'est pas. L'intelligibilité de mon objet est indépendante de mon intelligence, et mon intelligence reçoit de cet objet intelligible une nouvelle perception. Il n'en est pas de même de Dieu; l'objet n'est objet, n'est vrai et intelligible, que par lui : ainsi c'est l'objet qui reçoit son intelligibilité, et l'intelligence infinie de Dieu ne peut en recevoir aucune nouvelle perception. Comme tout n'est vrai et intelligible que par lui, pour voir toutes choses comme elles sont, il faut qu'il les connaisse purement par lui-même et dans sa seule volonté, qui en est l'unique raison; car hors de cette volonté, et par elles-mêmes, elles n'ont rien de réel, ni par conséquent de véritable et d'intelligible.

Je ne saurais trop me remplir de cette vérité, parce que je prévois que, pourvu qu'elle me soit toujours bien présente dans toute sa force et son évidence, elle servira dans la suite à en démêler beaucoup d'autres.

Je viens de considérer comment Dieu voit les êtres purement possibles, et ceux qui doivent exister dans quelque partie du temps. Il me reste à examiner comment il connaît les êtres que je nomme futurs conditionnels, c'est-à-dire qui doivent être, si certaines conditions arrivent, et non autrement. Les futurs conditionnels qui seront absolument, parce que la condition à laquelle ils sont attachés doit certainement arriver, retombent manifestement dans le rang des futurs absolus. Ainsi je comprends sans peine que comme ils arriveront absolument, Dieu voit leur futurition absolue, si je puis parler ainsi, dans la volonté absolue qu'il a formée de faire arriver la condition à laquelle ils sont attachés.

Pour les futurs conditionnels dont la condition ne doit point arriver, et qui par conséquent ne sont point absolument futurs, Dieu ne les voit que dans la volonté qu'il avait de les faire exister, supposé que la condition à laquelle il les attachait fût arrivée. Ainsi, à leur égard, on peut dire qu'il n'a voulu ni la condition, ni l'effet qui était la suite de la condition : il a seulement voulu lier cette condition avec cet effet, en sorte que l'un devait arriver de l'autre; et c'est dans sa propre volonté, laquelle liait ces deux événements possibles, qu'il voit la futurition du second. Mais enfin il ne peut rien voir que dans sa propre volonté qui fait l'être, la vérité, et par conséquent l'intelligibilité de tout ce qui existe hors de lui. S'il ne voit les êtres réels et actuellement existants que dans sa pure volonté en laquelle ils existent, à plus forte raison ne voit-il que dans cette même volonté, les êtres conditionnellement futurs, qui par défaut de la condition ne sont point absolument futurs, et qui, par conséquent, n'ont ni existence, ni réalité, ni vérité, ni intelligibilité propre. Que faut-il conclure de tout ceci? que Dieu ne se détermine point à certaines choses plutôt qu'à d'autres, parce qu'il voit ce qui doit résulter de la combinaison des futurs conditionnels? Ce serait attribuer à l'être parfait deux grandes imperfections : l'une, d'être éclairé par son propre ouvrage qui est son objet, au lieu qu'il ne peut rien voir qu'en lui seul, lumière et vérité universelle : l'autre, de dépendre de son ouvrage, et de s'accommoder à ce qu'il en peut tirer, après l'avoir tourné de toutes les façons pour voir celle qui lui donne plus de facilité. Je comprends donc que, loin de chercher bassement la cause de ses volontés dans la prévision qu'il a eue des futurs conditionnels, dans les divers plans qu'il a formés de son ouvrage, tout au contraire il n'est permis de chercher la cause de toutes ces futuritions conditionnelles, et de la prévision qu'il en a eue, que dans sa volonté seule, qui est l'unique raison de tout.

Non, mon Dieu, vous n'avez point consulté plusieurs plans auxquels vous fussiez contraint de vous assujettir. Qu'est-ce qui vous pouvait gêner? Vous ne préférez point une chose à une autre à cause que vous prévoyez ce qu'elle doit être; mais elle ne doit être ce qu'elle sera qu'à cause que vous voulez qu'elle le soit. Votre choix ne suit point servilement ce qui doit arriver; c'est au contraire ce choix souverain, fécond et tout-puissant, qui fait que chaque chose sera ce que vous lui ordonnez d'être. Oh! que vous êtes grand, et éloigné d'avoir besoin de rien! votre volonté ne se mesure sur rien, parce qu'elle fait elle seule la mesure de toutes choses.

Il n'y a rien qui soit ni conditionnellement ni absolument, si votre volonté ne l'appelle, et ne le tire de l'absolu néant. Tout ce que vous voulez qui soit vient aussitôt à l'être; mais au degré précis d'être que vous lui marquez. Vous ne pouvez trouver aucune convenance dans les choses, puisque c'est vous qui les faites toutes : les objets que vous connaissez n'impriment rien en vous; au lieu que ceux que je commence à connaître, impriment en moi et y font la perception de quelque vérité particulière qui augmente mon intelligence.

Pour vous, ô infinie Vérité, vous trouvez toute vérité en

vous-même. Les objets créés, loin de vous donner quelque intelligence, reçoivent de vous toute leur intelligibilité; et comme cette intelligibilité n'est qu'en vous, ce n'est aussi qu'en vous que vous la pouvez voir. Vous ne pouvez les voir en eux-mêmes, puisqu'en eux-mêmes ils ne sont rien, et que le néant n'est point intelligible : ainsi vous ne pouvez les voir qu'en vous, qui êtes leur unique raison d'existence.

A force d'être grand, vous êtes d'une simplicité qui échappe à mes regards successifs et bornés. Quand je supposerais que vous auriez créé cent mille mondes durables pour une suite innombrable de siècles, il faudrait conclure que vous verriez le tout d'une seule vue dans votre volonté, comme vous voyez de la même vue toutes les créatures possibles dans votre puissance, qui est vous-même. C'est un étonnement de mon esprit, que l'habitude de vous contempler ne diminue point. Je ne puis m'accoutumer à vous voir, ô Infini simple, au-dessus de toutes les mesures par lesquelles mon faible esprit est toujours tenté de vous mesurer. J'oublie toujours le point essentiel de votre grandeur, et par là je retombe à contre-temps dans l'étroite enceinte des choses finies. Pardonnez ces erreurs, ô bonté qui n'êtes pas moins infinie que toutes les autres perfections de mon Dieu; pardonnez les bégaiements d'une langue qui ne peut s'abstenir de vous louer, et les défaillances d'un esprit que vous n'avez fait que pour admirer votre perfection.

FIN DU TRAITÉ DE L'EXISTENCE DE DIEU.

LETTRES

SUR DIVERS SUJETS

DE MÉTAPHYSIQUE ET DE RELIGION.

LETTRE PREMIÈRE.

Sur l'existence de Dieu et sur la religion.

Votre lettre, Monsieur, demanderait, pour y répondre, un ouvrage fait de la meilleure main. Je vais, en vous obéissant, mettre ici quelques réflexions, auxquelles un esprit comme le vôtre suppléera sans peine ce qui pourra leur manquer.

RÉFLEXIONS

D'un homme qui examine en lui-même ce qu'il doit croire sur la religion.

Je suis en ce monde sans savoir ni d'où je viens, ni comment je me trouve ici, ni où est-ce que je vais. Certains hommes me parlent de plusieurs choses, et me les proposent comme indubitables; mais je suis résolu d'en douter, et même de les rejeter, à moins que je ne voie qu'elles méritent ma croyance. Le véritable usage de la raison qui est en moi est de ne rien croire sans savoir pourquoi je le crois, et sans être déterminé à m'y rendre sur un signe certain de vérité. D'autres hommes voudraient que je commençasse par le mépris de toutes ces choses qu'on appelle mystères de religion; mais je n'ai garde de les rejeter sans les avoir auparavant bien examinés. Il y a autant de légèreté et de faiblesse d'esprit à être incrédule et opiniâtre, qu'à être crédule et superstitieux. Je cherche le milieu. Je sens que ma raison est bien faible, et ma volonté bien exposée aux piéges de l'orgueil et des passions, pour pouvoir trouver ce milieu précis, et pour y demeurer toujours ferme quand je l'aurai trouvé. Mais enfin je ne saurais, par mes seules forces naturelles, me faire moi-même ni plus pénétrant, ni plus patient dans mes recherches, ni plus exact dans mes raisonnements, ni plus égal dans mes bonnes dispositions, ni plus précautionné contre l'orgueil, ni plus incorruptible en faveur de la vérité, que je le suis. Je n'ai que moi-même pour cet examen, et c'est de moi-même que je me défie sincèrement, sur une infinité d'expériences malheureuses que j'ai de la précipitation de mes jugements et de la corruption de mon cœur. Que me reste-t-il à faire dans cette impuissance?

Oh! s'il est vrai qu'il y ait au-dessus de l'homme quelque être plus puissant et meilleur que lui, duquel il dépende, je conjure cet être, par sa bonté, d'employer sa puissance à me secourir. Il voit mon désir sincère, ma défiance de moi-même, mon recours à lui. O Etre infiniment parfait! s'il est vrai que vous soyez, et que vous entendiez les désirs de mon cœur, montrez-vous à moi, levez le voile qui couvre votre face, préservez-moi du danger de vous ignorer, d'errer loin de vous, et de m'égarer dans mes vaines pensées, en vous cherchant! O vérité, ô sagesse, ô bonté suprême! s'il est vrai que vous soyez tout ce que l'on dit, et que vous m'ayez fait pour vous, ne souffrez pas que je sois à moi, et que vous ne possédiez pas votre ouvrage; ouvrez-moi les yeux, montrez-vous à votre créature!

CHAPITRE PREMIER.

De ma pensée.

I. Ce que j'appelle *moi* est quelque chose qui pense, qui connaît, et qui ignore; qui croit, qui est certain, et qui dit : Je vois avec certitude; qui doute, qui se trompe, qui aperçoit son erreur, et qui dit : Je me suis trompé. Ce *moi* est quelque chose qui veut, et qui ne veut pas; qui aime le bien, et qui hait le mal; qui a du plaisir et de la douleur; qui espère, qui craint; qui se réjouit de ce qu'il a, qui désire ce qu'il n'a pas. Ce *moi* est souvent irrésolu, et peu d'accord avec lui-même : il change, il se repent; puis il se repent de s'être repenti. Ce *moi* se connaît et se gouverne soi-même : il a une espèce d'empire sur soi; car je ne puis douter que je ne délibère pour choisir entre vouloir et ne vouloir pas, comme ayant actuellement dans ma main le choix entre ces deux partis. Quand je veux, c'est qu'il me plaît de former une telle volonté; et je choisis de vouloir, étant maître de ne vouloir pas. Ce *moi* est donc ce qu'on appelle libre, c'est-à-dire maître de son propre vouloir.

II. Ce *moi* a-t-il toujours été? Où étais-je, qu'étais-je il y a cent ans? Peut-être étais-je alors un corps, ou, pour mieux dire, beaucoup de petits corps épars çà et là sous diverses formes, que le mouvement a rassemblés, pour en composer cette portion de matière sur laquelle j'ai un pouvoir singulier, qui me domine réciproquement, et que j'appelle mon corps. Mais enfin ce corps n'était, il y a cent ans, ni rassemblé ni façonné comme il l'est aujourd'hui avec des organes si merveilleux : alors il ne pensait point; le *moi* pensant n'était pas alors. Comment a-t-il commencé à penser? comment a-t-il pu devenir, de non-pensant qu'il était, jusqu'à un certain jour et jusqu'à un certain moment, ce *moi* qui a commencé tout à coup à penser, à juger, à vouloir? S'est-il fait lui-même? s'est-il donné la pensée qu'il n'avait pas? et n'aurait-il pas fallu l'avoir pour se la donner, ou la prendre dans le néant? Le néant de pensée peut-il se donner le degré d'être qui lui manque? Par où est-ce donc que m'est venue cette pensée, cette volonté, cette liberté que je n'avais point? et où est-ce que j'en trouverai la source?

III. Faut-il croire que le même corps peut tantôt connaître, juger, vouloir, être libre, et tantôt n'avoir ni connaissance, ni jugement, ni volonté, ni liberté? Examinons cette question. Je suppose qu'on réduise un corps en poudre très-subtile; cette poudre aura beau être subtilisée à l'infini, je ne puis concevoir que les petits corps soient plus propres à penser que les grands. Donnez-moi des corpuscules carrés ou ronds, il me paraît que les ronds et les carrés sont également incapables de se connaître et de vouloir. Les globules n'ont pas plus de raison que les triangles; les atomes crochus n'ont pas plus d'esprit et d'intelligence que les atomes sans crochet. Cent mille atomes ne sont pas plus pensants, quand ils sont liés ensemble, que chacun d'eux quand il est seul et séparé des autres. Les corps liquides n'ont pas plus de pensée dans leur fluidité, que les corps solides dans leur consistance. La plus rapide flamme n'a pas plus d'intelligence et de volonté qu'une pierre. Le mouvement le plus impétueux ne donne point d'intelligence à une masse, non plus que le repos. Prenez un morceau de matière, réduisez-le à la poudre la plus subtile, faites-la bouillir, faites-la évaporer en corpuscules volatiles, ou bien donnez-lui toutes les fermentations qu'il vous plaira d'imaginer, faites-en le tourbillon le plus rapide, ou bien faites-la mouvoir en tel autre sens que vous choisirez, vous ne concevrez jamais que cette masse ainsi façonnée, subtilisée, et agitée avec rapidité, se connaisse, et parvienne à dire en elle-même : Je crois, je doute, je veux, je ne veux pas. Oseriez-vous dire qu'il y a un degré de fermentation et un moment précis où cette masse n'a ni connaissance ni volonté; mais qu'il faut encore un dernier degré de fermentation, et qu'au moment immédiatement suivant cette masse commencera tout à coup à juger, à vouloir, à dire en elle-même : Je crois et je veux? D'où vient que les enfants qui sont instruits par la seule nature, et en qui la raison n'est encore altérée par aucun préjugé, se mettent à rire quand on leur dit qu'une montre, dont ils entendent le mouvement, a de l'esprit? C'est que la raison ne permet pas de croire que la seule matière, quelque figure et quelque mouvement que vous lui donniez, puisse jamais penser, juger, vouloir. D'où vient que tant de gens se révoltent quand on leur dit que les bêtes ne sont que de pures machines? C'est que ces hommes ne sauraient concevoir qu'une pure machine soit capable des connaissances qu'ils supposent dans les bêtes. Tant il est vrai que la raison répugne à croire que la matière, si subtilisée, si façonnée, si agitée qu'on veuille se l'imaginer, puisse penser.

IV. Mais supposons tout ce qu'on voudra ; poussons la fiction jusqu'à l'impossible; supposons que le même corps qui était non pensant dans une première minute devient tout à coup pensant, jugeant, voulant, et disant *Je veux*, dans la seconde; notre difficulté n'en est pas moins grande. Si la pensée n'est qu'un degré d'être que les corps puissent acquérir et perdre, il faut au moins avouer que c'est le plus haut degré d'être que les corps puissent acquérir, et que cette perfection est fort supérieure à celle d'être étendu et figuré. Connaître soi et les autres êtres, juger, vouloir, être libre, c'est-à-dire avoir l'empire sur son propre vouloir, c'est sans doute un degré d'être qui vaut incomparablement mieux que d'être une masse qui ne connaît ni soi ni autrui, qui ne peut ni juger, ni vouloir, ni choisir.

Je reviens donc à demander qui est-ce qui a donné tout à coup à une masse de matière, dans une certaine minute, ce sublime degré d'être qu'elle n'avait pas dans la minute immédiatement précédente. Cette masse n'a pu se donner ce degré si supérieur qui lui manquait, et dont elle avait pour ainsi dire le néant en elle : elle n'a pas pu le recevoir des autres corps, car les autres corps, non plus que celui-ci, ne sauraient donner ce qu'ils n'ont pas. Toute la nature corporelle ensemble, si on la suppose purement corporelle et non pensante, ne peut donner ni à soi-même en général, ni à aucune de ses parties, ce degré d'être supérieur qu'on nomme la pensée, et qui n'est point attaché à l'essence des corps. Bien plus, nul être borné déjà pensant ne peut donner la pensée à aucun autre être distingué de soi. Les corps peuvent être les uns aux autres une occasion de mouvement, selon des règles établies par une puissance supérieure aux uns et aux autres; mais aucun être borné et imparfait ne peut donner à un autre être le degré d'être ou de perfection qu'elle n'a pas.

La privation d'un degré d'être est le néant de ce degré-là. Pour donner ce degré d'être à celui qui ne l'a point, il faut, pour ainsi dire, travailler sur le néant même, et faire une espèce de création réelle en lui, pour ajouter à l'être inférieur qui existait déjà un nouveau degré d'être qui l'élève au-dessus de lui. Comme c'est créer tout l'être que de faire exister ce qui n'avait aucune existence, c'est le créer en partie, que de faire exister dans un individu un degré d'être qui n'y existait nullement. Or il est manifeste que les êtres pensants que nous connaissons, sont trop faibles et trop imparfaits pour pouvoir créer en autrui un degré d'être ou de perfection très-haute qui n'y existait nullement. L'action de créer est d'une puissance et d'une perfection infinies. Il y a une distance infinie depuis le néant d'une chose jusqu'à son existence : il faut donc une puissance infinie pour faire passer cette chose du néant à l'être. D'ailleurs il faut avoir jusqu'au suprême degré une perfection pour pouvoir en être la source à l'égard d'autrui, et pour la communiquer à ce qui est le pur néant de cette chose. Pour avoir en soi cette fécondité, et pour faire au dehors cette communication de l'être, il faut en avoir la plénitude en soi et par soi, dans son propre fonds. Or, posséder l'être par soi, c'est la suprême perfection. Je rentre donc aussitôt en moi-même ; et je reconnais que les êtres pensants, qui sont semblables à moi, sont absolument incapables de cette fécondité et de cette création de la pensée au-dehors d'eux-mêmes, dans un sujet qui n'en a aucun commencement. Des êtres pensants qui se trompent, qui ignorent, qui aiment le mal, qui haïssent le bien, qui se contredisent souvent les uns les autres, et qui sont quelquefois contraires à eux-mêmes, ne peuvent point avoir la suprême perfection de l'être par soi et en plénitude ; ils ne peuvent point être pensants jusqu'à être créateurs de la pensée en autrui.

V. Il faut donc que le *moi*, qui n'était point pensant il y a cent ans, soit devenu pensant par le bienfait d'un être supérieur, qui, ayant la pensée par soi en plénitude, a pu la faire passer en moi, qui en étais le néant. Il faut qu'il ait la pensée en lui jusqu'au point de la pouvoir donner à qui ne l'a pas; il faut qu'il ait pu me faire passer du néant de la pensée à une pensée existante; il faut qu'il soit créateur en moi, au moins de ce degré d'être dont j'étais le pur néant quand je n'étais qu'un peu de matière. Ainsi ma conclusion est absolument indépendante de la question qu'on agite pour savoir si mon âme est distinguée de mon corps. Sans entrer dans cette question, je trouve tout ce qu'il me faut pour parvenir à mon unique but. Si les âmes sont distinguées des corps, je demande qui est-ce qui a uni mon corps et mon âme, qui est-ce qui a joint deux natures si dissemblables. Elles ne se sont point associées par un pacte qui ait été fait librement entre elles. Le corps n'en est pas capable : l'âme ne se souvient pas de l'avoir fait, et elle s'en souviendrait si elle l'avait fait par choix : de plus, si elle l'avait fait librement, elle finirait ce pacte quand il lui plairait; au lieu qu'elle ne saurait le finir sans détruire les organes du corps. D'ailleurs les autres êtres semblables à moi, loin d'avoir fait en moi cette union ou société mutuelle, sont dans le même cas, et en cherchent comme moi une cause supérieure. Enfin d'où vient une différence que j'éprouve entre la portion de matière que j'appelle *mon corps*, et tous les autres corps voisins? J'ai beau vouloir que les autres corps se remuent, il ne s'en meut aucun; ma volonté n'a pas même, quand elle est seule, le pouvoir de remuer le moindre atome : mais, pour la masse de mon corps, ma volonté n'a qu'à vouloir, cette masse obéit à l'instant. Je veux, et tous mes membres se tournent comme il me plaît. Qui est-ce qui m'a donné cette puissance absolue sur eux, pendant que je suis si impuissant sur tous les autres corps voisins? Si au contraire mon âme n'est que mon corps devenu pensant, je demande qui est-ce qui a créé dans mon corps ce degré d'être, savoir, la pensée qui n'y existait pas?

CHAPITRE II.

De mon corps et de tous les autres corps de l'univers.

I. Il y a une portion de matière que je nomme *mon corps*, parce que ses mouvements dépendent de mon seul vouloir, au lieu que nul autre corps ne dépend de ma volonté. Cette portion de matière me paraît façonnée exprès pour toutes les fonctions auxquelles elle sert. Je vois un corps fait avec symétrie : il est posé sur deux cuisses et sur deux jambes égales et bien proportionnées. Veux-je demeurer debout et immobile, mes cuisses et mes jambes sont droites et fermes comme des colonnes qui portent tout cet édifice. Au contraire, veux-je marcher? ces deux grandes colonnes se trouvent brisées par des jointures : pendant que l'une demeure appuyée pour me soutenir, l'autre s'avance pour me porter vers les objets dont je veux m'approcher. Mais ce corps, en se penchant, sait se planter en sorte qu'il garde un parfait équilibre pour ne tomber pas. Le corps proportionné à ces deux soutiens est fortifié par des côtes bien rangées en demi-cercle, qui viennent se joindre par-devant. Elles sortent toutes de l'épine du dos, qui est formée de vertèbres, c'est-à-dire de petits ossements très-durs emboîtés les uns dans les autres, en sorte que le dos est tout ensemble très-droit et très-ferme quand il me plaît, et très-flexible pour se courber et pour se pencher dès que j'en ai besoin. Les côtes servent à renfermer et à tenir en sûreté les principaux organes, qui sont comme le centre de la vie, et dont la délicatesse est extrême : elles laissent néanmoins entre elles un intervalle à l'endroit précis où j'en ai besoin, pour faciliter l'élargissement ou le resserrement de toutes ces parties internes par rapport à la respiration et aux autres opérations vitales. Mon cœur est comme la source d'où part avec impétuosité le sang, qui va par des rameaux innombrables arroser et nourrir les chairs de tous les membres, de même que les rivières vont arroser et fertiliser toutes les campagnes. Ce sang, qui se ralentit dans sa course, revient des extrémités du corps au centre, pour s'y rallumer, et pour y reprendre de nouveaux esprits. Les poumons sont des soufflets qui font la respiration. L'estomac est un réservoir qui reçoit tous les aliments : il a des sucs tout propres pour les dissoudre, et pour les convertir en une espèce de lait qui devient ensuite du sang. Le gosier, quand il est bien formé, est le plus parfait de tous les instruments de musique. Tout est merveilleux dans le corps humain, jusqu'aux organes mêmes des fonctions les plus viles et les plus abjectes qu'on ne nomme pas. Il n'y a dans tout ce corps aucun ressort interne qui ne surpasse toute l'industrie des mécaniques. Vers le haut de ce corps pendent deux bras qui sont brisés par des jointures, en sorte qu'ils se meuvent presque en tout sens. Ils sont terminés par deux mains qui s'allongent et qui se replient par les articles des doigts, armés d'ongles. Que pourrait-on jamais inventer de plus propre à saisir, à repousser, à porter, à traîner, à séparer les corps voisins, à démêler les choses entrelacées, à faire les ouvrages les plus rudes ou les plus délicats?

Au-dessus de ce corps s'élève le cou, qui se dresse ou qui se penche, qui se tourne à droite ou à gauche selon les besoins, et qui porte la tête, siége des principales sensations. Le derrière de la tête est couvert de cheveux qui l'ornent et le fortifient. Le devant est le visage, où les deux yeux, égaux et placés avec symétrie, semblent allumés d'une flamme céleste. Le nez sert à relever le visage, et il est en même temps l'organe de l'odorat. Les oreilles sont aux deux côtés, pour entendre à droite et à gauche. Ces sensations principales sont doubles, non-seulement pour les rendre plus promptes et plus faciles des deux côtés, mais encore pour préparer une ressource dans les accidents où l'un des deux organes serait blessé. La bouche est par les lèvres un grand ornement du visage. Quand elle s'ouvre, elle montre un double rang de dents, destinées à briser les aliments, et à en préparer la digestion. La langue, souple et humide va toucher le palais et les dents en tant de manières, qu'elle articule assez de sons pour en composer tout le langage du genre humain; mais je n'ai garde de vouloir remarquer tout l'artifice de mon corps, je ne fais que l'effleurer. Il est infini : plus on l'approfondit, plus on y trouve un art qui surpasse infiniment l'art de tous les hommes. Le corps humain est la plus composée et la plus industrieuse de toutes les machines.

II. Si je passe de mon corps aux autres corps qui m'environnent, non-seulement j'aperçois un grand nombre d'autres corps semblables au mien, mais encore je vois de tous côtés des animaux faits, pour ainsi dire, sur divers patrons. Les uns marchent à quatre pieds, les autres ont des ailes pour voler dans l'air, les autres des nageoires pour nager dans l'eau. Les navires, que les hommes construisent avec tant d'art suivant des règles si savantes, ne sont que les copies faites d'après ces oiseaux et ces poissons qui voguent dans deux éléments liquides, dont l'un est un peu plus épais que l'autre. De ces animaux, les uns nous servent à porter des fardeaux, comme le cheval et le chameau : d'autres servent par leur force, comme les bœufs, à suppléer ce qui manque à notre force bornée; puis ce même animal devient notre aliment : d'autres, comme les brebis, nous nourrissent de leur lait, et nous vêtent de leur laine. L'homme sait dominer par force ou par industrie sur tous les animaux, et les plier à son usage. Un vermisseau, une fourmi, un moucheron, montrent cent fois plus d'art et d'industrie que l'horloge la plus parfaite.

La terre qui nous porte tire de son sein fécond tout ce qu'il faut pour notre nourriture; tout en sort, tout y entre, tout y renaît chaque année; elle ne s'use jamais. Plus vous déchirez ses entrailles, plus elle vous comble de ses largesses pour vous récompenser de votre travail. Elle se couvre de moissons, elle se pare de verdure; elle nourrit avec l'homme les animaux qui le servent et qui le nourrissent.

Les arbres qu'elle forme sont de grands bouquets plantés dans son sein, qui l'ornent comme les cheveux ornent la tête de l'homme. Ces arbres nous donnent leur ombre pour nous rafraîchir en été, et leur bois pour nous réchauffer en hiver. Leurs fruits pendants à leurs rameaux tombent dans nos mains dès qu'ils sont assez mûrs. Les plantes ont une variété infinie : elles ont toutes un ordre qui les rend uniformes jusqu'à un certain point; mais, au delà de ce point, tout est varié, et il n'y a pas deux feuilles sur un arbre entièrement semblables. Les fleurs qui embellissent toute la nature, promettent les fruits, et les fruits, qui couronnent l'année, répandent l'abondance immédiatement avant la saison dont la rigueur suspend le travail. Les ruisseaux tombent des montagnes. Les rivières, après avoir arrosé les divers pays et facilité le commerce, vont se précipiter dans la mer, qui, loin de priver les hommes de toute société, est au contraire le centre du commerce entre les nations les plus éloignées. Les vents, qui purifient l'air et qui tempèrent les saisons, sont l'âme de la navigation et du commerce des nations entre elles. Si l'air était un peu plus épais, nous ne pourrions le respirer, et nous nous y noierions comme dans la mer. Qui est-ce qui a su lui donner ce degré si juste de subtilité?

Le soleil se lève et se couche pour nous faire le jour et la nuit. Pendant qu'il nous laisse dans le repos des ténèbres, il va éclairer un autre monde qui est sous nos pieds. La terre est un globe suspendu en l'air, et cet astre tourne autour d'elle, parce qu'il lui doit ses rayons. Non-seulement il en fait un tour régulier qui forme les jours et les nuits, mais encore il s'approche et s'éloigne tour à tour de chaque pôle, et c'est ce qui fait tour à tour pour chaque moitié du monde l'hiver et l'été. Si le soleil s'approchait un peu plus de nous, il nous embraserait; s'il s'en éloignait un peu plus, il nous laisserait glacer, et notre vie serait éteinte. Qui est-ce qui conduit avec tant de justesse ce flambeau de l'univers, cette flamme subtile et rapide?

La lune, plus voisine de nous, emprunte du soleil une lumière douce, qui tempère les ombres de la nuit, et qui nous éclaire quand nous ne sommes pas libres d'attendre le jour. Que de commodités préparées à l'homme!

Mais que vois-je? un nombre prodigieux d'astres brillants qui sont dans le firmament comme des soleils! A quelle distance sont-ils de nous? Quelle grandeur immense, qui confond l'imagination, et qui étonne l'esprit même! Que devenons-nous à nos propres yeux, vils atomes posés dans je ne sais quel petit coin de l'univers, quand nous considérons ces soleils innombrables? Une main toute-puissante les a semés avec profusion, pour nous étonner par une magnificence qui ne lui coûte rien.

III. Si j'entre dans une maison, j'y vois des fondements posés de pierre solide, pour rendre l'édifice durable; j'y vois des murs élevés, avec un toit qui empêche la pluie de pénétrer au dedans : je remarque au milieu une place vide qu'on nomme une cour, et qui est le centre de toutes les parties de ce tout : je rencontre un escalier dont les marches sont visiblement faites pour monter; des appartements dégagés les uns des autres, pour la liberté des hommes qui logent dans cette maison; des chambres avec des portes pour y entrer, des serrures et des clefs pour fermer et pour ouvrir; des fenêtres par où la lumière entre, sans que le vent puisse entrer avec elle; une cheminée pour faire du feu sans être incommodé de la fumée; un lit pour se coucher; des chaises pour s'asseoir, une table pour manger; une écritoire pour écrire.

A la vue de toutes ces commodités, pratiquées avec tant d'art, je ne puis douter que la main des hommes n'ait fait tout cet arrangement. Je n'ai garde de dire que ce sont des atomes que le hasard a assemblés. Il ne m'est pas possible de croire sérieusement que les pierres de cet édifice se sont élevées d'elles-mêmes avec tant d'ordre les unes sur les autres, comme la fable nous dépeint celles que la lyre d'Amphion remuait à son gré pour en former les murs de Thèbes.

Jamais aucun homme sensé ne s'avisera de dire que cette maison, avec tous ses meubles, s'est faite et arrangée d'elle-même. L'ordre, la proportion, la symétrie, le dessein manifeste de tout l'ouvrage, ne permet point de l'attribuer à une cause aveugle, telle que le hasard.

En vain quelqu'un me viendra dire que cette maison s'est faite d'elle-même par pur hasard, et que les hommes qui y trouvent cet ordre purement fortuit s'en servent, et s'imaginent qu'il a été fait tout exprès pour leur usage. De telles pensées ne peuvent entrer dans les esprits des hommes raisonnables. Il en est de même d'un livre tel que l'*Iliade* d'Homère, ou d'une horloge qu'on trouverait dans une île déserte; personne ne pourrait jamais croire que ce poëme admirable, ou que cette horloge excellente, fût un caprice du hasard : on conclurait d'abord qu'un poëte sublime aurait composé ces beaux vers, et qu'un habile ouvrier aurait fait cette horloge.

En voilà assez pour notre conclusion. L'ouvrage du monde entier a cent fois plus d'art, d'ordre, de sagesse, de proportion et de symétrie, que tous les ouvrages les plus industrieux des hommes. C'est donc s'aveugler par obstination, que de refuser de reconnaître la main toute-puissante qui a formé l'univers.

CHAPITRE III.

De la puissance qui a formé mon corps, et qui m'a donné la pensée.

Je reconnais donc qu'il faut qu'une puissance infiniment sage et toute-puissante ait arrangé l'univers, et façonné ce corps particulier que je nomme le mien. Je reconnais qu'il faut que cette puissance supérieure ait ajouté en moi à ce corps un être pensant distingué du corps même, ou bien qu'elle ait donné à ce corps la pensée qu'il n'avait point, et que, de non-pensant qu'il était naturellement en lui-même, elle l'ait fait pensant tel que je le suis aujourd'hui. Si cette puissance a uni ensemble les deux natures qu'on nomme un *esprit* et un *corps*, qui sont si dissemblables, il faut que cette puissance soit supérieure à ces deux natures; il faut qu'elle ait un empire absolu et égal sur toutes les deux; il faut qu'elle contienne en soi toute la perfection de chacune d'elles; il faut qu'elle puisse les assujettir par sa seule volonté à cette correspondance mutuelle des mouvements du corps avec les pensées de l'âme, et des pensées de l'âme avec les mouvements du corps; il faut que cet être supérieur soit tellement maître des corps, qu'il ait pu donner à un esprit une puissance sur un corps, telle que celle qu'on attribue vulgairement à la Divinité. Ma volonté, qui ne peut rien d'elle-même sur aucun autre corps pour le remuer, n'a qu'à vouloir, et le corps que j'appelle le mien se remue aussitôt. Vous diriez qu'il entend l'ordre de ma volonté; il lui obéit, comme on dit d'ordinaire que tous les êtres obéissent à la voix de Dieu. Quelle suprême puissance qui est donnée à mon esprit sur mon corps! Combien faut-il que celui qui donne tant de puissance à un être si borné et si impuissant, sur un être si différent de lui, soit lui-même puissant et parfait! Il faut qu'il porte au-dedans de lui l'universalité de l'être, c'est-à-dire la perfection universelle en tout genre; il faut qu'il réunisse en soi éminemment toute la perfection réelle des esprits et des corps, et qu'il ait l'empire suprême sur ces différentes natures, jusqu'à pouvoir communiquer cet empire à une de ces natures sur l'autre, pour former cette union qui compose l'homme.

Si, au contraire, cette puissance n'a point mis en moi une double nature, et si elle a seulement fait en sorte que mon corps, qui ne pensait pas, ait commencé à un certain moment à penser, il faut que cette puissance ait créé en moi ce nouveau degré d'être; il faut que cette puissance, par sa fécondité infinie, ait fait passer l'être que je nomme *moi*, du néant de pensée à l'existence de la pensée qui est maintenant la mienne. Quelle est donc cette voix qui appelle du néant un degré d'être très-haut, qui n'existait point en moi, et qui l'y fait exister? Cette création de la pensée dans une masse inanimée, aveugle et insensible, est sans doute une action toute-puissante. Voilà un créateur : s'il ne l'est pas en moi du premier degré d'être, qui est d'être une masse de matière, au moins il est créateur en moi du second degré d'être, qui est très-supérieur, savoir, celui d'être pensant. Mais comment pourrait-il être le créateur du degré supérieur d'être, s'il ne l'était pas de l'inférieur? Comment une masse vile et inanimée pourrait-elle recevoir de lui une si haute perfection, si elle ne dépendait pas de lui? De plus, quelle apparence que le degré d'être le plus parfait, savoir, de penser, de juger et de vouloir librement, soit dépendant de lui, en sorte qu'il puisse le créer, et le donner quand il lui plaît aux plus vils êtres qui en sont privés; et que le plus bas degré d'être, savoir, de n'être qu'une masse vile et inanimée, existe par soi-même, et soit indépendant de cette puissance? Si la chose était ainsi, il faudrait dire que le plus bas degré d'être aurait la plus haute perfection, savoir, d'exister par soi, d'être indépendant, en un mot, d'être incréé; et que le degré supérieur d'être aurait la plus grande imperfection, savoir, celle d'être dépendant, de n'exister point par soi, de n'avoir qu'une existence empruntée, en un mot, de n'être que créé.

Il est donc visible que cette puissance qui réunit en soi tous ces degrés d'être, et qui les crée en moi par son seul bon plaisir, ne peut être qu'infiniment parfaite. Il faut qu'elle existe par soi, puisque c'est elle qui fait exister ce qui est distingué d'elle : il faut avouer qu'elle porte en soi la plénitude de l'être, puisqu'elle le possède jusqu'au point de le communiquer au néant; il faut qu'elle en ait l'universalité, puisqu'elle a un égal empire sur toutes les natures et sur tous les divers degrés de perfection; enfin il faut qu'elle soit également sage et puissante, puisqu'elle façonne, arrange et conduit l'univers avec un art et un ordre qui éclatent depuis le dernier insecte jusqu'aux astres, et jusqu'à l'homme, qui, ayant la pensée, est plus parfait que tous les autres ensemble.

CHAPITRE IV.

Du culte qui est dû à cette puissance.

I. Ce premier être, que je reconnais pour la source féconde de tous les autres, m'a donc tiré du néant : je n'étais rien, et c'est par lui seul que j'ai commencé à être tout ce que je suis; c'est en lui que j'ai l'être, le mouvement et la vie. Il m'a tiré du néant, pour me faire tout ce que je suis; il me soutient encore à chaque moment comme suspendu par sa main en l'air au-dessus de l'abîme du néant, où je retomberais d'abord par mon propre poids, s'il me laissait à moi-même; et il me continue l'être qui ne m'est point naturel, et auquel il m'élève sans cesse, malgré ma fragilité, par un bienfait qui a besoin d'être renouvelé en chaque instant de ma durée. Je ne suis donc qu'un être d'emprunt, qu'un demi-être, qu'un être qui est sans cesse entre l'être et le néant, qu'une ombre de l'être immuable. Cet être est tout, et je ne suis rien; du moins je ne suis qu'un faible écoulement de sa plénitude sans bornes. Je n'ai pas seulement reçu de sa main certains dons : ce qui a reçu le premier de ces dons est le néant; car il n'y avait rien en moi qui précédât tous ses dons, et qui fût à portée de les recevoir. Le premier de ses dons, qui a fondé tous les autres, est ce que j'appelle *moi-même;* il m'a donné ce moi; je lui dois non-seulement tout ce que j'ai, mais encore tout ce que je suis. O incompréhensible don, qui est bientôt exprimé selon notre faible langage, mais que l'esprit de l'homme ne comprendra jamais dans toute sa profondeur? Ce Dieu qui m'a fait, m'a donné moi-même à moi-même; le moi que j'aime tant n'est qu'un présent de sa bonté : ce Dieu doit donc être en moi, et moi en lui, s'il m'est permis de parler ainsi, puisque c'est de lui que je tiens ce moi. Sans lui je ne serais pas moi-même; sans lui je n'aurais ni le moi que je puisse aimer, ni l'amour dont j'aime ce moi, ni la volonté qui l'aime, ni la pensée par laquelle je me connais. Tout est don : celui qui reçoit les dons est lui-même le premier don reçu.

O Dieu! vous êtes mon vrai père : c'est vous qui m'avez donné mon corps, mon âme, mon étendue et ma pensée; c'est vous qui avez dit que je fusse, et j'ai commencé à être, moi qui n'étais pas; c'est vous qui m'avez aimé, non parce que j'étais déjà et que je méritais déjà votre amour, mais au contraire afin que je commençasse à être, et que votre amour prévenant fît de moi quelque chose d'aimable : c'est donc mon néant que vous avez aimé dès l'éternité pour lui donner l'être, et pour le rendre digne de vous!

II. O Dieu! je vous dois tout, puisque j'ai tout reçu de vous, et que je vous dois jusqu'au moi qui a tant reçu de vos mains bienfaisantes! Je vous dois tout, ô bonté infinie! mais que vous donnerai-je? Vous n'avez pas besoin de mes biens; ils viennent de vous. Loin de vous les réserver, vous m'en avez comblé. Lors même qu'ils sont dans mes mains, ils demeurent bien plus à vous qu'à moi, puisque je ne suis moi-même qu'en vous. Je ne les ai que d'emprunt, et vous les possédez en propre. Vous ne sauriez vous en désapproprier, tant il est essentiel que tout bien ne soit qu'en vous. Que vous donnerai-je donc? Il n'y a que le seul moi que je sois libre de vous offrir ; mais ce que j'appelle *moi* n'est pas moins à vous que tout le reste. Encore une fois, que vous donnerai-je, moi qui ai tout reçu de vos mains? O amour éternel! vous ne demandez de moi qu'une seule chose, qui est le vouloir libre de mon cœur. Vous me l'avez laissé libre, afin que je puisse agréer par mon propre choix la subordination immuable avec laquelle je dois tenir sans cesse mon cœur dans vos mains : vous voulez seulement que je veuille cet ordre, qui est le bonheur de toute créature ; mais afin de me le faire vouloir, vous m'en montrez au dehors tous les charmes pour me le rendre aimable; et de plus, vous entrez par les attraits de votre grâce au-dedans de mon cœur pour en remuer les ressorts, et pour me faire aimer ce qui est si digne d'être aimé. Ainsi vous êtes tout ensemble l'objet et le principe de mon amour; vous êtes tout ensemble l'aimant et le bien-aimé. Vous vous aimez vous-même en moi : et comment pourriez-vous être dignement aimé par votre vile et corrompue créature, si vous n'aviez pas soin de vous aimer vous-même en elle?

L'encens des hommes n'est pour vous qu'une vile fumée,

vous n'avez besoin ni de la graisse ni du sang de leurs victimes; leurs cérémonies ne sont qu'un vain spectacle; leurs plus riches offrandes sont trop pauvres pour vous, et sont bien plus à vous qu'à eux : leurs louanges mêmes ne sont qu'un langage menteur, s'ils ne vous adorent point en esprit et en vérité. On ne peut vous servir qu'en vous aimant. Les signes extérieurs sont bons, quand le cœur les fait faire; mais votre culte essentiel n'est qu'amour, et votre royaume est tout entier au-dedans de nous; il ne faut point prendre le change en le cherchant au dehors. O amour! vous aimer, c'est tout; c'est là tout l'homme; tout le reste n'est point lui, et n'en est que l'ombre. Quiconque ne vous aime point est dénaturé; il n'a pas encore commencé à vivre de la véritable vie.

III. Mais ce culte d'amour doit-il être tellement concentré dans mon cœur, que je n'en donne jamais aucun signe au dehors? Hélas! s'il est vrai que j'aime, il me serait impossible de taire mon amour. L'amour ne veut qu'aimer, et faire que les autres aiment. Puis-je voir d'autres hommes, que Dieu a faits pour lui seul, comme moi, et le leur laisser ignorer?

Ce Dieu est si grand, qu'il se doit tout à lui-même. La folie insolente de l'homme, vile créature, est de rapporter tout à ce qu'il nomme *le moi :* c'est cette idole de son cœur qui est l'objet de la sévère jalousie de Dieu. Rien n'est plus injuste que de rapporter tout au seul moi, par la seule raison qu'il est le moi. Cette raison n'est pas une raison, ce n'est qu'une fureur d'amour-propre : au contraire, la suprême justice de Dieu doit consister à n'aimer aucune chose qu'à proportion du degré de bonté qui la rend aimable. Il trouve en lui la bonté et la perfection infinies; il se doit donc tout entier à soi-même par la plus rigoureuse justice. D'ailleurs il ne trouve en nous tous qu'un bien borné, mélangé, et altéré par ce mélange. Le bien qu'il trouve en nous n'est que celui qu'il y met, et il ne peut se complaire qu'en sa libéralité toute gratuite : il ne trouve en nous que le néant, le mal et ses dons; il ne peut donc en justice nous rien devoir. Il ne peut aimer en nous que sa propre bonté, qui surmonte notre néant et notre malice : il ne peut donc rien relâcher de ses droits; il violerait son ordre, et cesserait d'être ce qu'il est, s'il ne se rendait pas cette exacte justice. Il n'a donc pu créer les hommes avec une intelligence et une volonté, qu'afin que toute leur vie ne fût qu'admiration de sa suprême vérité, et amour de sa bonté infinie. Telle est la fin essentielle de notre création.

IV. Il a mis les hommes ensemble dans une société où ils doivent s'aimer et s'entre-secourir, comme les enfants d'une même famille qui ont un père commun. Chaque nation n'est qu'une branche de cette famille nombreuse qui est répandue sur la face de toute la terre. L'amour de ce père commun doit être sensible, manifeste, inviolablement régnant dans toute cette société de ces enfants bien aimés. Chacun d'eux ne doit jamais manquer de dire à ceux qui naissent de lui : Connaissez le Seigneur, qui est votre père. Ces enfants de Dieu doivent publier ses bienfaits, chanter ses louanges, l'annoncer à ceux qui l'ignorent, en rappeler le souvenir à ceux qui l'oublient. Ils ne sont sur la terre que pour connaître sa perfection et accomplir sa volonté; que pour se communiquer les uns aux autres cette science et cet amour céleste. Que serait-ce, si cette famille était en société sur tout le reste, sans y être pour le culte d'un si bon père? il faut donc qu'il y ait entre eux une société de culte de Dieu ; c'est ce qu'on nomme *religion :* c'est-à-dire que tous ces hommes doivent s'instruire et s'édifier, s'aimer les uns les autres, pour aimer et servir le père commun. Le fond de cette religion ne consiste dans aucune cérémonie extérieure; car elle consiste tout entière dans l'intelligence du vrai, et dans l'amour du bien souverain : mais ces sentiments intérieurs ne peuvent être sincères sans être mis comme en société parmi les hommes par des signes certains et sensibles. Il ne suffit pas de connaître Dieu, il faut montrer qu'on le connaît, et faire en sorte qu'aucun de nos frères n'ait le malheur de l'ignorer, de l'oublier. Ces signes sensibles du culte sont ce qu'on appelle les *cérémonies de la religion.* Des cérémonies ne sont que des marques par lesquelles les hommes sont convenus de s'édifier mutuellement, et de réveiller les uns dans les autres le souvenir de ce culte qui est au-dedans. De plus, les hommes, faibles et légers, ont souvent besoin de ces signes sensibles pour se rappeler eux-mêmes la présence de ce Dieu invisible qu'ils doivent aimer. Ces signes ont été institués avec une certaine majesté, afin de représenter mieux la grandeur du Père céleste. La plupart des hommes, dominés par leur imagination volage, et entraînés par leurs passions, ont un pressant besoin que la majesté de ces signes, institués pour le commun culte de Dieu, frappe et saisisse leur imagination, afin que toutes leurs passions soient ralenties et suspendues. Voilà donc ce qu'on nomme religion, cérémonies sacrées, culte public du Dieu qui nous a créés.

Le genre humain ne saurait reconnaître et aimer son Créateur, sans montrer qu'il l'aime, sans vouloir le faire aimer, sans exprimer cet amour avec une magnificence proportionnée à celui qu'il aime; enfin sans s'exciter à l'amour par les signes de l'amour même. Voilà la religion qui est inséparable de la croyance du Créateur.

CHAPITRE V.

De la religion du peuple juif, et du Messie.

Puisque le premier être qui m'a créé a fait toutes choses pour lui, et qu'il demande des créatures intelligentes, un culte d'amour qui soit public dans leur société, il faut que je cherche dans le monde ce culte public, pour m'y unir, et pour l'exercer avec les autres hommes qui l'exercent ensemble. Mais où trouverai-je ce culte si nécessaire? Dieu, qui rapporte tout à lui-même, ne se laisse sans doute jamais sans ce culte, qui est la fin unique de tout son ouvrage. Comme il a toujours fait son ouvrage pour la gloire qu'il lui plaît de tirer de ce culte, il ne peut y avoir eu aucun temps où il ne se soit formé lui-même des adorateurs dignes de lui. Je jette donc les yeux sur tous les siècles et sur toutes les nations, pour y découvrir ce culte pur du Créateur.

Je vois un nombre prodigieux de nations qui ont adoré de la pierre, du bois, du métal, et qui ont cru que certaines divinités étaient présentes sous des figures d'hommes ou de bêtes, faites de ces diverses matières; mais la Divinité ne peut point se renfermer sous ces figures inanimées. De plus, ceux qu'ils ont adorés, comme Jupiter, Junon, Mars, Vénus, Mercure, Bacchus, loin d'être de vrais dieux, n'ont été que des créatures très-défectueuses, très-viles et très-coupables. Les hommes qui adorent le vrai Dieu créateur de l'univers, et qui règlent leurs mœurs sur ce culte, doivent sans doute être beaucoup plus estimables que ces faux dieux pleins de vices grossiers. Un païen même a reconnu que les dieux d'Homère étaient très-inférieurs à ses héros. Quelle dégradation de la Divinité! quel culte impie et indécent de tant de faux et indignes dieux, qui semblent inventés par quelque esprit séducteur, pour tourner en dérision la Divinité, et pour faire oublier le Dieu véritable!

Quand même on voudrait subtiliser pour réduire le paganisme au culte d'un seul Dieu infiniment parfait, qu'on adorait sous divers noms et sous diverses figures mystérieuses, sans croire néanmoins qu'il y eût plusieurs dieux, il faudrait avouer que cette multitude apparente de dieux serait très-indécente et très-scandaleuse : ce langage forcé serait une source d'erreurs impies; il faudrait retrancher cette diversité de noms et de représentations mystérieuses, pour réduire tout le culte divin à la reconnaissance d'un seul Dieu, si parfait qu'il ne peut avoir rien d'égal, rien qui ne soit infiniment inférieur à lui, rien qu'il n'ait tiré du néant, et qu'il n'y puisse sans cesse replonger. De plus, le paganisme n'offre que des vœux intéressés pour les biens de la terre; il ne demande que la santé et que les richesses, que le plaisir, que la prospérité mondaine, pour flatter l'orgueil : une telle religion déshonore la Divinité, et autorise la corruption des hommes. Il me faut au contraire un culte qui soit digne du premier être, et qui purifie mes mœurs. Encore une fois, où le trouverai-je ce culte, qui doit être nécessairement sur la terre, puisque ce n'est que pour lui que la terre est faite, et que les hommes n'ont été créés que pour lui?

J'aperçois dans un coin du monde un peuple tout singulier. Tous les autres courent après les idoles; tous les autres adorent aveuglément une multitude monstrueuse de divinités vicieuses et méprisables : ce peuple, qu'on nomme les *Juifs*, n'adore qu'un seul Dieu créateur du ciel et de la terre; sa loi essentielle, à laquelle tout son culte se rapporte, l'oblige à aimer Dieu de tout son cœur, de toute son âme, de toute sa pensée et de toutes ses forces. Ce peuple circoncis a dans sa loi une circoncision du cœur dont celle du corps n'est que la figure, et cette circoncision du cœur est le retranchement de toute affection qui ne vient pas du principe de l'amour de Dieu.

Si je trouvais sur la terre quelque autre genre d'hommes qui mît le culte de Dieu dans son amour, et qui fît consister la vertu à préférer Dieu à soi, je comparerais ce culte avec celui des Juifs, pour examiner lequel serait le plus pur et le plus digne d'être suivi : mais d'un côté je vois que ce Dieu, qui se doit tout à lui-même, n'a pu créer les hommes que pour lui rendre un culte public d'amour et d'obéissance : d'un autre côté, je ne trouve ce culte public d'amour que chez le peuple juif. Les païens ont craint leurs faux dieux; ils ont voulu les apaiser, ils leur ont donné de la graisse, du sang, des victimes, de l'encens, des temples, d'autres dons grossiers; mais ils ne leur ont jamais donné leurs cœurs, ils n'ont jamais eu la pensée de les aimer, encore moins celle de les préférer à eux-mêmes, et de ne s'aimer que pour l'amour d'eux : aussi ne regardaient-ils aucun dieu comme créateur. Jupiter même, quoique fort supérieur en puissance à toutes les autres divinités, n'était point regardé comme ayant tiré aucun être du néant; il avait seulement, selon eux, trouvé une matière plus ancienne que lui et éternelle, qu'il avait façonnée en débrouillant le chaos.

Pour tous les philosophes, ils ont regardé la raison, la justice, la vertu, la vérité en elles-mêmes : ils ont cru que les dieux donnaient la santé, les richesses, la gloire; mais ils ont prétendu trouver dans leur propre fonds la vertu et la sagesse qui les distinguaient du reste des hommes. Ils n'ont jamais développé ni le bienfait de la création, ni la puissance du Créateur, ni l'amour de préférence sur nous-mêmes qui lui est dû. Ainsi, en parcourant toutes les nations de la terre dans les anciens temps, je ne vois que le peuple juif qui adore le vrai Dieu, et qui connaisse le culte d'amour.

Mais cet amour est plutôt figuré que pratiqué réellement chez ce peuple : il y est plutôt promis pour l'avenir que répandu actuellement dans les cœurs. J'aperçois dans cette nation un certain nombre de justes qui sont pleins de ce culte d'amour; mais le plus grand nombre n'est occupé que des cérémonies, des sacrifices d'animaux, et d'un culte extérieur, pour obtenir de Dieu la paix, la santé, la liberté, la rosée du ciel et la graisse de la terre. Tous attendent un Messie qui leur est promis, et qui est figuré dans tous leurs mystères; mais les uns, en petit nombre, l'attendent comme celui qui doit purifier les mœurs, renouveler le fond de l'homme, guérir les plaies du péché, répandre la connaissance et l'amour de Dieu, et renouveler la face de la terre; les autres, qui font la multitude, n'attendent qu'un Messie grossier, conquérant, heureux et invincible, qui flattera leur orgueil, dont le règne s'étendra sur toutes les nations, et qui comblera les Juifs de prospérités temporelles.

Les uns et les autres conviennent que leur religion n'est encore qu'une figure de ce qu'elle doit être sous le règne de ce Messie : tous reconnaissent que, suivant les Écritures qu'ils nomment *divines*, ce Messie doit attirer au culte du vrai Dieu toutes les nations idolâtres. Indépendamment de toutes les subtilités de leurs rabbins sur l'interprétation de ce texte, il est évident, et par ce texte même, et par l'explication qu'ils lui donnent tous, que le Messie doit établir partout le vrai culte d'amour, et abolir l'idolâtrie.

Je n'ai garde d'entrer dans toutes les subtilités mystérieuses de ces rabbins; il me suffit de voir en gros deux choses qui sont, pour ainsi dire, palpables : l'une est que tous les temps marqués par les Juifs pour l'avénement du Messie sont passés; qu'ils ne veulent plus que l'on compte les temps; qu'ils ne savent plus à quoi s'en tenir, comme des gens qui ont perdu leur route; que dans une si longue dispersion toutes leurs tribus sont confondues; qu'ils n'ont plus même de marques auxquelles ils pussent reconnaître leur Messie, s'il venait maintenant; qu'ils portent depuis plus de seize cents ans toutes les marques de la malédiction prédite dans leurs livres, et qui doit demeurer sur eux jusqu'à la fin, pour avoir méconnu l'envoyé de Dieu.

L'autre chose que je remarque est que Jésus-Christ porte le signe du vrai Messie : il a attiré à lui les Gentils, selon les promesses. De tant de peuples barbares et idolâtres, il n'en a fait qu'un seul peuple, qui a brisé les idoles, qui adore le vrai Dieu créateur, qui lui rend le vrai culte d'amour, et qui est uni dans ce culte depuis un bout du monde jusqu'à l'autre. L'Europe entière est pleine de chrétiens : il n'y a guère de royaumes en Asie, jusqu'au delà des Indes, où l'on n'en trouve de répandus. Ils ont pénétré bien loin au delà de tous les pays qui composaient tout le monde connu du temps des anciens Juifs, des Grecs et des Romains : ils sont dans tous les pays de l'Afrique dont l'entrée est libre; tous les vastes pays de l'Amérique, qui est le nouveau monde, sont gouvernés par eux. Ainsi, depuis le lieu où le soleil se lève jusqu'à celui où il se couche, dans les deux hémisphères, on offre à Dieu pour victime sans tache Jésus destiné à effacer les péchés de la terre. Tous s'unissent à lui, pour ne faire avec lui qu'une seule victime d'amour; et tous ceux qui pèchent frappent leur poitrine pour obtenir par lui la miséricorde dont ils ont besoin.

Laissons là toutes les disputes sur le détail, puisque le gros nous suffit pour décider de tout. Ce qui est manifeste sans discussion, c'est qu'il n'y a sur la terre que ces deux peuples, savoir, le juif et le chrétien, qui me montrent ce culte d'amour que je cherche partout pour l'embrasser : il faut que je me fixe à la pratiquer chez l'un de ces deux peuples. Or, entre ces deux peuples, je ne puis faire aucune sérieuse comparaison. Quoique l'un et l'autre aient les imperfections inséparables de l'humanité, le peuple chrétien a des traits de perfection qui sont infiniment au-dessus de tout ce qu'il y a de meilleur dans le peuple juif. Le peuple juif m'avertit lui-même par sa loi, par ses cérémonies, par ses promesses, par toutes les circonstances de son état, qu'il n'a la vraie religion qu'en figure; qu'il n'est lui-même que comme ces moules de plâtre qu'on fait pour une figure de marbre ou de bronze que l'on prépare. Je trouve dans le peuple chrétien, composé de tous les peuples du monde connu, le peuple héritier des promesses, le peuple enté sur l'ancienne tige de la race d'Abraham : c'est le peuple adopté, qui ne fait qu'un même corps et une succession non interrompue depuis le patriarche jusqu'à nous. Par là je trouve ce que je cherche, c'est-à-dire ce culte d'amour qui doit être aussi ancien que le monde, et pour lequel le monde lui-même a été fait. Je le vois distinctement marqué dans tous les âges : il naît dans le paradis terrestre; il n'est point éteint par le péché d'Adam; une partie de sa postérité le continue; il se renouvelle après le déluge; Abraham le transporte; Moïse le rend plus éclatant par ses cérémonies; les saints de l'ancienne alliance le pratiquent, et en prédisent la perfection : elle est réservée au Messie. JÉSUS vient nous familiariser avec Dieu, et nous enseigner le désintéressement du vrai culte; il vient nous apprendre, non à vivre dans les délices et dans la gloire mondaine, non à égorger des animaux et à brûler de l'encens à Dieu pour en tirer une félicité terrestre, comme les Juifs se l'imaginent, mais à nous renoncer nous-mêmes pour ne nous aimer plus qu'en lui, pour lui, et de son amour. Malgré l'infirmité des hommes, on en voit un grand nombre que cette religion si pure possède et anime : cet amour du vrai Dieu produit en eux toutes les vertus opposées à l'amour-propre.

Voilà sans doute le culte que je cherche : il n'était chez les Juifs qu'en figure; on n'y en trouvait que la semence, qu'un germe, qu'une ombre. La perfection n'est que dans ce peuple nouveau, qui est uni à l'ancien : c'est là que j'aperçois du premier coup d'œil cette adoration en esprit et en vérité; en un mot, cet amour qui est lui seul la loi et les prophètes.

CHAPITRE VI.

De la religion chrétienne.

Ce qui me paraît le caractère du vrai culte n'est pas de craindre Dieu, comme on craint un homme puissant et terrible qui accable quiconque ose lui résister. Les païens offraient de l'encens et des victimes à certaines divinités malfaisantes et terribles, pour les apaiser. Ce n'est point là l'idée que je dois avoir du Dieu créateur : il est infiniment juste et tout-puissant : il mérite sans doute d'être craint; mais il n'est à craindre que pour ceux qui refusent de l'aimer, et de se familiariser avec lui. La meilleure crainte qu'on doive avoir à son égard est celle de lui déplaire et de ne faire pas sa volonté. Pour la crainte de ses châtiments, elle est utile aux hommes égarés de la bonne voie, parce qu'elle fait le contrepoids de leurs passions, et qu'elle sert à réprimer les vices; mais enfin cette crainte n'est bonne qu'autant qu'elle lève les obstacles, et qu'en les levant elle prépare à l'amour. Il n'y a point d'hommes sur la terre qui voulût être craint par ses enfants, sans en être aimé : la crainte seule des punitions n'est point ce qui peut entraîner un cœur libre et généreux. Quand on ne pratique les vertus que par cette seule crainte, sans avoir aucun amour du vrai bien, on ne les pratique que pour éviter la souffrance; et, par conséquent, si on pouvait éviter la punition en se dispensant de pratiquer les vertus, on ne les pratiquerait point. Non-seulement il n'y a point de père qui veuille être honoré ainsi, ni d'ami qui veuille donner le nom d'amis à ceux qui ne tiendraient à lui que par de tels liens; mais encore il n'y a point de maître qui voulût ni récompenser des domestiques, ni s'affectionner pour eux, ni les choisir pour son service, s'il les voyait attachés à lui par la seule crainte, sans aucun sentiment de bonne volonté : à plus forte raison doit-on croire que le Dieu qui ne nous a faits capables d'intelligence et d'amour que pour être connu et aimé de nous ne se contente pas d'une crainte servile, et veut que l'amour, qui vient de lui comme de sa source, retourne à lui comme à sa fin.

Je comprends même qu'il ne suffit pas d'aimer ce Dieu

comme nous aimons toutes les choses qui nous sont commodes et utiles; il ne s'agit pas de le mettre à notre usage, et de le rapporter à nous; il faut au contraire nous rapporter entièrement à lui seul, ne voulant notre propre bien que par le seul motif de sa gloire, et de la conformité à sa volonté et à son ordre.

LETTRE II.

Sur le culte de Dieu, l'immortalité de l'âme, et le libre arbitre.

L'ÉCRIT que vous m'avez fait l'honneur de m'envoyer, monsieur, comprend trois questions :

1° L'être infiniment parfait peut-il exiger quelque culte des êtres qui lui sont infiniment inférieurs et disproportionnés?

2° Peut-on démontrer que l'âme de l'homme est immortelle?

3° L'être infiniment parfait peut-il avoir donné à l'homme le libre arbitre, qui est la liberté de renverser l'ordre?

CHAPITRE PREMIER.

L'être infiniment parfait exige un culte de toutes les créatures intelligentes.

La vérité de l'existence de l'être infiniment parfait est un principe si lumineux et si fécond, qu'il n'y a qu'à le consulter sans prévention, et qu'à le suivre de bonne foi, pour trouver ce qu'on cherche de cet être nécessaire. Voici les vérités qu'il me semble qu'on en doit tirer.

I. Nous ne pouvons pas douter que cet être si parfait ne s'aime, puisque, étant juste, il doit un amour infini à son infinie perfection. J'en conclus que si cet être faisait quelque ouvrage hors de lui, sans le faire pour l'amour de lui-même, il agirait moins parfaitement que les êtres imparfaits qui agissent pour l'amour de lui. L'on voit des hommes, qui sont ces êtres imparfaits, se proposer l'être parfait pour fin de leur ouvrage. Si donc l'être parfait se refusait injustement ce rapport de ses actions à lui-même, qui se trouve dans les actions des êtres imparfaits, il agirait moins parfaitement que les hommes pieux. C'est ce qui est visiblement impossible. Il faut donc conclure, avec l'Ecriture, que Dieu *a fait toutes choses pour* l'amour de *lui-même* (1). D'un côté, il est infiniment parfait en soi, de l'autre, il est infiniment juste, puisque la justice entre dans la perfection infinie. Il se doit donc à lui-même tout ce qu'il fait, et il ne lui est permis de rien relâcher de ses droits. Telle est sa grandeur, qu'il ne peut agir que pour lui seul. Il se nomme lui-même le *Dieu jaloux* (2). La jalousie, qui est déplacée et ridicule dans l'homme, est la justice suprême en Dieu. Il dit, comme il le doit : *Je ne donnerai point ma gloire à un autre* (3). Il se doit tout, il se rend tout. Tout vient de lui, il faut que tout retourne à lui ; autrement l'ordre serait violé. L'auteur de l'écrit reconnaît que l'être infiniment parfait a tiré du néant les hommes; il doit reconnaître que cet être les a créés pour lui. S'il agissait sans aucune fin, il agirait d'une façon aveugle, insensée, où sa sagesse n'aurait aucune part. S'il agissait pour une fin moins haute que lui, il rabaisserait son action au-dessous de celle de tout homme vertueux qui agit pour l'être suprême. Ce serait le comble de l'absurdité. Concluons donc, sans craindre de nous tromper, que Dieu fait tout pour lui-même.

II. Cet être suprême, que nous nommons Dieu, ne peut avoir créé les êtres intelligents pour lui, qu'en voulant que ces êtres emploient leur intelligence à le connaître et à l'admirer, et leur volonté à l'aimer et à lui obéir. L'ordre ou la justice demande que notre intelligence soit réglée, et que notre amour soit juste. Il faut donc que Dieu, ordre et justice suprême, veuille que nous estimions sa perfection infinie plus que notre finie perfection, et que nous aimions cette bonté infinie plus que la bonté finie qu'il met en nous. Voilà le véritable et pur amour de la justice. Nous ne sommes que des biens bornés, participés et dépendants ; au lieu que le premier être est le bien unique, source de tous les autres, le bien sans bornes, le bien indépendant. Notre amour pour ce bien doit être aussi en nous un amour unique, source de tout autre amour, un amour sans bornes, un amour indépendant de tout autre amour. Au contraire, l'amour de nous-mêmes doit être un amour dérivé de cet amour primitif, un amour ruisseau de

(1) *Prov.*, XVI, 4. — (2) *Exod.*, XX, 5 ; XXXIV, 14. — (3) *Isai.*, XLVIII, 11.

cette source, un amour dépendant, un amour borné, et proportionné à la petite parcelle de bien qui nous est échue en partage. Dieu est le tout, et nous ne sommes qu'un rien, revêtu par emprunt d'une très-petite parcelle de l'être. Nous sommes, non à nous, mais à celui qui nous a faits, et qui nous a donné tout jusqu'au *moi* : ce *moi* qui nous est si cher, et qui est d'ordinaire notre unique Dieu, n'est, pour ainsi dire, qu'un petit morceau qui veut être le tout. Il rapporte tout à soi, et en ce point il imite Dieu, et s'érige en fausse divinité. Il faut renverser l'idole; il faut rabaisser le *moi*, pour le réduire à sa petite place. Il ne doit occuper qu'un petit coin de l'univers, à proportion du peu de perfection et d'être qu'il possède.

Il viendra en son rang, pour être estimé et aimé selon son vrai mérite. Voilà l'amour de la justice, voilà l'ordre. Il faut que Dieu soit mis en la place que le *moi* n'avait point de honte d'usurper. Voilà ce que Dieu se doit à lui-même, voilà ce qui est juste qu'il exige de sa créature, capable de connaître et d'aimer. Il faut qu'en la créant il se propose, pour fin de son ouvrage, de se faire connaître comme vérité infinie, et de se faire aimer comme bonté universelle; en sorte qu'on connaisse en lui toute participation de sa vérité, et qu'on aime en lui toute participation de sa bonté sans bornes. Dès qu'on aura posé ce fondement, tout l'édifice s'élèvera comme de lui-même. Dès que vous supposerez que Dieu seul doit avoir d'abord tout notre amour, et qu'ensuite cet amour ne se répand sur le *moi* que comme sur les autres biens bornés, à proportion de ses bornes, la religion se trouvera toute développée dans notre cœur. Il n'y a qu'à laisser l'homme à son propre cœur, s'il est vrai qu'il ne s'aime que de l'amour de Dieu, et que l'amour-propre n'est plus écouté.

III. En ce cas, il ne reste plus aucune question sur le culte divin. Il n'y a point d'autre culte que l'amour, dit saint Augustin (1) : *nec colitur, nisi amando.* C'est le règne de Dieu au-dedans de nous; c'est l'adoration en esprit et en vérité; c'est l'unique fin pour laquelle Dieu nous a faits. Il ne nous a donné de l'amour qu'afin que nous l'aimions. Il faut rétablir l'ordre, en renversant le désordre qui a prévalu. Il faut mettre Dieu, qui est le tout, en la place que le *moi* occupait, comme s'il eût été le tout, le centre et la source universelle. Il faut ré-

(1) *Ep.* CXL, *ad Honorat.*, cap. XVIII, n° 45.

duire ce *moi* dans son petit coin, comme une faible parcelle du bien emprunté. En même temps il faut rendre à Dieu la place du tout, et avoir honte de l'avoir laissé si longtemps comme un être particulier, avec lequel on veut faire des conditions presque d'égal à égal, pour s'unir à lui, ou pour ne s'y unir pas; pour chercher son avantage, ou pour se tourner de quelque autre côté. En un mot, il faut mettre Dieu en la place suprême que le *moi* usurpait sans pudeur, et laisser au *moi* cette petite place où l'on avait rabaissé et rétréci Dieu. Faites que les hommes pensent de la sorte, tous les doutes sont dissipés, toutes les révoltes du cœur humain sont apaisées, tous les prétextes d'impiété et d'irréligion s'évanouissent. Je ne raisonne point, je ne demande rien à l'homme, je l'abandonne à son amour; qu'il aime de tout son cœur ce qui est infiniment aimable, et qu'il fa ce qu'il lui plaira; ce qui lui plaira ne pourra être que la plus pure religion. Voilà le culte parfait : *nec colitur, nisi amando.* Il ne fera qu'aimer et obéir. *La nation des justes*, dit l'Ecriture (1), *n'est qu'obéissance et amour.*

IV. Cet amour, dira-t-on, est un culte intérieur. Mais le culte extérieur, où le trouvera-t-on? Pourquoi supposer que Dieu le demande? Mais ne voit-on pas que le culte extérieur suit nécessairement le culte intérieur de l'amour? Donnez-moi une société d'hommes qui se regardent comme n'étant tous ensemble sur la terre qu'une seule famille, dont le père est au ciel; donnez-moi des hommes qui ne vivent que du seul amour de ce père céleste; qui n'aiment ni le prochain ni eux-mêmes que pour l'amour de lui, et qui ne soient qu'un cœur et une âme : dans cette divine société, n'est-il pas vrai que la bouche parlera sans cesse de l'abondance du cœur? Ils admireront le Très-Haut, ils aimeront le Très-Bon; ils chanteront ses louanges, ils le béniront pour tous ses bienfaits. Ils ne se borneront pas à l'aimer, ils l'annonceront à tous les peuples de l'univers; ils voudront redresser leurs frères, dès qu'ils les verront tentés, par l'orgueil ou par les passions grossières, d'abandonner le bien-aimé. Ils gémiront de voir le moindre refroidissement de l'amour. Ils passeront au delà des mers, jusqu'au bout de la terre, pour faire connaître et aimer le Père commun aux peuples égarés qui ont oublié sa grandeur. Qu'appelez-vous un culte extérieur, si celui-là n'en est pas un?

(1) *Eccli.*, III, 1.

Dieu serait alors *toutes choses en tous* (1); il serait le roi, le père, l'ami universel; il serait la loi vivante des cœurs. On ne parlerait que de lui et pour lui; il serait consulté, cru, et obéi. Hélas! si un roi mortel ou un vil père de famille s'attire par sa sagesse l'estime et la confiance de tous ses enfants, on ne voit à toute heure que les honneurs qui lui sont rendus; il ne faut point demander où est son culte, ni si on lui en doit un. Tout ce qu'on fait pour l'honorer, pour lui obéir, et pour reconnaître ses grâces, est un culte continuel qui saute aux yeux. Que serait-ce donc si les hommes étaient possédés de l'amour de Dieu? Leur société serait un culte continuel, comme celui qu'on nous dépeint des bienheureux dans le ciel.

V. Il faudrait, dira-t-on, prouver qu'outre l'amour et les vertus qui en sont inséparables, l'homme doit à Dieu des cérémonies réglées et publiques; mais ces cérémonies ne sont point l'essentiel de la religion, qui consiste dans l'amour et dans les vertus. Ces cérémonies sont instituées, non comme étant l'effet essentiel de la religion, mais seulement pour être les signes qui servent à la montrer, à la nourrir en soi-même, et à la communiquer aux autres. Ces cérémonies sont, à l'égard de Dieu, ce que les marques de respect sont pour un père, que ses enfants saluent, embrassent et servent avec empressement; ou pour un roi qu'on harangue, qu'on met sur un trône, qu'on environne d'une certaine pompe, pour frapper l'imagination des peuples, et devant qui on se prosterne. N'est-il pas évident que les hommes attachés aux sens, et dont la raison est faible, ont encore plus besoin d'un spectacle pour imprimer en eux le respect d'une majesté invisible et contraire à toutes leurs passions, que pour leur faire respecter une majesté visible qui éblouit leurs faibles yeux, et qui flatte leurs passions grossières? On sent la nécessité du spectacle d'une cour pour un roi, et on ne veut pas reconnaître la nécessité infiniment plus grande d'une pompe pour le culte divin. C'est ne connaître pas le besoin des hommes, et s'arrêter à l'accessoire après avoir admis le principal.

VI. Aussi voyons-nous que tous les peuples qui ont adoré quelque divinité, ont fixé leur culte à quelques démonstrations extérieures, qu'on nomme des cérémonies. Dès que l'intérieur y est, il faut que l'extérieur l'exprime, et le communique dans toute la société. Le genre humain jusqu'à Moïse faisait des

(1) *I. Cor.*, xv, 28.

offrandes et des sacrifices. Moïse en a institué dans l'Eglise judaïque; la chrétienne en a reçu de Jésus-Christ. Qu'on tue des animaux, qu'on brûle de l'encens, ou qu'on offre les fruits de la terre, qu'importe, pourvu que les hommes aient des signes par lesquels ils marquent leur amour pour Dieu? Tous les biens de la nature sont ses dons. On lui rend ce qu'on en a reçu, pour confesser qu'on le tient de lui. Par ces signes, on se rappelle la majesté de Dieu et ses bienfaits; on s'excite mutuellement à le prier, à le louer, à espérer en lui; on cherche une certaine uniformité de signes, qui représente l'union des cœurs, et qui empêche le désordre dans le culte commun. Quand Dieu n'a point réglé ces cérémonies par des lois écrites, les hommes ont suivi la tradition dès l'origine du genre humain. Quand Dieu a réglé ces cérémonies par des lois écrites, les hommes ont dû les observer inviolablement. Les protestants mêmes, qui ont tant critiqué nos cérémonies, n'ont pu s'empêcher d'en retenir beaucoup; tant il est vrai que les hommes en ont besoin. Il faut des cérémonies, non qui amusent, et où l'on prenne le change, mais qui aident à nous recueillir, et à rappeler le souvenir des grâces de Dieu. Voilà le vrai culte de Dieu. Quiconque le concevrait autrement le connaîtrait fort mal.

VII. On n'a qu'à comparer maintenant ces deux divers plans. Dans l'un, chacun reconnaissant le vrai Dieu l'honorerait intérieurement à sa mode, sans en donner aucun signe au reste des hommes : dans l'autre, on a un culte commun, par lequel chacun se recueille, nourrit son amour, édifie ses frères, annonce Dieu aux hommes qui l'ignorent ou qui l'oublient. Que ce spectacle est aimable et touchant! N'est-il pas clair que le second plan est mille fois plus digne de l'être infiniment parfait, et plus accommodé au besoin des hommes que le premier? Quiconque sera bien résolu à préférer Dieu à soi, et à porter le joug du Seigneur, n'hésitera jamais entre ces deux plans.

VIII. On objecte que Dieu est infiniment au-dessus de l'homme, qu'il n'y a aucune proportion entre eux, que Dieu n'a pas besoin de notre culte; qu'enfin ce culte d'une volonté bornée est indigne de l'être infini en perfection. Il est vrai que Dieu n'a aucun besoin de notre culte, sans lequel il est heureux, parfait, et se suffisant à lui-même : mais il peut vouloir ce culte, lequel, quoique imparfait, n'est pas indigne de lui; et ce ne peut être que pour ce culte qu'il nous a créés.

Quand il s'agit de savoir ce qui convient ou ce qui ne convient pas à l'être infini, il ne faut pas le vouloir pénétrer par notre faible et courte raison. Le fini ne saurait comprendre l'infini. C'est de l'infini même qu'il faut apprendre ce qu'il peut vouloir, ou ne vouloir pas. Or le fait évident décide : d'un côté nous ne pouvons pas douter que l'être infini ne nous ait créés; de l'autre, nous voyons clairement qu'il ne peut point avoir eu, en nous créant, une fin plus noble et plus haute que celle de se faire connaître et aimer par nous. Il est inutile de dire que cette connaissance et cet amour borné sont une fin disproportionnée à la perfection infinie de Dieu. Quelque imparfaite que soit cette fin, elle est néanmoins sans doute la plus parfaite que Dieu ait pu se proposer en nous créant. Pour lever toute la difficulté, il faut distinguer ce que la créature peut faire, d'avec la complaisance que Dieu en tire. L'action de la créature qui connaît et qui aime Dieu est toujours nécessairement imparfaite, comme la créature même qui la produit; elle est toujours infiniment au-dessous de Dieu. Mais cette action de connaître et d'aimer Dieu est la plus noble et la plus parfaite opération que Dieu puisse tirer de sa créature, et qu'il puisse se proposer comme la fin de son ouvrage. Si Dieu ne pouvait tirer du néant aucune créature, qu'à condition d'en tirer quelque opération aussi parfaite que la Divinité, il ne pourrait jamais tirer du néant aucune créature; car il n'y en a aucune qui puisse produire aucune opération aussi parfaite que Dieu.

Le fait est néanmoins indubitable; savoir, que Dieu a tiré du néant des créatures : il faut donc évidemment qu'il se soit borné à tirer de ses créatures l'opération la plus noble et la plus parfaite que leur nature bornée et imparfaite peut produire. Or cette opération, la plus parfaite du genre humain, est la connaissance et l'amour de Dieu. Ce que Dieu tire de l'homme ne peut être qu'imparfait comme l'homme même, mais Dieu en tire ce que l'homme peut produire de plus parfait; et il suffit, pour l'accomplissement de l'ordre, que Dieu tire de sa créature ce qu'il en peut tirer de meilleur dans les bornes où il la fixe. Alors il est content de son ouvrage; sa puissance a fait ce que sa sagesse demande. Il se complaît dans sa créature, et c'est cette complaisance qui est sa véritable fin. Or cette complaisance n'est pas distinguée de lui; ainsi, à proprement parler, il est lui-même sa fin. L'action finie de la créature n'est que le sujet de sa complaisance; c'est sa sagesse en laquelle il se complaît; et cette complaisance est infiniment parfaite comme lui, puisqu'elle est infiniment juste et sage.

IX. Nous ne saurions douter que les hommes ne connaissent Dieu, et que plusieurs d'entre eux ne l'aiment, ou du moins ne désirent de l'aimer. Il est donc plus clair que le jour que Dieu a voulu se faire connaître et se faire aimer : car si Dieu n'avait pas voulu nous communiquer sa connaissance et son amour, nous ne pourrions jamais ni le connaître ni l'aimer. Je demande pourquoi est-ce que Dieu nous a donné cette capacité de le connaître et de l'aimer? Il est manifeste que c'est le plus précieux de tous ses dons. Nous l'a-t-il accordé d'une manière aveugle et sans raison, par pur hasard, sans vouloir que nous en fissions aucun usage? Il nous a donné des yeux corporels pour voir la lumière du jour. Croirons-nous qu'il nous a donné les yeux de l'esprit, qui sont capables de connaître son éternelle vérité, sans vouloir qu'elle soit connue de nous? J'avoue que nous ne pouvons ni connaître ni aimer infiniment l'infinie perfection. Notre plus haute connaissance demeurera toujours infiniment imparfaite, en comparaison de l'être infiniment parfait. En un mot, quoique nous connaissions Dieu, nous ne pouvons jamais le comprendre; mais nous le connaissons tellement, que nous disons tout ce qu'il n'est point, et que nous lui attribuons les perfections qui lui conviennent, sans aucune crainte de nous tromper. Il n'y a aucun être dans la nature que nous confondions avec Dieu; et nous savons le représenter avec son caractère d'infini, qui est unique et incommunicable. Il faut que nous le connaissions bien distinctement, puisque la clarté de son idée nous force à le préférer à nous-mêmes. Une idée qui va jusqu'à détrôner le *moi* doit être bien puissante sur l'homme aveuglé et idolâtre de lui-même. Jamais idée ne fut si combattue, jamais idée ne fut si victorieuse. Jugeons de sa force par l'aveu qu'elle arrache de nous contre nous-mêmes. Rien n'est si étonnant que l'idée de Dieu, que je porte au fond de moi-même; c'est l'infini contenu dans le fini. Ce que j'ai au-dedans de moi me surpasse sans mesure. Je ne comprends pas comment je puis l'avoir dans mon esprit; je l'y ai néanmoins. Il est inutile d'examiner comment je puis l'avoir, puisque je l'ai. Le fait est clair et décisif. Cette idée ineffaçable et incompréhensible de l'être divin est ce qui me fait ressembler à lui, malgré mon imperfection et ma bassesse. Comme il se connaît et s'aime infiniment, je le connais et l'aime selon ma mesure. Je ne puis connaître l'infini que par une connaissance finie, et je ne puis l'aimer que d'un amour fini comme moi; mais je le connais néanmoins comme étant infini, et je l'aime du plus grand amour dont il m'a rendu capable. Je voudrais ne pouvoir mettre aucune borne à mon amour pour une perfection qui n'est point bornée. Il est vrai, encore une fois, que cette connaissance et cet amour n'ont point une perfection égale à leur objet; mais l'homme, qui connaît et qui aime Dieu selon toute sa mesure de connaissance et d'amour, est incomparablement plus digne de cet être parfait que l'homme qui serait comme sans Dieu en ce monde, ne songeant ni à le connaître ni à l'aimer. Voilà deux divers plans de l'ouvrage de Dieu. L'un est aussi digne de sa sagesse et de sa bonté qu'on le peut concevoir; l'autre n'en est nullement digne, et n'a aucune fin raisonnable : il est facile de conclure quel est celui que Dieu a suivi.

X. L'homme, en se rabaissant, ne cherche que l'indépendance; c'est une humilité trompeuse et hypocrite. On veut s'exagérer à soi-même sa bassesse, son néant, et la disproportion infinie qui est entre Dieu et soi, pour secouer le joug de Dieu, et pour devenir une espèce de petite divinité à sa mode, en contentant toutes ses passions déréglées, et se faisant le centre de tout ce qui est autour de soi. On est ravi de mettre Dieu dans une supériorité et une disproportion infinie, où il ne daigne ni nous observer, ni nous rapporter à sa gloire, ni s'intéresser à nous, ni nous redresser, ni nous perfectionner, ni nous récompenser, ni nous punir. Mais ne voit-on pas que la distance infinie qui est entre Dieu et nous ne l'empêche point d'être sans cesse tout auprès et au-dedans de nous, et que c'est même cette perfection, infiniment supérieure à la nôtre, qui le met en état de faire toutes choses en nous, et d'être plus près de nous que nous-mêmes? Comment veut-on que celui qui fait que nos yeux voient, que nos oreilles entendent, que notre esprit connaît, et que notre volonté aime, ne soit pas attentif à tout ce qu'il opère au-dedans de nous? Comment peut-il ne s'intéresser pas à ce qu'il prend soin d'y faire à tout moment? Cette attention ne coûte rien à une intelligence et une bonté infinies. En elle tout est action, et tout est repos. Nous voudrions imaginer un Dieu si éloigné de nous, si hautain et si indifférent dans sa hauteur, qu'il ne daigne pas veiller sur les hommes, et que chacun, sans être gêné par ses regards, puisse vivre sans règle, au gré de son orgueil et de ses passions. En faisant semblant d'élever Dieu de la sorte, on le dégrade : car on en fait un Dieu indolent sur le bien et sur le mal, sur le vice et sur la vertu de ses créatures, sur le désordre du monde qu'il a formé. En faisant semblant de s'abaisser soi-même, on s'érige en divinité, on renverse toute subordination, on se donne toute licence, on se promet toute impunité, on veut se mettre au-dessus de sa raison même.

Encore une fois, comparez ces deux plans, dont l'un nous présente un Dieu sage, bon, vigilant, qui arrange, qui corrige, qui récompense, qui veut être connu, aimé, obéi; et dont l'autre nous présente un Dieu insensible à notre conduite, qui n'est touché ni de la vertu, ni du vice, ni de la raison suivie, ni de la raison violée par ses créatures; qui abandonne l'homme au gré de son orgueil insensé et de tous ses désirs brutaux; qui le néglige après l'avoir fait, et qui ne se soucie d'en être ni connu, ni aimé, quoiqu'il lui ait donné de quoi le connaître et de quoi l'aimer : comparez ces deux plans, et je vous défie de ne préférer pas le premier au second.

CHAPITRE II.

L'âme de l'homme est immortelle.

Cette question ne sera point difficile à éclaircir, dès qu'on voudra la réduire à ses bornes, et la séparer de ce qui va plus loin.

I. Il est vrai que l'âme de l'homme n'est point un être constant par soi-même, et qui ait une existence nécessaire : il n'y a qu'un être qui ait l'existence par soi, qui ne puisse jamais la perdre, et qui la donne, comme il lui plaît, à tous les autres. Dieu n'aurait besoin d'aucune action pour anéantir l'âme de l'homme : il n'aurait qu'à laisser un moment l'action par laquelle il continue sa création en chaque moment, pour la replonger dans l'abîme du néant, d'où il l'a tirée; comme un homme n'a besoin que de lâcher la main pour laisser tomber une pierre qu'il tient en l'air : elle tombe d'abord par son propre poids. La question qu'on peut faire raisonnablement ne consiste donc nullement à savoir si l'âme de l'homme peut être anéantie, en cas que Dieu le veuille; il est manifeste qu'elle peut l'être, et il ne s'agit que de la volonté de Dieu à cet égard.

II. Il s'agit de savoir si l'âme a en soi des causes naturelles de destruction, qui fassent finir son existence après un certain temps; et si on peut démontrer philosophiquement que l'âme n'a point en soi de telles causes. En voici la preuve négative. Dès qu'on a supposé la distinction très-réelle du corps et de l'âme, on est tout étonné de leur union; et ce n'est que par la seule puissance de Dieu qu'on peut concevoir comment il a pu unir et faire opérer de concert ces deux natures si dissemblables. Les corps ne pensent point; les âmes ne sont ni divisibles, ni étendues, ni figurées, ni revêtues des propriétés corporelles. Demandez à toute personne sensée si la pensée qui est en elle est ronde ou carrée, blanche ou jaune, chaude ou froide, divisible en six ou en douze morceaux : cette personne, au lieu de vous répondre sérieusement, se mettra à rire. Demandez-lui si les atomes dont son corps est composé sont sages ou fous, s'ils se connaissent, s'ils sont vertueux, s'ils ont de l'amitié les uns pour les autres; si les atomes ronds ont plus d'esprit et de vertu que les atomes carrés : cette personne rira encore, et ne pourra pas croire que vous lui parliez sérieusement. Allez plus loin : supposez des atomes de la figure qu'il lui plaira; dites-lui qu'elle les subtilise tant qu'elle voudra, et demandez-lui s'il viendra enfin un moment où les atomes, après avoir été sans aucune connaissance, commenceront tout à coup à se connaître, à connaître tout ce qui les environne, et à dire en eux-mêmes : Je crois ceci, mais je ne crois pas cela; j'aime un tel objet, et je hais l'autre : cette personne trouvera que vous lui faites des questions puériles; elle en rira, comme des métamorphoses, ou des contes les plus extravagants. Le ridicule de ces questions montre parfaitement qu'il n'entre aucune des propriétés du corps dans l'idée que nous avons d'un esprit, et qu'il n'entre aucune des propriétés de l'esprit ou être pensant dans l'idée que nous avons du corps ou être étendu. La distinction réelle et l'entière dissemblance de nature de ces deux êtres étant ainsi établies, on ne doit nullement s'étonner que leur union, qui ne consiste que dans une espèce de concert ou de rapport mutuel entre les pensées de l'un ou les mouvements de l'autre, puisse cesser sans qu'aucun de ces deux êtres cesse d'exister : il faut au contraire s'étonner comment deux êtres de nature si dissemblable peuvent demeurer quelque temps dans ce concert d'opérations. A quel propos conclurait-on donc que l'un de ces deux êtres serait anéanti, dès que leur union, qui leur est si peu naturelle, viendrait à cesser? Représentons-nous deux corps qui sont absolument de même nature; séparez-les, vous ne détruisez ni l'un ni l'autre. Bien plus, l'existence de l'un ne peut jamais prouver l'existence de l'autre, et l'anéantissement de l'autre ne peut jamais prouver l'anéantissement du premier. Quoiqu'on les suppose semblables en tout, leur distinction réelle suffit pour démontrer qu'ils ne sont jamais l'un à l'autre une cause d'existence ou d'anéantissement : par la raison que l'un n'est pas l'autre, il peut exister ou être anéanti sans cet autre corps. Leur distinction fait leur indépendance mutuelle. Que si l'on doit raisonner ainsi de deux corps qu'on sépare, et qui sont entièrement de même nature, à combien plus forte raison doit-on raisonner de même d'un esprit et d'un corps dont l'union n'a rien de naturel, tant leurs natures sont dissemblables en tout! D'un côté, la cessation d'une union si accidentelle à ces deux natures ne peut être ni à l'une ni à l'autre une cause d'anéantissement; de l'autre, l'anéantissement même de l'un de ces deux êtres ne serait en aucune façon une raison ou cause d'anéantissement pour l'autre. Un être qui n'est nullement la cause de l'existence de l'autre ne peut pas être la cause de son anéantissement. Il est donc clair comme le jour que la désunion du corps et de l'âme ne peut opérer l'anéantissement ni de l'âme ni du corps, et que l'anéantissement même du corps n'opérerait rien pour faire cesser l'existence de l'âme.

III. L'union du corps et de l'âme ne consistant que dans un concert ou rapport mutuel entre les pensées de l'une et les mouvements de l'autre, il est facile de voir ce que la cessation de ce concert doit opérer. Ce concert n'est point naturel à ces deux êtres si dissemblables et si indépendants l'un de l'autre. Il n'y a même que Dieu qui ait pu, par une volonté purement arbitraire et toute-puissante, assujettir deux êtres, si divers en nature et en opérations, à ce concert pour opérer ensemble. Faites cesser la volonté purement arbitraire et toute-puissante de Dieu, ce concert, pour ainsi dire si forcé, cesse aussitôt, comme une pierre tombe par son propre poids dès qu'une main ne la tient plus en l'air : chacune de ces deux parties rentre dans son indépendance naturelle d'opération à l'égard de l'autre. Il doit arriver de là que l'âme, loin d'être anéantie par cette désunion qui ne fait que la remettre dans son état naturel, est alors libre de penser indépendamment de tous les mouvements du corps; de même que je suis libre de marcher tout seul, comme il me plaît, dès qu'on m'a détaché d'un autre homme avec lequel une puissance supérieure me tenait enchaîné. La fin de cette union n'est qu'un dégagement et qu'une liberté, comme l'union n'était qu'une gêne et qu'un pur assujettissement : alors l'âme doit penser indépendamment de tous les mouvements du corps; comme on suppose, dans la religion chrétienne, que les anges, qui n'ont jamais été unis à des corps, pensent dans le ciel. Pourquoi donc craindrait-on l'anéantissement de l'âme dans cette désunion, qui ne peut opérer que l'entière liberté de ses pensées?

IV. De son côté, le corps n'est point anéanti. Il n'y a pas le moindre atome qui périsse. Il n'arrive, dans ce qu'on appelle *la mort*, qu'un simple dérangement d'organes; les corpuscules les plus subtils s'exhalent; la machine se dissout et se déconcerte : mais en quelque endroit que la corruption ou le hasard en écarte les débris, aucune parcelle ne cesse jamais d'exister; et tous les philosophes sont d'accord pour supposer qu'il n'arrive jamais dans l'univers, l'anéantissement du plus vil et du plus imperceptible atome. A quel propos craindrait-on l'anéantissement de cette autre substance très-noble et très-pensante que nous appelons *l'âme?* Comment pourrait-on s'imaginer que le corps, qui ne s'anéantit nullement, anéantisse l'âme, qui est plus noble que lui, qui lui est étrangère, et qui en est absolument indépendante? La désunion de ces deux êtres ne peut pas plus opérer l'anéantissement de l'un que de l'autre. On suppose sans peine que nul atome du corps n'est anéanti dans le moment de cette désunion des deux parties : pourquoi donc cherche-t-on avec tant d'empressement des prétextes pour croire que l'âme, qui est incomparablement plus parfaite, est anéantie? Il est vrai qu'en tout temps Dieu est tout-puissant pour l'anéantir, s'il le veut; mais il n'y a aucune raison de croire qu'il le veuille faire dans le temps de la désunion du corps, plutôt que dans le temps de l'union. Ce qu'on appelle *la mort* n'étant qu'un simple dérangement des corpuscules qui composent les organes, on ne peut pas dire que ce dérangement arrive dans l'âme comme dans le corps. L'âme, étant un être pensant, n'a aucune des propriétés corporelles : elle n'a ni parties ni figure, ni situation des parties entre elles, ni mouvement ou changement de situation. Ainsi nul dérangement ne peut lui arriver. L'âme, qui est le moi pensant et voulant, est un être simple, un en soi, et indivisible. Il n'y a jamais dans un même homme deux moi, ni deux moitiés du même moi. Les objets arrivent à l'âme par divers organes, qui font les différentes sensations : mais tous ces divers canaux aboutissent à un centre unique, où tout se réunit. C'est le moi qui est tellement un, que c'est par lui seul que chaque homme a une véritable unité, et n'est pas plusieurs hommes. On ne peut point dire de ce moi qui pense et qui veut, qu'il a diverses parties jointes ensemble, comme le corps est composé de membres liés entre eux. Cette âme n'a ni figure, ni situation, ni mouvement local, ni couleur, ni chaleur, ni dureté, ni aucune autre qualité sensible. On ne la voit point, on ne l'entend point, on ne la touche point; on conçoit seulement qu'elle pense et veut, comme la nature du corps est d'être étendu, divisible et figuré. Dès qu'on suppose la réelle distinction du corps et de l'âme, il faut conclure sans hésiter que l'âme n'a ni composition, ni divisibilité, ni figure, ni situation de parties, ni par conséquent arrangement d'organes. Pour le corps, qui a des organes, il peut perdre cet arrangement de parties, changer de figure, et être déconcerté : mais pour l'âme, elle ne saurait jamais perdre cet arrangement qu'elle n'a pas, et qui ne convient point à sa nature.

V. On pourrait dire que l'âme n'étant créée que pour être unie avec le corps, elle est tellement bornée à cette société, que son existence empruntée cesse dès que sa société avec le corps finit. Mais c'est parler sans preuve et en l'air, que de supposer que l'âme n'est créée qu'avec une existence entièrement bornée au temps de sa société avec le corps. Où prend-on cette pensée bizarre, et de quel droit la suppose-t-on, au lieu de la prouver? Le corps est sans doute moins parfait que l'âme, puisqu'il est plus parfait de penser que de ne penser pas; nous voyons néanmoins que l'existence du corps n'est point bornée à la durée de sa société avec l'âme : après que la mort a rompu cette société, le corps existe encore jusque dans les moindres parcelles. On voit seulement deux choses. L'une est que le corps se divise et se dérange; c'est ce qui ne peut arriver à l'âme, qui est simple, indivisible et sans arrangement : l'autre est que le corps ne se meut plus avec dépendance des pensées de l'âme. Ne faut-il pas conclure que tout de même, à plus forte raison, l'âme continue à exister de son côté, et qu'elle commence alors à penser indépendamment des opérations du corps? L'opération suit l'être, comme tous les philosophes en conviennent. Ces deux natures sont indépendantes l'une de l'autre, tant en nature qu'en opération. Comme le corps n'a pas besoin des pensées de l'âme pour être mû, l'âme n'a aucun besoin des mouvements du corps pour penser. Ce n'était que par accident que ces deux êtres si dissemblables et si indépendants étaient assujettis à opérer de concert : la fin de leur société passagère les laisse opérer librement chacun selon sa nature, qui n'a aucun rapport à celle de l'autre.

VI. Enfin il ne s'agit que de savoir si Dieu, qui est le maître d'anéantir l'âme de l'homme, ou de continuer sans fin son existence, a voulu cet anéantissement ou cette conservation. Il n'y a nulle apparence de croire qu'il veuille anéantir les âmes, lui qui n'anéantit pas le moindre atome dans tout l'univers; il n'y a nulle apparence qu'il veuille anéantir l'âme dans le moment où il la sépare du corps, puisqu'elle est un être entièrement étranger à ce corps, et indépendant de lui. Cette séparation n'étant que la fin d'un assujettissement à un certain concert d'opérations avec le corps, il est manifeste que cette séparation est la délivrance de l'âme, et non la cause de son anéantissement. Il faut néanmoins avouer que nous devrions croire cet anéantissement si extraordinaire et si difficile à comprendre, supposé que Dieu lui-même nous l'apprît par sa parole. Ce qui dépend de sa volonté arbitraire ne peut nous être découvert que par lui. Ceux qui veulent croire la mortalité de l'âme, contre toute vraisemblance, doivent nous prouver que Dieu a parlé pour nous en assurer. Ce n'est nullement à nous à leur prouver que Dieu ne veut point faire cet anéantissement; il nous suffit de supposer que l'âme de l'homme, qui est le plus parfait des êtres que nous connaissons après Dieu, doit sans doute beaucoup moins perdre son existence que les autres vils êtres qui nous environnent : or l'anéantissement du moindre atome est sans exemple dans tout l'univers depuis la création; donc il nous suffit de supposer que l'âme de l'homme est, comme le moindre atome, hors de tout danger d'être anéantie. Voilà le préjugé le plus raisonnable, le plus constant, le plus décisif. C'est à nos adversaires à venir nous en déposséder par des preuves claires et décisives. Or ils ne peuvent jamais le prouver que par une déclaration positive de Dieu même. Quand un homme doit très-vraisemblablement avoir pensé en faveur de son ami intime ce qu'il pense en toute occasion en faveur des derniers d'entre les hommes qui lui sont les plus indifférents, chacun est en droit de croire qu'il pense de même pour cet intime ami, à moins qu'il ne déclare le contraire. De plus, sa volonté libre et purement arbitraire ne peut être connue que par lui seul. Quand je suis libre de sortir de ma chambre ou d'y demeurer, il n'y a que moi qui puisse apprendre à mes domestiques la résolution libre que j'ai prise là-dessus pour l'un ou pour l'autre parti. Il est donc manifeste que nos adversaires devraient nous prouver, par quelque déclaration de Dieu même, qu'il eût fait contre l'âme de l'homme une exception toute singulière à sa loi générale de n'anéantir aucun être, et de conserver l'existence du moindre atome. Qu'on se taise donc, ou qu'on nous montre une déclaration de Dieu pour cette exception de sa loi générale.

VII. Nous produisons le livre qui porte toutes les marques de divinité, puisque c'est lui qui nous a appris à connaître et à aimer souverainement le vrai Dieu. C'est dans ce livre que Dieu parle si bien en Dieu, quand il dit : *Je suis celui qui est.* Nul autre livre n'a peint Dieu d'une manière digne de lui. Les dieux d'Homère sont l'opprobre et la dérision de la Divinité. Le livre que nous avons en main, après avoir montré Dieu tel qu'il est, nous enseigne le seul culte digne de lui. Il ne s'agit point de l'apaiser par le sang des victimes : il faut l'aimer plus que soi; il faut ne l'aimer plus que pour lui, et que de son amour; il faut se renoncer pour lui, et préférer sa volonté à la nôtre; il faut que son amour opère en nous toutes les vertus, et n'y souffre aucun vice. C'est ce renversement total du cœur de l'homme que l'homme n'aurait jamais pu imaginer : il n'aurait jamais inventé une telle religion, qui ne lui laisse pas même sa pensée et son vouloir, et qui le fait être tout à autrui. Lors même qu'on lui propose cette religion avec la plus suprême autorité, son esprit ne peut la concevoir, sa volonté se révolte, et tout au fond est irrité. Il ne faut pas s'en étonner, puisqu'il s'agit de démontrer tout l'homme, de dégrader le moi, de briser cette idole, de former un homme nouveau, et de mettre Dieu en la place du moi, pour en faire la source et le centre de tout notre amour. Toutes les fois que l'homme inventera une religion, il la fera bien différente; l'amour-propre la dictera; il la fera toute pour lui; et celle-ci ne lui laisse rien. Celle-ci est néanmoins si juste, que ce qui nous soulève le plus contre elle est précisément ce qui doit le plus nous convaincre de sa vérité. Dieu tout, à qui tout est dû; et la créature rien, à qui rien ne doit demeurer qu'en Dieu, et pour Dieu. Toute religion qui ne va pas jusque-là est indigne de Dieu, ne redresse point l'homme, et porte un caractère de fausseté tout manifeste. Il n'y a sur la terre qu'un seul livre original qui fasse consister la religion à aimer Dieu plus que soi, et à se renoncer pour lui : les autres qui répètent cette grande vérité l'ont tirée de celui-ci. Toute vérité nous est enseignée dans cette vérité fondamentale. Le livre qui a fait connaître ainsi au monde le tout de Dieu, le rien de l'homme, avec le culte de l'amour, ne peut être que divin. Ou il n'y a aucune religion, ou celle-là est la seule véritable. De plus, ce livre si divin par sa doctrine, est plein de prophéties dont l'accomplissement saute aux yeux du monde entier, comme la réprobation du peuple juif, et la vocation des peuples idolâtres au culte du vrai Dieu par le Messie. D'ailleurs ce livre est autorisé par des miracles innombrables, faits au grand jour, en divers siècles, à la vue des plus grands ennemis de la religion. Enfin, ce livre a fait tout ce qu'il dit; il a changé la face du monde; il a peuplé les déserts de solitaires qui ont été des anges dans des corps mortels; il a fait fleurir, jusque dans le monde le plus impie et le plus corrompu, les vertus les plus pénibles et les plus aimables : il a persuadé à l'homme idolâtre de soi de se compter pour rien, et d'aimer seulement un être invisible. Un tel livre doit être lu comme s'il était descendu du ciel sur la terre. C'est ce livre où Dieu nous déclare une vérité qui est déjà si vraisemblable par elle-même. Le même Dieu tout bon et tout-puissant, qui pourrait seul nous ôter la vie éternelle, nous la promet, c'est par l'attente de cette vie sans fin qu'il a appris à tant de martyrs à mépriser la vie courte, fragile et misérable de leurs corps.

VIII. N'est-il pas naturel que Dieu, qui éprouve dans cette courte vie chaque homme pour le vice et pour la vertu, et qui laisse souvent les impies achever leurs cours dans la prospérité, pendant que les justes vivent et meurent dans le mépris et dans la douleur, réserve à une autre vie le châtiment des uns et la récompense des autres? C'est ce que ce livre divin nous enseigne. Merveilleuse et consolante conformité entre les oracles de l'Ecriture et la vérité que nous portons empreinte au fond de nous-mêmes! Tout est d'accord, la philosophie, l'autorité suprême des promesses, le sentiment intime de la vérité dans nos cœurs.

D'où vient donc que les hommes sont si indociles et si incrédules sur l'heureuse nouvelle de leur immortalité? Les impies leur disent qu'ils sont sans espérance, et qu'ils vont être abîmés dans peu de jours à jamais dans le gouffre du néant : ils s'en réjouissent; ils triomphent de leur prochaine extinction, eux qui s'aiment si éperdument; ils sont charmés de cette doctrine pleine d'horreur; ils ont un goût de désespoir. D'autres leur disent qu'ils ont une ressource de vie éternelle, et ils s'irritent contre cette ressource; elle les aigrit; ils craignent d'en être convaincus. Ils tournent toute leur subtilité à chicaner contre ces preuves décisives. Ils aiment mieux périr en se livrant à leur orgueil insensé et à leurs passions brutales, que vivre éternellement, en se contraignant pour embrasser la vertu. O frénésie monstrueuse! ô amour-propre extravagant, qui se tourne contre soi-même! O homme devenu ennemi de soi, à force de s'aimer sans règle!

CHAPITRE III.

Du libre arbitre de l'homme.

Cette question sera bientôt décidée, si on veut l'examiner avec la même modération et aussi sobrement qu'on examine toutes les questions les plus importantes dans l'usage de la vie humaine.

I. Il ne s'agit point d'examiner si Dieu n'aurait pas pu créer l'homme sans lui donner la liberté, et en le nécessitant à vouloir toujours le bien, comme on suppose dans le christianisme que les bienheureux dans le ciel sont sans cesse nécessités à aimer Dieu. Qui est-ce qui peut douter que Dieu n'ait été le maître absolu de créer d'abord les hommes dans cet état, et de les y fixer à jamais?

II. J'avoue qu'on ne peut point démontrer par la nature de notre âme, ni par les règles de l'ordre suprême, que Dieu n'ait point mis tout le genre humain dans cet état d'une heureuse et sainte nécessité. Il faut convenir qu'il n'y a qu'une volonté entièrement libre et arbitraire en Dieu qui ait décidé pour faire l'homme libre, c'est-à-dire exempt de toute nécessité, sans le fixer dans une heureuse nécessité de vouloir toujours le bien.

III. Ce qui décide est la conviction intime où nous sommes sans cesse de notre liberté. Notre raison ne consiste que dans nos idées claires. Nous ne pouvons que les consulter attentivement, pour conclure qu'une proposition est vraie ou fausse. Il ne dépend pas de nous de croire que le oui est le non, qu'un cercle est un triangle, qu'une vallée est une montagne, que la nuit est le jour. D'où vient qu'il nous est absolument impossible de confondre ces choses? C'est que l'exercice de la raison se réduit à consulter nos idées; et que l'idée d'un cercle est absolument différente de celle d'un triangle; que celle d'une vallée exclut celle d'une montagne; et que celle du jour est opposée à celle de la nuit. Raisonnez tant qu'il vous plaira, je vous défie de former aucun doute sérieux contre aucune de vos idées claires. Vous ne jugez jamais d'aucune d'elles, mais c'est par elles que vous jugez, et elles sont la règle immuable de tous vos jugements. Vous ne vous trompez qu'en ne les consultant pas avec assez d'exactitude. Si vous n'affirmiez que ce qu'elles présentent, si vous ne niiez que ce qu'elles excluent avec clarté, vous ne tomberiez jamais dans la moindre erreur : vous suspendriez votre jugement, dès que l'idée que vous consulteriez ne vous paraîtrait pas assez claire; et vous ne vous rendriez jamais qu'à une clarté invincible. Encore une fois, tout l'exercice de la raison se réduit à cette consultation d'idées. Ceux qui rejettent spéculativement cette règle ne s'entendent pas eux-mêmes, et suivent sans cesse par nécessité, dans la pratique, ce qu'ils rejettent dans la spéculation. Le principe fondamental de toute raison étant posé, je soutiens que notre libre arbitre est une de ces vérités dont tout homme qui n'extravague pas a une idée si claire, que l'évidence en est invincible. On peut bien disputer du bout des lèvres, et par passion contre cette vérité, dans une école, comme les pyrrhoniens ont disputé ridiculement sur la vérité de leur propre existence, pour douter de tout sans exception; mais on peut dire de ceux qui contestent le libre arbitre ce qui a été dit des pyrrhoniens : C'est une secte, non de philosophes, mais de menteurs. Ils se vantent de douter, quoique le doute ne soit nullement en leur pouvoir. Tout homme sensé, qui se consulte et qui s'écoute, porte au-dedans de soi une décision invincible en faveur de sa liberté. Cette idée nous représente qu'un homme n'est coupable que quand il fait ce qu'il peut s'empêcher de faire, c'est-à-dire ce qu'il fait par le choix de sa volonté, sans y être déterminé inévitablement et invinciblement par quelque autre cause distinguée de sa volonté. Voilà, dit saint Augustin (1), une vérité pour l'éclaircissement de laquelle on n'a aucun besoin d'approfondir les raisonnements des livres. C'est ce que la nature crie; c'est ce qui est empreint au fond de nos cœurs par la libéralité de la nature; c'est ce qui est plus clair que le jour; c'est ce que tous les hommes connaissent; depuis l'école où les enfants apprennent à lire jusqu'au trône du sage Salomon; c'est ce que les bergers chantent sur les montagnes, c'est ce que les évêques enseignent dans les lieux sacrés, et ce que le genre humain annonce dans tout l'univers.

Le doute ne saurait être plus sérieux et plus sincère sur la liberté que sur l'existence des corps qui nous environnent. Dans la dispute, l'imagination s'échauffe; on s'impose à soi-même; on se fait accroire qu'on doute, et on embrouille, à force de vains sophismes, les vérités les plus palpables : mais dans la pratique on suppose la liberté, comme on suppose qu'on a des bras, des jambes, un corps, et qu'on est environné d'autres corps contre lesquels il ne faut pas aller choquer le sien. Raisonnez tant qu'il vous plaira sur vos idées claires; il faut ou les suivre sans crainte de se tromper, ou être absolument pyrrhonien. Le doute universel est insoutenable. Quand même nos idées claires devraient nous tromper, il est inutile de délibérer pour savoir si nous les suivrons, ou si nous ne les suivrons pas : leur évidence est invincible, elle entraîne notre jugement; et si elles nous trompent, nous sommes dans une nécessite invincible d'être trompés. En ce cas, nous ne nous trompons pas nous-mêmes; c'est une puissance supérieure à la nôtre qui nous trompe et qui nous dévoue à l'erreur. Que pouvons-nous faire sinon suivre notre raison? Et si c'est elle-même qui nous trompe, qui est-ce qui nous détrompera? avons-nous au-dedans de nous une autre raison supérieure à notre raison même, par le secours de laquelle nous puissions nous défier d'elle et la redresser? Cette raison se réduit à nos idées, que nous consultons et comparons ensemble. Pouvons-nous, par le secours de nos seules idées, mettre en doute nos idées mêmes? Avons-nous une seconde raison pour corriger en nous la première? Non, sans doute.

(1) *De duab. Anim. contra Manich.*, cap. x, xi, n°s 14, 15.

Nous pouvons bien suspendre notre conclusion quand ces idées sont obscures, et quand leur obscurité nous laisse en suspens : mais quand elles sont claires comme cette vérité, *deux et deux font quatre*, le doute serait non un usage de la raison, mais un délire. Si c'est se tromper que de suivre une raison qui par son évidence nous entraîne invinciblement, c'est l'être infiniment parfait qui nous trompe, et qui a tort. Nous faisons notre devoir en nous laissant tromper; et nous aurions tort en résistant à cette évidence, qui nous subjuguerait enfin malgré nos vaines résistances, et je soutiens, avec saint Augustin, que la vérité du libre arbitre et son exercice journalier est d'une évidence si intime et si invincible, que nul homme qui ne rêve pas n'en saurait douter dans la pratique.

IV. Venons aux exemples familiers qui rendront cette vérité sensible. Donnez-moi un homme qui fait le profond philosophe, et qui nie le libre arbitre : je ne disputerai point contre lui; mais je le mettrai à l'épreuve dans les plus communes occasions de la vie, pour le confondre par lui-même. Je suppose que la femme de cet homme lui est infidèle, que son fils lui désobéit et le méprise, que son ami le trahit, que son domestique le vole; je lui dirai, quand il se plaindra d'eux : Ne savez-vous pas qu'aucun d'eux n'a tort, et qu'ils ne sont pas libres de faire autrement? Ils sont, de votre propre aveu, aussi invinciblement nécessités à vouloir ce qu'ils veulent, qu'une pierre l'est à tomber quand on ne la soutient pas. Croyez-vous que cet homme prenne une telle raison en paiement? Croyez-vous qu'il excusera l'infidélité de sa femme, l'insolence et l'ingratitude de son fils, la trahison de son ami, et le vol de son domestique? N'est-il pas certain que ce bizarre philosophe, qui ose nier le libre arbitre dans l'école, le supposera comme indubitable dans sa maison, et qu'il ne sera pas moins implacable contre ces personnes, que s'il avait soutenu toute sa vie le dogme de la plus grande liberté? Il est donc visible que cette philosophie n'en est pas une, et qu'elle se dément elle-même sans aucune pudeur. Allez plus loin. Dites à cet homme que le public le blâme sur une telle action dont on lui impute le tort; il vous répondra, pour se justifier, qu'il n'a pas été libre de l'éviter, et il ne doutera nullement qu'il ne soit excusé aux yeux du monde entier, pourvu qu'il prouve qu'il a agi non par choix, mais par pure nécessité. Vous voyez donc que cet ennemi imaginaire du libre arbitre est réduit à le supposer dans la pratique, lors même qu'il fait semblant de ne le croire pas.

V. Il est vrai qu'il y a certaines actions que nous ne sommes pas libres de faire, et que nous évitons par nécessité. Alors nous n'avons aucun motif ou raison de vouloir, qui puisse toucher notre entendement, le mettre en suspens, et nous faire entrer dans une sérieuse délibération pour savoir s'il convient de faire une telle action, ou de l'éviter. C'est ainsi qu'un homme sain de corps et d'esprit, vertueux et plein de religion, n'est pas libre de se jeter par la fenêtre, de courir tout nu par les rues, et de tuer ses enfants. En cet état, il ne peut avoir ni aucune raison de vouloir faire ses actions, ni sujet de délibérer, ni indifférence réelle de volonté à cet égard. Ainsi il n'est pas libre de faire ces actions. Il ne pourrait y avoir qu'une mélancolie folle, ou un désespoir semblable à celui de divers païens, qui pourrait jeter un homme dans une telle extrémité : mais comme nous sentons en nous une vraie impuissance de faire des actions si insensées pendant que nous avons l'usage de notre raison, nous sentons au contraire que nous sommes libres à l'égard de tous les partis sur lesquels nous délibérons sérieusement. En effet, rien ne serait plus ridicule que de délibérer si nous n'avions point à choisir, et si nous étions toujours invinciblement déterminés à un seul parti. Nous délibérons néanmoins très-souvent, et nous ne saurions douter que nos délibérations ne soient très-bien fondées toutes les fois qu'elles roulent sur plusieurs partis qui ont tous leur apparence de bien et leurs motifs pour nous attirer. Donc il faut croire que toute la vie des hommes se passe, comme dans la pure illusion d'un songe, dans des délibérations qui ne sont qu'un jeu d'enfants; ou bien il faut conclure que nous sommes libres dans les cas ordinaires où tout le genre humain délibère et croit décider. C'est ainsi que je me détermine moi-même pour me lever ou pour demeurer assis, pour parler ou pour me taire, pour retarder mon repas ou pour le faire sans retardement. C'est sur de telles choses qu'il est impossible à l'homme de mettre sérieusement en doute l'exercice de sa liberté.

VI. Il faut encore avouer que l'homme n'est libre ni à l'égard du bien pris en général, ni à l'égard du souverain bien clairement connu. La liberté consiste dans une espèce d'équilibre de la volonté entre deux partis. L'homme ne peut choisir qu'entre des objets dignes de quelque choix et de quelque amour en eux-mêmes, et qui font une espèce de contre-poids entre eux. Il faut de part et d'autre des raisons vraies ou apparentes de vouloir : c'est ce qu'on appelle des motifs. Or il n'y a que des biens vrais ou apparents qui excitent la volonté; car le mal, en tant que mal, sans aucun mélange de bien, est un néant dépourvu de toute amabilité. Il faut donc que l'exercice de la liberté soit fondé sur une espèce de contre-poids qui se trouve entre les divers biens proposés. Il faut que l'entendement et la volonté soient en balance entre ces biens vrais ou apparents. Or il est manifeste que quand vous mettez d'un côté le bien considéré en général, c'est-à-dire la totalité des biens sans exception, vous ne pouvez mettre de l'autre côté de la balance que le néant de tout bien; et que la volonté ne peut ni se trouver dans aucune suspension, ni délibérer sérieusement entre tout et rien. De plus, si on suppose le souverain bien présent et clairement connu, on ne saurait lui opposer aucun autre bien qui fasse aucun contre-poids. L'infini emporte sans doute la balance contre le fini. La disproportion est infinie. L'entendement ne peut ni douter, ni hésiter, ni suspendre un seul moment sa décision. La volonté est ravie et entraînée. La délibération en ce cas ne serait pas une délibération, ce serait un délire; et le délire est impossible dans un état où l'on suppose la suprême vérité et bonté très-clairement présente et connue. On ne peut donc hésiter sur le bien suprême qu'en ne le connaissant que d'une connaissance superficielle, imparfaite et confuse qui le rabaisse jusqu'à le faire comparer aux biens qui lui sont infiniment inférieurs. Alors l'obscurité de ce grand objet, et l'éloignement dans lequel on le considère, fait une espèce de compensation avec la petitesse de l'objet fini qui se trouve présent et sensible. Dans cette fausse égalité, l'homme délibère, choisit, et exerce sa liberté entre deux biens infiniment inégaux. Mais si le bien suprême venait à se montrer tout à coup avec évidence, avec son attrait infini et tout-puissant, il ravirait d'abord tout l'amour de la volonté, et il ferait disparaître tout autre bien, comme le grand jour dissipe les ombres de la nuit. Il est aisé de voir que dans le cours de cette vie, la plupart des biens qui se présentent à nous sont, ou si médiocres en eux-mêmes, ou si obscurcis, qu'ils nous laissent en état de les comparer. C'est par cette comparaison que nous délibérons pour choisir; et quand nous délibérons, nous sentons par conscience intime, que nous sommes les maîtres de choisir, parce que la vue d'aucun de ces biens n'est assez puissante pour détruire tout contre-poids, et pour entraîner invinciblement notre volonté. C'est dans le contre-poids des biens opposés que la liberté s'exerce.

VII. Otez cette liberté, toute la vie humaine est renversée, et il n'y a plus aucune trace d'ordre dans la société. Si les hommes ne sont pas libres dans ce qu'ils font de bien et de mal, le bien n'est plus bien, et le mal n'est plus mal. Si une nécessité inévitable et invincible nous fait vouloir tout ce que nous voulons, notre volonté n'est pas plus responsable de son vouloir qu'un ressort de machine n'est responsable du mouvement qui lui est inévitablement et invinciblement imprimé. En ce cas, il est ridicule de s'en prendre à la volonté, qui ne veut qu'autant qu'une autre cause distinguée d'elle la fait vouloir. Il faut remonter tout droit à cette cause, comme je remonte à la main qui remue un bâton pour me frapper, sans m'arrêter au bâton, qui ne me frappe qu'autant que cette main le pousse. Encore une fois, ôtez la liberté, vous ne laissez sur la terre ni vice, ni vertu, ni mérite. Les récompenses sont ridicules, et les châtiments sont injustes et odieux. Chacun ne fait que ce qu'il doit, puisqu'il agit selon la nécessité. Il ne doit ni éviter ce qui est inévitable, ni vaincre ce qui est invincible. Tout est dans l'ordre; car l'ordre est que tout cède à la nécessité. Qu'y a-t-il donc de plus étrange que de vouloir contredire ses propres idées, c'est-à-dire la voix de la raison; et que de s'obstiner à soutenir ce qu'on est contraint de démentir sans cesse dans la pratique, pour établir une doctrine qui renverse tout ordre et toute police; qui confond le vice et la vertu, qui autorise toute infamie monstrueuse, qui éteint toute pudeur et tout remords, qui dégrade et qui défigure sans ressource tout le genre humain? Pourquoi veut-on étouffer ainsi la voix de la raison? C'est pour secouer le joug de la religion, c'est pour alléguer une impuissance flatteuse en faveur du vice contre la vertu. Il n'y a que l'orgueil et les passions les plus déréglées qui puissent pousser l'homme jusqu'à un si violent excès contre sa propre raison. Mais cet excès lui-même doit ouvrir les yeux à l'homme qui y tombe. L'homme ne doit-il pas se défier de son cœur corrompu, et se récuser soi-même pour juge, dès qu'il aperçoit que le goût effréné du mal le porte jusqu'à se contredire soi-même, et à nier sa propre liberté, dont la conviction intime le surmonte à tout moment? Une doctrine si énorme et si emportée (comme parle Cicéron de celle des épicuriens) ne doit point être examinée dans l'école, mais punie par les magistrats.

VIII. On demande comment est-ce que l'être infiniment parfait, qui tend toujours, selon sa nature, à la plus haute perfection de son ouvrage, a pu créer des volontés libres, c'est-à-dire laissées à leur propre choix entre le bien et le mal, entre l'ordre et le renversement de l'ordre? Pourquoi les aurait-il abandonnées à leur propre faiblesse, prévoyant que l'usage qu'elles en feraient serait celui de se perdre, et de dérégler tout l'ouvrage divin?

Je réponds que ce qu'on veut nier est incontestable. D'un côté, on avoue qu'il y a un être infiniment parfait qui a créé les hommes; d'un autre côté, la nature entière crie que nos volontés sont libres. Qu'on me montre l'homme qui n'a pas de honte de le nier, je le lui ferai affirmer trente fois par jour dans toutes les affaires les plus sérieuses : la vérité lui échappera malgré lui, tant il en est plein, lors même qu'il veut la combattre. Il est donc évident que l'être infiniment parfait nous a créés avec des volontés libres. Le fait, clair comme le jour, est décisif. On a beau subtiliser pour prouver que l'être infiniment parfait n'a pas pu mettre cette imperfection et cette source de désordre dans son ouvrage : la réponse est courte et tranchante. L'être infiniment parfait sait beaucoup mieux que nous ce qui convient à sa perfection infinie; or, il est évident que l'homme, qui est son ouvrage, est libre, et on ne peut le nier sans contredire sa propre raison : donc l'être infiniment parfait a trouvé que la liberté de l'homme pouvait s'accorder avec l'infinie perfection du Créateur. Il faut donc que l'intelligence finie se taise et s'humilie, quand l'être infiniment parfait décide dans la pratique toute la question. Sans doute il n'a pas violé l'ordre : or est-il qu'il a fait l'homme libre, puisque l'homme ne peut lui-même étouffer la voix de son cœur sur la liberté, donc Dieu a pu faire l'homme libre sans violer l'ordre. Si l'homme borné ne peut pas comprendre comment cette liberté, source de tout désordre, peut s'accorder avec l'ordre suprême dans l'ouvrage de Dieu, il n'a qu'à croire humblement ce qu'il n'entend pas : c'est sa raison même qui le tient sans cesse subjugué par cette impression invincible de son libre arbitre. Quand même il ne pourrait pas comprendre par sa raison, une vérité dont sa raison ne souffre aucun doute, il faudrait regarder cette vérité comme tant d'autres de l'ordre naturel, qu'on ne peut ni éclaircir ni révoquer en doute sérieux; comme, par exemple, la vérité de la matière, qu'on ne peut supposer ni composée d'atomes, ni divisible à l'infini, sans des difficultés insurmontables.

IX. Il y a une extrême différence entre la perfection de l'ouvrier et celle de l'ouvrage. L'ouvrier ne peut rien faire qu'avec une perfection infinie, puisqu'il ne peut jamais se dégrader, et rien perdre de ce qu'il est; mais l'ouvrage de l'ouvrier infiniment parfait ne peut jamais avoir qu'une perfection finie. Si l'ouvrage avait une infinie perfection, il serait l'ouvrier même; car il n'y a que Dieu seul qui puisse être infiniment parfait. Rien ne peut être égal à lui, rien ne peut même être qu'infiniment au-dessous de lui : de là il faut conclure, que, nonobstant sa toute-puissance, il ne peut rien produire hors de lui qui ne soit infiniment imparfait, c'est-à-dire infiniment inférieur à sa suprême perfection. Pour concevoir ce que Dieu peut produire hors de lui, il faut se le représenter comme voyant des degrés infinis de perfection au-dessous de la sienne. En quelque degré qu'il s'arrête, il en trouve d'infinis en remontant vers lui et en descendant au-dessous de lui. Ainsi il ne peut fixer son ouvrage à aucun degré qui n'ait une infériorité infinie à son égard. Tous ces divers degrés sont plus ou moins élevés les uns à l'égard des autres; mais tous sont infiniment inférieurs à l'Être suprême. Ainsi on se trompe manifestement quand on veut s'imaginer que l'être infiniment parfait se doit à lui-même, pour la conservation de sa perfection et de son ordre, de donner à son ouvrage le plus grand ordre et la plus haute perfection qu'il peut lui donner. Il est certain, tout au contraire, que Dieu ne peut jamais fixer aucun ouvrage à un degré certain de perfection, sans l'avoir pu mettre à un autre degré supérieur d'ordre et de perfection, en remontant toujours vers l'infini, qui est lui-même. Ainsi il est certain que Dieu, loin de vouloir toujours le plus haut degré d'ordre et de perfection, ne peut jamais aller jusqu'au plus haut degré, et qu'il s'arrête toujours à un degré inférieur à d'autres qui remontent sans cesse vers l'infini. Faut-il donc s'étonner si Dieu n'a pas fait la volonté de l'homme aussi parfaite qu'il aurait pu la faire? Il est vrai qu'il aurait pu la faire d'abord impeccable, bienheureuse, et dans l'état des esprits célestes. En cet état, les hommes auraient été, je l'avoue, plus parfaits et plus participants de l'ordre suprême. Mais l'objection qu'on fait resterait toujours tout entière, puisqu'il y a encore, au-dessus des esprits célestes qui sont bornés, des degrés infinis de perfection, en remontant vers Dieu, dans lesquels le Créateur aurait pu créer des êtres supérieurs aux anges. Il faut donc ou conclure que Dieu ne peut rien faire hors de lui, parce que tout ce qu'il ferait serait infiniment au-dessous de lui, et par conséquent infiniment imparfait, ou avouer de bonne foi que Dieu, en faisant son ouvrage, ne choisit jamais le plus haut de tous les degrés d'ordre et de perfection. Cette vérité suffit seule pour faire évanouir l'objection. Dieu, il est vrai, aurait fait l'homme plus parfait et plus participant de son ordre suprême, en le faisant d'abord impeccable et bienheureux, qu'en le faisant libre; mais il ne l'a pas voulu, parce que son infinie perfection ne l'assujettit nullement à donner toujours un degré de perfection, sans qu'il y en ait d'autres à l'infini au-dessus de lui. Chaque degré a un ordre et une perfection dignes du Créateur, quoique les degrés supérieurs en aient davantage. L'homme libre est bon en soi, conforme à l'ordre, et digne de Dieu, quoique l'homme impeccable soit encore meilleur.

X. Dieu, en faisant l'homme libre, ne l'a point abandonné à lui-même. Il l'éclaire par la raison. Il est lui-même au dedans de l'homme pour lui inspirer le bien, pour lui reprocher jusqu'au moindre mal, pour l'attirer par ses promesses, pour le retenir par ses menaces, pour l'attendrir par son amour. Il nous pardonne, il nous redresse, il nous attend, il souffre nos ingratitudes et nos mépris, il ne se lasse point de nous inviter jusqu'au dernier moment, et la vie entière est une grâce continuelle. J'avoue que quand on se représente des hommes sans liberté pour le bien, à qui Dieu demande des vertus qui leur sont impossibles, cet abandon de Dieu fait horreur; il est contraire à son ordre et à sa bonté : mais il n'est point contraire à l'ordre, que Dieu ait laissé au choix de l'homme secouru par sa grâce, de se rendre heureux par la vertu ou malheureux par le péché; en sorte que, s'il est privé de la récompense céleste, c'est qu'il l'a rejetée lorsqu'elle était pour ainsi dire dans ses mains. En cet état, l'homme ne souffre aucun mal que celui qu'il se fait lui-même, étant pleinement maître de se procurer le plus grand des biens.

XI. Dieu, en faisant l'homme libre, lui a donné un merveilleux trait de ressemblance avec la Divinité, dont il est l'image. C'est une merveilleuse puissance dans l'être dépendant et créé, que sa dépendance n'empêche point sa liberté, et qu'il puisse se modifier comme il lui plaît. Il se fait bon ou mauvais à son choix; il tourne sa volonté vers le bien ou vers le mal, et il est, comme Dieu, maître de son opération intime; il a même, comme Dieu, un mélange de liberté pour certains biens, et de nécessité pour d'autres. Comme Dieu est nécessité de s'aimer et de n'aimer jamais que le bien, l'homme ne peut aimer que ce qui a quelque degré de bien; et il aime Dieu nécessairement, dès qu'il le connaît en pleine évidence. D'un autre côté, Dieu, infiniment supérieur à tout bien distingué de lui, se trouve, par cette supériorité infinie, pleinement libre de choisir tout ce qui lui plaît entre tous ces biens subalternes, lesquels, quoique inégaux entre eux, ont une espèce d'égalité en ce qu'ils sont infiniment inférieurs à l'Être suprême. Ainsi aucun d'eux n'est assez parfait pour déterminer Dieu, et chacun d'eux le laisse à sa propre détermination. L'homme a quelque chose de cette liberté. Aucun des biens qu'il connaît ici-bas ne surmonte sa volonté; aucun ne le détermine invinciblement; tous le laissent à sa propre détermination. Il est à lui, il délibère, il décide, et il a un empire suprême sur son propre vouloir. Il est certain qu'il y a dans cet empire sur soi un caractère de ressemblance avec la Divinité qui étonne. Ce trait de ressemblance est digne de la complaisance de celui qui se doit à soi-même de faire tout pour soi.

XII. N'est-il pas digne de Dieu qu'il mette l'homme, par cette liberté, en état de mériter? Qu'y a-t-il de plus grand pour une créature que le mérite? Le mérite est un bien qu'on se donne par son choix, et qui rend l'homme digne d'autres biens d'un ordre supérieur. Par le mérite, l'homme s'élève, s'accroît, se perfectionne, et engage Dieu à lui donner de nouveaux biens proportionnés, qu'on nomme récompenses. N'est-il pas bien beau et digne de l'ordre, que Dieu n'ait voulu lui donner la béatitude qu'après la lui avoir fait mériter? Cette succession de degrés par où l'homme monte, n'est-elle pas convenable à la sagesse de Dieu, et propre à embellir son ouvrage? Il est vrai que l'homme ne peut point mériter sans être capable de démériter : mais ce n'est point pour procurer le démérite que Dieu donne la liberté; il ne la donne qu'en faveur du mérite, et c'est pour le mérite, qui est son unique fin, qu'il souffre le démérite auquel la liberté expose l'homme. C'est contre l'intention de Dieu, et malgré son secours, que l'homme fait un mauvais usage d'un don si excellent, et si propre à le perfectionner.

XIII. Dieu, en donnant la liberté à l'homme, a voulu faire éclater sa bonté, sa magnificence et son amour; en sorte néanmoins que si l'homme, contre son intention, abusait de cette liberté pour sortir de l'ordre en péchant, Dieu le ferait rentrer dans l'ordre d'une autre façon, par le châtiment de son péché. Ainsi, toutes les volontés sont soumises à l'ordre : les unes en l'aimant, et en persévérant dans cet amour; les autres en y rentrant par le repentir de leurs égarements; les autres par le juste châtiment de leur impénitence finale. Ainsi l'ordre prévaut en tous les hommes; il est inviolablement conservé dans les innocents, réparé dans les pécheurs convertis, et vengé par une éternelle justice, qui est elle-même l'ordre souverain, dans les pécheurs impénitents. Qu'il est glorieux à cette sagesse de tirer ainsi le bien du mal même, et de tourner le mal en bien! En permettant le mal, Dieu ne le fait pas. Tout ce qui est de lui dans son ouvrage demeure digne de lui : mais il souffre que son ouvrage, qui est toujours infiniment imparfait en soi, puisse diminuer le degré de bonté qu'il y avait mis. Il souffre qu'il défaille un peu, pour avoir la gloire de le réparer par miséricorde, ou de le punir par justice, s'il méprise cette miséricorde offerte. Qu'il est beau à Dieu de glorifier ainsi ces deux diverses parties de son ordre et de sa bonté! L'une est de récompenser le bien; l'autre est de punir le mal. S'il n'eût pas fait l'homme libre, il n'eût pu faire éclater ni sa miséricorde ni sa justice, il n'aurait pu récompenser le mérite ni punir le démérite, ni convertir l'homme égaré. Il se devait en quelque façon ces différents genres de gloire. Il se les donne sans blesser sa bonté, qui ne manque à nul homme. Faut-il s'étonner qu'il se doive glorifier en tant de façons? Si on regarde la profondeur du conseil de Dieu dans la permission du péché, on n'y trouve rien d'injuste pour l'homme, puisqu'il ne souffre son égarement qu'en lui donnant tous les secours nécessaires pour ne s'égarer jamais. Si on regarde cette permission par rapport à Dieu même, elle n'a rien qui altère son ordre et sa bonté, puisqu'il ne fait que souffrir ce qu'il ne fait ni ne procure. Il oppose au péché tous les secours de la raison et de la grâce. Il ne reste que sa seule toute-puissance absolue qu'il n'y oppose pas, parce qu'il ne veut point violer le libre arbitre qu'il a laissé à l'homme en faveur du mérite, et ce qui échappe à l'ordre du côté de la bonté et de la récompense y rentre en même temps du côté de la justice et du châtiment. Ainsi l'ordre, qui a deux parties essentielles, subsiste inviolablement par cette alternative de la miséricorde ou de la justice à laquelle chacun doit appartenir.

Que peut-on donc conclure sur les trois questions proposées ?

L'être infiniment parfait nous a créés pour lui ; c'est-à-dire afin que nous soyons occupés de son admiration, de sa louange et de son amour. Voilà son culte. Les signes qu'on en donne au-dehors sont nécessaires pour annoncer ce culte à ceux qui ne l'ont pas ; pour l'affermir et le perfectionner dans ceux qui l'ont déjà imparfaitement ; et pour le rendre uniforme en tous, puisque tous doivent être réunis dans cette adoration publique.

L'âme est immortelle, puisqu'elle n'a aucune cause de destruction en soi, que Dieu n'anéantit aucun être jusqu'au moindre atome, et qu'il nous promet la vie éternelle.

Le libre arbitre est incontestable. Ceux qui le nient n'ont pas besoin d'être réfutés, car ils se démentent eux-mêmes. Il faut ou le supposer sans cesse, ou renoncer à la raison, et ne vivre pas en homme. Ce que la nature nous persuade invinciblement nous est encore certifié par l'autorité de Dieu parlant dans les Ecritures. Que tardons-nous à croire ? D'où vient que l'homme, si crédule pour tout ce qui flatte son orgueil et ses passions, cherche tant de chicanes contre ces vérités, qui devraient le combler de consolation ? L'homme craint de trouver un Dieu infiniment bon, qui veuille son amour, et qui exige de lui une société qui le rend bienheureux. Il craint de trouver que son âme ne mourra point avec son corps, et qu'après cette courte et malheureuse vie Dieu lui prépare une vie céleste sans fin. Il craint de trouver un Dieu qui le laisse maître de son sort pour le rendre heureux par sa vertu, ou malheureux par son vice, et qui veuille être servi par des volontés libres. D'où vient une crainte si dénaturée et une incrédulité si contraire à tous nos plus grands intérêts ? C'est que l'amour-propre est un amour fou, un amour extravagant, un amour égaré qui se trahit lui-même. On craint beaucoup plus de gêner un peu ses passions et sa vanité, pendant le petit nombre de jours qui nous sont comptés ici-bas, que de perdre le bien infini, que de renoncer à une vie éternelle, que de se précipiter dans un éternel désespoir. Que doit-on attendre des raisonnements d'un esprit si malade, et si ombrageux contre toute guérison ? Voudrait-on écouter sérieusement un homme qui serait, en toute autre matière, dans des préjugés si incurables contre son véritable bien? Il n'y a qu'un seul remède à tant de maux, qui est que l'homme rentre au fond de son cœur, non pour s'y posséder soi-même, mais pour s'y laisser posséder de Dieu; qu'il le prie, qu'il l'écoute, qu'il se défie de soi, qu'il se confie à lui, qu'il condamne son orgueil, qu'il demande du secours dans sa faiblesse pour réprimer toutes ses passions, et qu'il reconnaisse que l'amour-propre étant la plaie de son cœur, il ne peut trouver la santé et la paix que dans l'amour de Dieu.

LETTRE III.

Sur le culte intérieur et extérieur, et sur la religion juive.

Comme je sais que vous lisez Abbadie sur *la vérité de la religion*, je ne puis m'empêcher de vous proposer quelques réflexions sur cette matière. Je vous supplie de les bien peser.

Dieu a fait toutes choses pour lui. Il ne peut jamais rien devoir qu'à lui seul, et il se doit tout. Tous les êtres sans intelligence ne se meuvent que suivant les règles du mouvement qu'il leur a données. Tous ces êtres sont dans sa main, et obéissent, pour ainsi dire, à sa voix toute-puissante : ils n'ont ni être ni mouvement que par lui seul. Mais il a fait d'autres êtres, qui sont intelligents et qui ont une volonté. Ces êtres, qui connaissent et qui veulent, n'appartiennent-ils pas autant au Créateur que les autres? lui doivent-ils moins? peut-il moins sur eux? ne les a-t-il pas faits pour lui-même aussi bien que les autres? ne doit-il pas régler selon son bon plaisir toutes leurs pensées et toutes leurs volontés, comme il règle les mouvements des corps? n'a-t-il pas créé les êtres capables de reconnaissance et d'amour, afin qu'ils connaissent et qu'ils aiment sa vérité et sa bonté infinies? Le rapport de la créature au Créateur est la fin essentielle de la création; car Dieu se doit tout à lui-même, et il n'a pu rien créer que pour lui. Ce rapport est ce que nous appelons sa gloire. Ce rapport est différent suivant les différentes natures des êtres. Dieu rapporte à soi-même, par sa propre volonté, les êtres qui n'ont pas une volonté propre pour s'y rapporter eux-mêmes librement. Voilà le genre le moins noble des créatures ; mais pour le genre supérieur des êtres intelligents, comme ils sont libres et voulants, Dieu les rapporte à soi, en exigeant d'eux qu'ils s'y rapportent eux-mêmes volontairement. Le rapport de la matière, c'est d'être souple, et, pour ainsi dire, patiente dans les mains de Dieu, pour toutes les figures et pour tous les mouvements qu'il lui plaît de lui donner; car le rapport d'une créature au Créateur suit toujours la nature de cette créature même. La matière ne peut avoir que des figures et des mouvements; elle ne peut donner à Dieu que ce qui est en elle, c'est-à-dire des mouvements et des figures : encore même ne peut-elle pas les lui donner; elle les lui laisse prendre. C'est lui qui se donne lui-même à lui-même tout ce qu'il veut dans ces êtres inanimés; mais pour les êtres intelligents et voulants, qui sont d'un ordre bien supérieur, il ne fait rien en eux qu'il ne leur fasse vouloir avec lui : le vouloir est en eux ce que le mouvoir est dans la matière. Comme Dieu, cause de tout ce qui est bon, donne le mouvoir aux êtres mobiles, il donne le vouloir aux êtres voulants : il leur donne un vouloir libre, quoique dépendant de lui. Tout ce qui est donc est essentiellement dépendant; une liberté donnée est donc une liberté essentiellement dépendante. Cette liberté n'a donc rien de commun avec l'indépendance : c'est une liberté subordonnée d'un être qui n'a rien en aucun genre par soi. En cet état, l'être libre et voulant doit se regarder sans cesse comme un demi-néant; comme un don toujours passager, et qui ne dure qu'autant qu'il se renouvelle; comme un demi-être qui n'est que prêté; comme un je ne sais quoi sans connaissance, qui échappe dès qu'on le veut trouver; comme un être fluide et successif qui ne subsiste jamais tout entier; dont les parties, pour ainsi dire, ne sont jamais ensemble, non plus que les flots d'une rivière, dont les uns ne sont plus devant moi quand les autres y arrivent. Je ne sais comment pouvoir m'assurer que le moi d'hier est le même que celui d'aujourd'hui. Ils ne sont pas nécessairement liés ensemble : l'un peut être sans l'autre. Peut-être que le moi de demain ne suivra jamais celui d'aujourd'hui : comme mon corps d'hier avait d'autres parties et d'autres dispositions ou arrangements que celui d'aujourd'hui; de même le moi qui pense et qui veut a aujourd'hui d'autres pensées et d'autres volontés que celui d'hier. O Dieu! que suis-je? je n'en sais rien, tant je suis peu de chose. Mais je pense et je veux, et c'est là tout ce que je puis donner à celui qui m'a fait. Il faut que je rapporte uniquement à lui seul tout ce que je suis; car je dois lui rendre tout ce qu'il m'a donné. Il n'a mis en moi rien pour moi : il n'a mis rien en moi que pour lui seul. Tels sont ses droits essentiels, dont il ne peut jamais rien relâcher. Ce qu'il a mis en moi, c'est la pensée et la volonté. Je lui dois donc tout ce que j'ai de pensée et de volonté. En chaque moment il me donne tout, en chaque moment je lui dois tout sans réserve. Il me donne moi-même à moi-même : je me dois donc à lui ; je suis à lui, et non pas à moi. Mon rapport suit mon être ; mon être est la pensée et la volonté ; mon rapport est un rapport de pensée et de volonté. Le rapport de pensée est de connaître Dieu, vérité suprême. Le rapport de volonté est d'aimer Dieu, bonté infinie : mais qu'est-ce que l'aimer? c'est vouloir sa volonté. Il n'a besoin ni de moi ni des choses viles que je possède. Dans le temps que je crois les posséder, il les possède seul, et je ne puis les lui donner. Il n'a que faire de mes souhaits pour sa grandeur, car elle est au comble ; et il ne peut rien recevoir dans sa plénitude, qui est l'infini. Que puis-je donc? ce qu'il me donne de pouvoir. Je puis vouloir tout ce qu'il veut, et préférer sa volonté à tout ce qui s'appelle mes intérêts. Voilà mon rapport essentiel conforme à mon être ; voilà la fin de ma création, voilà l'amour de Dieu ; voilà le culte en esprit et en vérité qu'il exige de ses créatures ; voilà ce que l'on nomme religion. L'encens le plus exquis, les cérémonies les plus majestueuses, les temples les plus augustes, les assemblées les plus solennelles, les hymnes les plus sublimes, la mélodie la plus touchante, les ornements les plus précieux, l'extérieur le plus grave et le plus modeste des ministres de l'autel, ne sont que des signes extérieurs et corporels de ce culte tout intérieur qui est la conformité de notre volonté à celle de Dieu. Voilà tout l'homme ; ce n'est qu'un être entièrement relatif à Dieu, il n'est rien que par là ; il n'est plus rien dès le moment qu'il déchoit de cet ordre essentiel.

Il est vrai que ce qu'on nomme religion demande des signes extérieurs qui accompagnent le culte intérieur. En voici les raisons. Dieu a fait les hommes pour vivre en société. Il ne faut pas que leur société altère leur culte intérieur ; au contraire, il faut que leur société soit une communication réciproque de leur culte ; il faut que leur société soit un culte continuel : il faut donc que ce culte ait des signes sensibles qui soient le principal lien de la société humaine. Voilà donc un culte extérieur qui est essentiel, et qui doit réunir les hommes. Dieu a sans doute voulu qu'ils s'aimassent, qu'ils vécussent tous ensemble comme frères dans une même famille, et comme enfants d'un même père. Il faut donc qu'ils puissent s'édifier, s'instruire, se corriger, s'exhorter, s'encourager les uns les autres, louer ensemble le Père commun, et s'enflammer de son amour. Ces choses si nécessaires renferment tout l'extérieur de la religion. Ces choses demandent des assemblées, des pasteurs qui y président, une subordination, des prières communes, des signes communs pour exprimer les mêmes sentiments. Rien n'est plus digne de Dieu, et ne porte plus son caractère, que cette unanimité intérieure de ses vrais enfants, qui produit une espèce d'uniformité dans leur culte extérieur. Voilà ce qu'on appelle *religion*, qui vient du mot latin *religare*, parce que le culte divin rallie et unit ensemble les hommes, que leurs passions farouches rendraient sauvages et incompatibles sans ce lien sacré. De là vient que les peuples qui n'ont point eu de vraie et pure religion ont été obligés d'en inventer de fausses et d'impures, plutôt que de manquer d'un principe supérieur à l'homme, pour dompter l'homme et pour le rendre docile dans la société. De là vient que Numa, Lycurgue, Solon et les autres législateurs ont eu besoin de paraître divinement inspirés pour pouvoir policer les peuples. De là il est arrivé que des impies, tels que Lucrèce, ont osé dire que la crainte des dieux n'est qu'une invention des tyrans politiques, qui ont voulu consacrer ce joug de leur tyrannie pour tenir les peuples dans une servitude pleine de lâcheté et de superstition : aveugles, qui ne voient pas que le plus grand des biens, qui est la subordination et la paix, ne peut nous venir par l'erreur ! Les inventeurs de fausses religions sont comme les charlatans et les faux monnayeurs. On ne s'est avisé de débiter de la fausse monnaie qu'à cause qu'il y en avait déjà de véritable. Les imposteurs n'ont donné de mauvais remèdes qu'à cause que les hommes avaient déjà quelques remèdes qui les avaient guéris. Le faux imite le vrai, et le vrai précède le faux. Le culte simple et pur, qui est essentiellement dû à l'Etre suprême, a dû être de tous les temps et naître avec le genre humain. C'est lui qui a fait sentir aux hommes ce qu'ils se doivent les uns aux autres par rapport à celui à qui ils doivent tout. C'est lui qui a modéré, policé, uni les hommes. Ce lien unique, ce lien si puissant a manqué à tous les peuples qui ont oublié Dieu. Il a fallu par politique y revenir; et les hommes égarés, faute de la vraie religion qu'ils avaient perdue, n'ont pu se passer d'en inventer de ridicules et d'affreuses. Une religion monstrueuse était un moindre mal dans la société que l'irréligion. Mais revenons au fond du culte de Dieu. Il demande également deux choses : l'une, d'être unanime, c'est-à-dire le même dans les cœurs des hommes, l'autre, d'être exprimé par des signes sensibles, qui le perpétuent dans la société et qui en soient le lien le plus inviolable.

Pour l'unanimité intérieure du culte, en voici la preuve. Dieu, suprême vérité, ne se tient point honoré du mensonge. La pensée ne peut l'honorer par l'erreur. La volonté ne peut l'honorer par le vice ni par aucun mal. Le vrai culte se réduit donc essentiellement à croire le vrai et à aimer le bon souverain. Donc toutes les religions qui ne se réduisent point à connaître et à aimer souverainement un seul Dieu infiniment parfait, par qui seul toutes choses sont, ne sont point des cultes dignes de ce Dieu. Donc toute religion qui renferme, ou des erreurs sur ce Dieu infini, ou des déréglements de volonté contre son amour dominant, est manifestement fausse. Donc toutes les philosophies particulières, qui se contredisent les unes les autres sur le premier être, sur la fin dernière de l'homme, etc., ne sont point ce culte et ce corps de religion que nous devons trouver. Dieu n'est non plus l'auteur de la confusion que du mensonge. Ceux qui lui rendent le vrai culte ne peuvent le faire qu'autant qu'ils sont animés et inspirés par lui. L'esprit de Dieu n'est jamais ni variant ni contraire à lui-même. Ce qu'il inspire à l'un, il l'inspire à l'autre, ou du moins il ne lui inspire rien de contraire. L'esprit de vérité est donc un esprit d'unanimité, et qui fait que tous ceux que Dieu inspire pour son culte pensent et veulent tous les mêmes choses pour l'essentiel de ce culte. Il faut trouver cette unanimité invariable dans tous les pays et dans tous les siècles. Donc il n'y a rien de plus indigne de Dieu que la diversité des philosophies et des religions. Comment Dieu pourrait-il se tenir honoré de ce mélange monstrueux de tant d'opinions impies, dont les unes condamnent les autres avec exécration, et dont aucune ne renferme ni la véritable idée de Dieu, ni le culte intérieur d'amour qui lui est dû ? Les philosophes ont disputé tant de fois les uns contre les autres ! les uns ont mis la divinité dans le feu, les autres dans l'air, d'autres dans la machine entière de l'univers. Aucun n'a connu un être infini, qui fût tout ce qu'il y a de parfait dans les autres êtres, et rien de restreint à une nature particulière ou bornée. Aucun n'a connu un être qui est essentiellement par lui, et par qui sont tous les autres êtres qu'il a tirés du néant. Donc aucun de tous ces philosophes n'a rendu le vrai culte au vrai Dieu. Donc l'assemblage confus de toutes ces philosophies n'est qu'un amas énorme d'opinions extravagantes qui se combattent et se confondent réciproquement sans rien établir. Ne cherchons donc plus aucune trace du vrai culte dans cette multitude de sectes philosophiques. Nous trouverons encore moins cette unanimité invariable dans les différentes religions. Écoutons les Grecs et les Égyptiens; ils nous nommeront les douze grands dieux, les uns d'une façon, les autres d'une autre, comme Hérodote le déclare. Écoutons les Perses; ils diront tout autre chose : c'est le feu sous le nom de Mithra; c'est le soleil qui est la véritable divinité. Écoutons les Romains; ils nous fourniront d'autres dieux inconnus à ces premiers peuples. Les brachmanes et les gymnosophistes des Indes nous en donneront encore d'une autre mode. Chaque pays, chaque ville prétend mettre les siens en honneur. Il n'y a que le Dieu créateur du ciel et de la terre qui n'est point connu hors de la Judée. Des dieux anciens et nouveaux se présentent en foule. Partout la divinité est dégradée : on la multiplie, on la met dans les êtres les plus vils; on lui attribue les passions les plus basses, les plus injustes, les plus infâmes. Le culte de ces monstrueuses divinités est aussi monstrueux qu'elles. On ne connaît d'autres moyens de les apaiser en faveur des hommes les plus coupables et les plus impénitents, que de l'encens, des hécatombes, des mystères puérils qui couvrent des cruautés et des impuretés abominables. Le paganisme n'a jamais fait un corps ni de doctrine ni de culte; tout était changeant, arbitraire, incertain. Rien n'est si rempli de contradictions extravagantes que les fables des poëtes qui étaient leurs prophètes. Chaque pays, chaque ville, chaque homme avait sa religion. On ne peut donc trouver aucune trace d'unanimité, ni dans les philosophies ni dans les religions des gentils. Donc il est clair que Dieu ne les a point inspirés, pour leur donner ni son idée véritable ni le culte digne de lui. Donc il ne faut point chercher chez eux ce rapport de pensée et de volonté de la créature au Créateur, qui est la fin essentielle des êtres libres et intelligents; il ne faut pas même s'imaginer qu'on puisse trouver cette unanimité dans un petit nombre d'hommes obscurs et inconnus les uns aux autres, qui ont pu, en divers pays et en divers temps, connaître l'être infini, et l'aimer intérieurement d'un amour dominant. C'est ce que les déistes peuvent alléguer : mais ce système se renverse en deux mots; et c'est par là que j'entre dans ma seconde preuve sur la nécessité d'un culte extérieur.

Les vrais adorateurs ressemblent aux élus des protestants, qu'ils supposent avoir été cachés dans l'Église catholique avant leur réforme. Ces vrais adorateurs devaient au vrai Dieu un culte extérieur. Il ne suffisait pas de le croire et de l'aimer; il fallait le confesser de bouche, l'enseigner aux autres hommes, faits aussi bien qu'eux pour le connaître et pour l'aimer; il fallait rejeter les idoles, la multitude des dieux, et tout culte contraire à l'idée du Créateur. L'ont-ils fait? s'ils l'avaient fait, on le saurait; car de tels hommes auraient été bien singuliers. Ou ils auraient converti le monde idolâtre, comme les apôtres: ou ils auraient succombé dans la persécution du monde entier, qu'ils auraient soufferte en défendant la vérité. Dans l'un et dans l'autre cas ils seraient les plus célèbres de tous les hommes; les histoires en seraient pleines : mais nous n'en voyons aucune trace. Nous trouvons bien que Socrate méprisait les dieux d'Athènes, et entrevoyait, par l'ouvrage de la nature, un être plus parfait que les dieux vulgaires inventés par la fable; mais il ne voyait rien qu'à demi; il n'osait parler; et il est mort lâchement en adorant les dieux qu'il ne croyait pas. Il ne peut donc point y avoir parmi les gentils certains philosophes plus philosophes que les autres, qui aient conservé en secret la pure idée et le pur culte du vrai Dieu avec unanimité entre eux. De tels gens épars çà et là, et inconnus les uns aux autres, ne peuvent remplir la fin que l'être parfait s'est proposée dans notre création, qui est de se faire un culte digne de lui dans la société des hommes, pour faire de cette société même un vrai culte de son infinie sainteté. Il n'aurait été honoré que par des lâches dont la croyance aurait été trahie par le culte. En jetant les yeux de toutes parts d'un bout de l'univers à l'autre, je ne vois qu'un seul peuple qui arrête mes regards, et qui peut former cette société religieuse. Ce peuple est le peuple juif, à qui le Créateur est connu. C'est là que son nom est grand; c'est là qu'on l'appelle *Celui qui est;* c'est là qu'on reconnaît qu'il a tiré l'univers du néant par sa volonté féconde et toute-puissante; c'est là qu'on pose pour premier principe qu'il faut servir comme esclave ce Dieu unique et souverain; qu'il faut l'aimer de tout son cœur, de toute son âme, de toutes ses pensées et de toutes ses forces. Cette idée est la seule qui renferme le vrai culte, et elle n'est que chez ce peuple. Cette idée ne peut venir que de Dieu seul, tant elle est sublime et au-dessus de l'homme. Cette idée est en nous le plus grand de tous les miracles. Quiconque n'a point cette idée ne peut parler de Dieu qu'en blasphémant, ne peut penser à Dieu qu'en le dégradant de son infinie perfection, ne peut le servir que par des apparences vaines, ne peut l'aimer plus que le monde entier et que soi-même, comme il doit essentiellement être aimé. Donc le vrai culte n'est qu'en un seul lieu, et chez un seul peuple à qui le Seigneur a enseigné ce qu'il est. C'est chez ce peuple que se trouve l'unanimité constante et invariable. Tous les Israélites descendent d'un seul homme dont ils ont reçu ce culte, conservé sans interruption depuis l'origine de l'univers. Ce peuple, qui n'est qu'une seule famille, n'a qu'un seul livre, qui réunit toutes leurs pensées, toutes leurs affections en un seul Dieu. Ce livre les fait assembler souvent, pour n'être tous ensemble dans toutes leurs fêtes qu'un cœur, qu'une seule âme, et qu'une seule voix qui chante les louanges du Créateur. Ce livre unique forme et règle un culte unique. Tout est un chez eux, jusqu'à la police et aux lois qui forment la société. Tout vient d'un seul Dieu, être infini qui a tout fait : tout tend uniquement à lui. Ce n'est point une religion cachée dans le cœur, et par conséquent déguisée; c'est un amour simple et libre du Créateur, qui se manifeste hautement par des signes sans équivoque, comme il est naturel que l'amour se manifeste par les signes les plus sensibles quand il domine dans le cœur. Les cérémonies extérieures ne sont que des marques du culte intérieur, qui est tout l'essentiel. Ces cérémonies sont destinées à frapper l'homme grossier par les sens, et à nourrir l'amour dans le fond du cœur. Ces cérémonies ne sont pas la principale partie du culte; c'est dans le détail des mœurs, c'est dans la société de ce peuple, que le culte le plus parfait s'exerce par toutes les vertus que l'amour inspire. Voilà le culte public, unanime et invariable que nous cherchions.

Voilà, monseigneur, les réflexions que vous pouvez faire pour vous affermir sans grande discussion dans la persuasion que Dieu, avant Jésus-Christ, ne pouvait avoir mis son vrai culte que dans le peuple israélite. Si on a vu ceux qu'on a nommés Noachides, et ensuite Job, adorer uniquement le vrai Dieu sans être dans l'alliance et dans le culte reçu par Moïse, du moins les Noachides, Job et les autres semblables ont eu un culte extérieur et public, ils ont confessé ce qu'ils ont cru; ils ont chanté les louanges de Dieu; ils l'ont aimé ensemble et se sont aimés les uns les autres dans la société pour l'amour de lui; ils lui ont même dressé des autels, et présenté des offrandes, pour rendre plus sensible leur reconnaissance et leur soumission sans réserve à son domaine souverain. Voilà le véritable culte conforme à celui des Israélites instruits par Moïse. Il n'est pas question de ce qui n'est que pure cérémonie dans la loi; les cérémonies ont eu un commencement et une fin; il ne s'agit que d'un culte d'amour suprême, exprimé, cultivé et perfectionné dans la société des hommes par des signes sensibles. Voilà ce qui est dû à Dieu; voilà notre fin essentielle; voilà en quoi les Noachides, Job et tous les autres n'ont fait qu'un seul peuple et un seul culte avec les Israélites. Comme Dieu n'a jamais pu cesser de se devoir ce tribut de gloire et de louange à soi-même, il n'a cessé de se le donner dans tous les siècles. *Il ne s'est jamais laissé lui-même sans témoignage*, comme dit l'Écriture (1). En tous les temps il n'a pu créer les hommes que pour en être connu et aimé. Ce n'est point le connaître que de ne le croire pas un et infini, un qui est tout, et devant qui nous ne sommes rien. Ce n'est point l'aimer que de ne l'aimer pas au-dessus de tout, et par préférence à soi-même, vil néant appelé à l'être par sa pure bonté. La religion ne peut être que là, et il faut qu'elle ait toujours été, puisque Dieu n'a jamais pu en aucun temps avoir d'autre fin. En créant tant de générations d'hommes, si tous ne l'ont pas connu et aimé, c'est qu'ils ont corrompu leur voie; c'est qu'ils n'ont pas glorifié celui dont ils avaient quelques commencements de connaissance; c'est qu'ils ont voulu être à eux-mêmes plutôt qu'à celui qui les avait faits; et leur sagesse vaine n'a servi qu'à les jeter dans des illusions plus funestes. Mais enfin, dans tous les temps il faut trouver de vrais adorateurs en faveur desquels Dieu souffre les infidèles et continue son ouvrage. Où sont-ils ces amateurs de l'être unique et infini? où sont-ils? Nous ne les trouvons que dans l'histoire d'un seul peuple, histoire la plus ancienne de toutes, qui remonte jusqu'au premier homme, et qui nous montre ce culte d'amour de l'être unique et infini, que Dieu jamais n'a laissé interrompre. En faut-il davantage pour conclure qu'on ne doit chercher que chez les Juifs, cette religion publique et invariable que Dieu se doit à lui-même dans tous les temps? J'espère,

(1) *Act.* XIV, 16.

monseigneur, que cette première lettre vous fera bon juif; elle sera suivie d'une seconde pour vous faire bon chrétien, et d'une troisième pour vous faire bon catholique.

EXTRAIT D'UNE LETTRE

SUR

LA RÉFUTATION DE SPINOSA.

1° L'ÊTRE infiniment parfait est un, simple, sans composition.

Donc il n'est pas des êtres infinis, mais un être simple qui est infiniment être.

Tout infini divisible est impossible.

Donc l'infini dont nous avons l'idée est simple ; donc il est infini par une totalité d'être qui n'est pas collective, mais intensive.

L'unité dit plus que le plus grand nombre. Tout nombre est fini, il n'y a que l'unité d'infinie. Donc l'être infini, en épuisant intensivement la totalité de l'être, ne l'épuise point collectivement ou extensivement.

2° Il est plus parfait de pouvoir produire quelque chose de distingué de soi, que de ne le pouvoir pas.

Il y a une distance infinie du néant à l'être. Faire passer quelque chose de l'un à l'autre ne peut être qu'une action infinie.

Donc il y a une distance infinie entre un être fécond et un être stérile.

Donc tout être qui est stérile n'est point infini ; donc l'infini est fécond, c'est-à dire puissant pour faire exister ce qui n'était pas.

Il peut produire quelque chose, puisqu'il est infini.

Il ne peut produire l'infini; car l'infini est lui-même, et il ne peut se produire soi-même, puisqu'il est déjà.

Donc il ne peut rien produire que de borné, c'est-à-dire imparfait.

Ce qu'il peut produire ayant des degrés de possibilité et de perfection qui remontent à l'infini, aucun de ces degrés n'est infini. C'est le bien, car c'est l'être; mais c'est le bien imparfait, car c'est l'être borné.

Aucun de ces degrés d'être possible ne détermine l'être infini; aucun ne l'égale : il n'y en a aucun qui ne demeure à une distance infinie de lui; le plus élevé qu'on puisse assigner est infiniment au-dessous de lui. Donc tous, quoique inégaux entre eux, sont égaux par rapport à lui; puisque tous lui sont infiniment inférieurs, et que l'infini absorbe toutes les inégalités finies.

Donc l'être infini demeure en lui-même indifférent entre produire et ne produire pas, entre produire un ouvrage à un degré d'être supérieur ou inférieur, entre l'être et le non-être, entre l'être supérieur et l'inférieur. Tous les degrés inégaux entre eux sont toujours également dans une infériorité infinie à son égard.

Donc il est libre d'une parfaite liberté d'indifférence pour créer ou ne créer pas, pour créer peu ou beaucoup; pour créer un ouvrage plus ou moins durable, plus ou moins étendu et multiplié, plus ou moins arrangé, plus ou moins parfait.

3° Dieu est tout degré d'être; mais il n'est pas tout être en nombre.

Le même degré d'être peut être possédé par l'ouvrage de Dieu, avec exclusion de tous les degrés supérieurs, et être en Dieu même avec d'autres degrés infinis au-dessus.

Nous avons vu que l'être infiniment parfait a, parmi ses perfections, celle de pouvoir faire exister ce qui n'est pas, et de le fixer à un des degrés bornés d'être que cet être fécond possède en lui sans bornes. Il ne peut faire des êtres que dans quelque degré correspondant à ceux qui sont en lui sans distinction, par un infini simple et indivisible : donc il peut communiquer l'être et la perfection à quelqu'un de ses degrés, sans se communiquer lui-même.

Il est infini en degrés de perfections, et non en parties :

donc il peut produire quelque chose hors de lui sans ajouter rien à son infini, puisqu'il n'ajoute, en créant un nouvel être, aucun nouveau degré de perfection aux degrés infinis qu'il possède. Donc la création d'un univers réellement distingué de lui n'ajoute rien à son infini, à sa plénitude et à sa totalité; sa totalité, sa plénitude, son infini, ne tombent que sur les degrés d'être et de perfection. La multiplication des êtres dans la création de l'univers n'ajoute rien à ces degrés, mais seulement elle augmente les êtres en nombre. Tout se réduit à ce principe évident, qu'il y a une différence essentielle entre être infiniment et être une collection d'êtres infinis.

Je suis : je ne suis pas infini; donc je ne suis pas Dieu; je suis donc un être ajouté à l'infini, mais non pas dans le genre où il est infini. Je ne suis qu'un ajouté à un; je ne suis qu'un ajouté à un autre qui est infiniment plus un que moi.

Il y a d'autres êtres semblables à moi, qui sont bornés et imparfaits : leur nombre démontre leur imperfection, car toute pluralité est une collection; toute collection dit parties; qui dit parties dit êtres imparfaits, et qui ne sont pas tout.

Ces parties sont réellement distinguées les unes des autres. On conçoit l'une sans concevoir l'autre : on conçoit l'anéantissement de l'une sans concevoir que l'autre perde rien, et sans diminuer en rien son idée qui est la représentation de son essence.

Il est vrai qu'on ne peut concevoir ces êtres bornés sans concevoir l'être infini par lequel ils sont.

Mais c'est une liaison d'idées, comme de la cause et de l'effet, et non une identité d'idées. Tout être borné et produit est essentiellement relatif à l'être infini qui est sa cause : il est néanmoins une véritable substance; car ce que j'appelle substance, c'est ce qui n'est point une circonstance changeante de l'être, mais l'être même, soit qu'il ait été produit par un autre supérieur, ou qu'il soit par sa propre nature nécessaire et immuable.

Voilà donc des substances véritables qui ont une cause, qui n'ont pas toujours été, qui ont reçu leur être d'autrui. C'est ce que j'appelle créatures; l'une est plus parfaite que l'autre; l'une est plus grande que l'autre; l'une est d'une manière, et l'autre d'une autre; l'une pense, et l'autre ne pense pas. Donc l'une n'est pas l'autre; donc ni l'une ni l'autre n'est l'être infini; donc elles sont des êtres ajoutés à l'être qui est infiniment être. On ne peut rien ajouter à lui au sens où il est infini ; on ne peut rien concevoir qui soit plus être que ce qui l'est infiniment; on ne peut ajouter aucun degré d'être aux degrés infinis renfermés dans sa plénitude. Mais comme il n'est qu'un être, on ne peut concevoir un nombre au delà de l'unité ; et comme il est l'unité infiniment parfaite, il peut faire ce qui n'était pas, et le faire à divers degrés bornés au-dessous de son infini indivisible en lui-même.

4° Toutes les différences qu'on nomme essentielles ne sont que des degrés de l'être qui sont invisibles dans l'unité souveraine, et qu'elle peut diviser hors d'elle à l'infini dans la production des êtres bornés et subalternes.

L'être infini n'ayant aucune borne en aucun sens, il ne peut avoir en aucun sens ni degré, ni différence soit essentielle ou accidentelle, ni manière précise d'être, ni modification.

Donc tout ce qui est borné, différencié, modifié, n'est point l'être infini, absolu, universel.

Donc tout être borné, différencié, modifié, ne peut être une modification de l'être infini ; car qui dit infini modifié dit infini et fini, la modification n'étant qu'une borne de l'être, et une imperfection essentielle.

Donc tout être modifié et différencié, tout être qui n'est pas conçu sous l'idée claire de l'être immodifiable, et sans ombre de restriction, est nécessairement un être qui n'est point par soi, un être défectueux, un être distingué réellement de celui qui est essentiellement immodifié et immodifiable en tous sens.

Donc il est absurde de dire que ce qu'on nomme communément les substances créées ne soient que des modifications de l'être. L'infini ne serait plus tel, s'il avait un seul instant quelque modification.

D'ailleurs, qui dit modifications d'un même être dit quelque chose qui est essentiellement relatif à cet être même ; en sorte que vous ne pouvez avoir aucune idée d'un mode qu'en le concevant par l'idée même de la substance modifiée ; et que vous ne pouvez concevoir un mode sans concevoir aussi les autres modes, qui émanent nécessairement, comme lui, de la substance modifiée. C'est ainsi que je ne puis concevoir la figure, sans concevoir l'étendue à laquelle elle appartient essentiellement; et que je ne puis concevoir ni la divisibilité ni le mouvement, sans concevoir aussi l'étendue, et la figure qui n'est que sa borne. D'où je conclus que si les substances qu'on nomme créées n'étaient que des modifications de l'être infini, on ne pourrait concevoir aucune d'entre elles sans renfermer dans le même concept formel, ou dans la même idée, l'être infini. Par exemple, je ne pourrais penser à une fourmi sans concevoir actuellement et formellement l'essence divine : ce qui est faux et absurde. De plus, je ne pourrais concevoir une créature sans concevoir les autres par la même idée; de même que je ne puis concevoir la divisibilité sans concevoir la figure et l'étendue, ni concevoir la volonté de l'être pensant sans considérer son intelligence.

Donc les créatures ne sont pas des modifications d'une même substance.

Donc elles sont de vraies substances réellement distinguées les unes des autres, qui subsistent et qui sont diversement modifiées indépendamment les unes des autres; en sorte qu'un corps se meut pendant que l'autre est en repos; et qu'un esprit voit la vérité, veut le bien, pendant que l'autre se trompe et aime ce qui est mauvais.

Donc ces substances réellement distinguées entre elles subsistent et se conçoivent dans une entière indépendance réciproque, quoiqu'elles ne subsistent ni ne puissent être conçues dans aucune indépendance à l'égard de la cause supérieure qui les a fait passer du néant à l'être.

Donc il y a des êtres qui sont moins les uns que les autres. L'être et la perfection sont la même chose. L'être infini, quoique un d'une suprême unité, est infiniment être, puisqu'il est infiniment parfait. Je suis véritablement, et je ne suis pas lui; je suis infiniment moins parfait que lui, puisque je ne suis point par moi comme lui, mais par sa seule fécondité. L'être qui ne se connaît pas, et qui ne connaît pas l'être qui l'a fait, est moins parfait; il est moins être que moi, qui me connais et qui connais ma cause.

Donc il y a des degrés infinis d'être qui sont tous réunis par une simplicité indivisible dans l'être infini, et qui sont divisibles à l'infini dans les productions de cet être.

Donc les degrés infinis de l'être, pris intensivement, n'ont rien de commun avec la multiplication extensive de l'être, Dieu n'étant infini que par les degrés infinis pris intensivement, qui sont réunis en lui, et auxquels on ne peut rien ajouter. Enfin la multiplication extensive de l'être, par la création de l'univers, n'ajoute rien à ce genre d'infini intensif, qui est celui de Dieu.

LETTRE IV.

Sur l'idée de l'infini, et sur la liberté de Dieu de créer ou ne pas créer.

Quoique nous n'ayons jamais eu, monsieur, aucune occasion vous et moi de nous voir et de nous connaître, je suis prévenu d'une véritable estime pour vous par la lettre que vous m'avez fait la grâce de m'écrire. Je serais ravi d'y pouvoir répondre d'une manière qui vous satisfît; mais je n'ose guère l'espérer, par la difficulté des matières dont il s'agit, et par le peu de temps que j'ai pour m'y appliquer. Avant que d'entrer dans vos questions, agréez, s'il vous plaît, que je vous expose mes vues générales sur la philosophie; elles ne seront peut-être pas inutiles pour l'éclaircissement des questions proposées.

Je commence, monsieur, par m'arrêter tout court en matière de philosophie, dès que je trouve une vérité de foi qui contredit quelque pensée philosophique que je suis tenté de suivre. Je préfère, sans hésiter, la raison de Dieu à la mienne; et le meilleur usage que je puisse faire de ma faible lumière est de la sacrifier à son autorité. Ainsi, sans m'écouter moi-même, j'écoute la seule révélation qui me vient par l'Eglise, et je nie tout ce qu'elle m'apprend à nier. Si tous les géomètres du monde disaient d'un commun accord à un ignorant sensé une vérité de géométrie qu'il ne serait nullement à portée d'entendre, il la croirait prudemment sur leur témoignage unanime : l'usage qu'il ferait alors de sa raison ignorante serait de la soumettre à la raison supérieure et mieux instruite de tant de savants. Ne dois-je point bien davantage soumettre ma raison bornée à la raison infinie de Dieu? Dès que je le conçois infini, je m'attends de trouver en lui infiniment plus que je ne saurais concevoir. Ainsi, en matière de religion, je crois sans raisonner, comme une femmelette; et je ne connais point d'autre règle que l'autorité de l'Eglise, qui me propose la révélation. Ce qui me facilite cette docilité est la nécessité où je me trouve continuellement de croire avec une entière certitude des vérités qui me sont actuellement inconcevables. Par exemple, de quelque côté que je me tourne pour croire la divisibilité du continu à l'infini, ou pour croire des atomes, je me trouve dans l'impuissance de répondre rien d'intelligible aux objections, et je suis nécessité à croire ce qui me surmonte. Or si je fais cette expérience continuellement dans l'ordre purement naturel, et jusque sur les plus vils atomes, à combien plus forte raison dois-je admettre les vérités surnaturelles, dont la révélation de Dieu m'assure, quoique ma faible raison ne puisse me les éclaircir? Il faut à tout moment, jusque dans la philosophie, croire sans aucun doute ce qui surpasse la raison même; autrement nous ne croirions rien de tout ce qui nous environne, et qui nous est le plus familier. Un aveugle refuse-t-il de croire, sur la parole des hommes clairvoyants, la lumière et les couleurs qu'il ne peut concevoir? Ne dois-je pas me croire aussi aveugle sur les vérités surnaturelles qu'un aveugle l'est sur la lumière et les couleurs? Ne dois-je pas être aussi docile, à l'autorité de Dieu qu'un aveugle l'est tous les jours à celle des hommes clairvoyants? Ma conclusion est qu'on a beau me dire qu'on ne peut concevoir une proposition, et que la raison semble y répugner avec évidence, ou bien qu'une proposition paraît évidente, et qu'on n'est pas libre de la nier; je nie et j'affirme sans hésiter tout ce que la religion me propose de croire et de ne pas croire. Je vais même plus loin, car je crois toutes les propositions auxquelles ma raison me mène avec évidence, quoique je ne puisse point ensuite, quand j'y suis arrivé, vaincre, par la force de ma raison, les objections que je suis tenté de regarder comme démonstratives contre ces propositions déjà reçues.

Après vous avoir déclaré, monsieur, combien je suis docile à l'autorité de la religion, je dois vous avouer combien je suis indocile à toute autorité de philosophie. Les uns me citent Aristote comme le prince des philosophes; j'en appelle à la raison, qui est le juge commun entre Aristote et tous les autres hommes. Les autres me citent Descartes; mais je leur réponds que c'est Descartes même qui m'a appris à ne croire personne sur sa parole. La philosophie n'étant que la raison, on ne peut suivre en ce genre que la raison seule. Voulez-vous que je croie quelque proposition en matière de philosophie ? Laissons à part les grands noms, et venons aux preuves : donnez-moi des idées claires, et non des citations d'auteurs qui ont pu se tromper. Si l'autorité a quelque lieu en matière de philosophie, ce n'est que pour nous engager, par l'estime de certains philosophes, à examiner plus mûrement leurs opinions. Descartes, qui a osé secouer le joug de toute autorité pour ne suivre que ses idées, ne doit avoir lui-même sur nous aucune autorité. Si j'avais à croire quelque philosophe sur la réputation, je croirais bien plutôt Platon et Aristote, qui ont été pendant tant de siècles en possession de décider : je croirais même saint Augustin bien plus que Descartes, sur les matières de pure philosophie; car outre qu'il a beaucoup mieux su les concilier avec la religion, on trouve d'ailleurs dans ce Père un bien plus grand effort de génie sur toutes les vérités de métaphysique, quoiqu'il ne les ait jamais touchées que par occasion et sans ordre. Si un homme éclairé rassemblait dans les livres de saint Augustin toutes les vérités sublimes que ce Père y a répandues comme par hasard, cet extrait, fait avec choix, serait très-supérieur aux *Méditations* de Descartes, quoique ces *Méditations* soient le plus grand effort de l'esprit de ce philosophe.

Je vous avoue, monsieur, qu'il y a dans Descartes des choses qui me paraissent peu dignes de lui; comme, par exemple, son monde indéfini, qui ne signifie rien que de ridicule, s'il ne signifie pas un infini réel. Sa preuve de l'impossibilité du vide est un pur paralogisme, où il a suivi son imagination au lieu de suivre les idées purement intellectuelles. Il y a beaucoup d'autres choses sur lesquelles il n'est jamais venu aux dernières précisions, et je le dis d'autant plus librement, que je suis prévenu d'ailleurs d'une haute estime pour l'esprit de ce philosophe.

Je sais qu'il y a beaucoup de gens d'esprit qui se disent cartésiens, et qui ont embrassé des opinions trop hardies, ce me semble, en s'appuyant sur les principes de Descartes; mais, sans vouloir critiquer ni nommer personne, je laisse librement raisonner chacun autant que la religion le permet, et je prends pour moi la liberté que je laisse aux autres, en me défiant sincèrement de mes faibles lumières. J'avoue qu'il me paraît que plusieurs philosophes de notre temps, qui sont d'ailleurs très-estimables, n'ont pas eu assez d'exactitude dans ce qu'ils ont dit sur vos deux questions, l'une, de la nature de l'infini, et l'autre, de la liberté de Dieu pour ses ouvrages extérieurs. Venons maintenant, s'il vous plaît, monsieur, à l'examen de ces deux questions.

PREMIÈRE QUESTION.

De la nature de l'infini.

Je ne saurais concevoir qu'un seul infini, c'est-à-dire que l'être infiniment parfait, ou infini en tout genre. Tout infini qui ne serait infini qu'en un genre ne serait point un infini véritable. Quiconque dit un genre ou une espèce dit manifestement une borne, et l'exclusion de toute réalité ultérieure; ce qui établit un être fini ou borné. C'est n'avoir point assez simplement consulté l'idée de l'infini, que de l'avoir renfermé dans les bornes d'un genre. Il est visible qu'il ne peut se trouver que dans l'universalité de l'être, qui est l'être infiniment parfait en tout genre, et infiniment simple.

Si on pouvait concevoir des infinis bornés à des genres particuliers, il serait vrai de dire que l'être infiniment parfait en tout genre serait infiniment plus grand que ces infinis-là, car outre qu'il égalerait chacun d'eux dans son genre, et qu'il surpasserait chacun d'eux en les égalant tous ensemble, de plus il aurait une simplicité suprême qui le rendrait infiniment plus parfait que toute cette collection de prétendus infinis.

D'ailleurs, chacun de ces infinis subalternes se trouverait borné par l'endroit précis où son genre le bornerait, et le rendrait inégal à l'être infini en tout genre.

Quiconque dit inégalité entre deux êtres dit nécessairement un endroit où l'un finit, et où l'autre ne finit pas. Ainsi c'est se contredire que d'admettre des infinis inégaux.

Je ne puis même en concevoir qu'un seul, puisqu'un seul, par sa réelle infinité, exclut toute borne en tout genre, et remplit toute l'idée de l'infini.

D'ailleurs, comme je l'ai remarqué, tout infini qui ne serait pas simple, ne serait pas véritablement infini : le défaut de simplicité est une imperfection; car, à perfection d'ailleurs égale, il est plus parfait d'être entièrement un que d'être composé, c'est-à-dire que de n'être qu'un assemblage d'êtres particuliers. Or une imperfection est une borne; donc une imperfection telle que la divisibilité est opposée à la nature du véritable infini, qui n'a aucune borne.

On croira peut-être que ceci n'est qu'une vaine subtilité; mais si on veut se défier parfaitement de certains préjugés, on reconnaîtra qu'un infini composé n'est infini que de nom, et qu'il est réellement borné par l'imperfection de tout être divisible, et réduit à l'unité d'un genre. Ceci peut être confirmé par des suppositions très-simples et très-naturelles sur ces prétendus infinis qui ne seraient que des composés.

Donnez-moi un infini divisible, il faut qu'il ait une infinité de parties actuellement distinguées les unes des autres : ôtez-en une partie si petite qu'il vous plaira, dès qu'elle est ôtée, je vous demande si ce qui reste est encore infini ou non; s'il n'est pas infini, je soutiens que le total, avant le retranchement de cette petite partie, n'était point un infini véritable. En voici la démonstration. Tout composé fini, auquel vous rejoindrez une très-petite partie qui en aurait été détachée, ne pourrait point devenir infini par cette réunion : donc il demeurerait fini après la réunion; donc avant la désunion il est véritablement fini. En effet, qu'y aurait-il de plus ridicule que d'oser dire que le même tout est tantôt fini et tantôt infini, suivant qu'on lui ôte ou qu'on lui rend une espèce d'atome? Quoi donc! l'infini et le fini ne sont-ils différents que par cet atome de plus ou de moins?

Si au contraire ce tout demeure infini après que vous en avez retranché une petite partie, il faut avouer qu'il y a des infinis inégaux entre eux, car il est évident que ce tout était plus grand avant que cette partie fût retranchée, qu'il ne l'est depuis son retranchement. Il est plus clair que le jour que le retranchement d'une partie est une diminution du total, à proportion de ce que cette partie est grande. Or c'est le comble de l'absurdité que de dire que le même infini, demeurant toujours infini, est tantôt plus grand et tantôt plus petit.

Le côté où l'on retranche une partie fait visiblement une borne par la partie retranchée. L'infini n'est plus infini de ce côté, puisqu'il y trouve une fin marquée. Cet infini est donc imaginaire, et nul être divisible ne peut jamais être un infini réel. Les hommes, ayant l'idée de l'infini, l'ont appliquée d'une manière impropre, et contraire à cette idée même, à tous les êtres auxquels ils n'ont voulu donner aucune borne dans leur genre; mais ils n'ont pas pris garde que tout genre est lui-même une borne, et que toute divisibilité étant une imperfection, qui est aussi une borne visible, elle exclut le véritable infini, qui est un être sans borne dans sa perfection.

L'être, l'unité, la vérité et la bonté sont la même chose. Ainsi, tout ce qui est un être infini est infiniment un, infiniment vrai, infiniment bon. Donc il est infiniment parfait et indivisible.

De là je conclus qu'il n'y a rien de plus faux qu'un infini imparfait, et par conséquent borné; rien de plus faux qu'un infini qui n'est pas infiniment un; rien de plus faux qu'un infini divisible en plusieurs parties ou finies ou infinies. Ces chimériques infinis peuvent être grossièrement imaginés, mais jamais conçus.

Il ne peut pas même y avoir deux infinis; car les deux, mis ensemble, seraient sans doute plus grands que chacun d'eux pris séparément, et par conséquent ni l'un ni l'autre ne serait véritablement infini.

De plus, la collection de ces deux infinis serait divisible, et par conséquent imparfaite, au lieu que chacun des deux serait indivisible et parfait en soi : ainsi un seul infini serait plus parfait que les deux ensemble. Si, au contraire, on voulait supposer que les deux joints ensemble seraient plus parfaits que chacun des deux pris séparément, il s'ensuivrait qu'on les dégraderait en les séparant.

Ma conclusion est qu'on ne saurait concevoir qu'un seul infini souverainement un, vrai et parfait.

SECONDE QUESTION.

De la liberté de Dieu pour créer ou pour ne créer pas.

Vous avez très-bien compris, monsieur, que quand je dis qu'il est plus parfait à un être d'être fécond que de ne l'être pas, je ne prétends point parler d'une production actuelle, mais seulement d'un simple pouvoir de produire. Qui dit fécondité ne dit point une production actuelle, mais une vertu de produire hors de soi : c'est ainsi qu'on dit tous les jours qu'une terre est très-féconde ou très-fertile, quoiqu'elle soit actuellement en friche, parce qu'elle a une nature propre à produire les plus abondantes moissons.

On m'objectera peut-être que l'acte est plus parfait que la puissance, et qu'il y a plus de perfection à opérer actuellement qu'à être seulement dans le pouvoir d'opérer : mais ce raisonnement est captieux. Pour en démêler l'illusion, je vous supplie de considérer les choses suivantes.

Il est vrai que, selon les écoles, *l'acte perfectionne la puissance, et en est le complément;* mais voici ce qu'il y a de réel dans ce discours :

1° Les philosophes de l'école parlent de l'acte comme d'une entité distinguée de la puissance et de l'action et qui est le terme de l'action même. En ce sens, le terme est le complément qui perfectionne la puissance. Nul cartésien ne peut parler sérieusement ainsi.

2° Quiconque dit pure puissance ou simple pouvoir, dit une simple capacité d'être : au contraire, quiconque dit acte dit une existence et une perfection déjà existante et actuelle. En un mot, ce qui n'est qu'en puissance n'est que possible; et ce qui est déjà en acte existe déjà actuellement. Or il est visible qu'il est plus parfait d'être actuellement existant que de n'être qu'en puissance ou possible.

Remarquez, s'il vous plaît, que le même être peut être tout ensemble en puissance pour certaines choses, et en acte pour d'autres. C'est ce qui arrive sans cesse à tout être fini et créé; car, d'un côté, il est en acte pour tout ce qu'il a déjà reçu d'existence et d'actuel; mais d'un autre côté il n'est qu'en puissance pour tout ce qui lui reste à recevoir, et dont il n'a, par son être présent, que la simple puissance ou capacité de le recevoir.

En ce sens, il est encore manifeste qu'il est bien plus parfait d'être en acte que de n'être qu'en puissance. Mais tout ceci n'a aucun rapport avec le pouvoir et avec l'acte pour les actions particulières, qu'on est libre de faire ou de ne faire pas, et qu'on a quelquefois raison de ne pas faire. Par exemple, je ne suis pas plus parfait en parlant qu'en ne parlant pas; il arrive même souvent que je suis plus parfait de me taire que de parler.

La perfection consiste dans la vertu de faire cette action : mais je n'y ajoute rien en la faisant, autrement j'aurais tort de ne me donner pas une perfection qui dépend de moi, toutes les fois que je garde le silence par discrétion.

Il est vrai que l'âme agit sans cesse; elle connaît toujours au moins confusément quelque vérité, et elle veut à proportion quelque bien : mais aucune action prise en particulier ne lui est nécessaire.

Il n'est pas vrai, selon l'exemple déjà rapporté, que l'acte de parler soit plus parfait en lui-même que la simple puissance.

S'il n'est pas plus parfait à l'homme d'opérer actuellement une telle chose que de pouvoir simplement l'opérer, cela est encore bien plus certain en Dieu. Il faut au moins avouer que toute opération de la créature est une modification qu'elle se donne. Il est vrai aussi qu'elle opère toujours, et par conséquent qu'elle se modifie toujours, tantôt d'une façon et tantôt d'une autre; mais quand elle choisit la meilleure opération, elle se donne par ce choix la modification la plus parfaite.

Il n'en est pas de même de Dieu. Par son être infini, simple et immuable, il est incapable de toute modification, car une modification serait une borne : son opération n'est que lui-même, sans y rien ajouter. Si son opération ajoutait la moindre chose à sa perfection, il ne serait pas Dieu; car il n'aurait pas lui-même l'infinie perfection, indépendamment de son action au dehors.

En ce cas, son opération au dehors serait essentielle à sa divinité, et en ferait partie.

Bien plus : son ouvrage extérieur, qui n'est que sa créature, ne pouvant être séparé de son opération féconde, cet ouvrage serait essentiel à son infinie perfection, et par conséquent à sa divinité : on ne pourrait concevoir l'un sans l'autre; l'un dépendrait de l'autre; la créature serait essentielle au créateur, et se confondrait avec lui; l'infinie perfection ne pourrait se trouver que dans ce total de Dieu opérant au dehors, et de son ouvrage. La créature étant nécessaire au créateur même par son essence, elle ne serait plus créature; il la faudrait regarder avec Dieu, comme nous regardons le Fils et le Saint-Esprit avec le Père dans la sainte Trinité. En ce cas, Dieu produirait éternellement par nécessité tout ce qu'il pourrait produire de plus parfait : il se devrait à lui-même de le faire : il ne serait jamais Dieu qu'autant qu'il le ferait actuellement : il ne pourrait jamais ne le faire pas. Si on le concevait comme existant un moment avant que de produire, il faudrait dire qu'en commençant à produire il a commencé à se rendre parfait, et à devenir Dieu. En un mot, la créature serait si essentielle au créateur, qu'on ne pourrait plus les distinguer réellement, et qu'on s'accoutumerait à ne chercher plus d'autre être infiniment parfait que cette collection des êtres qu'on nomme créatures.

Que faut-il donc pour ne pas tomber dans cette impiété monstrueuse? Il faut dire que Dieu n'est pas plus parfait en opérant hors de lui qu'en n'opérant pas, parce qu'il est toujours tout-puissant et infiniment fécond, lors même qu'il ne lui plaît pas d'exercer cette puissance féconde.

Par là on reconnaît que Dieu est libre d'une souveraine liberté, dont la nôtre n'est qu'une faible image et une légère participation.

Par là on conçoit la reconnaissance qui est dûe au bienfait purement gratuit de la création. Par là on entre dans le véritable esprit de l'Écriture, qui nous enseigne que Dieu fit son ouvrage en sept jours : il suspendait son ouvrage, il interrompait son action; il menait peu à peu son ouvrage au but, et par divers degrés : il réservait à chaque jour une forme nouvelle et particulière; il lui donnait à diverses reprises un accroissement de perfection. Chaque chose se trouvait chaque jour bonne, et digne de lui; mais il la rendait dans la suite encore meilleure en la retouchant. Par là il montrait combien il était le maître de tout son ouvrage, pour lui donner tant et si peu de perfection qu'il lui plairait. Il pouvait s'arrêter à une masse informe; il pouvait faire de cette masse l'ouvrage varié et plein d'ornements qu'il lui a plu d'en faire, et qu'on nomme l'univers.

Rien n'est donc plus faux que ce que j'entends dire : savoir, que Dieu est nécessité par l'ordre, qui est lui-même, à produire tout ce qu'il pouvait faire de plus parfait. Ce raisonnement irait à prouver que l'actuelle production de la créature est éternelle, et essentielle au créateur. Ce raisonnement prouverait que Dieu n'a pu se retenir en rien dans la création de son ouvrage; qu'il ne l'a fait avec aucune liberté; qu'il a été assujetti à le faire tout entier d'abord, et même à le faire dès l'éternité. On établirait par là que Dieu était autant gêné pour la manière d'agir que pour le fond de son ouvrage. Selon ce principe, il fallait, sous peine de violer l'ordre et de se dégrader, qu'il fît tout son ouvrage par la voie la plus simple. En un mot, si ce principe a lieu, la toute-puissance de Dieu s'est épuisée dans un moment : il ne peut plus produire un seul atome; il est dans l'impuissance d'ajouter le moindre degré de perfection au plus vil atome de l'univers. Si quelque chose est indigne de Dieu, c'est une telle idée de lui.

Combien saint Augustin pense-t-il plus noblement et avec plus de justesse sur la Divinité! Ce Père se représente des degrés de perfection en montant et en descendant à l'infini, que Dieu voit distinctement d'une seule vue. Il n'en voit aucun qui ne demeure infiniment au-dessous de sa perfection infinie. Il peut monter aussi haut qu'il voudra pour le plan de son ouvrage; son ouvrage demeurera toujours infiniment au-dessous de lui. Il peut descendre aussi bas qu'il lui plaira; son ouvrage sera toujours bon, parfait selon sa mesure, distingué du néant, au-dessus de lui, et digne de l'être infini. Dieu, choisissant entre ces degrés infinis de perfection, appelle ou n'appelle pas le néant, ne doit rien, et peut tout. Sa supériorité infinie au-dessus de son ouvrage fait qu'il n'en peut avoir aucun besoin : la gloire même qu'il en tire lui est pour ainsi dire si accidentelle, qu'elle se réduit à son bon plaisir, et au pur choix de sa volonté.

Il a pu créer le monde si tôt et si tard qu'il lui a plu; mais le plus tôt ne vient qu'après son éternité, et le plus tard est encore suivi de cette même éternité qui reste tout entière. En un mot, quelque étendue qu'il eût donnée à la durée de l'univers, elle eût été toujours quelque chose de fini dans l'infini; elle eût été renfermée dans l'éternité indivisible de son auteur.

Saint Augustin représente, contre les manichéens, cette bonté de l'ouvrage et cette liberté de l'ouvrier, à quelque degré qu'il lui plaise de le fixer. Il n'y a en tout, selon ce Père, que les divers degrés de l'être, parce qu'être et perfection c'est précisément la même chose.

C'est par ces divers degrés que Dieu varie son ouvrage. Tout ce qui existe est bon et parfait dans un certain genre. Ce qui est plus est plus parfait; ce qui est moins est moins parfait : mais tout ce qui est, en quelque bas degré qu'il soit, est digne de Dieu, puisqu'il a l'être, et qu'il faut une sagesse toute-puissante pour le tirer du néant. En même temps tout être créé, quelque parfait qu'on le conçoive, n'a qu'un degré borné d'être, où il n'a pu monter que par la sagesse toute-puissante de celui qui l'a tiré du néant. Toute créature se trouve donc dans ce milieu, entre ces deux extrémités, dans l'infini de Dieu.

Dieu ne voit rien qui ne soit infiniment au-dessous de lui. Cette infériorité infinie de tous les êtres créés, des plus hauts et des plus bas degrés, les met tous dans une espèce d'égalité à ses yeux. Aucun d'eux n'a une supériorité de perfection infinie qui lui soit une raison invincible de le préférer. Auquel de ces divers degrés qu'il puisse s'arrêter, il s'arrête toujours nécessairement à un degré qui se trouve fini, et infiniment au-dessous de lui. Cette infériorité infinie fait qu'aucune perfection possible ne peut le nécessiter; et sa supériorité infinie sur toute perfection possible fait la liberté de son choix.

Voilà, monsieur, ce que je crois avoir appris de saint Augustin sur la liberté de Dieu dans la production de ses ouvrages hors de lui. Je voudrais être libre de m'éclaircir avec vous sur toutes ces matières, et je recevrais avec grand plaisir tout ce que vous voudriez bien me communiquer; car je ne doute point que vous n'ayez fait de grandes recherches : mais un grand diocèse, où la guerre augmente infiniment nos embarras, une très-faible santé, et d'autres travaux épineux sur les matières de la grâce, m'ôtent la liberté que je voudrais avoir pour méditer sur la métaphysique.

Je suis parfaitement, etc.

LETTRE V.

Sur l'existence de Dieu, le christianisme, et la véritable Église.

A Cambrai, 5 juin 1713.

Ne soyez nullement en peine, monsieur, de vos deux grandes lettres. Elles m'ont édifié et attendri. Je n'y vois que candeur, qu'amour de la vérité, que soin de l'approfondir, que zèle pour la religion, et que confiance en ma bonne volonté. Je ne veux être, ce me semble, occupé que de mon ministère : mais je ne suis point un dévot ombrageux, et facile à scandaliser; je m'attends à toutes sortes de systèmes et d'objections. On n'établirait jamais rien de solide contre les impies, si les personnes zélées pour la religion ne se communiquaient pas en liberté les unes aux autres les raisonnements captieux par lesquels on tâche de l'obscurcir. Ce qui m'embarrasse est que vous avez écrit ayant la fièvre, et que je l'avais en vous lisant. Il m'en reste beaucoup d'abattement. On me défend toute application. Il faudrait pourtant écrire un volume pour vous répondre. Que ne puis-je me trouver en pleine santé dans votre cabinet, *impertransito medio*, comme parle l'école! En attendant un peu de santé, je vais prendre la liberté de vous représenter ce que je pense sur divers points.

1° Je n'ai point lu encore la préface (1) que vous avez vue. Elle est d'un écrivain habile, et que j'estime. Mais, indépendamment de ce qu'elle contient, je vous avoue que le système de Spinosa ne me paraît point difficile à renverser. Dès qu'on l'entame par quelque endroit, on rompt toute sa prétendue chaîne. Selon ce philosophe, deux hommes dont l'un dit oui

(1) Nous conjecturons qu'il est ici question de la préface que le P. Tournemine avait mise à la tête du *Traité de l'existence de Dieu*. (Édit. de Vers.)

et l'autre non, dont l'un se trompe et l'autre croit la vérité, dont l'un est scélérat et l'autre est un homme très-vertueux, ne sont qu'un même être indivisible. C'est ce que je défie tout homme sensé de croire jamais sérieusement dans la pratique. La secte des spinosistes est donc une secte de menteurs, et non de philosophes; de plus, on ne peut connaître une modification qu'autant qu'on connaît déjà la substance modifiée. Il faut connaître un corps coloré pour concevoir une couleur, un corps mobile pour en concevoir le mouvement, etc. Il faut donc que Spinosa commence par nous donner une idée de cette substance infinie, qui accorde dans son être simple et indivisible les modifications les plus opposées, dont l'une est la négation de l'autre; il faut qu'il trouve une multiplication infinie dans une parfaite unité; il faut qu'il montre des variations et des bornes dans un être invariable et sans bornes. Voilà d'énormes contradictions.

2° La grande mode des libertins de notre temps n'est point de suivre le système de Spinosa. Ils se font honneur de reconnaître un Dieu créateur, dont la sagesse saute aux yeux dans tous ses ouvrages; mais, selon eux, ce Dieu ne serait ni bon ni sage, s'il avait donné à l'homme le libre arbitre, c'est-à-dire, le pouvoir de pécher, de s'égarer de sa fin dernière, de renverser l'ordre, et de se perdre éternellement. Selon eux, l'homme s'impose à lui-même, quand il s'imagine être le maître de choisir entre deux partis. Cette illusion flatteuse, disent-ils, vient de ce que la volonté de l'homme ne peut être contrainte dans son propre acte, qui est son vouloir : elle ne peut être déterminée que par son plaisir, qui est son unique ressort. Entre divers plaisirs, c'est toujours le plus fort qui la détermine invinciblement. Ainsi elle ne veut jamais que ce qu'il lui plaît davantage de vouloir. Voilà ce qui forme une ridicule chimère de liberté. L'homme, disent-ils encore, est sans cesse nécessité à vouloir un seul objet, tant par la disposition intérieure de ses organes, que par les circonstances des objets extérieurs : en chaque occasion il croit choisir, pendant qu'il est nécessité à vouloir toujours ce qui lui offre le plus de plaisir. Suivant ce système, en ôtant toute réelle liberté, on se débarrasse de tout mérite, de tout blâme et de tout enfer; on admire Dieu sans le craindre, et on vit sans remords, au gré de ses passions. Voilà le système qui charme tous les libertins de notre temps.

3° Vous avez raison de demander des motifs de croire la

religion, qui soient proportionnés aux esprits les plus simples et les plus grossiers. La difficulté de trouver ces raisons proportionnées et convaincantes vous tente de croire que Dieu ne prépare le salut qu'aux seuls élus, qu'il conduit par le cœur et non par l'esprit, par l'attrait de la grâce et non par la lumière de la raison. Mais remarquez, s'il vous plaît, deux inconvénients de ce système. Le premier est que si on supposait que la foi vient aux hommes par le cœur sans l'esprit, et par un instinct aveugle de grâce, sans un raisonnable discernement de l'autorité à laquelle on se soumet pour croire les mystères, on courrait risque de faire du christianisme un fanatisme, et des chrétiens des enthousiastes. Rien ne serait plus dangereux pour le repos et pour le bon ordre du genre humain; rien ne peut rendre la religion plus méprisable et plus odieuse. Le second inconvénient est que, suivant ce système, Dieu damnerait presque tous les hommes, parce qu'ils ne croient pas et parce qu'ils n'observent pas tous ses commandements, quoique la foi et les commandements leur fussent réellement impossibles, faute de secours proportionnés à leur besoin pour croire et pour observer les commandements évangéliques. Ce serait tourner la religion en scandale, et soulever contre elle le monde entier, que d'en donner une idée si contraire à la bonté de Dieu.

4° Saint Augustin, qu'on ne peut point accuser de relâchement sur les questions de la grâce, a cru ne pouvoir justifier la bonté et la justice de Dieu contre les blasphèmes des manichéens, qu'en avouant qu'aucun homme *ne doit* jamais à Dieu *que ce qu'il a reçu*. Il en conclut deux choses : l'une est que tout homme a reçu un secours prévenant et proportionné à son besoin, pour vaincre les tentations de sa concupiscence, pour éviter tout mal, et pour pratiquer tout bien, conformément à sa raison : l'autre est qu'il a reçu de quoi vaincre son ignorance, *en cherchant avec soin et piété, s'il le veut*, ce qui lui manque pour la foi; auquel cas la Providence lui fournirait des moyens convenables pour parvenir de proche en proche à la foi des mystères, aux vertus évangéliques et au salut. Les moyens de providence, tant intérieurs qu'extérieurs, sont ineffables et d'une variété infinie, suivant ce Père. Il est aussi impossible de les expliquer en détail, qu'il est impossible d'expliquer comment un homme est parvenu de proche en proche à un certain degré de sagesse et de vertu, à certains préjugés, etc. On y arrive par des combinaisons innombrables de l'éducation, des exemples, des lectures, des conversations, des amis, des expériences, des réflexions et des inspirations intérieures, par lesquelles Dieu opère insensiblement dans le fond des cœurs. Non-seulement les autres hommes ne sauraient dire en détail tout ce qui a préparé, persuadé, déterminé un certain homme à un certain genre de vie; mais encore cet homme même ne saurait après coup retourner, pour ainsi dire, sur ses pas, et retrouver tant au-dehors qu'au-dedans tout ce qui a servi de ressort pour remuer son cœur. Ce que chacun ne peut faire pour retrouver ses propres traces, Dieu le fera dans son jugement. Il y sera victorieux, parce qu'il développera à chaque homme tous les replis de son cœur, dans une chaîne de moyens par lesquels il n'a tenu qu'à lui de chercher, de connaître la vérité, de l'aimer, de la suivre, et d'y trouver son salut. Ces moyens, quoique inexplicables en détail, sont très-certains en gros. Leur variété, leur combinaison secrète, leur facilité à nous échapper, nous en dérobent souvent la connaissance distincte; mais Dieu, infiniment juste et bon, ne mérite-t-il pas bien d'être cru sur l'enchaînement et sur la proportion de ces moyens qu'il a préparés? N'en est-il pas meilleur juge que nous, puisque nous négligeons ces moyens jusqu'à n'y faire presque jamais aucune attention? Si un homme se trouvait tout à coup en s'éveillant dans une île déserte, quelle prodigieuse recherche ne ferait-il point pour découvrir par quelle aventure il y aurait été transporté? Nous nous trouvons tout à coup en ce monde comme tombés des nues; nous ne savons ni ce que nous sommes, ni d'où nous venons, ni où nous sommes venus, ni avec qui nous vivons, ni où nous irons au sortir d'ici. Qui est-ce qui a la moindre curiosité sur ce profond mystère? Personne ne veut le développer. On s'amuse de tout, on veut tout savoir, excepté l'unique chose qu'il serait capital d'apprendre. Cette indolence monstrueuse est le grand péché d'infidélité : *Non piè quærunt*, dit saint Augustin. De quoi les hommes ne seraient-ils point capables, s'ils étaient sincères, humbles, dociles, et aussi appliqués qu'un si grand bien le mérite? Les petits enfants n'apprennent-ils pas en peu de temps les choses et les termes de tout le détail de la vie humaine, et toute une langue? Le peuple le plus grossier n'apprend-il pas toute la finesse des arts? Ce n'est pas tout. Que n'apprend-on pas, avec subtilité et profondeur, pour le mal? L'esprit ne manque que pour le bien : on n'est bouché que pour les choses qu'on n'aime pas.

Aimez la vérité comme l'argent, vous devinerez ce qui est le plus obscur. Quand Dieu rassemblera contre un homme tous les dons naturels de la raison, et tous les secours surnaturels donnés pour le préparer à la foi; quand il lui montrera que ces grâces en auraient attiré de plus grandes pour son salut, s'il n'eût pas négligé les premières, cet homme verra tout à coup ce qu'il ne veut point voir ici-bas. Quand même cette justice de Dieu serait incompréhensible, il faudrait la croire sans la comprendre; mais l'homme aime mieux se flatter, secouer le joug, supposer que Dieu lui manque, disputer sur sa propre liberté, quoiqu'il ne puisse en douter sérieusement, et vivre sans règle, en se justifiant aux dépens de Dieu.

5° Il est vrai qu'il faut des preuves proportionnées à l'esprit faible et grossier de presque tous les hommes, pour les soumettre à une autorité qui leur propose les mystères. Mais il faut observer deux choses : l'une est que l'esprit le plus court et le plus bouché s'étend et s'ouvre, à proportion de sa bonne volonté, pour toutes les choses qu'il a besoin de connaître : l'autre est qu'il faut distinguer une connaissance simple et sensée d'une vérité, d'avec un approfondissement par lequel un homme exercé réfute toutes les vaines subtilités qui peuvent embrouiller cette vérité claire et simple. Il n'est pas nécessaire que tout ignorant comprenne la religion jusqu'à pouvoir réfuter toutes les subtilités par lesquelles l'orgueil et les passions tâchent de l'embrouiller : il suffit que les ignorants croient ce qui est vrai par une preuve véritable, mais implicitement connue. Disputez contre un paysan, vous l'embarrasserez sur les vérités constantes de l'agriculture; il ne pourra pas vous répondre, mais il n'hésitera point, et il continuera avec certitude à labourer son champ. L'ignorant est de même pour la croyance de la religion.

6° Il y a longtemps qu'il me paraît important de former un plan qui contienne des preuves des vérités nécessaires au salut, lesquelles soient tout ensemble et réellement concluantes, et proportionnées aux hommes ignorants. J'avais pressé autrefois feu M. l'évêque de Meaux de l'exécuter : il me l'avait promis très-souvent. Je voudrais être capable de le faire. Cet ouvrage devrait être très-court; mais il faudrait un long travail et un grand talent pour l'exécuter. Rien ne demande tant de génie qu'un ouvrage où il faut mettre à la portée de ceux qui n'en ont point les premières vérités. Pour y réussir, il faut atteindre à tout, et embrasser les deux extrémités du genre humain; il faut se faire entendre par les ignorants, et réprimer la critique téméraire des hommes qui abusent de leur esprit contre la vérité. Je ne saurais vous donner ici qu'une idée très-vague et très-défectueuse de ce projet : mais ce que je vous en proposerai à la hâte et en secret est sans conséquence ; vous concevrez beaucoup plus que je ne puis vous dire en très-peu de lignes. Voici plutôt une simple table des matières, qu'une explication des preuves.

PREUVES

Des trois principaux points nécessaires au salut, pour soumettre au joug de la foi, sans discussion, les esprits simples et ignorants.

PREMIÈRE PARTIE.

Il y a un Dieu infiniment parfait qui a créé l'univers.

Il ne faut qu'ouvrir les yeux et qu'avoir le cœur libre, pour apercevoir sans raisonnement la puissance et la sagesse du Créateur, qui éclatent dans son ouvrage. Si quelque homme d'esprit conteste cette vérité, je ne disputerai point avec lui; je le prierai seulement de souffrir que je suppose qu'il se trouve par un naufrage dans une île déserte : il y aperçoit une maison d'une excellente architecture, magnifiquement meublée; il y voit des tableaux merveilleux; il entre dans un cabinet, où un grand nombre de très-bons livres de tout genre sont rangés avec ordre; il ne découvre néanmoins aucun homme dans toute cette île : il ne me reste qu'à lui demander s'il peut croire que c'est le hasard, sans aucune industrie, qui a fait tout ce qu'il voit. J'ose le défier de parvenir jamais par ses efforts à se faire accroire que l'assemblage de ces pierres, fait avec tant d'ordre et de symétrie; que les meubles, qui montrent tant d'art, de proportion et d'arrangement; que les tableaux, qui imitent si bien la nature; que les livres, qui traitent si exactement les plus hautes sciences, sont des combinaisons purement fortuites. Cet homme d'esprit pourra trouver des subtilités pour soutenir dans la spéculation un paradoxe si absurde; mais dans la pratique il lui sera impossible d'entrer dans aucun doute sérieux sur l'industrie qui éclate dans cette maison. S'il se vantait d'en douter, il ne ferait que démentir sa propre conscience. Cette impuissance de douter est ce qu'on nomme pleine conviction. Voilà, pour ainsi dire, le bout de la raison humaine : elle ne peut aller plus loin. Cette comparaison démontre quelle doit être notre conviction sur la Divinité à la vue de l'univers. Peut-on douter que ce grand ouvrage ne montre infiniment plus d'art que la maison que je viens de représenter? La différence qu'il y a entre un philosophe et un paysan, est que le paysan suit d'abord avec simplicité ce qui saute aux yeux; au lieu que le philosophe, séduit par ses vains préjugés, emploie la subtilité de ses raisonnements à embrouiller sa raison même. Voilà la Divinité dans son point de vue, pour tout homme sensé, attentif, sans orgueil et sans passion. Loin d'avoir besoin de raisonner, il n'a que son raisonnement à craindre; il n'a pas plus besoin de méditer pour trouver son Dieu à la vue de l'univers, que pour supposer un horloger à la vue d'une horloge, ou un architecte à la vue d'une maison.

SECONDE PARTIE.

Il n'y a que le seul christianisme qui soit un culte digne de Dieu.

Il n'y a que la religion chrétienne qui consiste dans l'amour de Dieu. Les autres religions ont consisté dans la crainte des dieux qu'on voulait apaiser, et dans l'espérance de leurs bienfaits, qu'on tâchait de se procurer par des honneurs, des prières et des sacrifices. Mais la seule religion enseignée par Jésus-Christ nous oblige à aimer Dieu plus que nous-mêmes, et à ne nous aimer que pour l'amour de lui. Elle nous propose pour paradis le parfait et éternel amour; elle exige le renoncement à nous-mêmes, *abneget semetipsum*, c'est-à-dire, l'exclusion de tout amour-propre, pour nous réduire à nous aimer par charité, comme quelque chose qui appartient à Dieu, et qu'il veut que nous aimions en lui. Ce renversement de tout l'homme est le rétablissement de l'ordre, et la naissance de l'homme nouveau. Voilà ce que l'esprit de l'homme n'a pu inventer. Il faut qu'une puissance supérieure tourne l'homme contre lui-même, pour le forcer à prononcer cette sentence foudroyante contre son amour-propre. Il n'y a rien de si évidemment juste, et il n'y a rien qui révolte si violemment le fond de l'homme idolâtre de soi. Dieu ne peut être suffisamment reconnu que par cet amour suprême : *nec colitur ille nisi amando*, dit souvent saint Augustin. D'où vient donc que presque tous les hommes ont pris le change? Ils ont mis le sacrifice des animaux, l'encens et les autres dons, en la place du moi, victime qu'il fallait immoler. Dites à l'homme le plus simple et le plus ignorant, qu'il faut aimer Dieu notre père, qui nous a faits pour lui ; cette parole entre d'abord dans son cœur, si l'orgueil et l'amour-propre ne le révoltent pas : il n'a aucun besoin de discussion pour sentir que voilà la religion tout entière. Or il ne trouve ce vrai culte que dans le christianisme. Ainsi il n'a ni à choisir ni à délibérer. Tout autre culte n'est point une religion. Le judaïsme n'est qu'un commencement, ou, pour mieux dire, qu'une image ou une ombre de ce culte promis. Otez du judaïsme les figures grossières, les bénédictions temporelles, la graisse de la terre, la rosée du ciel, les promesses mystérieuses, les imperfections tolérées, les cérémonies légales, il ne restera qu'un christianisme commencé. Le christianisme n'est que le renversement de l'idolâtrie de l'amour-propre, et l'établissement du vrai culte de Dieu par un amour suprême. Cherchez bien, vous ne trouverez ce vrai culte développé, purifié et parfait, que chez les chrétiens : eux seuls connaissent Dieu infiniment aimable. Je ne parle point des mahométans ; ils ne le méritent pas : leur religion n'est que le culte grossier, servile et purement mercenaire des Juifs les plus charnels, auquel ils ont ajouté l'admiration d'un faux prophète, qui de son propre aveu n'a jamais eu aucune preuve de mission. Tout homme simple et droit ne peut s'arrêter que chez les chrétiens, puisqu'il ne peut trouver que chez eux le parfait amour. Dès qu'il le trouve là, il a trouvé tout, et il sent bien qu'il ne lui reste plus rien à chercher. Les mystères ne l'effarouchent point; il comprend que toute la nature étant incompréhensible à son faible esprit, il ne doit pas s'étonner de ne pouvoir comprendre tous les secrets de la Divinité; sa faiblesse même se tourne en force, et ses ténèbres en lumière, pour le rendre défiant de soi, et docile à Dieu. Il n'a point de peine à croire que Dieu, amour infini, a daigné venir lui-même, sous une chair semblable à la nôtre, pour tempérer les rayons de sa gloire, nous apprendre à aimer, et s'aimer lui-même au-dedans de nous. C'est en ce sens-là qu'il est vrai de dire qu'on trouve la vraie religion par le cœur, et non par l'esprit. En effet, on la trouve simplement par l'amour de Dieu infiniment aimable, non par le raisonnement subtil des philosophes. Socrate même n'a presque rien trouvé, pendant qu'une femmelette humble et un artisan docile trouvent tout, en trouvant l'amour. *Confiteor tibi, Pater, Domine cœli et terræ, quia abscondisti hæc a sapientibus et prudentibus, et revelasti ea parvulis* (1). L'amour de Dieu décide de tout sans discussion en faveur du christianisme. C'est en ce sens que l'âme est naturellement chrétienne, comme parle Tertullien.

TROISIÈME PARTIE.

Il n'y a que l'Eglise catholique qui puisse enseigner ce culte d'une façon proportionnée au besoin de tous les hommes.

Tous les hommes, et surtout les ignorants, ont besoin d'une autorité qui décide, sans les engager à une discussion dont ils sont visiblement incapables. Comment voudrait-on qu'une femme de village ou qu'un artisan examinât le texte original, les éditions, les versions, les divers sens du texte sacré? Dieu aurait manqué au besoin de presque tous les hommes, s'il ne leur avait pas donné une autorité infaillible pour leur épargner cette recherche impossible, et pour les garantir de s'y tromper. L'homme ignorant, qui connaît la bonté de Dieu, et qui sent sa propre impuissance, doit donc supposer cette autorité donnée de Dieu, et la chercher humblement, pour s'y soumettre sans raisonner. Où la trouvera-t-il? Toutes les sociétés séparées de l'Église catholique ne fondent leur séparation que sur l'offre de faire chaque particulier juge des Écritures, et lui faire voir que l'Écriture contredit cette ancienne Église. Le premier pas qu'un particulier serait obligé de faire pour écouter ces sectes serait donc de s'ériger en juge entre elles et l'Église qu'elles ont abandonnée. Or quelle est la femme de village, quel est l'artisan, qui puisse dire, sans une ridicule et scandaleuse présomption : Je vais examiner si l'ancienne Église a bien ou mal interprété le texte des Écritures. Voilà néanmoins le point essentiel de la séparation de toute branche d'avec l'ancienne tige. Tout ignorant qui sent son ignorance doit avoir horreur

(1) *Matth.*, XI, 25; *Luc.*, X, 21.

de commencer par cet acte de présomption. Il cherche une autorité qui le dispense de faire cet acte présomptueux, et cet examen dont il est incapable. Toutes les nouvelles sectes, suivant leur principe fondamental, lui crient : Lisez, raisonnez, décidez. La seule ancienne Église lui dit : Ne raisonnez, ne décidez point, contentez-vous d'être docile et humble : Dieu m'a promis son esprit pour vous préserver de l'erreur. Qui voulez-vous que cet ignorant suive, ou ceux qui lui demandent l'impossible, ou ceux qui lui promettent ce qui convient à son impuissance et à la bonté de Dieu? Représentons-nous un paralytique qui veut sortir de son lit, parce que le feu est à la maison : il s'adresse à cinq hommes qui lui disent : Levez-vous, courez, percez la foule, sauvez-vous de cet incendie. Enfin il trouve un sixième homme qui lui dit : Laissez-moi faire, je vais vous emporter entre mes bras. Croira-t-il à cinq hommes qui lui conseillent de faire ce qu'il sent bien qu'il ne peut pas? Ne croira-t-il pas plutôt celui qui est le seul à lui promettre le secours proportionné à son impuissance? Il s'abandonne sans raisonner à cet homme, et se borne à demeurer souple et docile entre ses bras. Il en est précisément de même d'un homme humble dans son ignorance; il ne peut écouter sérieusement les sectes qui lui crient : Lisez, raisonnez, décidez; lui qui sent bien qu'il ne peut ni lire, ni raisonner, ni décider; mais il est consolé d'entendre l'ancienne Église qui lui dit : Sentez votre impuissance, humiliez-vous, soyez docile; confiez-vous à la bonté de Dieu, qui ne nous a point laissés sans secours pour aller à lui. Laissez-moi faire, je vous porterai entre mes bras. Rien n'est plus simple et plus court que ce moyen d'arriver à la vérité. L'homme ignorant n'a besoin ni de livre ni de raisonnement pour trouver la vraie Église : les yeux fermés, il sait avec certitude que toutes celles qui veulent le faire juge sont fausses, et qu'il n'y a que celle qui lui dit de croire humblement qui puisse être la véritable. Au lieu des livres et des raisonnements, il n'a besoin que de son impuissance et de la bonté de Dieu pour rejeter une flatteuse séduction, et pour demeurer dans une humble docilité. Il ne lui faut que son ignorance bien sensée pour décider. Cette ignorance se tourne pour lui en science infaillible. Plus il est ignorant, plus son ignorance lui fait sentir l'absurdité des sectes qui veulent l'ériger en juge de ce qu'il ne peut examiner. D'un autre côté, les savants mêmes ont un besoin infini d'être humiliés, et de sentir leur incapacité. A force de raisonner, ils sont encore plus dans le doute que les ignorants ; ils disputent sans fin entre eux, et ils s'entêtent des opinions les plus absurdes. Ils ont donc autant de besoin que le peuple le plus simple d'une autorité suprême, qui rabaisse leur présomption, qui corrige leurs préjugés, qui termine leurs disputes, qui fixe leurs incertitudes, qui les accorde entre eux, et qui les réunisse avec la multitude. Cette autorité supérieure à tout raisonnement, où la trouverons-nous? Elle ne peut être dans aucune des sectes qui ne se forment qu'en faisant raisonner les hommes, et qu'en les faisant juges de l'Écriture au-dessus de l'Église. Elle ne peut donc se trouver que dans cette ancienne Église qu'on nomme catholique. Qu'y a-t-il de plus simple, de plus court, de plus proportionné à la faiblesse de l'esprit du peuple, qu'une décision pour laquelle chacun n'a besoin que de sentir son ignorance, et que de ne vouloir pas tenter l'impossible? Rejetez une discussion visiblement impossible, et une présomption ridicule ; vous voilà catholique.

Je comprends bien, monsieur, qu'on fera contre ces trois vérités des objections innombrables. Mais n'en fait-on pas pour nous réduire à douter de l'existence des corps, et pour disputer la certitude des choses que nous voyons, que nous entendons, et que nous touchons à toute heure, comme si notre vie entière n'était que l'illusion d'un songe? J'ose assurer qu'on trouvera, dans les trois principes que je viens d'établir, de quoi dissiper toutes les objections en peu de mots, et sans aucune discussion subtile.

Au reste, je ne puis finir sans vous représenter, monsieur, que vous ne paraissez pas faire assez de justice à saint Augustin. Il est vrai que ce Père a écrit dans un mauvais temps pour le goût : sa manière d'écrire s'en ressent. Il a écrit sans ordre, à la hâte, et avec un excès de fertilité d'esprit, à mesure que les besoins d'instruire ou de réfuter le pressaient. Platon et Descartes, que vous louez tant, n'ont eu qu'à méditer tranquillement, et qu'à écrire à loisir, pour perfectionner leurs ouvrages : cependant ces deux auteurs ont leurs défauts. Par exemple, que peut-on voir de plus faible et de plus insoutenable que les preuves de Socrate sur l'immortalité de l'âme? D'ailleurs, ne le voit-on pas flottant et incertain pour les vérités mêmes les plus fondamentales, sans lesquelles sa morale porterait à faux? Qu'y a-t-il de plus défectueux que le monde indéfini de Descartes? Si on rassemblait tous les morceaux épars dans les ouvrages de saint Augustin, on y trouverait plus de métaphysique que dans ces deux philosophes. Je ne saurais trop admirer ce génie vaste, lumineux, fertile et sublime.

Je voudrais me trouver pour un mois avec vous, monsieur, dans une solitude où nous n'eussions qu'à chercher ensemble ce qui peut nourrir et édifier.

> O rus, quando ego te aspiciam? quandoque licebit... (1).

Personne ne peut vous honorer avec des sentiments plus vifs et plus dignes de vous, que je le ferai le reste de mes jours.

(1) Hor., lib. II, sat. vi.

LETTRE VI.

Sur les moyens donnés aux hommes pour arriver à la vraie religion.

A Cambrai, 14 juillet 1713.

J'ai une fluxion sur les yeux, et un peu mal à l'estomac.

> . . . . . . Dormitum ego, Virgiliusque :
> Namque pila lippis inimicum et ludere crudis (1).

Il est triste de ne ressembler à Virgile et à Horace que par des infirmités. L'Électeur a fait venir de Paris un bon peintre, qui a beaucoup travaillé pour lui à Valenciennes. Ce prince a voulu avoir mon portrait; il est achevé, il est à Paris; vous en aurez une copie ; mais laissez-moi un peu de temps pour m'assurer de vous en donner une bonne. Puisque vous voulez ce visage étique, il faut au moins, monsieur, que la copie soit bien exécutée.

Dès que je serai libre, je tâcherai d'écrire ce qui me passe par la tête sur les moyens donnés aux hommes pour arriver à la vraie religion : en attendant, je vais vous proposer superficiellement ce que j'en pense.

I. On est trop frappé de la disproportion qui paraît entre la grossièreté de l'esprit de la plupart des hommes, et la hauteur des vérités qu'il faut entendre pour être véritablement chrétien.

Qu'est-ce que les passions grossières, comme l'amour sensuel, la jalousie, la haine, la vengeance, l'ambition et la curiosité, ne font point deviner aux hommes les moins cultivés et les moins subtils? Qu'est-ce que les sauvages mêmes ne pénètrent pas pour leurs intérêts?

(1) Hor., lib. I. sat. v.

Qu'est-ce que les hommes les plus vils n'ont point inventé pour la perfection des arts, quand l'avarice les a excités? Qu'est-ce qu'un enfant n'apprend point, depuis l'âge de deux ans jusqu'à celui de sept, soit pour discerner tous les objets qui l'environnent, pour observer leurs propriétés, leurs rapports et leurs oppositions, soit pour apprendre tous les termes innombrables d'une langue, qui expriment avec précision et délicatesse tous ces objets avec toutes leurs dépendances?

Qu'est-ce qu'un prisonnier n'invente point dans une prison pendant vingt ans, pour tâcher d'en sortir, pour savoir des nouvelles de ses amis, pour leur donner des siennes, pour tromper la vigilance et la défiance de ceux qui le tiennent en captivité?

Qu'est-ce qu'un homme ne chercherait point pour découvrir les causes de son état, s'il se trouvait tout à coup à son réveil transporté dans une île déserte et inconnue? Que ne ferait-il point pour savoir comment il y aurait été transporté pendant un long sommeil, pour chercher dans cette île quelque marque d'habitation, quelque vestige d'homme, pour inventer quelque moyen de se nourrir, de se vêtir, de se loger, de naviguer, de retourner en son pays?

Voilà les ressources naturelles de l'esprit humain dans les hommes même les moins cultivés. Il n'y a qu'à bien vouloir, pour parvenir à toutes les choses qui ne sont pas absolument impossibles. Aimez autant la vérité que vous aimez votre santé, votre vanité, votre liberté, votre plaisir, votre fantaisie; vous la trouverez. Soyez aussi curieux pour trouver celui qui vous a fait, et à qui vous devez tout, que les hommes les plus grossiers sont curieux pour suivre un soupçon malin, pour contenter leur passion brutale, pour déguiser leurs desseins injustes et honteux : en voilà assez pour trouver Dieu et la vie éternelle. Faites que l'homme soit en ce monde comme celui qui se trouverait à son réveil dans une île déserte et inconnue. Faites que l'homme, au lieu de s'amuser aux sottises qu'on nomme fortune, divertissements, spectacles, réputation, politique, éloquence, poésie, ne soit occupé que de se dire à lui-même : Qui suis-je? où suis-je? d'où viens-je? par où suis-je venu ici? où vais-je? pourquoi et par qui suis-je fait? Quels sont ces autres êtres qui me ressemblent et qui m'environnent? d'où viennent-ils? Je leur demande ce qu'ils me demandent, et nous ne saurions nous dire les uns aux autres ce qu nous sommes, ni par où nous nous trouvons assemblés. Je n'ai nulle autre affaire dans ce coin de l'univers, où je suis comme tombé des nues, que celle d'être étonné de moi et de mon état, de découvrir mon origine et ma fin. Je n'ai que quatre jours à passer dans cet état : je ne dois les employer qu'à découvrir ce qui peut décider de moi. Je dois me défier de mon esprit, que je sens vain, léger, inconstant, présomptueux. Je dois aussi craindre mes passions folles et brutales; je n'ai qu'une seule affaire, qui est de m'étudier, de m'approfondir, et surtout de me vaincre, pour me rendre digne de parvenir à la vérité, supposé que je puisse parvenir jusqu'à elle. Il est vrai qu'en la cherchant avec gêne et travail, je passerai peut-être toute ma vie dans une peine stérile, sans pouvoir sortir de ces profondes ténèbres où je me vois comme abandonné; mais qu'importe? Cette courte vie n'est que le songe d'une nuit : si peu que je suive ma raison avec courage, je dois être plus content de la passer dans une si raisonnable et si importante occupation, avec la consolation d'agir sérieusement en homme, que de m'abandonner à la folie de mes passions, qui se tourneraient en malheur pour moi. Il n'y a que la légèreté d'un esprit mou, et sans ressource contre sa passion, qui me pût faire prendre le change si honteusement. Dès qu'un homme sera homme de la sorte, il aura bientôt les yeux ouverts. Tous les autres hommes passent leur vie dans la caverne de Platon (1), à ne voir que des ombres. Pourquoi les hommes ne feront-ils pas, pour faire la découverte d'eux-mêmes, ce que fit ce Scythe Anacharsis, qui vint dans la Grèce chercher la vérité; et ce que faisaient les Grecs, qui allaient en Egypte, en Asie, et jusque dans les Indes, chercher la sagesse? Il ne faut point beaucoup de lumière pour apercevoir qu'on est dans les ténèbres; il ne faut pas être bien fort pour sentir son impuissance; il ne faut pas être bien riche pour être las de sa pauvreté. Pour être un vrai philosophe, il ne faut que connaître qu'on ne l'est pas; il ne faut que vouloir savoir ce qu'on est, et qu'être étonné de ne le savoir pas. Un

(1) On sait que Platon, dans sa *République*, voulant exprimer l'imperfecfection de l'intelligence humaine en cette vie, représente le genre humain comme « enseveli dans une caverne immense, où il ne peut s'occuper que » d'ombres vaines et artificielles, et d'où il ne peut s'élever que par de pé» nibles efforts jusqu'au monde intellectuel, pour y contempler la suprême » Intelligence, dans le calme des sens et des passions. » *De Rep.*, lib. VII, p. 514 et seq., édit. Serran.) Voyez le *Voyage d'Anacharsis*, chap. LIV, t. IV. (*Éd. de Vers.*)

voyageur va au Monomotapa et au Japon pour apprendre ce qui ne mérite nullement sa curiosité, et dont la découverte ne le guérira d'aucun de ses maux. Quand trouvera-t-on des hommes qui fassent, non pas le tour du monde, mais le moindre effort de curiosité pour développer le grand mystère de leur propre état? On parcourt les mers les plus orageuses, pour aller chercher à quatre mille lieues d'ici le poivre et la cannelle; on surmonte les vents, les flots, les abîmes et les écueils, pour avoir ce qui n'est presque bon à rien : on ne traverserait pas la Manche pour apprendre à être sage, bon, et digne d'un bonheur éternel.

En faut-il davantage pour confondre l'homme, pour le couvrir de honte sur son ignorance, pour le rendre inexcusable dans une indolence si dénaturée et dans une stupidité si monstrueuse?

On dit hardiment qu'un villageois n'a pas assez d'esprit pour apprendre son catéchisme, pendant qu'il apprend sans peine toutes les chansons malignes et impudentes de son village; pendant qu'il use des déguisements les plus subtils pour cacher ses débauches et ses larcins.

L'esprit de chaque homme s'étend ou se raccourcit suivant l'application ou l'inapplication où il vit. L'esprit est comme un cuir souple qui prête : il s'allonge, il s'élargit à proportion de la bonne volonté et de l'exercice. Tournez autant l'esprit au bien qu'il est d'ordinaire tourné au mal, vous trouverez, par le seul amour du bien, des ressources incroyables d'esprit pour arriver à la vérité, dans les hommes mêmes qui montrent le moins d'ouverture. Si tous les hommes aimaient la vérité plus qu'eux, comme elle mérite sans doute qu'on l'aime, ils feraient pour la trouver tout ce qu'ils font pour se flatter dans leurs illusions. L'amour, avec peu d'esprit, ferait des découvertes merveilleuses.

Connubialis amor de Mulcibre fecit Apellem.

II. Il ne s'agit nullement de mettre les hommes grossiers et sans étude en état d'expliquer avec précision et méthode ce qui les persuadera en faveur de la vertu et de la religion : il suffit qu'ils parviennent au point d'être persuadés par des raisons droites et solides, quoiqu'ils ne puissent pas développer les raisons qui les persuadent, ni réfuter les objections subtiles qui les embarrassent.

Rien n'est plus facile que d'embarrasser un homme de bon sens sur la vérité de son propre corps, quoiqu'il lui soit impossible d'en douter sérieusement. Dites-lui que le temps qu'il appelle celui de la veille n'est peut-être qu'un temps de sommeil plus profond que celui du sommeil de la nuit ; soutenez-lui qu'il se réveillera peut-être à la mort du sommeil de toute la vie, qui n'est qu'un songe, comme il se réveille chaque matin en sortant du songe de la nuit; pressez-le de vous donner une différence précise, claire et décisive entre l'illusion du songe de la nuit, où l'homme se dit faussement à lui-même : Je me sens, je touche, je vais, j'écoute, et je suis sûr de ne rêver pas, et l'illusion du songe où nous sommes peut-être dans la vie entière : vous mettrez cet homme dans l'impuissance de vous répondre; mais il n'en sera pas moins dans l'impuissance de vous croire, et de douter de ce que vous lui contestez; il rira de votre subtilité; il sentira, sans pouvoir le démêler, que votre raisonnement subtil ne fait qu'embrouiller une vérité claire, au lieu d'éclaircir une chose obscure. Il y a cent autres exemples des vérités dont les hommes ne sont nullement libres de douter, et qui leur échappent dès qu'un philosophe les presse de répondre à une objection subtile. La vérité n'en est pas moins vraie, et la conviction intime que tous les hommes en ont n'en est pas moins une règle invincible de croyance, quoique chacun soit dans l'impuissance de démêler sa raison de croire. Il y a deux degrés d'intelligence, dont l'un opère une entière conviction, quoiqu'il soit moins parfait que l'autre : l'un se réduit à être dans l'impuissance de douter d'une vérité, parce qu'elle a une évidence simple, et, pour ainsi dire, directe : l'autre a de plus une évidence réfléchie; en sorte que l'esprit explique la preuve de sa conviction, et réfute tout ce qui pourrait l'obscurcir. Les plus sublimes philosophes mêmes sont invinciblement persuadés d'un grand nombre de vérités, quoiqu'ils ne puissent les développer clairement, ni réfuter les objections qui les embrouillent.

III. Il est vrai que les hommes, comme un auteur de notre temps l'a très-bien remarqué, *n'ont point assez de force pour suivre toute leur raison :* aussi suis-je très-persuadé que nul homme, sans la grâce, n'aurait pas, par ses seules forces naturelles, toute la constance, toute la règle, toute la modération, toute la défiance de lui-même, qu'il lui faudrait pour la découverte des vérités mêmes qui n'ont pas besoin de la lumière supérieure de la foi : en un mot, cette philosophie naturelle, qui irait sans préjugé, sans impatience, sans orgueil, jusqu'au bout de la raison purement humaine, est un roman de philosophie. Je ne compte que sur la grâce pour diriger la raison même dans les bornes étroites de la raison, pour la découverte de la religion ; mais je crois avec saint Augustin que Dieu donne à chaque homme un premier germe de grâce intime et secrète, qui se mêle imperceptiblement avec la raison, et qui prépare l'homme à passer peu à peu de la raison jusqu'à la foi. C'est ce que saint Augustin nomme *inchoationes quædam fidei, conceptionibus similes* (1). C'est un commencement très-éloigné pour parvenir de proche en proche jusqu'à la foi, comme un germe très-informe est le commencement de l'enfant qui doit naître longtemps après. Dieu mêle le commencement du don surnaturel avec les restes de la bonne nature, en sorte que l'homme qui les tient réunis ensemble dans son propre fond ne les démêle point, et porte au-dedans de soi un mystère de grâce qu'il ignore profondément; c'est ce que saint Augustin fait entendre par ces aimables paroles (2) : *Paulatim tu, Domine, manu mitissimâ et misericordissimâ pertractans et componens cor meum, etc.* La plus sublime sagesse du Verbe est déjà dans l'homme, mais elle n'y est encore que comme du lait pour nourrir des enfants : *ut infantiæ nostræ lactesceret sapientia tua* (3). Il faut que le germe de la grâce commence à éclore, pour être distingué de la raison.

Cette préparation du cœur est d'abord d'autant plus confuse qu'elle est générale; c'est un sentiment confus de notre impuissance, un désir de ce qui nous manque, un penchant à trouver au-dessus de nous ce que nous cherchons en vain audedans de nous-mêmes, une tristesse sur le vide de notre cœur, une faim et une soif de la vérité, une disposition sincère à supposer facilement qu'on se trompe, et à croire qu'on a besoin de secours pour ne se tromper plus.

On peut remarquer ceci en étudiant de près certains hommes. Par exemple, on en trouvera deux auxquels on se méprendra aisément. L'un aura beaucoup plus d'activité et de pénétration d'esprit que l'autre, il paraîtra né philosophe,

(1) *De div. Quæst. ad Simplic.*, lib. I, *quæst.* II, n° 2.
(2) *Confess.*, lib. VI, cap. v, n° 7.
(3) *Ibid.*, lib. VII, cap. XVIII, n° 24.

amateur passionné de la vérité et de la vertu, désintéressé, généreux, et uniquement occupé des plus hautes spéculations; mais observez-le de près; vous trouverez un homme amoureux de son esprit et de sa sagesse, qui cherche la sagesse et la vertu pour enrichir son esprit, pour s'orner et s'élever au-dessus des autres : cet amour-propre l'indispose pour la découverte de la pure vérité; il veut prévaloir : il craint de paraître dans quelque erreur, et il s'expose d'autant plus à errer, qu'il est jaloux de paraître n'errer jamais en rien. Au contraire, l'autre, avec beaucoup moins d'intelligence, occupe son esprit de la vérité, et non de son esprit même; il va d'une démarche simple et directe vers la vérité, sans se replier sur soi par complaisance; il a une secrète disposition à se défier de soi, à sentir sa faiblesse, à vouloir être redressé. Celui qui paraît le moins avancé l'est infiniment plus que l'autre : Dieu trouve dans l'un un fond qui repousse son secours, et qui est indigne de la vérité; il met en l'autre cette pieuse curiosité, cette conviction de son impuissance, cette docilité salutaire qui prépare la foi.

Ce germe secret et informe est le commencement de l'homme nouveau : *conceptionibus similes*. Ce n'est point la raison seule ni la nature laissée à elle-même, c'est la grâce naissante qui se cache sous la nature, pour la corriger peu à peu.

Ce premier don de grâce, qui est si enveloppé, est expliqué par saint Augustin en ces termes : *Quod ergo ignorat quid sibi agendum sit, ex eo est quod nondùm accepit : sed hoc quoque accipiet, si hoc quod accepit benè usa fuerit. Accepit autem ut piè et diligenter quærat, si volet* (1). Ce n'est d'abord qu'une disposition générale et confuse de chercher avec amour pour la vérité, avec défiance de soi, avec un vrai désir de trouver une lumière supérieure et ordinaire : *piè et diligenter*. Chercher avec confiance en soi, et sans désirer un secours supérieur pour s'y soumettre avec une humble docilité, ce n'est point chercher *piè;* au contraire, c'est chercher avec une impie et irréligieuse présomption. C'est suivant ce principe que saint Augustin dit ces mots : *Hoc enim restat in istâ mortali vitâ libero arbitrio, non ut impleat homo justitiam cùm voluerit, sed ut se supplici pietate convertat ad eum, cujus dono eam possit implere* (2).

(1) *De lib. Arb.*, lib. III, cap. XXII, n° 65.
(2) *De div. Quæst. ad Simplic.*, lib. I, quæst. I, n° 14.

Ces mots, *supplici pietate*, expriment que l'homme ne parvient à la vérité et à la vertu qu'autant que la grâce l'a prévenu pour le rendre humble, et pour lui inspirer cette prière pieuse et soumise qui mérite seule d'être exaucée. Enfin ce Père parle ainsi : *Facultatem habet, ut adjuvante Creatore seipsum excolat, et pio studio possit omnes acquirere et capere virtutes, per quas et difficultate cruciante, et ab ignorantiâ cæcante liberetur* (1). Voilà la grâce médicinale et libératrice, qui va peu à peu jusqu'à dissiper toutes les ténèbres et à vaincre toutes les passions de l'homme corrompu : voilà l'enchaînement des grâces, depuis la première recherche de la vérité, *piè et diligenter*, jusqu'au comble de la perfection, *omnes acquirere et capere virtutes*. Dieu doit cette suite de grâces, non à la nature, mais à sa promesse purement gratuite; il la doit même à son propre commandement, puisqu'il ne peut demander à l'homme qu'à proportion de ce que l'homme a déjà reçu de lui, et que les vertus surnaturelles qu'il demande sont impossibles aux seules forces naturelles de la volonté, surtout la volonté étant malade et affaiblie : *Homo ergo gratiâ juvatur ne sine causâ voluntati ejus jubeatur* (2). Il ne s'agit donc point de ce que chaque homme peut, par les seules forces de sa raison et de sa volonté, pour trouver la vraie religion : il est question de Dieu, qui promet de suppléer ce qui manque, quand il ne manque point par l'indisposition déméritoire de la volonté libre de l'homme : il ne s'agit pas même de la disproportion qui paraît entre une première semence de grâce qui est enveloppée dans le cœur d'un homme, et la perfection qui doit se développer dans ce même homme pour le sanctifier. Il y a une grande disproportion entre l'arbrisseau qu'on plante, et l'ombre qu'on en veut tirer un jour contre les rayons du soleil. Le germe qui prépare un petit enfant est infiniment éloigné de l'homme parfait qui en résultera dans la suite. *Sed hoc quoque accipiet, si hoc quod accepit benè usa fuerit.*

Il ne faut point demander par quel chemin un homme peut passer de ses premières dispositions pour la foi, qui sont si imperceptibles et si éloignées, jusqu'à la foi la plus vive, la plus épurée et la plus parfaite : il ne faut pas même demander en détail en quoi consistent ces dispositions que Dieu met de

(1) *De lib. Arb.*, lib. III, cap. xx, nº 56.
(2) *De Grat. et lib. Arbit.*, cap. IV, nº 9.

loin en nous, sans nous les faire remarquer. Ne vous embarrasserait-on pas, si on voulait vous faire chercher après coup au fond de votre cœur, et anatomiser toutes les premières pensées et les dispositions les plus reculées de votre esprit, qui vous ont mené insensiblement à certains principes d'honneur, aux maximes de sagesse et aux sentiments de piété, dont vous étiez peut-être si loin dans votre jeunesse? Pourriez-vous retrouver maintenant tous les chemins détournés et insensibles par lesquels vous êtes enfin parvenu à ce but? Vous n'y avez pas pris garde dans ce temps : comment pourriez-vous, après tant d'années, rappeler tout ce qui vous échappait dans l'occasion même?

Tout homme qui a négligé et compté pour rien toutes les bonnes dispositions que Dieu mettait au-dedans de lui, est encore bien plus éloigné de les pouvoir rappeler distinctement. Tout son soin a été de les laisser tomber, de les ignorer, de les oublier, de fermer les yeux, de peur de les v[illegible]omment voulez-vous qu'il les rassemble pour les tour[illegible] contre lui-même? Il n'y a que Dieu seul qui puisse les [illegible]emettre dans leur ordre, à son jugement, pour convaincre chaque homme, par elles, de tout ce qu'il a pu et n'a pas voulu connaître pour son salut. On peut encore moins expliquer par quel détail une vérité connue eût mené chaque homme à une autre vérité plus avancée. Il n'y a que celui qui avait fait cet ordre et cet enchaînement de grâces, qui puisse expliquer son plan avec les liaisons secrètes de toutes ses parties. Nul homme ne sait jamais à quoi un premier pas le mènerait de proche en proche, ni ce qu'une disposition suivie opèrerait pour d'autres dispositions éloignées et inconnues. Nous sommes un fond impénétrable à nous-mêmes : cet enchaînement est si impossible à démêler dans notre cœur pour toutes les choses les plus naturelles et les plus familières de la vie, qu'il n'est nullement permis de vouloir qu'on le détaille pour les opérations les plus intimes et les plus mystérieuses de la grâce. Le moins qu'on puisse donner au Maître suprême des cœurs est de supposer qu'il y a des moyens d'insinuation, de préparation, de persuasion, que l'esprit humain ne peut ni pénétrer ni suivre pour en embrasser toute l'étendue : il suffit de connaître Dieu infiniment sage, infiniment bon, infiniment propre à manier nos volontés, pour conclure, sans en conce[illegible]ir toutes les circonstances, qu'il convaincra chacun de nous de lui avoir donné des moyens proportionnés pour arriver de proche en proche à la vérité et au salut. Nous devons sans doute à Dieu de croire en gros cette vérité si digne de lui, sans la pouvoir expliquer en détail.

IV. On ne manquera pas de dire que les inspirations intérieures ne suffisent pas pour croire en Jésus-Christ; que la foi vient par l'ouïe; et qu'on ne peut pas ouïr à moins que les évangélistes ne soient envoyés (1).

Mais je soutiens que si les dispositions intérieures répondaient aux grâces reçues, Dieu achèverait au-dehors, par sa providence, ce qu'il a commencé au-dedans par l'attrait de sa grâce. Dieu ferait sans doute des miracles de providence pour éclairer un homme, et pour le mener comme par la main à l'Évangile, plutôt que de le priver d'une lumière dont ses dispositions le rendraient digne. Un homme qui aimerait déjà Dieu plus que soi-même, et qui s'oublierait pour ne chercher que la vérité, aurait déjà trouvé dans son cœur la vérité même. La grâce de Jésus-Christ opérerait déjà en lui, comme elle opérait dans les justes de l'ancienne loi, ou dans les descendants de Noé, ou dans Job et dans les autres adorateurs du vrai Dieu. En ce cas, ce serait Jésus-Christ opérant par sa grâce médicinale dans le cœur de cet homme, qui le conduirait à Jésus-Christ même extérieurement, pour croire en lui et pour l'adorer. Cet homme se trouvant dans les dispositions du centenier Corneille, Dieu lui enverrait le même secours. Saint Augustin assure que Corneille avait déjà reçu le Saint-Esprit avant d'être baptisé. Il fut néanmoins assujetti à apprendre de saint Pierre ce qu'il devait espérer, croire et aimer pour être sauvé. C'est suivant ces principes que saint Augustin dit que Dieu n'abandonne et ne laisse endurcir que ceux qui l'ont mérité, qu'il ne prive personne du bien suprême : *Neminem quippe fraudat divina justitia, sed multa donat non merentibus gratia* (2). C'est dans cet esprit que le saint docteur dit des Gentils : *Non eos dixerit veritatis ignaros, sed quod veritatem in iniquitate detinuerint..... Quoniam revera, sicut magna ingenia quærere persliterunt, sic invenire potuerunt..... Per creaturam creatorem cognoscere potuerunt* (3). Ce Père ajoute que les Gentils, qui ont la loi écrite dans leurs cœurs, comme parle l'Apôtre, appartiennent à l'Évangile; il assure même que ces

(1) *Rom.*, x, 14, 15.
(2) *Op. imp. cont. Jul.*, lib. I, n° 38.
(3) *De Spir. et Litt.*, cap. XII, n° 19, 20.

infidèles qui meurent dans l'impiété ont une grâce intérieure pour parvenir à la foi, et qu'ils l'ont rejetée : *Seipsos fraudant magno et summo bono, malisque pœnalibus implicant, experturi in suppliciis potestatem ejus, cujus in donis misericordiam contempserunt* (1). Il va jusqu'à parler ainsi : *Ille igitur reus erit ad damnationem sub potestate ejus, qui contempserit ad credendum misericordiam ejus* (2). Vous voyez que l'incrédule n'est coupable qu'à cause qu'il a reçu sans fruit une miséricorde réelle, ou grâce pour croire. De là vient que ce Père revient toujours à inculquer cette vérité fondamentale : *Cùm vero ubique sit præsens, qui multis modis per creaturam sibi Domino servientem, aversum vocet, doceat credentem;... non tibi deputatur ad culpam, quod invitus ignoras; sed quod negligis quærere quod ignoras; neque illud quod vulnerata membra non colligis, sed quod volentem sanare contemnis* (3). *Non enim quod naturaliter nescit et quod naturaliter non potest, hoc animæ deputatur in reatum; sed quod scire non studuit* (4), *etc.* Ainsi saint Augustin se réduit sans cesse à la règle de l'Apôtre; savoir, que *tous ceux qui ont péché sans loi périront sans loi* (5). Il ne leur sera imputé d'avoir péché qu'en ce qu'ils auront pu connaître. C'est en marchant sur ces traces de saint Augustin que saint Thomas a inculqué en plusieurs endroits cette doctrine consolante : *Non sequitur inconveniens, posito quod cuilibet teneatur aliquid explicite credere, si in silvi vel inter bruta animalia nutriatur; hoc enim ad divinam providentiam pertinet, ut cuilibet provideat de necessariis ad salutem, dummodo ex parte ejus non impediatur. Si enim aliquis taliter nutritus, ductum naturalis rationis sequeretur in appetitu boni et fuga mali, certissimè est tenendum, quod ei Deus, vel per internam inspirationem revelaret ea quæ sunt ad credendum necessaria, vel aliquem fidei prædicatorem ad eum dirigeret, sicut misit Petrum ad Cornelium* [Act. x] (6). L'exemple de Corneille est décisif; celui de saint Paul, envoyé en Macédoine, est entièrement semblable; ainsi voilà saint Augustin et saint Thomas qui répondent à l'objection. Quand on suppose ce cas d'un infidèle qui userait fidèlement de la lu-

(1) *De Spir. et Litt.*, cap. xxxiii, n° 58.
(2) *Ibid.*
(3) *De lib. Arb.*, lib. III, cap. xix, n° 53.
(4) *Ibid.*, cap. xxii, n° 64.
(5) *Rom.*, ii, 12.
(6) *Quæst. disp. de Veritate*, quæst. xiv, art. xi, ad 1.

mière de sa raison et de ce premier germe de grâce *pour chercher avec piété*, il faut dire que Dieu ne se refuse à personne en ce cas. Dieu, plutôt que de manquer à ses enfants, et que de les *frauder* du souverain bien qu'il leur promet gratuitement, éclairerait un homme nourri dans les forêts d'une île déserte, ou par une révélation intérieure et extraordinaire, ou par une mission de prédicateurs évangéliques, semblable à celle des Indes orientales et occidentales, que sa providence saurait bien procurer.

On ne saurait trop remarquer ces paroles de saint Augustin : *Qui multis modis... aversum vocet.* Cette préparation des cœurs à la foi est si variée, tant par les divers attraits de la grâce au-dedans que par les combinaisons infinies que la Providence amène insensiblement au-dehors, qu'il n'est pas permis de vouloir qu'on entreprenne d'en expliquer tout le détail : il n'y a pas deux vocations ni intérieures, ni extérieures qui se ressemblent : *multis modis*, etc. L'homme ne comprend après coup, ni ne peut dire lui-même, par quel chemin il a été mené depuis le premier pas jusqu'au terme de la foi ; il ne l'a pas remarqué ; il n'a pas compris à quoi les premières dispositions le préparaient, ni comment le Maître des cœurs liait les dispositions et les événements pour tirer un moyen d'un autre : c'est le secret de Dieu. Ce qui est certain est qu'autant que Dieu est bon et attentif pour tirer la lumière des ténèbres mêmes, et le bien de l'homme de son propre mal ; autant l'homme est-il sans attention pour n'apercevoir ni ce que Dieu fait pour lui, ni ce qu'il fait contre lui-même.

V. Il n'y a qu'à rappeler l'idée de Dieu pour s'assurer qu'il ne nous manque point. Jésus-Christ est venu apporter sur la terre le feu de son amour ; et que veut-il, sinon qu'il brûle (1) ? Craindrons-nous que l'amour n'aime point ? Est-il permis de croire que le bien infini et infiniment communicatif se refuse à ceux qui ne s'en rendent pas indignes ; saint Augustin ne dit-il pas, au contraire, que Dieu fait tout pour nous sauver, *excepté de nous ôter le libre arbitre ? Vult autem Deus omnes homines salvos fieri, et in agnitionem veritatis venire ? Non sic tamen ut eis adimat liberum arbitrium, quo vel benè vel malè utentes justissimè judicentur. Quod cùm fit, infideles, etc.* (2). C'est nommément pour tous les infidèles qu'il décide ainsi.

(1) *Luc.*, XII, 49.
(2) *De Spir. et Litt.*, cap. XXXIII, n° 58.

Qui accuserons-nous donc? ou Dieu qu'on ne peut sans égarement cesser de croire infiniment bon, compatissant, libéral, prévenant, et plein de tendresse pour ses enfants; ou les hommes, qui sont, de leur propre aveu, vains, indociles, présomptueux, ingrats, follement idolâtres d'eux-mêmes, et ennemis du joug de la Divinité? Ne blasphémons point contre Dieu, pour excuser notre indignité qui ne peut être déguisée : ne cherchons que dans notre orgueil et notre mollesse la source de nos égarements. Dieu veut que nous le préférions à nous, que nous ne nous aimions que pour l'amour de lui, et de son amour. Cette parole foudroyante consterne l'amour-propre, et le pousse jusqu'au désespoir : *Si quis vult post me venire, abneget semetipsum* (1). Il n'en faut pas davantage pour aigrir, pour irriter le genre humain, pour le rendre ennemi de Dieu, et pour lui rendre Dieu même insupportable. *Dixisti : Non serviam* (2). On veut être son propre dieu : on n'en admet aucun autre. On sent bien que le Dieu jaloux ne peut être admis sans déposséder l'homme de lui-même. Il faut mourir à soi pour vivre à Dieu. Il faut se perdre pour se retrouver. Il faut renverser et briser l'idole du moi. Il faut mettre Dieu dans la place suprême qu'on occupait follement, et se rabaisser jusqu'à la place où l'on n'avait point de honte de mettre Dieu. Au lieu qu'on ne voulait Dieu que pour soi, marchandant avec lui pour voir si on le croirait, et si on se résoudrait à le servir, il faut, au contraire, ne s'aimer plus que pour Dieu, ne voulant plus de paix ni de bonheur qu'en lui, et pour sa gloire. C'est ce sacrifice de tout l'homme qui fait frémir, et qui révolte un cœur idolâtre de soi. Jésus-Christ a exterminé l'idolâtrie extérieure; mais l'intérieure repousse encore de tous côtés : non-seulement on ne *cherche* point avec *piété* et *application;* mais encore on ne craint rien tant que de trouver ce qu'on ne veut pas voir. On invente les plus extravagantes subtilités, de peur de voir un Dieu infiniment aimable, qui ne nous offre un médiateur que pour nous ramener à son amour. On dit avec les épicuriens que les atomes, par un concours fortuit, ont fait un ouvrage où l'art le plus merveilleux éclate, et que ces atomes ont décliné, je ne sais comment, tout exprès, pour faire ce qu'ils n'auraient jamais pu produire par un mouvement simple et droit. On va jusqu'à dire, avec

(1) *Matth.*, XVI, 24.
(2) *Jerem.*, II, 20.

Spinosa, qu'un être infiniment parfait, et un en soi, qui est véritablement infini, est modifié par des bornes qui sont des imperfections; et qu'un homme qui se trompe, qui ment, qui est un scélérat, n'est qu'une seule et même chose avec un autre homme sage, éclairé, vertueux, qui connaît et dit la pure vérité; en un mot, on tombe sans pudeur dans les plus insensées contradictions, plutôt que d'avouer qu'il y a un créateur à qui nous devons tout l'amour que nous avons follement pour nous-mêmes. Il ne s'agit point de notre esprit; ce n'est point lui qui rend les hommes incrédules. L'esprit, s'il était sans passion, sans orgueil, sans mauvaise volonté, irait simplement à reconnaître que nous ne nous sommes pas faits, et que nous devons le *moi* qui nous est si cher à celui qui nous l'a donné : mais il faudrait sortir des bornes étroites de ce *moi* pour entrer dans l'infini de Dieu, où nous ne nous aimerions plus qu'en notre rang pour l'amour de lui. C'est le désespoir de l'amour-propre; c'est ce qui révolte les démons et les hommes; c'est la rage de l'enfer, dont on voit le commencement sur la terre : ainsi, c'est leur mauvaise volonté qui fait inventer aux hommes tant de subtilités odieuses pour se faire illusion, et pour se dérober la vue de Dieu. *Videte, fratres*, dit saint Paul, *ne fortè sit in aliquo vestrùm cor malum incredulitatis, discedendi à Deo vivo* (1). Il dit ailleurs : *Qui corrumpitur secundum desideria erroris* (2). Rendez l'homme simple, docile, humble, détaché de lui-même, prêt à porter le joug et à se corriger, tous les doutes disparaîtront, la lumière de Dieu sera éclatante, la raison sera aidée par la grâce; mais, dans l'état présent, la lumière luit dans les ténèbres, et les ténèbres ne la comprennent pas : Dieu vient dans sa propre famille, et les siens ne le reçoivent pas : l'homme ose être jaloux de Dieu, comme Dieu se doit à lui-même d'être jaloux de l'homme. L'homme ne veut raisonner sur Dieu que pour se faire juge de la Divinité, que pour tirer une vaine gloire de cette recherche curieuse, que pour s'élever au-dessus de ce qui doit le rabaisser. *Quomodo*, disait Jésus-Christ aux Juifs (3), *vos potestis credere, qui gloriam ab invicem accipitis, et gloriam quæ à solo Deo est non quæritis?* Laissons les vices grossiers; l'orgueil suffit pour causer l'im-

(1) *Heb.*, III, 12.
(2) *Ephes.*, IV, 22.
(3) *Joan.*, V, 44.

piété la plus dangereuse. Ajoutons à toutes ces réflexions la véritable idée de la religion chrétienne. En quoi consiste cette religion? Elle n'est que l'amour de Dieu, et l'amour de Dieu est précisément cette religion. Dieu ne veut point d'autre culte intérieur que son amour suprême. *Nec colitur ille nisi amando*, dit sans cesse saint Augustin (1). Dieu n'a aucun besoin de nos biens. Il compte pour rien les temples visibles, lui qui remplit l'univers, ou, pour mieux dire, dans l'immensité duquel l'univers n'est qu'un point. Il ne veut ni la graisse ni le sang des victimes, ni l'encens des hommes profanes; il veut non ce qui est à nous, mais nos cœurs; il veut que nous le préférions à nous. C'est ce sacrifice qui coûte le plus cher à l'homme, et dont Dieu est jaloux : *Melior est autem*, dit saint Augustin (2), *cùm obliviscitur suî præ charitate incommutabilis Dei, vel seipsum penitùs in illius comparatione contemnit.* Voilà le véritable culte, que les païens n'ont jamais connu, et que les juifs mêmes n'ont connu que très-confusément, quoique le fondement en fût posé dans leur loi.

Saint Augustin parle ainsi : *Teipsum non propter te debes diligere, sed propter illum ubi dilectionis tuæ rectissimus finis est... Totam dilectionem suî et illius* (*proximi*) *refert in illam dilectionem Dei quæ nullum à se rivulum duci extra patitur, cujus derivatione minuatur* (3). *Omnis homo, in quantum homo est, diligendus est propter Deum, Deus vero propter seipsum. Et si Deus omni homine ampliùs diligendus est, ampliùs quisque debet Deum diligere quam seipsum* (4).

Ce Père dit encore ces mots : *Quidquid præcipitur est charitas* (5). Il dit encore ainsi la même vérité : *Non autem præcipit Scriptura nisi charitatem, nec culpat nisi cupiditatem; et eo modo format mores hominum* (6). On entend, selon ce Père, tout le sens des Ecritures dès qu'on sait aimer : *Ille tenet et quod patet et quod latet in divinis sermonibus, qui charitatem tenet in moribus* (7). En effet, ce commandement de l'amour est ce grand commandement qui comprend tous les autres. Il contient lui seul la loi et les prophètes; c'est l'onction qui ensei-

(1) *Ep.* CXL, *ad Honorat.*, cap. XVIII, nº 45.
(2) *De lib. Arb.*, lib. III, cap. XXV, nº 76.
(3) *De Doctr. christ.*, lib. I, cap. XXII, nº 21.
(4) *Ibid.*, cap. XXVII, nº 28.
(5) *Enchirid. ad Laurent.*, cap. CXXI, nº 32.
(6) *De Doct. christ.*, lib. III, cap. X, nº 15.
(7) *Serm.* CCCL, nº 2.

gne tout. Aussi saint Augustin dit-il ces mots : *Quisquis igitur Scripturas divinas, vel quamlibet earum partem, intellexisse sibi videtur, ita ut in eo intellectu non ædificet istam geminam charitatem Dei et proximi, nondùm intellexit* (1). Il remarque que l'amour tenait lieu d'Ecriture aux solitaires dans les déserts : *Multi per hæc tria, etiam in solitudine, sine codicibus vivunt* (2). Mais voulez-vous savoir comment cette science de l'amour s'apprend? On n'y pénètre point par des raisonnements subtils; c'est en mourant à l'amour-propre. Les savants, vivant en eux-mêmes, l'ignorent grossièrement : *In tantum vident, in quantum moriuntur huic sæculo; in quantum autem huic vivunt, non vident* (3). Les savants raisonnent, et ne meurent point à eux-mêmes; il faudrait, au contraire, mourir à soi sans raisonner, pour voir le tout de Dieu et le rien de toute créature. Si les hommes mouraient à eux pour vivre à Dieu, les cieux, pour ainsi dire, leur seraient aussitôt ouverts, les vallées se combleraient, les montagnes seraient aplanies, et toute chair verrait le salut de Dieu.

La religion judaïque n'était que le commencement imparfait de cette adoration en esprit et en vérité, qui est l'unique culte digne de Dieu. Retranchez de la religion judaïque les bénédictions temporelles, les figures mystérieuses, les cérémonies accordées pour préserver le peuple du culte idolâtre, enfin les polices légales, il ne reste que l'amour; ensuite développez et perfectionnez cet amour; voilà le christianisme, dont le judaïsme n'était que le germe et la préparation.

Tout homme qui ne sera point indisposé par l'amour-propre, et qui suivra sa raison soutenue du premier attrait de la grâce, sentira d'abord sans discussion qu'il n'y a qu'une seule religion qui mérite d'être écoutée. C'est elle qui fait aimer Dieu, et qui consiste toute dans cet amour. Il n'y aura ni à comparer ni à choisir; car il ne verra qu'un seul culte qui honore Dieu.

Pour les mystères incompréhensibles, il ne voudra nullement les comprendre. C'est le caractère de l'infini de ne pouvoir être compris, et celui du fini de ne pouvoir comprendre ce qui le surpasse infiniment. Il ne sera point surpris de trouver trois personnes en une nature, lui qui porte en soi deux

(1) *De Doct. christ.*, lib. I, cap. XXXVI, n° 40.
(2) *Ibid.*, cap. XXXIX, n° 43.
(3) *Ibid.*, lib. II, cap. VII, n° 11.

natures en une personne. De plus, il ne sera point surpris de ce qu'il n'a point une idée assez claire de ces termes de *personne* et de *nature*.

Il serait encore moins étonné de ce que Dieu, sans rien perdre de sa puissance et de sa gloire, est venu, dans une chair semblable à la nôtre, nous apprendre à vivre et à mourir. Qu'y a-t-il de plus digne de l'amour, que de venir s'aimer en nous pour nous rendre heureux en lui?

Il ne s'étonnera point encore de ce que Dieu exclut de son royaume céleste, qui n'est dû à aucun homme, et qui est une pure grâce, les hommes qui vivent contre leur propre raison, et contre l'attrait de la grâce, par lequel Dieu les avait préparés à la vraie religion. Il reconnaîtra même que Dieu peut exclure d'un don surn... et purement gratuit tous les enfants du premier homme qui ne sont plus dans la perfection originelle.

Si on demande ce qu'il faut croire de tous les hommes qui n'ont jamais embrassé le christianisme ni le judaïsme, saint Augustin répond ainsi (1) : *Omnino nunquam defuit ad salutem justitiæ pietatique mortalium, et si qua in aliis atque in aliis populis una eademque religione sociatis, varie celebrantur, quatenus fiat plurimum refert..... Itaque ab exordio generis humani, quicumque in eum crediderunt, eumque utcumque intellexerunt, et secundum ejus præcepta piè et justè vixerunt, quandolibet et ubilibet fuerint, per eum procul dubio salvi facti sunt..... Nec quia, pro temporum varietate, nunc factum annuntiatur quod tunc futurum prænuntiabatur, ideo fides ipsa variata, vel salus ipsa diversa est. Nec quia una eademque res, aliis atque aliis sacris et sacramentis vel prædicatur aut prophetatur, ideo alias atque alias res, vel alias salutes oportet intelligi..... Proinde aliis tunc nominibus et signis, aliis autem nunc, et prius occultius, postea manifestius, et prius à paucioribus, postea à pluribus, una tamen eademque religio vera significatur et observatur..... Cum enim nonnulli commemorantur in sanctis hebraicis libris, jam ex tempore Abrahæ, nec de stirpe carnis ejus, nec ex populo Israel, nec ex adventitiâ societate in populo Israel, qui tamen hujus sacramenti participes fuerunt; cur non credamus etiam in cæteris hàc atque illàc gentibus, alias alios fuisse quamvis eos commemoratos in eisdem auctoritatibus non legamus? Ita salus religionis hujus, per quam*

(1) *Ep.* CII, *ad Deo gratias*, quæst. II, nos 10, 12, 15.

solam veram salus vera veraciterque promittitur, nulli unquam defuit qui dignus fuit, et cui defuit, dignus non fuit(1).

Saint Augustin a parlé très-souvent ailleurs dans le même esprit, quoiqu'il ait pris soin de développer le dogme de la prédestination purement gratuite à la grâce, qui n'affaiblit en rien la véritable doctrine qui résulte de ce texte. De plus, l'auteur des livres *de la Vocation des Gentils*, qui est saint Léon ou saint Prosper, établit précisément la même doctrine. Pour moi, je craindrais de mêler mes pensées et mes paroles avec celles de ces saints docteurs. Ma conclusion est que tout homme qui par sa raison, aidé de l'attrait d'une première grâce, aura un commencement de l'amour suprême pour Dieu, qui est l'unique culte digne de lui, aura en soi le commencement de ce culte, qui est la vraie religion et le fond du christianisme : il aura déjà en soi l'opération médicinale de Jésus-Christ sauveur : il aura déjà un premier fruit de la médiation du Messie : la grâce du Sauveur, opérant en lui, le mènera alors au Sauveur même : le principe intérieur le conduira à l'autorité extérieure. C'est le cas où saint Thomas dit « qu'il » faut croire très-certainement que Dieu agira, ou immédiate- » ment par une révélation intérieure, ou extérieurement par » un prédicateur de la foi, envoyé d'une façon extraordinaire

(1) La volonté de Dieu n'a jamais manqué de se faire connaître aux hommes justes et pieux ; et si, parmi divers peuples unis dans une même religion, il se trouve diversité de culte, il importe beaucoup de savoir jusqu'à quel point elle s'étend... Tous ceux donc qui, ayant cru en lui depuis le commencement du monde, et en ayant eu quelque connaissance, ont vécu dans la piété et dans la justice en gardant ses préceptes, ont été sans aucun doute sauvés par lui, en quelque temps et en quelque lieu du monde qu'ils aient vécu... Et quoique la diversité des temps fasse qu'on annonce maintenant l'accomplissement de ce qui n'était alors que prédit, on ne peut pas dire pour cela que la foi ait varié, ni que le salut soit autre : et parce qu'une chose est annoncée ou prophétisée sous divers signes sacrés, on ne doit pas y voir des choses différentes, ni diverses sortes de salut... Ainsi, quoique la religion ait paru autrefois sous un autre nom et sous une autre forme, qu'elle ait été autrefois plus cachée, et qu'elle soit maintenant connue d'un plus grand nombre d'hommes, c'est toujours la même et véritable religion annoncée et observée... Comme l'Ecriture sainte en marque quelques-uns dès le temps d'Abraham, qui n'étaient point de sa race, ni originairement Israélites, ni associés à ce peuple, auxquels cependant Dieu fit part de ce mystère, pourquoi ne croirions-nous pas qu'il y en a eu d'autres dans les nations répandues çà et là, quoique nous ne lisions point leurs noms dans les livres saints? Ainsi le salut promis par cette religion, seule véritable et fidèle dans ses promesses, n'a jamais manqué à celui qui en était digne; et s'il a manqué à quelqu'un, c'est qu'il n'en était pas digne.

» jusque dans les pays les plus sauvages, en faveur de cet » homme rendu digne de Dieu, par la grâce prévenante de » Jésus-Christ. »

Tout ceci n'est qu'un premier coup de crayon : je n'explique rien à fond et avec ordre; je vous présente seulement de quoi examiner. Vous développerez mieux que moi, monsieur, ce que je ne vous propose qu'en confusion.

LETTRE VII.

Sur la vérité de la religion, et sur sa pratique.

Je crois, monsieur, que vous avez trois choses principales à faire. La première est d'éclaircir les points fondamentaux de la religion, si par hasard vous aviez là-dessus quelque doute, ou quelque défaut de persuasion assez vive et assez distincte. La seconde est d'examiner votre conscience sur le passé. La troisième est de vous faire un plan de vie chrétienne pour l'avenir.

I. On n'a rien de solide à opposer aux vérités de la religion. Il y en a un grand nombre des plus fondamentales qui sont conformes à la raison. On ne les rejette que par orgueil, que par un libertinage d'esprit, que par le goût des passions, et par la crainte de subir un joug trop gênant. Par exemple, il est facile de voir que nous ne nous sommes pas faits nous-mêmes, que nous avons commencé à être ce que nous n'étions pas; que notre corps, dont la machine est pleine de ressorts si bien concertés, ne peut être que l'ouvrage d'une puissance et d'une industrie merveilleuses; que l'univers découvre dans toutes ses parties l'art de l'ouvrier suprême qui l'a formé; que notre faible raison est à tout moment redressée au-dedans de nous par une autre raison supérieure que nous consultons et qui nous corrige, que nous ne pouvons changer, parce qu'elle est immuable, et qui nous change, parce que nous en avons besoin. Tous la consultent en tous lieux. Elle répond à la Chine comme en France et dans l'Amérique. Elle ne se divise point en se communiquant : ce qu'elle me donne de sa lumière n'ôte rien à ceux qui en étaient déjà remplis. Elle se prête à tout moment sans mesure, et ne s'épuise jamais. C'est un soleil dont la lumière éclaire les esprits, comme le soleil éclaire les corps. Cette lumière est éternelle et immense; elle comprend tous les temps comme tous les lieux. Elle n'est point moi, puisqu'elle me reprend et me corrige malgré moi-même. Elle est donc au-dessus de moi, et au-dessus de tous les autres hommes, faibles et imparfaits comme je le suis. Cette raison suprême, qui est la règle de la mienne; cette sagesse de laquelle tout sage reçoit ce qu'il a; cette source supérieure de lumières où nous puisons tous, est le Dieu que nous cherchons. Il est par lui-même, et nous ne sommes que par lui. Il nous a faits semblables à lui, c'est-à-dire raisonnables, afin que nous puissions le connaître comme la vérité infinie, et l'aimer comme l'immense bonté. Voilà la religion; car la religion est l'amour. Aimer Dieu, et en communiquer l'amour aux autres hommes, c'est exercer le culte parfait. Dieu est notre père; nous sommes ses enfants. Les pères de la terre ne sont point pères comme lui : ils n'en sont que l'ombre. Nous lui devons la connaissance, la vie, l'être, et tout ce que nous sommes. Faut-il que nous, qui avons tant d'horreur de l'ingratitude d'homme à homme sur les moindres bienfaits, nous fassions gloire d'une ingratitude monstrueuse à l'égard du père de qui nous avons reçu le fond de notre être! Faut-il que nous usions sans cesse des dons de son amour pour violer sa loi, et pour l'outrager! Voilà les vérités fondamentales de la religion, que la raison même renferme. La religion n'ajoute à la probité mondaine que la consolation de faire par amour, et par reconnaissance pour notre Père céleste, ce que la raison nous demande elle-même en faveur des vertus.

Il est vrai que la religion nous propose d'autres vérités, qu'on nomme des mystères, et qui sont incompréhensibles. Mais faut-il s'étonner que l'homme, qui ne connaît ni les ressorts de son propre corps, dont il se sert à toute heure, ni les pensées de son esprit, qu'il ne peut se développer à soi-même, ne puisse pas comprendre les secrets de Dieu? Faut-il s'étonner que le fini ne puisse pas égaler et épuiser l'infini? On peut dire que la religion n'aurait pas le caractère de l'infini, d'où elle vient, si elle ne surmontait pas notre courte et faible intelligence. Il est digne de Dieu, et conforme à notre besoin, que notre raison soit humiliée et confondue par cette autorité accablante des mystères que nous ne pouvons pénétrer.

D'ailleurs la religion ne nous présente rien que de conforme à la raison, que d'aimable, que de touchant, que de digne d'être admiré, dans tout ce qui regarde les sentiments qu'elle nous inspire, et les mœurs qu'elle exige de nous. L'unique point qui puisse révolter notre cœur est l'obligation d'aimer Dieu plus que nous-mêmes, et de nous rapporter entièrement à lui. Mais qu'y a-t-il de plus juste que de rendre tout à celui de qui tout nous vient, et que de lui rapporter ce moi que nous tenons de lui seul? Qu'y a-t-il, au contraire, de plus injuste que d'avoir tant de peine à entrer dans un sentiment si juste et si raisonnable? Il faut que nous soyons bien égarés de notre voie et bien dénaturés, pour être si révoltés contre une subordination si légitime. C'est l'amour-propre aveugle, effréné, insatiable, tyrannique, qui veut tout pour lui seul, qui nous rend idolâtres de nous-mêmes, qui fait que nous voudrions être le centre du monde entier, et que Dieu même ne servît qu'à flatter tous nos vains désirs. C'est lui qui est l'ennemi de l'amour de Dieu. Voilà la plaie profonde de notre cœur, voilà le grand principe de l'irréligion. Quand est-ce que l'homme se fera justice? quand est-ce qu'il se mettra dans sa vraie place? quand est-ce qu'il ne s'aimera que par raison, à proportion de ce qu'il est aimable? et qu'il préférera à soi non-seulement Dieu qui ne souffre nulle comparaison, mais encore tout bien public de la société des autres hommes, imparfaits comme lui? Encore une fois, voilà la religion : connaître, craindre, aimer Dieu, *c'est là tout l'homme*, comme dit le Sage (1). Tout le reste n'est point le vrai homme, ce n'est que l'homme dénaturé, que l'homme corrompu et dégradé, que l'homme qui perd tout en voulant follement se donner tout, et qui va mendier un faux bonheur chez les créatures, en méprisant le vrai bonheur que Dieu lui promet. Que met-on à la place de ce bien infini? Un plaisir honteux, un fantôme d'honneur, l'estime des hommes qu'on méprise. Quand vous aurez bien affermi les principes de la religion dans votre cœur, il faudra entrer dans l'examen de votre conscience pour réparer les fautes de la vie passée.

II. Le premier pas pour cet examen est de vous mettre dans les dispositions que vous devez à Dieu. Voulez-vous qu'un homme de condition sente les fautes qu'il a faites dans le monde contre l'honneur d'une façon indigne de sa naissance? commencez par le faire entrer dans les sentiments nobles et vertueux que la probité et l'honneur doivent lui inspirer : alors il sentira très-vivement jusqu'aux moindres fautes qu'il aura commises en ce genre, il se les reprochera en toute ri-

(1) *Eccles.*, XII, 13.

gueur, il en sera honteux et inconsolable. Pour nous affliger de nos fautes, il faut que nous ayons dans le cœur l'amour de la vertu qui est opposée à ces fautes-là. Voulez-vous discerner exactement toutes les fautes que vous avez commises contre Dieu? commencez à l'aimer. C'est l'amour de Dieu qui vous éclairera et qui vous donnera un vif repentir de vos ingratitudes à l'égard de cette bonté infinie. Demandez à un homme qui ne connaît point Dieu, et qui est indifférent pour lui, en quoi il l'a offensé; vous le trouverez grossier sur ses fautes : il ne connaît ni ce que Dieu demande, ni en quoi on peut lui manquer. Il n'y a que l'amour qui nous donne une vraie délicatesse sur nos péchés. Ouvrez les yeux dans un lieu sombre, vous n'apercevrez rien dans l'air; mais ouvrez-les près d'une fenêtre aux rayons du soleil, vous y découvrirez jusqu'aux moindres atomes. Apprenez donc à connaître la bonté de Dieu, et tout ce qui lui est dû. Commencez par l'aimer, et l'amour fera votre examen de conscience mieux que vous ne sauriez le faire. Aimez, et l'amour vous servira de mémoire pour vous reprocher, par un reproche tendre et qui porte sa consolation avec lui, tout ce que vous avez jamais fait contre l'amour même. Voyez un retour d'amitié vive et sincère entre deux personnes qui s'étaient brouillées; rien ne leur échappe par rapport à tout ce qui peut avoir blessé les cœurs et rompu l'union.

Vous me demanderez comment est-ce qu'on peut se donner à soi-même cet amour qu'on ne sent point, surtout quand il s'agit d'un objet qu'on ne voit pas, et dont on n'a jamais été occupé : je vous réponds, monsieur, que vous aimez tous les jours des choses que vous ne voyez point. Voyez-vous la sagesse de votre ami? voyez-vous sa sincérité, son courage, son désintéressement, sa vertu? Vous ne sauriez voir ces objets des yeux du corps; vous les estimez néanmoins, et vous les aimez jusqu'à les préférer en lui aux richesses, aux grâces extérieures, et à tout ce qui pourrait éblouir les yeux. Aimez la sagesse et la bonté suprême de Dieu comme vous aimez la sagesse et la bonté imparfaite de votre ami : si vous ne pouvez pas avoir un amour de sentiment, au moins vous aurez un amour de préférence dans la volonté, qui est le point essentiel.

Mais cet amour même n'est point en votre pouvoir; il ne dépend point de vous de vous le donner : il faut le désirer, le demander, l'attendre, travailler à le mériter, et sentir le malheur d'en être privé. Il faut dire à Dieu d'un cœur humble avec saint Augustin (1) : « O beauté ancienne et toujours » nouvelle, je vous ai connue, et je vous ai aimée bien tard! » Oh! que d'années perdues! Hélas! pour qui ai-je vécu, ne vivant point pour vous? Moins vous sentirez cet amour, plus il faut demander à Dieu qu'il daigne l'allumer dans votre cœur. Dites-lui : Je vous le demande, comme les pauvres demandent du pain. O vous qui êtes si aimable et si mal aimé, faites que je vous aime! rappelez à son centre mon amour égaré; accoutumez-moi à me familiariser avec vous; attirez-moi tout à vous, afin que j'entre dans une société de cœur à cœur avec vous, qui êtes le seul ami fidèle. Oh! que mon cœur est pauvre! qu'il est réduit à la mendicité! O Dieu, que n'ai-je point aimé hors de vous! Mon cœur s'est usé dans les affections les plus dépravées. J'ai honte de ce que j'ai aimé; j'ai encore plus de honte de ce que je n'ai point aimé jusqu'ici. Je me suis nourri d'ordure et de poison; j'ai rejeté dédaigneusement le pain céleste; j'ai méprisé la fontaine d'eau vive; je me suis creusé des citernes entr'ouvertes et bourbeuses; j'ai couru follement après le mensonge; j'ai fermé les yeux à la vérité; je n'ai point voulu voir l'abîme ouvert sous mes pas. O mon Dieu! vous n'avez point oublié celui qui vous oubliait; vous m'avez aimé, quoique je ne vous aimasse point, et vous avez eu pitié de mes égarements : vous cherchez celui qui vous a fui.

Dès que vous serez véritablement touché, tout vous deviendra facile pour l'examen que vous voulez faire : les écailles, pour ainsi dire, tomberont tout à coup de vos yeux; vous verrez, par les yeux pénétrants de l'amour, tout ce que les autres yeux ne discernent jamais; alors il faudra vous retenir, loin de vous presser. Jusque-là on aurait beau vous presser, l'amour-propre vous retiendrait par mille réflexions indignes du culte de Dieu.

Pour le détail de votre examen, il ne sera pas difficile. Examinez vos devoirs d'état et de profession comme seigneur de terres, comme lieutenant général des armées, comme maître de vos domestiques, comme homme d'une condition distinguée dans le monde. Puis considérez en quoi vous avez manqué à la religion par des discours trop hardis; à la charité, par des paroles désavantageuses au prochain; à la mo-

(1) *Confess.*, lib. X, cap. XXVII, n° 38.

destie, par des termes trop libres; à la justice, par le défaut d'ordre pour payer vos dettes. Souvenez-vous des passions grossières qui ont pu vous entraîner, du prochain qui a suivi votre mauvais exemple, et du scandale que vous avez donné. Quand on a vécu longtemps au gré de ses passions loin de Dieu, on ne saurait rappeler exactement tout le détail; mais, sans le remarquer, on le fait assez entendre en gros, en s'accusant de tels vices qui ont été habituels pendant un tel nombre d'années.

III. A l'égard de l'avenir, il s'agit de régler le fond de votre cœur pour régler votre vie. Chacun vit selon son cœur; c'est l'amour d'un chacun qui décide de toute sa conduite. Quand vous n'avez aimé que vous et votre plaisir, vous avez foulé Dieu aux pieds; la volupté est devenue votre dieu; vous avez poussé le plaisir, comme parle saint Paul (1), *jusqu'à l'avarice;* vous avez été insatiable de sensualité, comme les avares le sont d'argent; en voulant vous posséder indépendamment de Dieu, pour jouir de tout sans mesure, vous avez tout perdu; vous ne vous êtes point possédé, vous vous êtes livré à vos passions tyranniques; et vous vous êtes presque détruit vous-même. Quelle frénésie d'amour-propre! Revenez donc, revenez à Dieu; il vous attend, il vous invite, il vous tend les bras; il vous aime bien plus que vous n'avez su vous aimer vous-même. Consultez-le dans une humble prière, pour apprendre de lui ce qu'il veut de vous. Dites-lui, comme saint Paul abattu et converti (2) : *Que voulez-vous que je fasse?*

Quand vous vous serez accoutumé à prier, faites avec un sage et pieux conseil un plan de vie simple, que vous puissiez soutenir à la longue, et qui vous mette à l'abri des rechutes. Choisissez quelque compagnie qui marque le changement de votre cœur. Jamais un vrai ami de Dieu ne cherchera à vivre avec ses ennemis. Plus il sentira dans son cœur le goût des libertins, plus il s'en éloignera, de peur de retomber avec eux dans le libertinage. Le moins qu'on puisse donner à Dieu, c'est de sentir sa fragilité; c'est de se défier de soi après tant de funestes expériences; c'est de fuir le péril qu'on ne doit pas se croire capable de vaincre; c'est de compter qu'on mérite d'être vaincu, dès qu'on le cherche. Choisissez donc des amis avec lesquels vous puissiez aimer Dieu, vous détacher

(1) *Ephes.*, IV, 19.
(2) *Act.*, IX, 6.

du monde, et trouver votre consolation solide dans la vertu. Point de grimaces, point de singularités affectées; une piété simple, toute tournée vers vos devoirs, et toute nourrie du courage, de la confiance et de la paix, que donnent la bonne conscience et l'union sincère avec Dieu.

Réglez votre dépense, prenez toutes les mesures qui dépendent de vous pour soulager vos créanciers; voyez le bien que vous pouvez faire dans vos terres pour y diminuer les désordres et les abus, pour y appuyer la justice et la religion.

Choisissez des occupations utiles qui remplissent vos heures vides. Vous aimez la lecture; faites-en de bonnes. Joignez les livres de piété solide, pour nourrir votre cœur, avec des livres d'histoire qui vous donneront un plaisir innocent.

Mais ce que je vous demande au-dessus de tout, c'est de prendre tous les jours, par préférence à tout le reste, un demi-quart-d'heure le matin et autant le soir, pour être en société familière et de cœur avec Dieu. Vous me demanderez comment vous pourrez faire cette prière; je vous réponds que vous la ferez excellemment, si c'est votre cœur qui la fait. Eh! comment est-ce qu'on parle aux gens qu'on aime? Un demi-quart-d'heure est-il si long avec un bon ami? Le voilà, l'ami fidèle qui ne se lasse point de vos rebuts, pendant que tous les autres amis vous négligent, à cause que vous ne pouvez plus être avec eux en commerce de plaisir. Dites-lui tout; écoutez-le sur tout; rentrez souvent au-dedans de vous-même pour l'y trouver. *Le royaume de Dieu est au-dedans de vous*, dit Jésus-Christ (1). Il ne faut pas l'aller chercher bien loin, puisqu'il est aussi près de nous que nous-mêmes. Il s'accommodera de tout : il ne veut que votre cœur; il n'a que faire de vos compliments, ni de vos protestations étudiées avec effort. Si votre imagination s'égare, revenez doucement à la présence de Dieu : ne vous gênez point; ne faites point de la prière une contention d'esprit; ne regardez point Dieu comme un maître qu'on n'aborde qu'en se composant avec cérémonie et embarras. La liberté et la familiarité de l'amour ne diminueront jamais le vrai respect et l'obéissance. Votre prière ne sera parfaite que quand vous serez plus large avec le vrai ami du cœur qu'avec tous les amis imparfaits du monde. Vous me demanderez quelle pénitence vous devez faire de tous vos péchés : je vous réponds comme Jésus-Christ à la femme adul-

(1) *Luc.*, XVII, 21.

tère : *Je ne vous condamnerai point; gardez-vous de pécher encore* (1). Votre grande pénitence sera de supporter patiemment vos maux, d'être attaché sur la croix avec Jésus-Christ, de vous détacher de la vie dans un état triste et pénible où elle devient si fragile, et d'en faire le sacrifice, avec un humble courage, à Dieu, s'il le faut. Oh! la bonne pénitence que celle de se tenir sous la main de Dieu entre la vie et la mort? N'est-ce pas réparer toutes les fautes de la vie, que d'être patient dans les douleurs, et prêt à perdre, quand il plaira à Dieu, cette vie dont on a fait un si mauvais usage?

Voilà, monsieur, les principales choses qui me viennent au cœur pour vous : recevez-les, je vous supplie, comme les marques (2) de mon zèle. Dieu sait avec quel attachement et quel respect je vous suis dévoué. Plus j'ai l'honneur de vous voir, plus je suis pénétré des sentiments qui vous sont dûs. Je prie Dieu tous les jours, afin qu'il vous donne l'esprit de prière, qui est l'esprit de vie. Que ne ferais-je point pour attirer sur vous les miséricordes de Dieu, pour vous procurer les solides consolations, et pour vous tourner entièrement vers votre salut!

(1) *Joan.*, VIII, 11.

(2) La suite de cette lettre manque dans toutes les éditions précédentes. Nous la publions d'après le manuscrit original. (*Édit. de Vers.*)

FIN

TABLE DES MATIÈRES.

LETTRES SUR DIVERS SUJETS DE MÉTAPHYSIQUE

ET DE RELIGION.

FIN DE LA TABLE DES MATIÈRES.

BAR-LE-DUC, IMPRIMERIE CONTANT-LAGUERRE.

BIBLIOTHÈQUE DES CHEFS-D'ŒUVRE

Formats in-8° et grand in-12.

Bernardin de Saint-Pierre. Œuvres choisies, 2 vol.
Boileau. Œuvres choisies, 1 vol.
Bossuet. Discours sur l'Histoire universelle, 1 vol.*
Buffon. La terre et l'homme, 1 vol.
— Les Quadrupèdes: Animaux domestiques et Animaux sauvages en France, 1 vol.*
— Les Animaux carnassiers, nouvelle édition revue et annotée, 1 vol.*
— Les Oiseaux, 2 vol.*
Châteaubriand. Descriptions et voyages, 2 vol.
— Génie du Christianisme, nouvelle édition, avec une Notice préliminaire et des Notes, 2 vol.*
— Itinéraire de Paris a Jérusalem, nouvelle édition revue et annotée, 2 vol.*
Corneille. Œuvres choisies, comprenant : une Notice; — le Cid; — les Horaces; — Cinna, ou la clémence d'Auguste; — Polyeucte, martyr; — Pompée; — Rodogune; — Sertorius, 1 vol.*
Fénelon. Aventures de Télémaque, précédées d'un Avant-Propos, 1 vol.*
— Fables; Dialogue des Morts, 1 vol.
— Œuvres littéraires, 1 vol.
— Traité de l'existence et des Attributs de Dieu, suivi de Lettres sur divers sujets de métaphysique et de religion, 1 vol.*
La Bruyère. Œuvres, comprenant : les Caractères de Théophraste; — les Caractères, ou les Mœurs du siècle; — le Discours prononcé dans l'Académie Française le lundi 15 juin 1693, précédé d'une Préface, 1 vol.*
Lacépède. Les Quadrupèdes ovipares, précédés d'une Notice, 1 vol.*
— Les Serpents, 1 vol.*
La Fontaine. Fables, 1 vol.
Lamennais. Œuvres catholiques, 4 vol.
Michaud. Histoire des Croisades, 4 vol.
Molière. Œuvres choisies, comprenant : une Notice; — le Misanthrope (fragments); — le Médecin malgré lui; — l'Avare (fragments); — Monsieur de Pourceaugnac; — le Bourgeois gentilhomme; — les Femmes savantes; — le Malade imaginaire, 1 vol.*
Montesquieu. Grandeur et décadence des Romains, 1 vol.
Pascal. Pensées, 1 vol.
Plutarque. Histoire des grands hommes, 1 vol.
Racine (Jean). Œuvres choisies, comprenant : Andromaque (fragments); — les Plaideurs; — Britannicus; — Mithridate; — Iphigénie; — la Mort d'Hippolyte (extrait de *Phèdre*); — Esther; — Athalie, 1 vol.*
Regnard. Œuvres choisies, 2 vol.
Rousseau (J.-B.). Œuvres, 1 vol.
Saint-Simon. Choix de Mémoires, 4 vol.
Sévigné (Mme de). Lettres a Madame de Grignan, précédées d'une Notice, 2 vol.*

Un grand nombre d'autres ouvrages sont en préparation.

BAR-LE-DUC, IMPRIMERIE CONTANT-LAGUERRE

www.ingramcontent.com/pod-product-compliance
Ingram Content Group UK Ltd.
Pitfield, Milton Keynes, MK11 3LW, UK
UKHW020129220726
13923UKWH00001B/78